最后的儒家

梁漱溟与中国现代化的两难

［美］艾恺 著
［美］艾恺 审订

王宗昱 冀建中 译

生活・讀書・新知 三联书店

Simplified Chinese Copyright © 2025 by SDX Joint Publishing Company.
All Rights Reserved.
本作品中文简体版权由生活·读书·新知三联书店所有。
未经许可，不得翻印。

图书在版编目（CIP）数据

最后的儒家：梁漱溟与中国现代化的两难／（美）艾恺著；王宗昱，冀建中译. -- 北京：生活·读书·新知三联书店，2025.3. -- ISBN 978-7-108-07961-9

Ⅰ．K825.4

中国国家版本馆 CIP 数据核字第 2025T2X892 号

特邀编辑	付　帅
责任编辑	李　佳
装帧设计	赵　欣
责任校对	张国荣　曹忠苓
责任印制	卢　岳
出版发行	生活·讀書·新知三联书店
	（北京市东城区美术馆东街 22 号 100010）
网　　址	www.sdxjpc.com
经　　销	新华书店
印　　刷	河北松源印刷有限公司
版　　次	2025 年 3 月北京第 1 版
	2025 年 3 月北京第 1 次印刷
开　　本	720 毫米 × 1020 毫米　1/16　印张 24.25
字　　数	308 千字
印　　数	0,001-8,000 册
定　　价	69.00 元

（印装查询：01064002715；邮购查询：01084010542）

目 录

中文版序言 / 1

导 论 / 1
对梁漱溟性格和经历的几点评价 / 梁漱溟和中国的文化守成主义者 / 世界性的保守主义反应 / 农本主义和乡村建设 / 梁漱溟和他父亲的关系

第 一 章 父与子 ………… 15
桂林梁氏 / 文化上反传统观念的梁济 / 作为道德贵族的梁济 / 梁漱溟的早年

第 二 章 精神异常、自杀、成圣 ………… 33
梁济的民族自救计划 / 共和革命 / 梁济的誓愿 / 梁漱溟的危机和退隐 / 佛教 / 复出 / 梁济的自杀

第 三 章 北京大学的孔夫子和文化 ………… 66
北大风气 / 五四事件 / 从菩萨到鸿儒 / 文化问题

第四章　中西文化（一）………… 78
　　意欲和文化的形成 / 反对文化融合 / 科学和民主 / 西方化的结果 / 中国文化：《易经》和直觉 / 孔子的直觉主义和柏格森的生命主义 / 中国文化实现自身的失败 / 中国的早熟 / 人类即将中国化 / 中国的文化困境和梁漱溟的结论 / 一个矛盾的解答

第五章　《东西文化及其哲学》的社会反应 ………… 124
　　胡适的看法 / 其他的批评 / 矛盾及其批评家

第六章　梁漱溟的上下求索，1922—1926 ………… 133
　　一个政治改革的计划——"我们的政治主张" / 讲学 / 社会主义 / 批评与教育改革 / 梁漱溟遇到两名同事 / 梁漱溟离京赴鲁（1924—1925）/ 梁漱溟再度隐退（1925—1926）

第七章　广东与河南：乡村重建的开端，1927—1931 ………… 152
　　共产党人和梁漱溟的"顿悟" / 广东，1927—1928 / 陶行知和晓庄试验乡村师范学校 / 梁漱溟回到北方 / 对现有乡村工作的评价 / 村治派 / 乡村建设理论的第一次系统阐述：1929年

第 八 章　中西文化（二）............ 174
　　　　对西方社会的探讨 / 中国：宗教的灭亡 / 人类文化和"理性" / 中国和人类的未来

第 九 章　乡村重建：儒家的现代化............ 191
　　　　对乡村建设的历史的和实践的辩护 / 士和农民 / 团体组织形式和政治 / 乡约 / 儒家和毛泽东的思想

第 十 章　"南京十年"时期之乡村建设：
　　　　一个政治和社会的分析............ 225
　　　　1927年 / 农村的地方精英 / 国民党对乡村建设的矛盾心理

第十一章　山东的乡村建设............ 237
　　　　山东乡村建设研究院 / 乡学村学是人民的衙门：邹平方案的精髓 / 合作社 / 自卫力量 / 旨在改进道德的地方团体 / 农业技术 / 公共卫生 / 菏泽及"菏泽方式" / 乡村建设在山东的推广 / 当时对梁漱溟乡村建设的批评 / 对乡村建设的批评：理论和实践

第十二章　抗战时期和战后：政治和论战 276
民主的第三力量的前奏：1937—1939 / 访问延安，与毛泽东会谈 / 为社会改造和民族解放而工作 / 敌后 1939：致山东沉痛的告别辞 / 第三力量的崛起 / 桂林，1942—1944 / 重返政坛：和平谈判和内战

第十三章　回到北京 316
回到政治生活，1950—1955 / 与毛泽东的冲突和 1955—1956 年的批判运动 / 晚年，1975—1977

第十四章　1986 年跋 330
采访 / 梁漱溟的暮年

参考书目 / 345

中文版序言

在人们的脑海里，梁漱溟有四种形象：哲学思想家、乡村建设运动领袖、政治上的中间派以及20世纪50年代知名的受难者。

不过还有一点应予补充，梁漱溟也曾就此提醒过我们。他自谦地说，"我不是学问家而是实干家"。这是他的独到之处。他不同于中国现代的知识分子，从不"坐而论道"；他总是思考着社会问题，一有所悟便去力行。此外，他自己还强调过，也无人可以否认，他是表里如一的人，其思想和道德是一致的。

当只有二十几岁的梁漱溟成名时，正值具有重大意义的五四时期。对于这个时期，各国史学界无一例外地给予重视。然而梁漱溟虽是该时期的代表人物之一，却例外地没有像别人那样受到注意。不单在中国是这样，美国亦然。

美国史学界研究中国史起步较晚，直至20世纪五六十年代，这方面的著作尚付阙如。华裔学者周策纵60年代写了 *The May Fourth Movement*（《五四运动史》），才提到梁漱溟，但也只有一页半，仅限于介绍梁漱溟早年作品《东西文化及其哲学》。

拙作《最后的儒家：梁漱溟与中国现代化的两难》(*The Last Confucian: Liang Shu-ming and the Chinese Dilemma of Modernity*) 是海内外第一部梁漱溟评传。同时代的梁启超、胡适、李大钊、鲁迅等，都有人作了传记，甚至不止一种。美国人认为胡适是五四时期的主要思想家,这和胡适与外国联系不无相关。外国人容易知道他、理解他。胡适、李大钊和梁漱溟是同时代的人,而且李氏和梁漱溟还是好友。美国人在研究中国共产主义运动时,首先注意到了李大钊。这当然不难理解,人们自然会注意站在左右两翼突出位置的历史人物。

梁氏终生被看作近代中国的保守派,或者"文化守成主义派",且又不属保守派中的最杰出者。说到五四时期,人们可能提出梁启超、张君劢或其他人为保守派的主要代表。梁漱溟的思想在当时(五四)已被评定为保守,赞同他意见的人寥寥无几,多数人则不免先入为主地予以忽略。

作为20世纪40年代政治中间派的关键人物,梁漱溟往往鲜为人知。张君劢常被看作起主要作用的人物。张氏研究西方政治,又于1953年写了英文专著 The Third Force in China(《在中国的第三势力》),并领导着一个中间派的民社党,因而大家知道他的作用。梁氏说过,他参与政治,完全是为了调解国共冲突,一旦国共冲突已无可避免,便决意退出现实政治。这和许多人涉足政治的路径很不一样。

在50年代受到粗暴批判的人相当多,不过情形并不一样。例如胡适,对他的批判甚猛,但他却身居海外,不受触动。梁漱溟则不然,只因他具有罕见的定力,抓住一次次政治运动的间隙,才完成他的《人心与人生》及其他相关的哲学著作。他后半生的著作,由于政治上的禁忌,几乎是在他辞世前不久才得以出版。这既可庆幸又可惋惜。

我研究梁漱溟先生既与偶然机遇有关,又与个人性格有关,也和美国史学界对中国的研究逐步深化的总体趋势分不开。费正清先生在美国是研究中国的泰斗,他对中国的研究是从西方文化和历史学进入中国并影响到中国开始,渐进深层,直至研究中国本身。进入五六十年代,受他的影响,我们这些研究中国的后学,大体上也是这样一个路数。

60年代初,大陆集中批判杨献珍和周谷城。颇为偶然地,这却成了我研究梁漱溟的机缘。在阅读那些批判文章时,我第一次看到梁漱溟这个名字。当时台湾不允许公开出版梁漱溟等身居大陆的学者的著作,而在台港探访梁漱溟早年的学生时,他们也不知道老师的现状。我是在美国和中国台港地区搜集梁漱溟的资料的,可见封锁还是很严的。

在美国的图书馆中虽然有关于梁漱溟的资料和他的一些著作,但学界对他实在很陌生,只是在《最后的儒家》出版以后,注意他的人才渐渐多起来。例如费正清在 The United States and China（《美国与中国》）第三次再版时,便加进了有关梁的述评。

我曾于1973年首次访问中国大陆,那时正着手撰写《最后的儒家》。一到北京,我就多方打听梁先生,渴望见到他,但是每一个被问到的人都难以回答。1980年夏天,我终于如愿见到梁先生,使我惊喜的是,他几乎与我想象中的那个人相同。这在很大程度上是因为梁漱溟的表里如一,读其书如见其人。只是到了这一天,我才确信自己成功了：我的书抓住了梁漱溟思想的要义,反映了他的人品。

在约半个月的访谈中,我发现在拙著中有少许事实出入,这在第二版中都得到了纠正。

此后我多次访华,和梁先生又长谈过一次。不过,我把大部分精力用于在山东邹平作长达数月的实地访察,了解当年这里乡村建设理论实验的经过和成效。

梁先生过世后,我觉得,我对他的评价应作一些改动。现在看来,我对他所提出的世界文化三个路向和乡村建设理论的意义评价偏低。通常,一件事做成了,人们会说那是对的;一件事没有做成,人们就说那是错的。但是并非任何事都宜于根据我们眼见的成败去认识和估量。多次去邹平后,我觉得,本来是他对了。他提出的确实是建设中国的长期方案。

我愿借作序的机会解释一下——为什么称梁漱溟为"最后的儒家"。在近代中国，只有他一个人保持了儒者的传统和骨气。他一生的为人处世，大有孔孟之风；他四处寻求理解和支持，以实现他心目中的为人之道和改进社会之道。

梁漱溟是一个文化守成主义者，他的思想在当下不易为人们所接受。不过，一百年后回顾20世纪中国的思想家，或许只有他和少数几个人才经得住时间的考验，而为历史所记住。

拙著最早由美国加州大学出版社于1979年出版，1986年修订再版。2013年正值梁漱溟先生诞辰120周年，北京外语教学与研究出版社的吴浩先生邀我将中文版修订再版，以为纪念，我欣然同意。王宗昱先生与冀建中女士在翻译、引文查证与核实等方面做了大量辛苦的工作，我在此译本基础上，就术语的表达、文意的纠偏和事实的确认，做了进一步的修订和完善。当然，疏漏之处在所难免，还望读者方家教正。

艾　恺

导　论

"我看你满身臭气！"毛主席突然夺去发言者的麦克风，对他发出一连串声色俱厉的痛责。①瓮声回响的北京怀仁堂陷入了一片紧张沉寂的气氛中。这是1953年9月的一个下午，聚集在怀仁堂的几百人正惊愕地盯着讲台，在座的人几乎从未见过主席如此毫不自制地发怒。遭到毛泽东言语攻击的对象，是一位身材弱小、着旧式长袍的人，他到底做了什么，竟激起毛泽东如此空前的公然盛怒？②毛泽东指着这位戴眼镜的矮个子的面孔继续说道：

> 梁先生自称是"有骨气的人"，香港的反动报纸也说梁先生是大陆上"最有骨气的人"，台湾的广播也对你大捧。……他们都是你的密切

---

① 这次事件发生在拥有63名成员的中央人民政府委员会第二十七次会议期间，中国人民政治协商会议全国委员会的委员也列席了这次会议。本书的描写主要取材于〔424f〕和〔194〕（pp. 434—436）。毛泽东谈话的内容是经过整理的，并且加以说明是"主要部分"。公之于世的这篇文章可以看作是在此次会议之前的两个发言的合并。这篇谈话极不连贯且有重复之处。唯一一篇由目击者作的报道（〔194〕, pp. 434—436）更增加了这种嫌疑。并且，《毛泽东选集》注明的也是一个连续的日期（9月16日至18日），这种处理通常是说明这篇谈话不是在一天里作的。（注释标号书目详见本书第345—377页"参考书目"。——中译者注）

② 据说，毛泽东有时也在党内会议上发脾气，但从未听说过他在这种公开场合也勃然大怒。由此看来，他对梁漱溟的这种态度是罕见的了。

朋友，……他们那样高兴你，骂我是"土匪"，称你是先生！……你梁漱溟的功在哪里？你一生一世对人民有什么功？一丝也没有，一毫也没有。而你却把自己描写成了不起的天下第一美人，比西施还美。①

甚至在 25 年后官方出版的《毛泽东选集》中，虽然删去了责难的内容并润饰了文辞，但毛泽东当天下午对梁漱溟的批评读来仍不只是训斥而几近痛责。梁漱溟当天提出的任何问题似乎都只会招来一顿新的怒骂。

梁先生"要求多知道一些计划的内容"。我也不赞成。相反，对于梁先生这种人，应当使他少知道一些机密，越少越好。

梁漱溟这个人是不可信任的。可以让别人多知道一点机密，对你就不行。召集比较小型的民主党派的会议，也用不到你梁漱溟参加。②

毛泽东继续骂道："你就是这样一个杀人犯……梁漱溟是野心家，是伪君子。"

梁漱溟在此之前的发言显然是招来毛泽东责难的原因。在其他一些问题上，他也曾大胆地攻击过政府采取苏联经济发展模式的决定。因为这样就把最沉重的负担压在农民身上，从而使城市工人事实上成为一个特权阶级。政治协商会议主席周恩来当即对梁漱溟的第一轮发言做了强有力的回击，而毛泽东则是喃喃自语并且看上去很恼怒。意识到自己已引起了国家最有权力的人的愤怒的当口，梁漱溟竟要求允许他再做一次发言。

梁漱溟前一轮反对政府的评论堪称古老传统中清流之勇的延续——梁

---

① 〔424f〕, pp. 107—108。
② 〔424f〕, p. 108。

漱溟同"皇帝"的争辩完全是出于为"朝廷"考虑。那天，历史学家吴晗大概也在场。他很可能从这一情景中获得了创作著名历史剧《海瑞罢官》的灵感。这出道德剧的主人公海瑞也在朝廷上为农民发言。像梁漱溟一样，海瑞"过着一种朴素的生活，是一个正直的人，并且坚持原则……从不妥协。他既不为暴力威胁所屈服，也不为失败所动摇"①。善哉！梁漱溟既然已扮演了无畏的农民代言人的角色，又展现了他著名的道义上的英雄主义，那么，他欲再次发言究竟还有什么企图呢？

梁漱溟刚一开口，毛泽东就打断了他的第二次发言。但梁漱溟的第一句话还是给我们提供了一个线索："我再一次发言，是想考验一下自己。"②这是他一生经历过的这种考验的顶点，并且他也许是最后一个有意识地公然体现儒家传统的人。因为梁漱溟是20世纪最首要的儒家传统主义者，而他的这一姿态则是儒家传统的闭幕收场动作。梁漱溟同这个世纪最首要的中国马克思主义者鲜为人知的抗辩有着重要的象征意义：这个马克思主义者居高临下，是中国未来的化身；而这个儒者则是无权无势的遗老，是历史的幽灵。但是，那天两人的举止至今仍令人感到不可思议。为什么毛泽东对那种徒有虚雷的传统会有那么强烈的反应？为什么梁漱溟如此无法自已地坚持他那无望的道路？

对梁漱溟性格和经历的几点评价

梁漱溟对自我克制和人格完整的偏执颇负盛名，他的一生是为了实践

---

① 吴晗：《海瑞罢官》，p.5，引自〔458〕，p.30。
② 〔194〕，p.435。

他感受到的道德使命而不断奋斗的一生。人生是一件极其严肃的事情，它要时刻同道德懈怠的危险不断斗争。这种道德的强制力使他形成了非常严肃的个性。他很少笑，甚至很少微笑，也从不开玩笑。① 周围的人已见怪不怪，因为大家都知道号称"圣人"的就是他。1956年，一位共产党的批评家曾这样评论梁漱溟：他"常以'天生德于予'的圣人自居，这不是很多人都知道的吗？"②。

有些人自然会觉得这种故作神圣的老古板令人受不了，但是，孔子、孟子等圣人有时不也显得有些自命清高与冥顽不灵吗？没有人否认梁漱溟是属于一种非常特殊类型的人。大大的光头，深邃宁静的眼睛，倔强不屈的嘴唇，低沉但是坚定的声音，所有这一切塑造出了一个安静的、沉着有力的形象。一些钦佩他的人回忆道，他那由于沉静而发出圣洁光辉的风采使人感到仿佛面对"一尊菩萨像"。另一个人写道，梁漱溟"是那样地令人敬畏，以至他的学生在他面前难以顺畅地说话"③。

关于梁漱溟的经历和成就的评价是多种多样并且相互矛盾的。他的一生漫长而且复杂；他的一生是曲折的，几乎经历了20世纪中国所有的主要事件和运动。他的事业和著作几乎触及了20世纪上半叶中国所有的重大事件。与胡适、吴稚晖这些五四时代大多数反传统观念的同代人相比，他冥顽地捍卫着中国的精神主义，对抗西方的物质主义，犹如中国的泰戈尔。

---

① 我对梁漱溟外貌衣着的了解是根据他的照片以及他的朋友的亲口介绍。至于对他性格人品的了解，有一些也是得自与他的故交的广泛的谈话。

② 〔101〕, p. 36。作者在说这些话时，很可能也是以梁漱溟和毛泽东的争吵为背景的，因为他所引用的孔子这段脍炙人口的话（见《论语》Ⅶ：22）和这位大师的一段广为流传的故事有关。当孔子在大树下教导他的弟子时，遭到官吏桓魋的密使的追击。来者将大树拔起，欲杀孔子。弟子们都催促孔子逃命。孔子却很坦然，他坚信自己的圣贤身份和肩负的天赐使命。他从容地用上面这些话安慰学生。这段话的后半部是："桓魋其如予何？"

③ 〔613〕；〔311〕。

他在 30 年代乡建运动中的一些受过外国教育的同事曾傲慢地认为：他具有献身精神，但却是"非科学的"。他那个时代的一些马克思主义者则认为：他和他的方案是在资产阶级工业化毫不留情的进军之下，农民封建氏族社会在意识形态上的最后一记回马枪。在共产主义政权下，他被看作是主观唯心主义者，意图用封建道德麻醉革命农民大众，通过反对工业化而保持中国的衰弱，并且同西方帝国主义相互勾结。在台湾，他既在教科书中被引用，又被当作一个"受共产主义欺骗"的人而受到谴责。①

梁漱溟和中国的文化守成主义者

在所有的评价中，梁漱溟都被认为是一个"保守主义者"或"传统主义者"，其理由是各种各样的。从他强烈的儒家信仰到他那甚至在酷暑里也穿着的学者长衫，我们都可以找到上述称号的根据。但概括说来，梁漱溟主要是被看作一个"文化上的守成主义者"②。梁漱溟的思想和行动初看去不过是众人熟知的张之洞的体用二分法的另一种版本，即"中学为体，西学为用"。在君主制的最后年代里，在理论上将体用区分开来为中国谨慎的改良主义者们的守成主义现代化提供了一个便利的公式。他们既能维护他们

---

① 其例请见〔309b〕；〔580〕。关于他的同事对他的看法，取材于〔612〕；〔615〕；〔618〕；〔629〕。马克思主义者的批判有〔597〕, pp. 1—106；〔144〕；〔523〕；〔455〕。台湾和大陆最近的评论有〔409〕；〔101〕；〔532〕。由于梁漱溟在抗战前、抗战期间以及此后的政治活动，台湾和国民党有关的各方面人士在谈话时都把他称为"同路人"。除了 1971 年至 1973 年这段时间以外，梁漱溟的著作在台湾是一直被允许重版的。
② 艾恺主张把"conservatism"译为"守成主义"，而不主张用"保守主义"一词。关于他对此问题的论述，请见他的《持续焦虑：世界范围内的反现代化思潮》一书。我们只在导论的一些论述中把它译为"守成主义"。——中译者注

对中国文化精华（体）的信奉，又能问心无愧地为国家"富强"去照搬西方的工厂和武器（用）。相关的著作起初对"中体"本质的形容很含混，往往是提出一些道德哲学和社会习俗的根本原则。在张之洞的晚年，许多事件迫使他感到要维持"体"就必须采取更具体的办法，他转而提倡研读传统文献。他指出：无论怎样看待体的最终本质，它似乎都同经学和史学分不开。

同时，作为张之洞政治和观念的对立面的一些反清革命家也开始使用相同的基本概念——"国粹"——以为其目的服务，他们采用了日文"国粹"这一新词来代替"体"。然而就连张之洞有时也会用"国粹"一词泛指中国的精华。由章太炎、刘师培和黄节等人领导的国粹团体一直坚持到五四时期吴宓、梅光迪的"学衡派"继承其衣钵为止。在"学衡派"这些人手中，中国的精华不过是孕育文化的传统"摇篮"之一，它等同于（但不一定优越于）西方的古典文化。这种国粹观的谱系可以一直延续到20世纪30年代戴季陶、陈立夫的更具工具性并且更政治化的国民党的新传统主义，甚至延续到晚近的台湾文化复兴运动。

国粹派在它的各种复兴运动中都致力于中国"精神"的保持。这些信徒们相信这种精神就蕴藏在文学遗产中。因此，他们表现国粹的具体行动集中在经学、史学和纯文学。他们也常常把自己的努力和欧洲文艺复兴时西方古典学术研究的复苏加以比较。和张之洞一样，他们接纳西方社会、政治与经济等"外在形式"作为保护中国国粹的工具。梁漱溟也投入了这一事业：在接受西方政治模式与科技（虽说经过严格的筛选）的同时，维护中国文化的精华（或者更确切地说，是儒家的道德价值）。他也试图造就一个真正的中国文化的"文艺复兴"。

在五四运动前的阶段，这一波广泛的思潮重新点燃了古老的今古文经学派别之间的对抗——这次争论的是将儒学建立成宗教的问题。历史上最后一个今文经学家康有为认为，想要确保中国人的"灵魂"，最好将儒学制度化，成为正式的国家宗教，此一立场与今文经学派看待孔子的方式完全契合。古文经学派反对"儒教"的构想，他们坚持认为，学术的主要作用就是传播那个先验的"道"，即对一切时代和一切个人都有效的那个绝对价值体系。这个"道"是由古人发现并由圣贤们一代一代传下来的。

梁漱溟尤其将这个"道统"（真理的传承）引以为己任。他对康有为并不"尊重"，孔教会也使他"呕吐"。① 怀抱着以圣贤为己任的观念，梁漱溟感到，在当今的时代里，只有他充分领会了那个"道"，因此他要负起发扬它的庄严责任："前人云：'为往圣继绝学，为来世开太平'，此正是我一生的使命。"②

但是，梁漱溟和其他致力于播扬国粹的人之间有着根本的区别。首先，他不是任何一个学派的成员。他关于中国的传统经典、注疏、史传方面的知识也远不如章太炎那样的杰出学者。其次，和五四以后文化守成主义的主要倾向形成鲜明对照的是，他并不重视文学遗产和经学。他把对传统文学的学术研究视为精力用错地方而不加考虑，把小说、纯文学、诗歌看作是浪费时光。最后，梁漱溟明确地反对国粹派在保存文化上的努力，他把这些工作说成是"只堆积一些陈旧的古董"和"死板板烂货"。③

甚至梁漱溟本人也似乎感到了在他的生活及思想中存在着矛盾的困惑，也存在着命运的嘲弄。他曾称自己：

---

① 〔4〕，p. 137；〔4a〕，p. 4。
② 梁漱溟：《香港脱险寄宽恕两儿》。这是在日军侵入香港、梁漱溟逃到广西梧州以后写给他儿子的信。这封信曾于1942年2月发表在桂林的报纸上，其中一些内容曾为下列著作摘引：〔197〕，no. 5；〔441〕；〔311〕。
③ 〔4〕，pp. 202，204—206，210—211。

1. 最讨厌哲学，结果自己也讲了哲学；
2. 在学校里根本未读过孔子的书，结果讲了孔家哲学；
3. 未读过大学，结果教了大学；
4. 生于都市，长于都市，而从事于乡村工作。①

假如他进一步想想，还会再加上几条。作为著名的倡导佛学的学者，他指责当代中国佛教的再流行是自私的书呆子们"借着人心理之弱点而收罗信徒"的坏事。②他毕生都是一个反黩武主义者，却又是四名军队将领的朋友和顾问。③他是一个"反动分子"，却把蒋介石和袁世凯划为同一阶级④，认为国民党过于保守，而20世纪30年代的共产主义运动正适合了中国的真正需要。能够作为共产党创始人李大钊的亲密朋友，和毛泽东、周恩来保持着私人关系，而与国民党新传统主义的理论家陈立夫仅仅是点头之交，这是一种什么类型的保守主义者呢？

世界性的保守主义反应

如果我们把梁漱溟视为一种对普遍的"非保守""非传统"现象——现代化——的世界性反应，或许能看出梁漱溟的真正重要性。我这里的"现代化"一词是在韦伯的"合理化"这一概念的一般含义上使用的。这股持

---

① 〔564〕, p.4。又见〔14a〕。
② 〔4〕, pp.207—209；〔5r〕。
③ 这四名军人有三位属于桂系集团，他们是李宗仁、李济深、陈铭枢。另一位是韩复榘，他最初是冯玉祥的属下。
④ 〔11n〕, p.351。

续的对现代化批判的主要驱力，一直是强调纯粹理性主义无法解决所有基于人性产生的问题。或可说，这种传统觉察到一粒老鼠屎坏了现代化这锅万灵药，或是对视科技为万能救星的"美丽新世界"感到局促不安。这种对现代化的反动已超越了一般政治上的左右派系，它既包括了悲观的保守主义者，也包括了乐观的革命家。正因两者面对同样的"对手"，以致某些类型的保守主义者会状似马克思主义社会批判家。正如曼海姆（Karl Mannheim）指出的马克思主义者与生命论者（Vitalist）对现实的理解皆源自浪漫主义对纯粹理性主义的反抗。① 对这种虚无缥缈的反现代化的感情的定义从来没有令人满意的解答，尽管一些历史学家一直企图用浪漫主义、反理性主义、文化保守主义、对现代性的批判以至文学现代派等术语来描述这一感情的种种表现。当西方对于现代化批判的最新一波表述尘埃落定，专家们或许会再增加一些新词。

　　无定义大约正是一种确切的定义。个人环境、现代化以前的每一种传统的正面内容以及特殊的历史处境形成了每一个守成主义者的总体反应。不管历史环境和个人关系如何，我仍然认为这里有一些共同的主题。"守成主义者"好像都把传统社会形式作为检验社会是否优越的试金石，因此也就将这种传统的社会形式理想化。他们面对政治上和经济上的自由主义这一共同敌人（虽然他们自己的政治态度也可以被划归自由一类），都厌恶个人的物质私利。他们怀疑或者直率地敌视工业化的结果，特别是现代化的都会生活。这种态度强调社会在个人之上，有机的自然共同体在人工的法律关系和个人权利之上。除了强调机构的自然团体以外，这些守成主义者还寻求或渴望共同的价值和共同的真理。最重要的是，他们十分嘉许人类存在理性之外的与非功利的一面。

---

① 〔422〕，pp. 161—164。

在现代文明的发源地西欧以外的地区，还可以分辨出这种对现代文明的保守主义反应的第二个相关且有特色的因素。当这些文化单位面对现代文明时，他们就把它理解成"异族文化"，于是就在"进程"和"道德"之间产生了列文森（Joseph Levenson）指出的那种张力。因此，同中国的体用二分或以后的精神与物质相对的区分相类似的公式在印度、日本和伊斯兰世界这些传统国家中也出现过。这些地区受到了西方优越的军事和经济力量的直接威胁，并且在自卫中他们又被迫借鉴侵略者的文化。这种将自身特殊民族"精神"与有用的外来"事物"的截然二分，可以解释为一种源于自卑感的情绪反应。

那些正在经历这些转变的非西方社会开始用一种重要的新方式去理解"文化"。的确，资产阶级功利社会的心脏地带，在某些方面也跟其他更固守传统的社会一样，文化这个概念也扮演着类似的角色，发挥着类似的功能。正如威廉姆斯（Raymond Williams）在他关于英语词汇的经典研究中指出的：

> 文化以抽象与绝对之姿浮现，从某种意义上来说汇合了下述两种反应——第一是认识到，某种类型的道德与智识活动与朝向新式社会迈进的驱动力实际上有所区分；第二是强调上述这类道德与智识活动扮演着供人性上诉的法庭的角色，凌驾于功利的社会判断程序之上，却不失为一种平抚与激励人心的替代方案。①

当然，英国人没有经历一个来自外部的现代化过程。它没有发生认同危机和违和感。但1800年前后的德国与健全发展的民族国家如英国和法国相比，在经济和政治上则关键性地落后了。正是德国人最系统地发展了文

---

① 〔577〕, p. xvi。

化的概念。同正在改变欧洲外在的社会和经济上的合理化相反，它把注意力集中在人们的内在感情上。

内在与外在的区别常常被表述为文化和文明的区别。①文化是质化的、有机的、规范的、感情的、主观的和特殊的（包括风俗、宗教和艺术），而文明则是量化的、机械的、理智的、积累的和普遍的（包括科学和技术）。精神—物质或精神—自然的二元论（这种区分是那样彻底地渗透到了启蒙运动之后德国的思想中）同非西方的保守浪漫主义者和理想主义者们建构的二分法是相类似的。俄国的斯拉夫文化优越论者有时也直接借用德国浪漫派的思想，设计了类似的二分法：俄罗斯的村社团结（Sobornost）与精神性对抗西方的法治主义和理性主义。我们还可以看到19世纪后期在穆斯林兄弟会中的文化复兴运动用的也是同一方式，例如赛努西教团（Sanusiya）。在印度、中国和日本，这种融入自然与控制自然，或直觉与理智的对立公式也很常见。

在所有这些公式的表述中都或隐或显地存在一种主张，它既要求本土精神文化的优越性，又主张为了进步要尽可能有选择地借鉴西方的物质文化。这种东西方优越性相结合的结果既为这些"落后"民族提供西方掌握自然的设备，又使他们可以高度保持自己的精神性（文化、斯拉夫灵魂等）。落后地区的回应中一个值得注意的要点为其集体认同危机。"中国（或印度、日本及其他）的精神同西方技术相结合"这种陈腐思想的千万种形式都来源于那种对精神和文化灭绝的恐惧。尤其在本质上十分现代的民族主义感情与智识的回应中，这种陈腐思想常常达到顶点。例如，德国的浪漫主义

---

① 内在的精神有时表现为"文明"（如 W. von Humbolt，A. Schaeffle，P. Barth 等人指出的），有时也表现为"文化"（见 A. Weber 的著名公式以及 F. Oppenheimer 等人的论述）。这些有着明显区别的概念以及"Kultur"这个综合性的概念都表现了早期德国浪漫主义思潮（尤其是歌德和席勒的思想）的自然发展。

无法摆脱德国的民族主义和泛德意志主义；斯拉夫文化优越论被泛斯拉夫主义所含括；泛伊斯兰教运动吸收了穆斯林兄弟会的精神文化复兴；泛亚洲主义者成了日本帝国主义的基础。甚至像甘地这种人也成了民族主义的领袖。在中国，国粹团体成了国民党新传统民族主义的组成部分。在所有这些地区，文化逐渐被看作是独特的不能复制的精华。在来源和含义上它有着民族性，并且它与现代化的社会政治现实是相分离的。涉及上述民族运动的知识分子们，往往致力于发动以原初的民族与人民精神为基础的文化复兴，从而对语言、历史、文学、民俗学的研究产生了相当浓厚的兴趣。

农本主义和乡村建设

对现代化的这一世界范围的反应的另一个特点是反都市的农本主义。梁漱溟及其在20世纪30年代从事的乡村建设与这种反应是相符合的。然而，我们应将梁漱溟乡村建设中农业改革的指向与其深层的农本主义区分开来。在战前的十年中，中国出现了几百种地方农村的改革方案。大部分方案集中在教育、信贷、灌溉、卫生这类具体问题上。梁漱溟在山东的方案所以著名，在于它们试图解决所有上述问题并全面实现文化的复兴。虽然可以说梁漱溟在30年代确实曾作为农村改革的全国性发言人出现，战争期间又作为准政党——乡建派的领袖，但并非所有的乡村改革家都赞同他哲学上的农本主义。他的这种理论主张中国农民的生活和农村社会应具有普遍的优越性。

直到向工业化的英国开战，才迫使美国杰出的农本主义理论家杰弗逊（Thomas Jefferson）放弃一部分他珍视的以农立国的观点，容忍工业化城市这种"政治体上的烂疮"①。杰弗逊也曾坚信他心目中的普世人性价值与农业形态的社会密不可分,但在与国家存亡相权衡时,他转而语带保留。当1931年日本人入侵东北、梁漱溟面临农本主义与国家权力之间类似的冲突时,他又是如何反应的呢?梁漱溟指出了一种他认为适合中国的榜样:印度对于英帝国主义的非武装的但是团结一致的道德上的抵抗,以及丹麦并没有为其日益萎缩的国际地位而斗争,而是致力于改进其人民的生活水平。当1937年全面战争来临时,梁漱溟的答案基本没有改变:精神上的团结(而不是工业和军事上的强大)或许能救中国。②

当被迫做出一种选择时,和杰弗逊不同,梁漱溟不能允许国家权力的利益摧毁文化。因为他在根本上是一心护道的文化主义者,而不是一个献身于中国的民族主义者。中华民族可以是维护道统的手段,但它本身并不是目的。的确,梁漱溟也经常以民族主义者的口气对公众提出他的看法,认为实际上只有通过中国传统的复兴,国家才能昌盛。但在他看来传统不但具历史意义,更具穿越历史时代的重要性。它不是用来满足民族认同和骄傲感的一件历史文物,而是目前行动的基础。和现代化以前的中国人一样,梁漱溟确信中国并非仅仅是诸文化中的一支,而是唯一真正的人类文化。但因为他生活在20世纪,这种信念还是来之不易的,是经过了一番精神上的奥德赛才达到的,不能只看作是梁漱溟对他自幼承袭的自负的顽固坚持。

---

① 〔328〕, XI, pp. 503—505。杰弗逊在1816年给奥斯丁(Benjamin Austin)的信中承认,1812年的战争使得他放弃了他以前一直坚持并写入他1784年《弗吉尼亚笔记》(*Notes on Virginia*)中的反都市立场。

② 见〔10〕;〔41〕;〔42n〕。

梁漱溟和他父亲的关系

鉴于父子关系对于我这项研究中许多问题的重要性，这部书的一大部分篇幅集中在梁漱溟的父亲梁济身上。由于梁济对其儿子个性发展的影响，也由于他自身就是一个引人入胜的人物，我相信本书用一定篇幅讨论这个问题是有理由的。

另一方面，仔细考察梁氏的父子关系及其身处的特殊时代境遇，或许亦可让我们洞察中国现代史上一个关键的世代是受哪些因素影响的。梁漱溟是这一批判的一代中的一分子。这一代人横跨那样一段混乱的时期，这段时期从旧帝国制度的最后年代一直延伸到中国共产党建立新秩序之后。这一代人在知识界和政界支配着五四以及五四以后直至今天的中国。像这一代其他人的父亲一样，梁漱溟的父亲安然地生活在那个相对来说尚未因西学的进入而受影响的传统中国社会里。相反，梁漱溟本人则几乎自六岁起就感受到了西方的影响。此一世代差异与冲突的个案之代表性或许并不充分，但对它的深入考察确实能揭示出重要的症候群，帮助我们认识培养出一代杰出的中国人的情感的母体。

第一章 父与子

    1918年冬天，北京，一个蓝色的黎明中，梁济从他的书房中走了出来，花白的胡须衬着他的庄严。他在书房中度过了一个孤独的不眠之夜。此刻，他走向附近的净业湖，投身于冰水之中。这一自称是为了垂死的中国传统文化殉难的自杀行为，使这个由忽必烈可汗第五子所传下来、绵延八世纪之久的梁氏一族文人仕宦的传承戏剧化地断绝了。① 虽然祖先和家族背景对任何传记研究都有着社会学或心理学的意义，但对陷入文化危机的中国和这个为文化殉难的家庭来说，它们的意义就更特殊一些。

    1893年10月18日，在北京紫禁城附近安福胡同的一间小屋里，梁漱溟——这个显赫家族的第23代子孙降生了。② 两个月以后，在一个没有显赫的祖先也没有"书香"熏染的农户里，梁漱溟未来的学生、最终将成为他的导师的毛泽东降生了。胡适——这位梁漱溟未来在北京大学的同事和对手——此时已经三岁了，正在台湾东部他父亲的衙门里蹒跚行走。

---

① 忽必烈可汗第五子名叫和克齐，1281年授云南王。元朝灭亡时，这一支归顺了明朝。当时，这一族家居汝阳（今河南息县）。汝阳为战国时魏都大梁所在地，故该族取梁为汉姓。在有明一代，该族一直世袭显爵。清朝建立后，该族迁居江苏江宁。这以后不久，即转由科举取士。〔99b〕, pp. 1a—b;〔71〕, p. 3.
② 他的名字叫焕鼎。1912年，同盟会员孙浚明（1927年春国民党清共时，他在上海被杀害）为他取字"漱溟"，后来他以此名行于世。〔99b〕, p. 12b;〔71〕, pp. 3, 39;〔14a〕, p. 3.

桂林梁氏

自19世纪初开始,梁家就一直把遥远的中国西南城市桂林当作他们的祖籍,虽然漱溟的祖父乃至曾祖都是在北京而不是在桂林度过他们的大半生的。梁济和他的子女们都是生长在辇毂之下。① 因此,桂林梁氏是帝都中的婆罗门而不是外省的绅士。在这个天朝没落的年代里,梁氏星系中最明亮的星是梁济的父亲梁承光。他像一颗彗星,有着短暂而辉煌的一生。承光是一个杰出的学者和诗人,杰出的骑手和军事战略家,他结交的朋友中有许多人在朝廷身居要职。他在山西死于与捻军的战斗中,时年35岁,过早地熄灭了人生之火。② 他的死即刻给梁家带来了严重的影响,使他们陷于穷困。承光的妻妾携着他的独生子梁济——这个梁家八岁的微弱血脉和它的唯一希望——从山西回到他的出生地。他们乔装打扮悄悄溜进北京古老的城门,生怕遇到债主,也不敢再摆出尊贵世族才有的气派。他们带着只有穷亲戚才能同情的奇耻大辱到姻亲处藏身。③ 往日的岁月一直留在梁济的记忆中:拥挤的住所,锱铢必较的生活,嫡母授徒,生母捣衣。

梁济的破落世族生活就这样开始了。可以说,梁济一生过的都是这种生活。这个家族也是典型的中国式贵族,即累世士大夫的家庭。到了梁济这一代,这一家失去了它以往的财富和权力,但它没有失去作为古代理想的承袭者及社会的卫道者而出仕做官的传统。在嫡母严厉的儒家目光督促

---

① 梁氏第19代梁垩于19世纪初迁居桂林。他的儿子梁宝书于1849年中进士举后开始客居北京。〔99b〕, pp. 1—6;〔71〕, p. 3;〔14a〕, pp. 2—3。
② 梁承光曾一度就职于内阁,去世时任候补知府,朝廷授以朝议大夫荣誉称号。他的一些朋友是有名的高官,如潘祖荫、孙毓汶、李守愚、徐继畲、翁同稣。〔99b〕, pp. 1b, 7b。
③〔99b〕, pp. 3b—4。

下，梁济得到了他的天赋权利——古代经典的教养和一种传统的道德上的执着。这使他很早就被灌输了一种在个人私欲和君子至善之间不断斗争的意识。而他的自杀，不过是他毕生道德锻炼的又一项练习。

大器大用的传统和道德领导的意识——梁家的这两种气质弥漫在少年梁漱溟成长的环境中，形成了他青年时期的态度。在回忆童年时，梁漱溟写道：父亲人格的感召，"使我幼稚底心灵隐然萌动对社会对国家的责任感，而鄙视那班世俗谋衣食求利禄底'自了汉'"①。

家族往日的繁盛似乎给了父亲和儿子以深远的影响。没落贵族是近代西方文学的常见主题和许多作家自身的生活写照。这样的家庭中似乎常常产生格外敏感的孩子。虽然近代中国并没有托马斯·曼（Thomas Mann）或福克纳（William Faulkner）这样的人物，但是，从近代中国最伟大的文学艺术家、传统社会的犀利批判者鲁迅以及圣徒似的传统守护者梁漱溟身上，似乎都在家庭破落和精神敏感的关系上提供了一个中国式的范例。

人们说，一个父亲对子女说的话不会被时人听到，但是将被后人听到。梁漱溟和父亲关系中那刺痛人心的时刻决定了梁漱溟一生的基本方向、他的人格及个性的形成。梁济如何结束自己的一生是解释梁漱溟事业开始的关键。但让梁济走上净业湖自杀这条路的原因是曲折的。梁济 1918 年为清王朝和传统中国社会殉身，并不能完全归结于他一生所采取的态度和所从事的活动。一般的分类范畴如保守派、改良派和激进派等，并不能准确刻画出梁济的一生。

---

① 〔71〕, p. 20。

文化上反传统观念的梁济

1885年,梁济24岁时中了举人。但直到1898年才得到一个职位,任内阁中书。那时他已有了妻子和四个子女。在此以前,他一直在私塾中教书度日,为一个满族显贵做家庭教师,也曾为一些京官做私人秘书。他在内阁里一直工作到1906年,然后获调至新设的京师巡警厅,先后办理教养局、习艺所之业务。1908年因嫡母去世,他辞官服丧,从此再未出仕。①

对梁济身处的时代来说,他显得非常激进。19世纪80年代,少数鼓吹自强的人与大多数昏庸保守的官吏展开了思想上的争论。自强论者鼓吹从技术上、经济上、外交上借鉴西方。攻击诋毁自强派最力的保守派是北京官场中号称"清流"的合纵连横的派系,他们敌视鼓吹自强的人,顽固地反对与西方实行任何妥协。作为年方二十的青年,梁济不仅鄙视保守派的蒙昧主义,甚至比改良派更欢迎从西方吹来的改革之风。虽然自强论者承认西方技术的先进性,但他们仍然认为中国传统中的基本价值和制度能够应付现代社会中的问题。而梁济则在1883年已经做出结论:中国的经典不能解决西方人入侵后产生的问题。②

梁济非常清楚对维新改良持这种态度在社会上和政治上会带来什么样的后果,郭嵩焘的结局便是一例,而梁济对其一直非常仰慕。但是他说:"有一种为清流所鄙、正人所斥者。洋务西学新出各书深切时事断不可以不看。盖天下无久而不变之局。我只力求实事,不能避世人讥讪也。"③

梁济的"务实"意味着任何个人、任何制度或政策都要根据它是否能

---

① 〔99b〕, pp. 7a—b, 8b, 11b, 16a—b, 20, 22;〔193〕, 346:20b。梁济曾给顾肇新、孙毓汶和清流中的保守派李文田做幕僚,也曾给满族公爵那桐的孩子做家庭教师。
② 〔99b〕, p. 20;〔404b〕, p. 2b。
③ 〔99b〕, p. 9。又见 pp. 12b, 13;〔9h〕, p. 98。

使中国富强并取得实际效果来评价。他鄙视那些辞章之士，那些人似乎相信只要以清高的姿态大谈儒家的道学，就能拯救中国。梁济把受尊敬的清流领袖张佩纶看成是一个自私自利的谄媚之徒，认为他只求个人声誉而不求拯救民族，对改良及革新者只是妄加讽刺。像俞樾这类著名的经学大师同样没用，因为他们并没有取得什么实际效果。相反，梁济欢迎1898年康有为激进的制度改革，把它看成是"变法图强之基"。①

1900年，义和团运动波及梁济家，这使他深切地感受到了广大同胞的无知与迷信。在此以前，他一直把全部精力集中于自上而下的改良。这时他意识到，如果没有公民养成的教育事业去影响和凝聚民众，就没有民族的复兴。1902年，他和友人彭诒孙创办了《京话日报》。这是第一份旨在对民众倡导民族主义和改良思想的中文报纸。为了影响更多的读者，他们采取了另一革命性的步骤，完全使用白话。此报实为创新，闻名北京，人称"洋报"。实际上，它成功地鼓动了发生在京城民众中的几次民族主义运动，如为偿还庚子赔款的国民捐款运动、1905年的抵制美货运动。此报大开风气，因而得以流布北方各省，远至陕西、甘肃、东北。梁济和彭诒孙还创办了中国第一份儿童杂志《启蒙画报》。这是一种专门传播科学常识、世界时事和外国文化的画报。② 梁漱溟后来对反传统的"科学与民主"的倡导者陈

---

① 〔404b〕, pp. 9, 11b；〔99b〕, p. 17。
② 在此以前，中国的一些通商口岸已经办起了报刊，也有少数人用通俗语言撰写文章。但在京师，梁济和彭诒孙在这方面还是首创，并且大概也是唯一强调近代基本知识对民众的意义的。该报鼓动了民众的爱国运动，反对英国人虐待华工和美国人禁止华工入境。最大的一次行动是为偿还赔款募捐。在这次运动中，报纸发表文章募集了一大笔款子用来赔偿外债并减少所付利息。报纸还在全城建立了"阅报所"和"讲报处"。彭诒孙的名字在北京家喻户晓。那本儿童杂志也是孩子们每周渴望阅读的，甚至远在南方的江苏也是如此。〔624〕。又见〔99b〕, pp. 19—20；〔71〕, pp. 16—18；〔5h〕, pp. 61—62；〔350〕, pp. 113—176。

独秀说，是他父亲的报纸首先将陈独秀的"赛先生"介绍给北京人的。①

梁济的文化开拓并不限于创办新报纸，像许多老北京人一样，他对戏剧也甚有兴趣。1904年，他创作并上演了北京第一出"新剧"《女子爱国》。这是一出旨在唤起民族主义感情的戏。②

后来在1906年，当梁济最后供职于巡警部时，他仍然继续坚持其改良主义的主张。他在监狱中创办职业学校并实行教育贫苦儿童的计划。③在此前后，梁济夫妇结识了中国第一个社会党的创建人江亢虎。梁夫人和江亢虎同在妇女界工作。另一位早期社会党领袖人物陈翼龙也一度是梁家的常客。④

在教育子女方面，梁济所做的更是背离了贵族传统。在那个世纪的末叶，作为士大夫的父辈和子女之间的关系还是非常拘谨的，有着严格的礼仪和不可改变的规矩。在这种家庭中长大的许多孩子与父亲谈话的机会几乎屈指可数，因而谈话时未免敬畏不安。能够容忍争论并与孩子进行自由讨论的家长是很少见的。相反，梁济有意识地在他和子女之间建立一种友好的、自然的关系，鼓励他们与他自由交谈，并积极征求他们的意见。他有目的地鼓励他们发展那些不同于俗见的独立精神，教导他们坚持自己的观点甚至可以反对父母的意见。他也避免使用任何形式的体罚。他或许认识到：最严厉的责难与裁判莫过于内在的良心。⑤提早独立也提早带来责任感，半

---

① 〔5h〕, p.61。

② 〔5h〕, p.61。又见〔99b〕, pp.19b, 20b。

③ 〔99b〕, pp.20—22；〔193〕, 496:20b。

④ 1904年，梁夫人（张春漪）参与了北京第一所新式女校"女学传习所"的建立并在该校教授中国文学。梁夫人出身于云南士大夫家庭，受过较高教育。对于丈夫的致力改良，她也全力支持。由于江亢虎大约也是在此时致力于妇女教育，他很可能常常和陈翼龙出入梁家。见〔71〕, pp.20, 41；〔99b〕, p.19b。

⑤ 〔71〕, pp.5—7；〔47〕, pp.55—56；〔14a〕, pp.8—9；〔9h〕, pp.97—101；〔404〕。

个世纪以后,梁漱溟仍然清楚地回忆起一件事:

> 9岁时,有一次我自己积蓄底一小串钱忽然不见。多处寻问,且向人吵闹,终不可得。隔一天,父亲于庭前桃树枝上发现之,心知是我自家遗忘,并不责斥,也不喊我来看。他却在纸上写了一段文字,大略说:
>
> 一小儿在桃树下玩耍,偶将一小串钱挂于树枝而忘之。到处向人寻问,吵闹不休,次日,其父打扫庭院,见钱悬树上,乃指示之。小儿始自知其糊涂云云。
>
> 写后交与我看,也不作声。我看了,马上省悟,跑去一探即得,不禁自怀惭意。①

从梁济对其子女以及寄养在家中的侄甥们的教育中也可以看出他对传统观念的反抗以及对传统方式的漠视。1903年,京师译学馆成立,梁济送其长子焕鼐入馆学习。三年后,他把焕鼐送到东京学习商业,而商业当时是很受旧学界蔑视的。② 他还把两个孤儿表外甥送到译学馆学习,后又送到

---

① 〔71〕,p.7。
② 梁焕鼐(凯铭),出生于1887年。比梁漱溟大6岁,于1903年京师译学馆开办时入馆学习。这是一所官办学校,专门培养涉外事务方面的人才。1906年8月,他离此去东京明治大学读书。他在那里专修商科,1911年夏毕业,为优等生。此后,他在中国驻日使馆做了半年通译生,1912年1月回国。翌年夏,他到西安西北大学任教,1916年,他在农商部任职,从此进入仕途。此后他连续在各个铁路机构中任职,官场得意,做到了北宁铁路管理局秘书室首席秘书。整个30年代,他一直住在天津的英国租界里。自从1925年和其兄弟编辑出版了乃父文集之后,他似乎一直很少和其兄弟见面。他的夫人是乃父的密友及同事彭诒孙的女儿。〔71〕,p.4;〔591〕,卷11,p.64;〔99b〕,pp.8a,19a,24—25。

英国攻读法律学位。他曾为不能亲自出国学习而感到遗憾。① 他冲破了双重俗见，努力使自己的两个女儿受教育，并且受的是当时的新式教育。②

梁漱溟的早期教育也许是最彻底地一反惯例的了。他六岁开始受家庭教育时，完全是按照传统习惯请来了塾师。但是，他父亲要塾师一开始便教授一本介绍世界历史地理的启蒙读物《地球韵言》，而不是去记诵"四书"。然而，梁济仍然不认为这是很令人满意的"现代"教育。当北京第一所西式小学"中西小学堂"于翌年（1899年）开办时，他便送小漱溟进了这所小学的初级班。这一年，毛泽东在湖南乡间开始受教育，在塾师随身的戒尺和严厉目光的监视下哼着经书。在安徽上庄村，胡适也正在一家传统私塾中全神贯注地背诵着经书。而七岁的梁漱溟——这个未来的旧传统的卫道士却正忙着探寻英文入门读本的奥秘，他念的是 ABC，而不是《论语》。由于受的是全盘西式教育，梁漱溟在成年之前也从未背诵和认真研习过儒家经典。③

作为道德贵族的梁济

梁济，这位站在革新前沿的讲求实际的民族主义者，一生中曾在接受

---

① 1902年7月，梁夫人的叔叔张励吾去世，留下孀妻和三个子女，生计窘迫。梁济和张励吾的夫人家也有亲戚关系。实际上，梁济就是在张夫人父亲家和她一起长大的。因此，张励吾的家眷就搬到梁家住。转年，张夫人去世，将几个孩子的抚养教育责任担在了梁济肩上。梁济把他们全送进了新式中学，后来又于1903年送张家大儿子张耀曾去日本学习法律，于1904年送小儿子张宽西去爱丁堡大学读书。其女先入天津中学读书，后又去日本留学。〔99b〕, pp. 16b, 19—20, 22, 26b;〔127〕;〔5c〕, p. 28。
② 梁漱溟的两个妹妹焕浩（1894年出生）、新浩（1896年出生）均于1911年毕业于京师女子师范学堂（该校创建于1908年）。〔99b〕, pp. 15, 16, 19b, 24;〔71〕, p. 4。
③ 〔99b〕, p. 16b;〔71〕, pp. 10—12;〔5h〕, p. 61;〔510〕, pp. 1—2;〔14a〕, pp. 2—3。

西学影响方面开风气之先,他怎么会最终以一种反西方的姿态为中国的传统文化自杀了呢?答案在于他人格的另一方面:对国家和社会的义务和责任感这种家庭传统塑造了他品质的这一部分。

至少在理论上说,真正的儒者凭借自身的美德而得以秉持与施行权力,美德则得自严格的自我品德陶冶与不断的自我反省,并通过以身作则和品德教育将其施之于社会。梁济一生执着于这样一项事业:将自己造就成一个内修其心外正其行的道德完人,并且他为自己树立了一个最严格的良好行为的标准——即使是一人独处也要正襟危坐,因为他以戒慎恐惧的心情履行着儒家经典中古老的训诫:"君子慎其独","十目所视,十手所指,其严乎"①。如果他步趋时风去拜访父辈中有权势的朋友,无疑会提早得到官职,但这样做会有违于内心的端正。甚至在授官之后,他也不去拜访顶头上司,认为这样做似乎是在溜须拍马。②

梁济的个人生活中充满着为他所认定的为道义牺牲的精神。尽管自己处于贫困的境地,他仍把已故亲戚的寡妇孤儿接到家中,也曾拿出钱财借给贫困的同事。1908 年,他母亲去世时,他依照最严格的礼节辞官守制,虽然当时他极需钱财,而三年服制也已久不时兴了。③

1902 年,他不惜负债以支助友人彭诒孙经营困难的报纸。他这样做不

---

① 《大学》6:3。"十目所视,十手所指,其严乎。"这段话一直被解释为"有许多天神在时时监督着人的行动"。理雅各(Legge)的翻译是:What ten eyes behold, what ten hands point to, is to be regarded with reverence. 见〔378〕, I, p.367。

② 〔99b〕, p.21b。例如,只有在他父亲的有权势的朋友孙毓汶罢官之后(从而也未能为他谋到官职),他才去拜访他。〔99b〕, p.15。

③ 见本书第 30 页注③。1911 年春,梁济在京师实业学堂(他曾在那里任斋务长,该校后来改为工业学院)时的学生来借钱回乡省亲。梁济本人尽管阮囊羞涩,但他还是把妻子的许多首饰拿出典当了为其筹款。他对这个以往颇为挥霍的学生提出的唯一条件就是要他痛改前非,立志做一个有用的国民。然而,这个学生显然未能改过自新,那笔借款也始终未曾归还。见〔99b〕, pp.22a—b,23b。

仅是出于他和彭诒孙的私人关系，也是出于对社会的君子之责。1906年，彭诒孙的报纸激怒了西太后，遭到查封。翌年，彭诒孙创办了另一家报纸《京话日报》。他的报纸揭露了袁世凯北洋军队的丑行，不久便激怒了袁世凯，被发配到新疆。在这两次事件中，梁济都没有考虑到朋友可能给自己的生涯造成的影响和打击。①

同样出于这种大公无私的精神，甚至当义和团得到了西太后的支持之后，他仍然不顾性命公开主张镇压义和团。他预料的灾难终于发生了，外国军队进了北京，大部分京官纷纷携着家眷财产逃走，而梁济则认为大义尚存而留在任上。②

梁济也用人格的完整去评价别人。他用以判别的标准是情操而不是思想观点。他不尊敬他19世纪90年代初期的上司李文田，这并非因为李文田是排外的保守派，而是因为他在1894年到1895年的甲午战争中和其他京官一样主张逃离京城。梁济鄙视那些置个人利益于国家利益之上的文官们。③梁济对倭仁和梁启超怀有极大的仰慕，同样也是出于道德上的考虑。这似乎有些矛盾。因为倭仁主张华夏中心论，而梁启超则是西学的革命传播者。他们两人几乎在任何方面都是对立的，只有在道德的正直、个人的操守、无私地履行学者责任方面才是一致的。然而正是这一点对于梁济才

---

① 1906年8月，《京话日报》报道了袁世凯的北洋营务处暗杀保皇党人吴道明、范履祥的事件。袁世凯查封了报馆并由巡警部逮捕了彭诒孙（和他的妹婿杭慎修），判处彭十年徒刑，发配新疆。梁济曾设法营救朋友，失败后又曾提出辞职以示抗议。在彭诒孙服刑期间，梁济负起了照顾彭家的全部责任。〔99b〕, pp. 19, 20b—21；〔71〕, pp. 16—19。又见〔350〕, p. 172。
② 〔99b〕, pp. 17b, 18。由于在联军侵占北京期间留守京师有功，梁济得到了"侍读"的头衔并提高了品级。〔99b〕, p. 19a。
③ 李文田（1834—1895）是北京官场中的清流人物。他反对改良派的主张，在1884年至1885年的中法战争和1894年至1895年的中日甲午战争中持不现实的强硬派主张，这实际上是在反对李鸿章集团中的温和派。见〔322〕, I, pp. 494—495。

是最重要的。①

甚至在热心地响应1898年的维新变法时,梁济还写了一份奏折,强调虽然变法为"自强之本",但有效的变法则应以"正人心"为基础。没有道德复兴的政治改革,只会给那些执政的贪官污吏以更多的权力,得以增加其恶劣影响。结果,梁济奏折的主旨就和褚成博、朱一新这类极端保守派反对改良的理由相一致了,即认为好政府应依靠好人而不是好法律。②

梁漱溟的早年

由于生长在北京,梁漱溟的幼年伴随着这样一些意义深远的重要事件:1894年到1895年甲午战争中中国的惨败,1898年百日维新的流产,以及义和团运动。而义和团运动大约是最直接、最可怕的一次冲击了。1900年夏,刚在华北杀教民、烧教堂之后,这些"正义和睦的拳民们"涌进了北京城。在著名的围攻使馆区期间以及在此之前,他们一直意图消灭北京城其他各处的外国影响及受外国影响的人。梁漱溟的中西小学堂与北京的其他教堂一起毁在义和团自认为正义的火把中。梁漱溟也偷偷地烧掉了他的全部英文书,因为他害怕被发现读过洋书从而被认作二毛子。③

漱溟幼年时似乎娇弱多病,六岁时还要别人帮助穿衣服。作为父亲的宠儿,他似乎更多地享有父爱。他幼年经常生病,生病时梁济甚至亲自照料他。1906年,当他第一次离开家去北京城另一端的顺天中学堂上学,他

---

① 〔404b〕,pp.5,9,11b;〔6〕。
② 〔99b〕,pp.16b—17。关于褚成博、朱一新以及其他人在这个问题上反对改良的保守主义主张,请见〔491〕。
③ 〔71〕,p.12。

一定过了许久才适应。①

性格的形成　梁漱溟的许多性格特征从他少年时代便可看出端倪，这些特征强烈地反映了他父亲性格的多面性。他高度发展了那种道德忧患意识，以至父亲给他取字"肖吾"。②和父亲一样，梁漱溟也非常执着于个人操守，自强不息地修善其身。在与中国传统思想进行有意义的接触之前，他已研究过了《德育鉴》——由梁启超编著的儒家道德自修的一部纲要。他非常关心其中"立志""含存""审察""克己"等条目。③但是，到了高年级，他不再把道德至善作为目的，而更多地把它作为手段，将自己造就成有用的人，以达到救国的目的。

专心致志的性格类型免不了有自负的色彩，这使得他的同学们送给他一个与众不同的别号——"傲"。梁漱溟亦以为贴切："这种心理，可能有其偏弊，至少不免流露出一种高傲神情。"这种自命不凡的脾气在以后的生活中更像一种学究的自以为是。它会得到一些人的赞美，而其他人则感到厌恶。至少在中学期间，他尚有机会和伙伴们一起外出喝酒。④

梁漱溟的自负，加上他父亲培养的寻求独创和坚持己见的精神，造就了他另一个终身的性格特质——事事有定见。在作国文作文时，他总喜欢作翻案文章，不肯落俗见，以致一位教师警告他："好恶拂人之性，灾必逮

---

① 〔9h〕, pp. 98—99；〔71〕, pp. 8—9, 24—31；〔14a〕, pp. 2—3；〔99b〕, pp. 20—22。自 1900 年至 1906 年，梁漱溟曾分别在几所小学读过书，也曾随家庭教师读书。1901 年，他进南横街公立小学堂读书，翌年转入彭诒孙办的"蒙养学堂"。1905 年又转入江苏同乡会办的小学，这大约是由彭诒孙介绍的，因为他是江苏籍人氏。像这种不系统的初等教育在当时是一种普遍现象，因为新式小学校不多，清朝的新式学校体制也尚不稳定。见〔99b〕, p. 18；〔71〕, p. 12。
② 〔14a〕, p. 5；〔9h〕, p. 98。
③ 〔71〕, p. 35；〔405〕, Ⅱ, pp. 1—170。
④ 〔71〕, pp. 20—21, 25。

夫身。"①

政治思想　梁漱溟年轻时的政治思想打上了他父亲的烙印。由于父亲对报纸很感兴趣，他也很早便养成了读报的习惯，也因此对时事很感兴趣。"如当地之《北京日报》《顺天时报》《帝国日报》等，外埠之《申报》《新闻报》《时报》等，都是我每天不可少底读物，谈起时局来，我都很清楚，不像普通一个中学生。"② 而另一个不平凡的中学生毛泽东在这时也同样养成了读报的癖好。

由于怀着反对压迫、自强保种的愿望，梁漱溟和毛泽东都听信了梁启超等人的主张，崇尚立宪、政党内阁、法治等西方政治制度。但梁漱溟认为，只有建立了一个强大的汉民族国家时，这些具体的政治和社会的改革方案才有价值。他反复阅读了梁启超的立宪刊物《新民丛报》及其新文艺刊物《新小说》。他对西方政治理论和政治制度的理解大部分得之于此。1910年，梁启超的最后的立宪刊物《国风报》唤起了他对探索西方政府再造这方面的热情。他对立法制度、内阁、预算、审计及货币制度等政治机制问题非常感兴趣。他认为中国也会走上社会、政治和经济合理化的道路，并由此走向富强。③

此时的梁漱溟尚无任何道德上的顾虑，觉得无论用任何手段都应强迫摇摆不定的清廷推行这些改革。如同清末大多数青年一样，他深受俄国民粹派恐怖主义的影响。"在政治运动改造上，我认为可以用种种手段，而莫

---

① 〔71〕,p.27。许多熟悉成年时期梁漱溟的人都特别谈到了他的"倔强""坚持己见"和"执拗"。〔612〕;〔613〕;〔614〕;〔615〕;〔618〕;〔620〕;〔622〕;〔625〕;〔626〕;〔629〕;〔633〕;〔637〕。
② 〔71〕,p.33,又见pp.15,20—21。
③ 〔23f〕,pp.253—254;〔14r〕;〔23c〕;〔71〕,pp.14—15,27—37;〔14a〕,pp.15—17,19;〔11a〕,pp.4—8;〔11c〕,pp.101—107。

妙于俄国虚无党人的暗杀办法。"[1] 这种近乎道德虚无论（Amoral）的态度并不意味着梁漱溟不考虑道德的意义。相反，他对恐怖活动的态度完全符合他自身黑白分明、充分发展了的道德哲学。和他父亲一样，他确信所有行为必须由其效果来做判断。绝对的善即幸福，幸福即快乐的总和。善就是快乐，恶就是痛苦。所以，他用边沁式享乐主义者的计算方法来衡量人的行为。依照"对最大多数人有最大好处"这一标准，那么暗杀带来的苦痛与改良带来的快乐相比则微不足道。梁漱溟自称他青年的思想是工具主义、实用主义和功利主义。[2]

无论从最好的或最糟的功利主义观点出发，梁漱溟都把艺术和哲学看作是损人利己的一派胡言：

> 我那时自负要救国救民，建功立业，实则在人生思想上是很浅陋底。对人生许多较深问题，根本未曾理会到。……抱一种狭隘底功利见解，重事功而轻学问。具有实用价值底学问，还知注意，若文学，若哲学，则直认为误人骗人底东西而排斥它。[3]

在顺天中学上一年级时，国文老师讲授唐宋八大家的文章，他"最不喜欢"。"国文讲义，我向来不看，尤其不喜欢空洞的议论，如苏东坡之万言书。"对中国文学遗产中的珍品，他"全不以为然"。他尤其不喜欢老子这样的中国传统哲学家。[4]

同学和革命同志 顺天中学是一所新式学校。这类学校在1905年废除

---

[1]〔71〕，p.33。
[2]〔23c〕，pp.85—86；〔14a〕，pp.1—7，16；〔71〕pp.14—15，29—30，35—37。
[3]〔71〕，p.35。又见 p.29；〔14a〕，pp.5—7。
[4]〔71〕，p.27；〔14a〕，p.5。

科举以后大量涌现，用毛泽东的话说，真如"雨后春笋"。这类学校的新奇不仅在于它采取了西方的组织形式，设置了科学、数学和外语等课程，还在于它把各地的中国青年长期聚集在一起。当然，中国很早便有学校了，但传统的学校是在家族关系和地区关系的基础上组织起来的。新式学校的学生有着一种新的、前所未有的身份认同——"中国人"。他们建立的学生组织也在另一种前所未有的运动——群众性民族主义浪潮——的兴起中起到极其重要的作用。清朝末年，当中国的民族主义运动第一次大规模兴起时，新生的学生阶层超越其他阶层之上成为运动的中坚。

作为新型学生，梁漱溟也是民族主义浪潮中的一分子。的确，由于父亲的影响和对报纸的爱好，与其说他被潮流推着走，不如说他处在激流的浪峰上。可以说，他在入中学以前即开始了强国的个人实践。他年仅12岁就去散发传单，号召大众参加各种民族主义运动。在1905年抵制美货运动中，他和同学们冲进附近店铺查寻违禁美货。每一件新的国耻都使这位少年胸中沸腾着义愤的热血。在一次国难之后，他被同学们推为代表去请求学堂监督，要他去特聘一名军官来进行课余军事训练，以便学生们用热血和武装来拯救国家，抵抗列强日益贪婪的侵略。这一请求得到了同意，一名军官被请来做课余军训，并发给学生枪支。①

梁漱溟也参加了学校中一些更具传统性的组织。在一些同学的促成之下，他参加了一个"自学小组"，这个小组的宗旨在于互勉、批评、求知。②此处所谓的学，在中国传统中不只是吸收知识而已，还包含道德的自我培养。这个小组的学术讨论和道德讨论是通过彼此间的批评进行的，而这是梁漱溟青年时期最有意义的内容，这种概念在他后来的教育方案和最后的乡村

---

① 〔71〕，pp. 17, 30—31；〔14a〕，pp. 15—16。
② 这些孩子们都有一个揭露其缺点的绰号并用来作为称呼，以此作为互相警喻、反对道德懈怠的办法。例如，他们之中的运动员姚万里被称为"暴"，而他们的领袖廖福申的绰号叫"惰"。

运动中起着主要作用。在 20 世纪初叶，这种组织并不少见，甚至革命的基层组织也是在"日知社"这类名义下建立的。蔡元培后来在北大的改革中建立了"进德会"，也是旨在同旧学生的吃喝嫖赌做斗争。①事实上，同样的方法与模式在中国历史上屡见不鲜。因为儒家特别相信个人周遭的交游环境有助于个人内心的迁化向善。孔子、孟子所用的方法提供了小组教育最初的样板。类似的形式明显地沿用到了宋明理学家与清代的书院以至共产主义的"学习小组"。

通过参加这种小组，尤其是通过它的领导人郭晓峰，梁漱溟在一定程度上冲破了狭隘功利主义的束缚，这种束缚无疑是受其父亲的影响造成的。作为同乡，郭晓峰是未来中国共产党的主要创始人之一李大钊的朋友，后来，他与李大钊及毛泽东一起在北大图书馆工作。那时，郭晓峰对佛、道两家的经典以及《易经》已颇有心得，并且是谭嗣同《仁学》的热情宣传者。②十分有趣的是，郭晓峰相貌"如好女子，见者无不惊其美艳"。梁漱溟非常崇拜郭晓峰，他将郭晓峰的谈话逐字记在专门的本子上并题名为"郭师语录"。这种自命不凡的行为很快引起了同学们的讥笑，称他俩为"梁贤人、郭圣人"③。

在郭晓峰的鼓励和指导下，梁漱溟开始涉猎他曾藐视的中国哲学。他重点阅读了佛学著作和王阳明的著作。然而，对于晦涩的唯识佛学和明代心学的这番探索对梁漱溟的基本思想并未即刻产生影响。他依然固执于明白易懂的享乐主义计算方法。但是这种精巧的哲学讨论使他养成了长时间

---

① 日知社成立于武汉，后由刘静庵将其变成了革命组织。蔡元培的进德会规模更大，曾拥有上千名会员；但它也表现出了中国人特有的思想，强调德才兼备。见〔524b〕, pp. 108—112;〔524c〕, pp. 172—183。

② 〔14a〕, p. 6;〔71〕, pp. 34—35, 37。

③ 〔71〕, pp. 34, 35—36;〔14a〕, p. 7。

独自沉思的习惯。他对什么是真正的"苦乐"感到疑惑。①

　　这个自学小组对梁漱溟的影响不仅限于他知识的增长，也涉及了政治问题。在梁漱溟的整个中学时代（1906—1911）里，对中国未来的两种截然不同的构想成了中国年轻的学生界日益敏感的焦点。1905年，分散于各地的共和革命团体在孙中山的旗帜下集合成为一个不太完善的联盟——同盟会。翌年夏，清廷颁布了一项国策，似乎要缓慢实现君主立宪制。作为全国最有影响力的作家，梁启超十分热衷于采取清朝政府的主张。立宪派与革命派之间的争论席卷了中国所有的学校。生平头一遭，梁漱溟被迫捍卫他对梁启超及立宪派的信仰，这种信念是他毫不质疑地从父亲和彭诒孙那里接受下来的。在革命派方面，他不仅同郭晓峰对立，还与其他许多人对立，其中包括一个叫甄元熙的年轻的世界主义者。甄元熙在广州和上海生活过，而这两个地方正是革命派活动的温床。

　　梁漱溟以他典型的方式，针锋相对地面对那些革命派同学。如果人家不同意他的观点，他一定要完全理解对方所主张的内容及其根据才善罢甘休。同盟会的出版物不易得到，但他在1910年设法订阅了同盟会所办的《民立报》。他还搞来了同盟会的忠诚党员胡汉民与自己所拥护的对象梁启超的论战集，以极大的热情认真地阅读着。后来，甄元熙也强迫梁漱溟与他展开了同样的笔战。在此期间，梁漱溟始终坚持其立宪派的立场，一直到了命运攸关的辛亥年（1911年）为止。②到了这时，梁漱溟也和同学们一起转向革命的潮流，因为面对清廷的拖延和半吊子的改革，他也感到失望了。③

　　总之，到1911年为止，梁漱溟一直把国家强盛作为最终目标，选择直接的政治行动以求解决当代中国的危机。他对中国的传统不感兴趣，对中

---

① 〔71〕, p. 30; 〔14a〕, pp. 6—7。
② 〔71〕, pp. 34—37; 〔14a〕, p. 16; 〔14r〕, pp. 196—198; 〔11a〕, p. 4; 〔23f〕, pp. 253—254。
③ 〔71〕, pp. 38—39; 〔14a〕, p. 16; 〔11a〕, p. 4; 〔99b〕, pp. 23b—24; 〔34〕, p. 3。

国的"文化"不甚了了,对中国的文学遗产只有轻蔑。他相信中国只有沿着西方的道路才能富强。他积极地拥护以西方模式为基础的社会政治制度改革。然而,他为什么以及如何在十年后成了中国传统文化的著名捍卫者和西方道路的批判者呢?这一问题的答案至少部分地要归因于父亲梁济的影响。

第二章 精神异常、自杀、成圣

1908年,梁济从原来在内阁的职务上丁忧去职。此后,除了在新建的京师实业学堂工作了一年,搞一些他一生喜爱的京剧外,他没有做什么事。1909年,他年逾五十,已届中年,多少有些满足了。这一年,他在靠近使馆区南部的缨子胡同建了一所新居。他的长子焕鼐在东京的大学里学习很好,两个女儿也进了中学。然而,使他最感得意的是儿子漱溟为人真挚、做事认真。①

国内局势的发展也足以悦其心。死亡终于斩断了西太后久握权柄的魔爪。在目睹了这个老妇人对1898年的维新变法以及他本人的教育普及事业的摧残之后,对于她的驾崩梁济内心一定会感到有些欣慰。那个曾摧残他的朋友彭诒孙的袁世凯也从权位上跌落了下来。到1909年,清廷已经显然不得不改弦更张。这一年,载沣亲王颁布命令,在法律、教育、军队及内阁中彻底改革。也就是在这一年,中国第一次举行了地方选举和各省代表集会。看来,中国似乎终于转向了梁济多年来一直指示的方向。

然而,梁济本人的态度也开始改变了。他后来携往净业湖畔的那种愤世嫉俗之苦开始萌发了。原因有很多。在长期领不到薪水之后,经济日见危急,夫人也得了重病。他早先的普及教育活动遭到了失败。他的合作者、

---

① 〔99b〕, p. 22b;〔404e〕, pp. 32, 33—39b;〔14a〕, p. 5;〔9h〕, p. 98。

最亲密的朋友彭诒孙也远去新疆。也许最令他心碎的是他在首都警察系统中改革事业的毁灭性结局。他的改革在继任者手里横遭厄运，他的一切努力均化为乌有。①

事情真正的转折点发生在1904年4月的早晨。那天他结束丁忧申请重新派职，"自以旧有资劳不难得乌布薪金"。当他并未得到一个职位时，他非常惊讶，但正如日记中所指出的：

> 乃徐观他人得乌布者无不自钻营奔走而来，而堂司诸人对待我者公然行其昧心之事，绝无直道之存，即欲感以朴诚，讽以道义，亦徒取其喷饭。盖官吏风习之坏莫过于斯时矣。②

公众舆论对开国会、订宪法的压力不断加强。1910年5月，各省议会、商会及各团体的代表涌进北京请愿并发表演说。他们向皇帝呈递了十份请愿书，要求开国会。这时，梁济对改良派的这种努力以及作为这种运动的骨干的新生资产阶级已经感到厌烦了。这些事件的压力及梁济对它们态度的改变在一年前尚且十分牢固的父子关系中造成一道裂缝。当梁济在家烦躁不安时，梁漱溟则偷偷溜出学校去参加请愿了。梁济怀着别扭的厌恶感等着看10月临时国会的召开。他确信政府和社会世风日下，议员缺乏操守，这一切将使国会不能有所作为。而漱溟则兴奋地参加每一次集会并研究每一项建议。③

梁济在慈母膝下接受的儒家信条和这个礼崩乐坏的现实形成了鲜明的

---

① 〔404d〕, pp. 8a—b。参看梁济辞职前后巡警总厅关于救济和教育计划的统计。见〔191〕, pp. 41—42, 1906年的统计；〔192〕, 第二部分，"外城"，pp. 159—161, 关于1907年的汇编。
② 〔404d〕, p. 15。
③ 〔14r〕, p. 197；〔23f〕, p. 254；〔404d〕, p. 4b。

对照，这使他想到了家庭的传统和自己在官场中的身份。"盖老辈以为功名地位必从真实本领换来，决非巧取幸获请托情面所能致。"① 在儒家的理想中，个人表现正直就会得到公众的认可并被授予官职权力。只追求权力和金钱是卑劣的。但是，梁济现在看到政府奖赏了这种道德的卑劣。他总结说：不管是否进行改革，中国都将比以往更加衰落。世界向何处去？难道因为坚持了家庭传统和父亲灌输给他的道德标准，却要受到惩罚吗？难道由于他拒不违背一个正人君子的言行，他的正义立场却要遭到社会的否认吗？他在自己的笔记中写道：

> 余住京五十年，与士大夫晋接者三十余年，始终不敢染趋竞之风。实由幼年家庭教育所致。先君教诲一二语，今犹忆之。……先嫡母刘恭人教诲之力为更大。②

梁济的民族自救计划

作为一个儒家道德上的贵族，救世仍然是他的责任，虽然这个社会已是满目疮痍。他很快拟订了一个救国计划并决定将它交给从前的上司，以期挽救日下之世风并谋求开复原职。但直至1911年，他并未将其写成文字。10月，当他仍在写作时，共和革命使这一计划成为无用之举。③ 然而这一文稿对我们还是有价值的。它反映了这一年当梁漱溟渐渐追随同学们趋向革命时梁济的思想。它和我们研究梁漱溟本人对中国问题的解答也有关系。

---

① 〔404d〕, pp. 26b—27。
② 〔404d〕, pp. 26b—27。
③ 〔404d〕, pp. 15a—b。

在一定程度上说，梁济尚未真正改变其1898年改良主义的态度，只是日益加深对道德复兴的强调。他认为，实行宪政和变法是再好没有了。但"救亡当以正人心为先"，新的制度和法律并非造成中国衰落的根本问题。

> 就求治之法而论，已不可谓不周，即考之泰西诸国当年攻强致富之初，亦未必如我国今日采取之富。然愈求治愈不治且增长乱源、丛生弊窦，岌岌不可终日。①

梁济实际上仍然在重复他1898年所说的话，认为中国之要害"非法敝而是人敝"，恐怕最完美的立宪政治也会"因人心之坏"而归于失败。为了正人心，他拟了一个纲要来论述君德、官德、民德。

首先，他要求清朝摄政王要使人民对即将来临的宪政有积极的准备。"立宪政治实数千年未有之奇，将欲变易国民精神，促成进步之思想。"② 此外，摄政王必须进一步深察下情，不能只依靠那些矫饰之辞。梁济认为，到现在为止，变法的问题之一是政令出自宫廷，而朝中并不调查它在社会中的实际作用。

梁济反复说明民德之堕落，如酒楼妓馆之盛行，宴会者非谑浪之语言即狎邪之行动。作为一个道德上的终身斗士，对于声色他仍保持着清教徒式的憎恶。但一种新的因素毕竟已加入了他的思想中，由于西方的影响，他将追求快乐和物质享受联系起来了。他把市民阶层的消费主义生活方式视为"耳食欧风不求甚解"。他抱怨说："若世风以步趋奢侈为光荣，则天理必定不存。"③

---

① 〔404d〕, pp. 1a—b。
② 〔404d〕, pp. 1a—b。
③ 〔404d〕, p. 6b。

虽然处在最高层的领导者是重要的,但梁济把民众看作一切力量的源头。他们眼下的自私贪婪、普遍的腐败只有通过道德规劝和教育才能纠正。梁济的解决办法是建立"宣讲所"。它是各居民区的中心,对民众进行道德教育和道德监督。和他以前办报纸一样,这种机构的目的也是用民族主义的热情去鼓舞民众,用通俗明白的语言向民众讲解基本科学、世界时事这些"现代知识",民众的问题在于:他们不懂得团结一致,甚至国家的危亡也引不起他们的关心。①

在革命以前,梁济的思想中已经包含着一个基本矛盾。他本人大约从未意识到,但他的儿子却对此思索了许多年。梁济的计划预言了传统的个人道德的复兴,这种道德将是强国的手段。但是,他把这些道德准则看成天理(普遍的人类价值)。那么,他的绝对价值究竟是道德价值还是中国国族?

梁济设计的宣讲所制度(它将由教育部和民政部联合管理)为提高民众道德和民众教育提供了一个组织网络。在这种有道德的警察教员的统治下,风行一时的个人利己主义必然让位给无私的集体主义。梁济的计划通过建立多功能的地方组织加强了基层的参与。他准备首先在一个小范围(首都)内实行,并逐渐扩展到全中国②——而这是他儿子后来的乡村建设方案中两个重要的思想。通过宣讲所制度,民众在自制和集体行动方面得到训练,从而受到动员并提高道德。他们将在恢复活力的官僚阶级领导下去争取一个新的强大的中国。因此,梁济计划的中心并非政府改造与变法,而是靠正人君子的努力与影响促成社会自身的转变。

梁济的计划和传统的"乡约"讲演制度十分相像。这种乡约向乡村地

---

① 〔404d〕, pp. 10b—11。
② 〔404d〕, pp. 21—22b。

方提供劝善的说教，并通过表扬和谴责村民的行为来实施道德监督作用。但是，它的主要功能是在公众集会上阅读圣谕。直到 1906 年，有关教育的规章制度仍然在强调要阅读广泛的道德教育的材料。① 梁济的方案即是以这种传统为基础的。他扩大了这种传统的范围，并且把它和他的两项得意的改革——民众教育及慈善的警察制度——结合起来。这种慈善的警察制度包括了济贫、就业计划和职业教育。

虽然经过一年半的努力，梁济的方案仍不完备。而这时，命运攸关的 1911 年 10 月来临了。他的工作当然也受到了干扰。他仍然到部，虽然他一直未复职。并且，他夫人的病占去了他许多时间，因为他要亲自为夫人配方煎药。但他仍旧不时离家到天坛附近的中和园、前门附近的广德楼和北京各著名戏院去听戏。那时，他一直在为女儿的婚事费心，直到最近才为新铭（焕诰）找到一个合适的对象——邹应萁。这个年轻人是彭诒孙的江苏老乡。此外，他的长子焕鼐几个月前于明治大学学成毕业，不久即将回国帮助父亲建设他日夜憧憬的新中国。②

梁济也感到了其他人对未来有着各自的幻想。在那个略受西方教育影响、半西化的广东人孙中山领导下的"匪党"过去几年中已举行了几次未遂的武装起义，旨在推翻君主制。仅在六个月以前，一个年轻的"匪党"头目汪精卫企图刺杀摄政王载沣。一个月后，几百名革命者袭击了一个总督衙门，使广东所有城市陷入可怕的骚乱中。而更多的人则在四川被杀害。

---

① 〔452〕, pp. 231—237, 267—271.
② 〔99b〕, pp. 22—24b, 26; 〔404e〕, pp. 23b—24, 32—39b.

共和革命

10月10日之夜，梁济正在书房中写他奏折的"官德"一节，这是北京一个舒适的秋夜。但几千里以外长江流域上的武昌城却是一番暴风骤雨。9日晚，一名清军士兵程定国枪杀了他的排长。① 这一枪引起了共和革命，把梁济案上的奏折扔到了历史的垃圾箱里。这一事件不仅宣告了清朝的结束（它占有这个金龙宝座毕竟仅仅268年），而且宣告了天子（他在上天和人民中间站立了3000年）的末日。当时，梁济并未意识到这些意义。翌日，当暴动的消息传到北京时，他仅仅把它看作是近年来许多骚乱中的一件。

这次革命对于梁漱溟和他在革命中新发现的希望却是至关重要的。随着起义的烈火燃遍全国，梁漱溟现在感到未来属于同盟会一方，于是和同学们组织了同盟会京津支部。这一地区尚在清廷控制之下，他们的活动必须是秘密的。梁漱溟投身于一个振奋人心的秘密革命的天地里，这个天地里充满着暗杀、秘密会议、军火走私和自制的炸弹。在18岁中学毕业后，梁漱溟是他自己的老师。为了革命的秘密活动，他第一次走出北京城去昌平，此后他经常旅行到天津总部所在地去取武器和炸弹。他以经营一个煤店为名，使之作为革命者在北京的掩蔽所（在东单二条）。他完全沉醉在这些活动中了："在某种程度上说，我们的工作是一种暴力活动，因为我们在玩弄些手枪炸弹。但同时这对我们又很像儿童的游戏，我们一点儿也没有意识

---

① 是谁在什么时间打响了第一枪也许永远弄不清楚。西方学者和当代中国学者接受熊炳坤《武昌起义谈》中的叙述。关于这些学者的意见，请见〔213〕, p. 66。熊文刊于〔287〕, V, pp. 86—94。但该书中其他一些参加者的叙述与熊炳坤的说法有出入。

到它的危险性。"①

梁漱溟的越轨行为使他和梁济关系上的缝隙扩大为深沟,梁济得知了儿子的活动后,断然表示反对。他劝诫儿子:"立宪足以救国,何必革命,……谨身以俟天命可也。"但像往常一样,梁济并不干涉。他一贯鼓励孩子们坚持自己的信念,甚至在这时,当梁漱溟的信念变成了行动并因此将自己年轻的脖颈置于清政府的屠刀之下时,梁济也仅仅是表示一下自己的反对意见而已。②

局势在迅速发展。到了11月,除了北半部,整个中国都掌握在革命军手中。1912年1月1日,以孙中山为总统的中华民国在南京宣告成立。一个多月后,清朝皇帝退位了,这个儒家社会的中枢寿终正寝了。

梁济对退位的态度是模棱两可的:"诚得如此,亦是好事。然来日大难负荷伊谁?"③梁漱溟的态度并不含混。他匆匆赶去南京开始为《国民报》工作。作为一个记者,他得与共和政府中的要人接触,如教育总长蔡元培、

---

① 〔34〕。又见〔99b〕, pp. 23b—24;〔9h〕, pp. 100—101;〔14a〕, p. 4;〔23f〕, p. 253;〔71〕, pp. 38—39. 同盟会于1905年成立时已在冀东拥有会员,但他们直到武昌起义时才活跃起来。梁漱溟在他的著作和讲演中几次强调自己是京津支部的发起人,因此可能直到1911年10月以后,河北一直不存在组织严密的支部。梁漱溟可能使用的是代号,所以他的名字在这个支部现存的原始文献中一直没有出现过,虽然他的一些同学的名字(如雷国能)出现过。梁漱溟一定是在18岁时就成了这个支部最年轻的成员。京津支部的主要机关设在天津法租界的申昌旅店(音译),那里也许是同盟会机关报《国民报》报社所在地。清朝皇帝退位后,梁漱溟在那里工作。这个以旅店为掩护的总部也用来制作炸弹、储藏武器,但它从未打算去暗杀某一个算得上是重要的人物——尽管梁漱溟有"手枪和炸弹的把戏"这类话,甚至根本就不存在一个"暗杀部"的人名档案。这个支部至少负责组织了1911年11月23日在滦州的一次重要起义(但终归失败),此外没有成功地进行过暗杀或占领衙门的行动。关于这个支部短暂而平凡的历史,请见〔530〕, pp. 913—915. 关于京津同盟会的现存文献,请见〔543a—d〕。

② 〔99b〕, p. 24。又见23b;〔11a〕, p. 4;〔14a〕, pp. 8—9.

③ 〔99b〕, p. 30;〔404a〕, pp. 10b—11.

章士钊等。他也是当时另一位记者黄远生的朋友。①

退位对新政权来说并未解决什么真正的问题，北方仍在袁世凯及其北洋军阀手中。虽然南方各省声明忠于孙中山的南京临时政府，但出于争取全国统一的愿望和对袁氏军力的顾虑，在退位宣布之后，孙中山当即将总统职位让给袁世凯。但其他问题仍然存在。北京是袁世凯及其军人的势力范围，南京是共和体制的象征并在革命党人手中，共和国的首都是设在北京还是设在南京？袁世凯会来南京就职吗？2月29日，当事态仍在协商中、南京方面正在等待代表的回话时，驻在北京的袁世凯所部第三师一部及其卫队发生哗变。这件事不论是否为袁世凯指使都说明了袁世凯不会到南京就职，首都仍将定在北京。

梁济的誓愿

梁济的住宅靠近烈火和蹂躏最厉害的地方，没有受到损坏，但混乱的情景和声音包围着他。当他看到古老的东安门被烧成一片大火、听到掠掳中的尖叫彻夜不停时，在他心中掠过的是什么念头呢？也许，他认为这是革命的结果、权力攫取的结果，它除了使袁世凯及其追随者这帮歹徒支配权力之外，别无所成。而他的儿子、他宠爱的儿子却正在南京作为造成这一切后果的运动的一个成员！也正是在这时，梁济决定要殉难了。在和广西同乡在銮庆胡同粤西老馆团拜时，他曾宣誓要为捍卫传统而献身。此后

---

① 关于梁漱溟在南京的经历不甚清楚。由于直到1912年3月前后他才正式在天津《国民报》工作，他大约是在1月和一些同志由北方南下。（直到1912年2月，北方尚在清廷的控制之下。）〔463〕, p. 63; 〔5a〕, pp. 1—2, 17; 〔9a〕, p. 7; 〔47〕, p. 3; 〔71〕, pp. 39—40; 〔99b〕, pp. 23—36; 〔66〕, p. 5. 又见〔319〕, 梁漱溟指出, 此文表明了他厌世的原因。

他们又去文昌关帝两殿，在香烛之前演示了同样忧郁的仪式。后来，他又在家中独自拜在祖先神位前，向其已死去40年的父亲宣誓：要在危亡之际决不辱没他，且要"发明正义"。①梁济不是为已去的君主制和清朝朝廷而悲哀，而是为了"习惯"和"正义"。他要用自己仅有的手段——生命——去捍卫祖先的遗产。西方的影响和新的掌权人正在摧残这些习惯和正义，因此他们是敌人。

但是，决定殉身并不是一件简单的事，另一种感情也许一直在起作用。这种感情和他对儒家泛道德主义的信仰一样，深深地植根在他的灵魂里。梁济面对的问题和儒学一样古老。按照儒家的理想，君子内涵的道德至善要传播出来，用道德榜样去影响他人，同时为个人争得威望和权力。但在整个中国历史中，儒家理想的金钺总被贱金属似的现实猛力冲击。由于世风日下，这种不和谐的音调在清末尤其响亮。

当55岁时，梁济回顾着他执着地追求道德完整的一生，这也是试图影响外界的全部努力归于失败的一生。他面临着失业的未来；他崇高的社会改革计划也由于革命变成了多余的事。他想起慈爱的母亲对他寄予厚望；这些希望和他目前的身份、和他恢复家庭辉煌的失败形成了如此残酷的对照。也许自杀才能解决内心灵魂和外部世界之间那种永恒的紧张。若他能以这种修身自律的极度表现对社会造成强大的道德感召，他或许终将留名。他决定去死，期望这一大义凛然的行为"或许还能挽救社会上日益堕落的道德水准"②。

随着梁济对共和后果的痛苦的日益增长，他甚至开始抛弃他早期关于改良的思想。清帝刚刚退位，梁济原先在民政部的上司、新共和政府中的

---

① 〔99b〕, p. 24;〔404a〕, pp. 10b, 11, 1b。
② 〔404f〕, p. 1b;〔404e〕, p. 5b;〔404a〕, pp. 38b, 11。

部长赵秉钧终于给他安排了一个职位。这在几个月前尚是他渴望的,现在他却愤怒地拒绝了,并递交了一份申请要求提前退休。部里退回他的申请并送来薪水,这更激怒了他。① 有趣的是,梁启超这个鼓吹西化的老战士在这时首先表达了梁济含混不清的内心感情。梁启超1912年来北京参加新政府。这一年的12月,他发表了《国性论》。在文中他说道:中国要生存下去就必须在其国民性基础上恢复其传统的道德规范。没有一个共同的是非标准,任何组织(家庭、村落或民族)都会陷于分裂、混乱。没有它自己的民族精华——在几千年当中形成的宝贵的统一体——中国就将灭亡。② 在梁启超这种理论的影响下,梁济开始构思他自杀的理论根据。

梁漱溟的危机和退隐

恰恰就在这时,梁济仍在南京与同志们沉浸于胜利的欢乐中的儿子梁漱溟却真的试图自杀了。但梁漱溟的自杀却不像乃父那样有着崇高的愿望,而是出于一种可怕的心理压力的支配,这种压力他自己也解释不清。③ 在并不辉煌的民国元年里,梁漱溟一直从事政治和新闻工作,但常常处在不断增长的精神压力之下。他似乎一直摇摆在自我毁灭的边缘上。1912年6月,他的母亲在长期的病痛之后终于去世了,这亦无法挽救他于绝望的深渊。④ 在这一年底,他再一次试图自杀。由于不能积极地生活,他放弃了四处漫游的生涯,住在他父亲家中与外界隔绝以求"出世",全身心地投入佛教研

---

① 〔47〕, pp. 55—56, 61—62;〔23c〕, pp. 86—87;〔9h〕, pp. 98—102;〔99b〕, pp. 25a—b。
② 〔404a〕, p. 62;〔406〕。
③ 〔11a〕, pp. 3—4;〔47〕, pp. 3—4;〔5m〕, p. 88;〔5a〕, p. 1;〔9a〕, pp. 6—7。
④ 〔99b〕, p. 24b。

究和实践中，这种独居自修的生活一直持续到1916年年中。当他最终又打开这扇沉重的大门时，这门已被他砰然紧闭了四年了。

使梁漱溟从同盟会及其报社辞职的直接原因是同盟会改组为国民党。1912年4月，北京临时国会召开，同盟会和许多小一些的政党在争夺权力上钩心斗角。在敏于政治的宋教仁的领导下，同盟会通过改组为国民党成功地兼并了几个小政党，轻而易举地控制了国会。这样，同盟会中就充斥了许多厚颜无耻的机会主义旧式政客。

在这次改组过程中，梁漱溟不仅参与了同盟会内部的密谋，也参与了作为被兼并者的小政党的秘密会议。政治生活丑恶的一面使目睹此情此景的梁漱溟感到震惊。他惶惑了：民主就是这些腐败的大烟鬼们背地里做的欺诈交易吗？他认识到正如英国首相迪斯雷利（Disraeli）指出的，政治无恶不作，这是他危机的另一个原因：

> （我）渐渐晓得事实不尽如理想。对于"革命"，"政治"，"伟大人物"……皆有不过如此之感。有些下流行径，鄙俗心理，以及尖刻、狠毒、凶暴之事，以前在家庭、在学校遇不到的，此时却看见了；颇引起我对于人生感到厌倦和憎恶。[①]

这时离开党内的并非梁漱溟一个人。往日救国的英雄团体，如今变成了扩张权力的政客们的避难所。对此，许多年轻的理想主义者都感到厌恶了。与其受这些所谓同志的腐蚀，不如离开。[②] 甚至后来成为中国共产党之

---

① 〔71〕, pp. 39—40。梁漱溟出席了汤化龙和孙鸿一的共和建设讨论会（该会参与了同盟会的改组）和梁启超的进步党的秘密会议。
② 〔530〕, p. 130；〔600〕, pp. 58—60。

父的李大钊因沮丧于政府中的道德沦落，也通过佛教而求出世了。①毛泽东也朦胧地感到这次革命没有达到目的，他也离开了湖南的革命军，茫无目标地住在长沙。②这些经历给梁漱溟的影响是旷日持久的。虽然由对政治的幻灭感引起的厌倦即将过去，但他此生再也不相信那些政客和他们的权术了。这种厌恶感使他永远不能真正理解政治和权力，以致他后来作为一个乡村改革者和政治调解人时亦无法用其治术。

以后，梁漱溟曾多次写到这段精神迷乱时期，但叙述和解释总有不同。也许这些不同都有道理。一个人个人生活中的中心事件是他未来个性的决定因素。这个中心事件是复杂的，它由许多层面的事实和许多种真相组成。也许要彻底澄清梁漱溟所经历的精神苦恼是徒劳的。不过，梁漱溟的这种消沉对西方人来说并不陌生。陀思妥耶夫斯基（Dostoevsky）、穆勒（J. S. Mill）和托尔斯泰（Lev Tolstoy）及其他许多表达能力强的、敏感的人物都详细地叙述过他们生活中的这类危机。

从最抽象的角度上说，梁漱溟的危机是对一种真理的感情理解的结果。这种真理是他以前通过研究佛教得到的。他当时只在理智的水平上做了了解：快乐的增长只能伴随痛苦的增长才能得到，不可能只增长好的方面。快乐和痛苦都发源于情欲。这样，梁漱溟为自己和中国求得一个美好未来的全部努力，都在这架永恒的天平面前遭到了无情的嘲弄。梁漱溟很可能又提出了穆勒一个世纪以前便提出过的那个问题："即使你实现了人生的全部目标，你期待的制度与舆论的转变也全都实现了：这对于你是最大的快乐和幸福吗？回答是响亮的：不！"③

这种理解使梁漱溟对人生的苦难突然陷入了紧张和痛苦的敏感之中。

---

① 〔428〕, p. 14;〔393a〕。

② 〔489〕, pp. 125—128。

③ 〔433〕, p. 83。

无论他走到哪里,似乎都在在看到这个世界邪恶本质的新例证。

> 又有一件事,是我在北京街上闲走,看见一个拉人力车的;是一个白头发的老头,勉强往前拉,跑也跑不动;而坐车的人,却催他快走,他一忙就跌倒了;白的胡子上面,摔出血来!而我的眼里,也掉出泪来了!……我受到种种的感触,反复地思索,使我的血达到了沸点,那一年我几乎成了疯狂。……我因为心里这样激昂,精神状态很不稳定,所以那一年在南京自杀未成的事。①

梁漱溟对社会罪恶的新认识使他得出了蒲鲁东式的结论,认为私有财产是这一切社会罪恶的根源。因此,他一度曾热心于社会主义。② 但是,他这种社会良心觉悟的最重要的结果是"厌恶并轻视人生"③。

梁漱溟的病痛还有许多其他原因。关于试图自杀一事,他这样写道:

> 那都可以表现出我内心的矛盾冲突来。就是自己要强的心太高,看不起人家,亦很容易讨厌自己;此原故是一面要强,一面自己的毛病又很多,所以"悔恨"的意思就重,使自己给自己打架,自己打架,

---

① 〔9a〕,p.6。
② 梁漱溟在病中曾得出这样悲观的结论:无论是由民主和经济之发展而产生的社会主义,还是尼采式的超人的发展,都不可能真正有效地改变人类的本质(见〔5a〕,pp.14—15)。尽管如此,在1912年年初他也曾以满腔热情阅读了幸德秋水《社会主义神髓》一书的中译本,而这是一部日本早期流行的关于社会主义的著名作品。在这部著作的激励下,梁漱溟也写了一本关于社会主义的小册子。〔9a〕,pp.2—4;〔14a〕,pp.16—17;〔71〕,pp.42—45;〔11a〕,p.4;〔38〕,p.289。
③ 〔5g〕,p.39。

打到糊涂得真是受不了的时候，他就要自杀。①

罪恶感（或像他所说的自弃、羞辱、悔恨）显然是他精神崩溃的重要原因。以前他视为英雄的人物现在被他所藐视，因为他们的行为模式是机械式的，不过是被他们的欲望与热情所操控。出于同样的原因，他也轻视自己。按照佛教中"烦恼"一词的意思，他的罪恶感和悔恨大约是由于他屈从于"纵浪淫乐"。②

由此而言，"机械"行为和真正的"人类"行为之间的对抗一直是梁漱溟思想中的一个因素。在梁漱溟看来，所有机械主义的人类观（梁漱溟以此范畴来概括大部分西方思想）都把人类的存在仅仅看成一股欲望的冲动，看成是一架由生物性欲望支配的自动机。为了满足这些需要，理智就把生命看成是满足这些需要的工具，结果目的本身也就消失了。此外，穆勒式的危机和对自己以往边沁式功利主义的否定一起涌上心头。当梁漱溟谈到这次危机时说："事功派的夸大心理易反动而趋消极。"③ 由这种"事功派的夸大心理"导致的穆勒式危机，似乎是梁漱溟此后给中国年青一代的鉴戒。

在所有关于这段罪恶、悔恨、自弃时代的论述中，梁漱溟从未谈及过父亲，无疑是因为这些是所有罪恶感中最深刻最强烈的。梁漱溟对于他同代人中许多对抗父母权威的行为一直持否定态度，因为他父亲从不干涉他的行动。梁济和毛泽东的父亲不一样。例如，梁济拒绝责打和威吓儿子。这使他不具有很强的权威，也遇不到对于权威的反抗。梁漱溟被迫充当了自己的权威和惩罚者。

用冷静的精神病学的眼光看，梁漱溟可能是患了精神病。他青春后期

---

① 〔47〕, p.3。
② 〔5a〕, p.1;〔510〕, p.2。
③ 〔510〕, p.2。

的企图自杀,他的退隐避世,他的易受伤害的情感,他的自弃和罪恶感,以至于最后的不能工作——所有这些都暗示着一种精神异常。在此后的整个一生中,梁漱溟都将表现出某种心理病态——妄自尊大、自命权威、颇为偏执、一度的意志消沉——这些都可以作为辨认的标志。

佛 教

梁漱溟通过佛教特别是唯识学以求为自己寻找一个治病方法并不完全是偶然的。佛教当时在中国正值复兴和改革的时期,而唯识学则正处于这运动的智识的前沿。仅仅几年前,在日本发现了唯识学的原始经典。此后的几年中,梁漱溟与欧阳竟无、太虚、梁启超一起成了这一复兴运动的主要发言人。①

梁漱溟在西方功利主义和父亲的传统主义之间做出的这种中国-印度式的妥协并未弥合他与父亲的分裂。因为梁济对佛教的禁欲主义和西方的骄奢淫逸同样是厌恶的。② 他对儿子的念经和祈祷很生气,无论它是出于思想的还是审美的原因。他对梁漱溟信奉菩提并发誓一生食素、终身不娶也感到生气,梁济对儿子饮食上的禁忌并不太介意。但他真诚地切望能在见祖宗之前抱上孙子。长子焕鼐成婚十年仍无子嗣,唯一的希望就寄托在漱溟身上。这是一件严肃的事业。因为正如孟子所言:不孝有三,无后为大。

---

① 唯识宗(法相或 Dharmalaksana)主要流行在唐代,但似乎在公元 845 年以后就随着其典籍的佚失而失势了。中国 20 世纪佛教复兴之父杨文会(仁山)重新将唯识经典介绍到中国来。见〔607〕, p. 37;〔595〕;〔572〕, p. 294。直到 1949 年,唯识宗一直是知识界右翼复兴的先锋。知识界最主要的人物(包括杨文会本人)都是唯识学的信仰者。

②〔9h〕, pp. 100—101;〔23c〕, pp. 86—87;〔47〕, pp. 55—56;〔11a〕, pp. 3—4。

第二章　精神异常、自杀、成圣

而且，由于梁漱溟准备去过僧侣生活、无意求学或就业，这大大伤害了梁济的心。因为他关心的仍然是他家的传统——为社会服务这一光荣的事业。① 然而，当1912年年初梁漱溟第一次向父母宣布他不愿结婚时，梁济又一次拒绝干涉他。垂危的母亲却表示了强烈的反对：

> （先妣）自知不起，挽儿手而泣，开喻叮咛，情词甚切。儿重违母意，请如教，而有难色。公旁坐独无语。明日以书示之曰：汝母昨日之教，以哀情私语，堕吾儿远志，失于柔纤委靡，大非吾意。汝既不愿有室，且从后议。②

梁济采取的是抚慰的态度。梁漱溟回到缨子胡同的家里，哀戚和固执则有增无减，父子之间并未实现和解。从漱溟独居的房间里传出的那令人厌恶的香烟和诵经声足以延续这种紧张关系了。但真正使梁济感到恼火的是中西文化的冲突。虽然梁漱溟对新的幻想已经破灭，但仍然认为中国的唯一希望在于采取议会民主这类西洋制度。"公厌薄党人，而漱溟故祖之。公痛嫉议员并疑其制度，而溟力护国会。"有时，两人整日争论直到夜间，乃至不能停下来吃饭。言辞激烈、声高气盛，以至街上的行人也能听到。③

当彭诒孙从新疆流放地回到北京时，梁家的紧张空气稍微缓和了一些。梁济花在这位朋友家的时间越来越多。有一阵，梁济一直疑心孩子们在暗中观察他，梁漱溟也一度在书房内外窥探并发现了一些梁济厌世的笔记。④

---

① 〔9h〕, pp. 99—101；〔47〕, pp. 34—35, 55—56；〔11a〕, pp. 3—4；〔23c〕, p. 86。
② 〔9h〕, pp. 100—101。由于直到1912年初他的危机期尚未开始，而他母亲去世于该年6月（见〔99b〕, p. 24b），因此这次对抗一定发生在1912年2月至5月间。
③ 〔9h〕, pp. 98—100。
④ 〔99b〕, pp. 25—26。

为了逃避子女们的监视，也为了离彭诒孙近一些，梁济在净业湖畔购置了一间小屋，它恰恰位于彭家北墙的内侧。岸柳成行的平静湖面为蓄谋自尽的人提供了一个理想的场所。梁济立即着手撰写他的绝命书，不用怕被家人发现。梁漱溟对佛教的热情仅仅持续到他父亲自杀为止，但他保持着自我克制。终其一生，他一直过着一种斯巴达式的生活。他一直吃素，从不喝酒或吸烟，简朴的衣衫衬着剃得光光的头顶。①

在缨子胡同的寓所里，梁漱溟继续拼接着他那已裂成碎片的人格。通过佛教的自我治疗法，漱溟逐渐达到了对这个虚幻世界的静观。通过唯识宗的形而上学，他超离一切相，体认到一切存在的绝对本质——"真如"。他终于消除了灵魂中的紧张。现在他理解了，人们所看到的大千世界不过只是些现象而已。本体这个康德式的自在之物只有通过当下的直观才能认识到。他自己的欲望、自然和人类的不幸、善恶标准、道德责任感和宿命论——这一切对于绝对不变的实在来说都只是相对的。②

梁漱溟将一切事物都看作与"真空"相联系。了解了这一背景就更可以理解他一生中对正统儒家礼教的矛盾态度。在他精神受到创伤时期以及在此以前，他已经违背了儒家关于孝行的所有规范。在一些重大问题上他公然反对父亲。他的整个一生将表现出"对儒家社会统治上专制主义的深刻厌恶"③。

---

① 他此后的持戒仅仅是一种自我节制的方式，并没有宗教性质。他本人也并不拘谨于这些。他可以在荤菜中挑青菜吃，在答谢祝酒时也不得不喝酒。他的剃光头也和许多中国俗人一样只是为方便起见。〔102〕, pp. 207—208；〔510〕, pp. 3—4；〔312〕, 第七部分（见〔334〕, 第301期）；〔612〕；〔613〕；〔619〕；〔628〕；〔621〕；〔640〕。

② 〔5a〕, pp. 4—14。

③ 本杰明·史华慈指出，在梁漱溟之前那一代人正处在一个革故鼎新的时代。他们认为，"佛教和道家都追求一种不可言说也不可理解的绝对的实在境界，这种实在超越于一切确定的秩序和现实的结构并把后者看作是相对的"。也正因为这种超越的实在存在于确定的秩序之外，它才能鼓舞着各种非正统的改良主义方案和改良主义思想。〔465〕, p. 210。

从永恒的真如的高度来看，儒家的礼教是渺小的。它是一种文化，是一种受时间限制的思想，而不与万有的真正本质相联系。在此后的一生中，他将和这类基本的二分法做斗争：自我实现和道德责任感、个人与集体、个人的妄自尊大与权威。在这些年里，他置身于反对乃父的负罪感和自我发展的需求之间。这种个人处境是他这种斗争理智化的试金石。他的整个一生乃是为着寻找一种方式，依此方式个人不会被窒息，而是既能享有感情的满足，又能保证维系家庭关系。

转眼间几个月过去了。袁世凯粉碎了"二次革命"，逐渐巩固了他的专制。从1913年到1914年，袁世凯无情地解散了各政党、内阁，最后解散了国会。1915年，日本臭名昭著的"二十一条"震惊了全中国，一股新的集会、罢工、抵制日货的浪潮席卷了中国。这一年，一个名叫陈独秀的青年人发动了另一种革命。他通过办刊物呼吁中国的青年人"求进步而反保守；崇实利而非虚文；求进取而反退隐"①。

梁漱溟并没有忽略这些事件，但他所注意的是其他一些问题。人们一直认为，中国现代知识分子主要关心的是中国深刻的文化危机。但也有这样一些人，他们面对的是人类的普遍问题，而不是他们自己特殊时期的处境。这群卓越的人物，更衷心于投入探索人类存在的意义这个永恒问题，而不是与他们的生存环境直接相关的问题。梁漱溟就是这类性格超常的人物之一。但如同以往许多宗教领袖和政治领袖一样，他也好像要把个人内心对永恒的思考和广大同胞面临的问题结合在一起。他摆脱了危机时期，以一个救世主的身份带着反省和具有普遍意义的启示出现了。他用自身对空无的体验将心比心去理解中国文化上的两难，将他对人类普遍问题的关心与对中国当下特殊情况的忧虑结合在一起。

---

① 〔151〕。

复　出

为了扩大梁漱溟进行探索的基础，他中学时代的好友、哲学家张申府向他推荐了一些西方著作，以增补他原有的佛籍藏书之不足。① 有时，他选择了一些优秀的书籍（柏格森、叔本华、尼采）；但有时选的书也不太好，如古斯塔夫·勒庞（Gustave Le Bon）的著作。梁漱溟也阅读了严复翻译的穆勒、赫胥黎、甄克斯、孟德斯鸠的著作。经过这番武装，他在1915年大胆地将他关于佛学的几篇文章付印了。他的第一篇文章是批评陈独秀对佛学的评论。② 1916年春天，在袁世凯新的君主制度处于严重危机的日子里，梁漱溟的个人危机结束了。似乎是为了标志这段暂停精神与社会活动的日子已经结束，他写了一篇重要的文章。这篇文章总结了他的经验体会，总结了他哲学探索和痛苦经历的成果。这篇文章也勾画了他的身份认同，梁漱溟正是以这种身份认同出现的。③

梁漱溟的文章无非是为当今世界提供一种精神的拯救。由于以前所有

---

① 张崧年（申府）是梁漱溟在顺天中学堂时的同学，也是罗素在中国的最初译介者和辩证唯物主义的权威，他不久后去法国留学。在出国前，他向梁漱溟提供了现代西方思想家的情况和著作。张崧年后来又成了梁漱溟在北京大学哲学系的同事。20世纪40年代，他同梁漱溟在第三党派运动中进行了合作。〔66〕, pp. 4—7；〔14a〕, p. 7；〔5a〕, p. 18。

② 〔5c〕;〔1〕。在后面这篇著作和其他文章中，梁漱溟也广泛提到了严复这些译著。梁漱溟还读过严复译的卫西琴《中国教育议》一书。十年后，卫西琴成了梁漱溟的密友。〔9i〕, p. 105。1914年，梁漱溟编辑了一部中国文学选集，试图为当代中国散文树立一个简单实用的标准。这部著作反映出黄远生的影响，黄远生曾就此问题有过论述。〔5b〕, pp. 21—22。

③ 〔5a〕。作为当时的记者，梁漱溟显然与著名的政治家和报人章士钊相识，因为他曾将此文直接交给在上海的章士钊。章士钊已离开上海，与章士钊协理《甲寅》的蒋维乔将稿子交给了《东方杂志》，始获发表。对梁漱溟撰文概述其思想和信仰构成直接刺激的则是他的朋友、报人黄远生的一篇文章（见〔319〕）。这篇文章讨论了"现代思潮"，谈到了由于批判理性主义而产生的所有价值的贬值、传统信仰的崩溃、绝对标准变成了相对主义。黄远生认为，这一切将导致理智和感情之间的紧张。当梁漱溟的文章发表时，黄远生在旧金山遇刺。

的规范和信念都崩溃了,当代的人们为他们精神的灭亡感到忧虑、不安全和恐惧。梁漱溟用他新学的西方思想,去立案说明唯识宗形而上学实乃一理解世界真正本质的方法。唯识学的取径超越了西方唯心主义和唯物主义,因为它对本体和现象的特性作了区别。只有唯识学的"真如"这一概念才能把握到绝对本体的实质。

经过一番复杂的形而上学讨论之后,这篇文章的第二部分转向了人生问题的讨论。由于生命是无目的的,它没有目标,也没有意义,因此梁漱溟认为只有两条路能提供成功的希望:第一条是完全的禁欲主义——出世和专心的精神修炼。通过这种方法,人们才能逃避(虚妄世界中的)诱惑和烦恼。第二条道路是寻求一种虚幻世界习惯规则的生活,却继续坚定地抑制自己的欲望,为减轻人类痛苦而献出自身。

梁漱溟此时感到第一条路是愚蠢的,因为不可能完全摒除人的生活,而这条路是他以往一直奉行的。而且,第一种方法追求避免有生之苦以求得无生之乐,这本身就已含着谬误。大多数无畏之士的方法——第二种方法——是号召人们投身到世俗间的枪林弹雨中去。8月间,也就是这篇文章刚刚在《东方杂志》发表之后,梁漱溟结束了隐居生活,为新任命的司法部长张耀曾做秘书。张耀曾也是在梁济家长大的一个孤儿。①

梁漱溟青年后期旷日持久的认同危机居然能使他从涅槃的自杀中摆脱出来回到他原来的出发点,这并不完全出人意料。埃里克·埃里克松(Erik Erikson)对于宗教信仰者在青春后期精神及社会活动停滞问题的研究是广

---

① 〔99b〕,pp. 26b—28b;〔127〕;〔66〕。辛亥革命后,张耀曾由日本回国。1916年6月袁世凯死后,北洋军阀谋求与南方恢复联合。段祺瑞任命了几名国民党人士参加内阁,其中就包括张耀曾。〔380〕,Ⅱ,pp. 480—481;〔540〕,13.8(1916年8月10日):358。梁漱溟是张耀曾的通信秘书,负责起草信件和文件。见〔5e〕。沈钧儒是张耀曾的联络秘书。30年以后,他和梁漱溟在第三党派运动中成了同事。见〔66〕。

为人知的。他说：

> 年轻人的认同危机和成年人的操守危机把宗教家个人的认同问题和本体的存在问题等同了起来。当剧变集中在青春期的认同危机，成为人生最初也是唯一的问题时，似乎说明了为何在宗教与艺术上富创造力的人，往往相应地先遭受精神失调之苦，后来却证明具有超乎常人的天赋，得以秉持人生的总体意义。……这些出类拔萃的年轻人把自我确认问题扩大成为已知世界的存在问题。……他们似乎担当着这样的角色：仿佛全人类的存在从他本人开始从头来过，非常自觉于自身的特性与自身的人性。①

梁漱溟是一个"宗教徒"，他的危机是一种"宗教经历"，这些都可以说是确信无疑的。在他一生其余的生活中，用西方人的话说，他具有"救世主"性格。先知、圣人、救世主都是中国所谓的圣贤。中国的各种圣贤（儒、释、道）都是把超验的永恒和特殊的暂存事物联系起来。这些圣贤卓越与超历史的普遍的"道"同体，同时又回到平凡的世界向人们讲述终极的真实如何与世俗间的问题息息相关。他们成功地把自己和人类环境中的矛盾结合在一起，从而也就把崇高与平凡、人的特殊历史情境与永恒的人性结合起来。

梁漱溟就是从这些意义上来看待他自己的。如果仔细阅读梁漱溟的文章并了解了他的个人遭遇，就会发现他也在用自己的转出世为入世与菩萨生活相比较，虽然这种比较也许是无意识的。菩萨摒弃进入涅槃的第一条路，讲究启发和拯救他人。梁漱溟宣称他写这篇文章的目的，就是为了与

---

① 〔235〕, pp. 161—162。

当今那些苦难的众生同享他曾据以达到内心安宁的道路。他的意思很明确：在达到自我觉悟之后，他决心要指导那些仍然执迷不悟的众生。

这种"圣贤之梦"是梁漱溟全部人格的基础，它将经受住外部遭遇中的一次次失败。在此后的一生中，他自以为掌握了一个秘诀。这个秘诀不仅能救中国，而且能拯救全人类，并且他有强烈的责任感要将这一秘诀传给他人。1942年，当他的乡建运动和政治运动遭到失败后，他仍公然表示：我现在不能死。我若死，天地将为之变色，历史将为之改辙，……不仅中国将灭亡，世界也将处在灭亡的边缘。①

这篇文章就是他重新走进社会的关键。他在该文中宣布了他重新入世的打算。他敏锐的思想、渊博的学识、富有创新精神并融汇中西的哲学见解给知识界留下了深刻的印象，并让他成为一个重要的知识分子。他以前那个狭窄的交际圈现在扩大了，包括了许多重要的中国学者，这些朋友赞许地接受了这篇文章。他们当中有新获任命的富于改革精神的北京大学校长蔡元培。蔡元培在1917年受聘于北大，在那里聚拢了一批具有高度学术水平和广泛兴趣的人才。蔡元培和新上任的文科学长陈独秀讨论了梁漱溟的文章之后，邀请他讲授印度哲学。由于梁漱溟正在为张耀曾做秘书，他谢绝了这一邀请。②

若不是军阀政治的干扰，梁漱溟也许不会有一段学术生涯。按当时一般的标准，他也的确不该有这样的经历。他从未进过大学，更没有去国外受过教育。1917年春，总统黎元洪和总理段祺瑞之间蓄积已久的冲突终于燃成了熊熊烈火。其实这是早晚要发生的事。黎元洪免去了段祺瑞的总理职务。段祺瑞当即号召北洋军人起来谴责政府。结果，黎元洪不得不去求

---

① 梁漱溟：《香港脱险寄宽恕两儿》（见本书第7页注②）。又见〔197〕；〔441〕；〔311〕；〔330〕, p. 24。
② 〔5a〕, p. 18；〔66〕；〔14a〕, p. 11；〔510〕, p. 2；〔2a〕, p. 1。

助于粗鲁的原安徽督军张勋和他的辫子军。张勋立即开进北京。然而，这位张辫帅并未保护共和，而是葬送了它。因为他一直在谋划着使清廷复辟。在北京6月这两个星期的闹剧中，11岁的溥仪披着龙袍重新登上了他祖宗的宝座。国会和内阁都被解散，梁漱溟也告失业。①现在，他有时间接受大学讲席了。然而在这时，他的妹夫邹应萁去世了。他受命陪同妹妹将灵柩送回邹的出生地江苏去。②

在南方，他决定利用这次机会看看华中地区。于是回北京时，他绕道经过湖南。这次旅行给他留下了持久的印象。这年秋天，正值段祺瑞的北洋军阀企图从南方派系手中夺取湖南的控制权。在这过程中，湖南变成了战场。这些军阀的本领似乎不是彼此作战，而是蹂躏地方百姓。梁漱溟第一次亲眼目睹了军队开入乡村后干下的勾当。他满腔愤怒地返回北京，当即写下了一个反对军阀的小册子，呼吁成立一个由"好人"组成的国民息兵会，这一组织将通过公共舆论对军阀施加压力，以避免武力冲突。③

当梁漱溟路过长沙时，他也许看到了湖南省立第一师范学校那座高耸的西式建筑（这是该城唯一的一座西式建筑），毛泽东正在这所学校里学习。它一直被北洋军阀占据着，但毛泽东和他的一些同学设法从地方警察所里弄来了步枪迫使北洋军队投降。梁漱溟火速回京拿起笔同军阀做斗争，毛泽东却拿起了枪杆子；但是他们却有着同样的性格，也都自视颇高。据说毛泽东当时说过这样的话：如果人民是软弱的，改善他们的道德又有何用？最重要的事情是使他们壮大起来。④

---

① 〔5a〕，p. 18；〔66〕；〔2a〕，p. 1；〔99b〕，p. 27。虽然梁漱溟此时在为张耀曾做秘书，但他仍继续发表有关佛教的文章，例如《无性谈》（〔5d〕）。

② 〔99b〕，p. 26b。

③ 〔5g〕，尤其是pp. 39—40。又见〔11a〕，p. 3。

④ 〔148〕，pp. 43—44。

刚刚毕业于约翰·杜威门下从哥伦比亚大学回国的胡适偶然看到了他的新同事的这本小册子，他在日记中写道："梁先生这个人将来定会要革命的。善哉！善哉！"① 实际上，这本小册子并不是革命的，而是保守主义的——梁氏家族中传统的保守主义。虽然提出一套救国方案对一个无权无势又无名声的24岁年轻人来说未免有些傲慢得可笑，但这些对梁漱溟来说都是顺理成章的事。他肩负的责任就是在精神和物质方面为人民谋福利。那么，同样顺理成章的是：他要号召受教育者起来履行他们对于社会的责任。

梁漱溟小册子中提出的建议在许多方面预示了他未来文化著作中遵循的模式和在后来活动中采取的方案。他第一次认定军阀内战是中国一切其他问题的根源。因此，他系统地考察和批驳了其他人提出的解决办法（如，主张联省自治，或主张观望态度），最后提出了由知识分子组成小型基层团体作为政府组织的基本架构（地方上的商业组织和教育组织将成为裁军运动的机关）。②

小册子中的这些思想进一步预示了他未来的工作。在这些工作中，这些思想表现了梁漱溟对民众内心的天良和一个杰出人物的能力所持的信念。这种天良和能力是按照道德（善恶的对立）而不是按政治阵线形成的。它将造成一股潜在的民众力量。最后，在任何情况下，不论是为了遂行政治企图或恢复急需的社会秩序，他都反对使用武力，主张匡正未来的风气，而这些与他在20世纪30年代、40年代提出的方案的指导思想是一致的，都强调该注意的是道德颓丧。

---

① 引自〔11a〕，p.3。五年以后，胡适称梁漱溟为保守主义者，梁漱溟则称胡适为反革命。见〔11k〕。

②〔5g〕，pp.61—91。

梁济的自杀

梁漱溟终于在 1917 年年末来到了北京大学开始讲授印度哲学课程。1918 年的大部分时间里，他集中全力写教学大纲和笔记。① 他的父亲也在为一项计划忙碌着：改编几部地方戏剧并在北京的舞台上排演，除去写笔记和绝命书，梁济又抽出时间处理了 1913 年到 1918 年间戏剧以外的一些文字。在他看来，京剧水平（道德和艺术水平）的下降大体上反映了社会的堕落。几年前，当梁济第一次进行戏剧创作的尝试时，他就已把它看作是进行民族主义宣传的手段。在以后的几年中，他把戏剧仅仅看作是提高道德的模范和对民众的鼓舞。甚至在剧场里，他对那些权贵也流露出带有醋意的憎恶。他怒视着那些官员，带着轻蔑又掺杂着嫉妒。有时，他的想法有些古怪：这些官员们平日对责任和困难一味逃避，而他们来到这燥热拥挤、污秽不堪的剧场享乐时却是那般勇于吃苦。国家花那么多钱供养官吏，他们却只求享乐，对正当工作全不负责任。②

有时，梁济偏爱的那些戏剧（如《三娘教子》）引起他对自身阶级的责任和美德方面所受教育的反省。目睹的这一切，重新唤起并进一步加深了他那爱憎参半的感情：对于母亲及其美德的热爱，对官僚阶级及其腐败的憎恶。他也许会走出剧场回到家中，为剧中表现的传统美德之伟大而赞叹，也为在观众席中耳闻目睹的关于官僚们缺乏道德的事而痛心疾首。有时，他也会对京剧演员水平的下降作些考察，但这只能勾起他对新共和官场中风气的沉思。那些人不能分辨表演的好坏。因为他们根本无法区分善恶。那些爱好享乐的投机者们西装革履，不懂正经的看戏规矩，更不懂什么是好的表演。梁济认为，一出好戏应该宣扬"忠孝节义"这些古代的美德，

---

① 〔2a〕，p.1。
② 〔404c〕，p.32。又见 pp.23b—24b，29b；〔99b〕，p.28。

而眼下北京人所知道的就是"吃喝玩乐"。①

1918年11月14日，是梁济的60岁生日。对一个中国人来说，这是最重要的生日了。他的子女们为准备祝寿忙了一个月。起初梁济反对他们征集祝寿的诗文，因为那些草率写就的诗对他来说是一件"虚伪"之事。②然而，当吉日临近时他却漠然置之了。他关心的是民间及其他戏剧的写作，把它们改编为"文明戏"。他也许希望这种重操旧业能对京剧做一份最后的贡献，并且通过戏剧能够提高他出生的这座城市的道德习惯。如果为了达到说教的目的而牺牲艺术，梁济是在所不惜的。③著名的崔灵芬、杨韵甫同样也是富有创新精神的艺术家。他们早在1914年曾与梁济在他的第一出戏中合作，现在又与梁济合作。1918年9月，这些戏在文明园上演④，演出一直持续到年底。但这种演出对那些已满怀怨恨的老辈人来说如同是最后的一搏，他们从未在报纸上得到特别的赞扬。⑤

也许是因为世人没有赏识这些杰作，梁济认识到自己不能度过60岁的生日了。⑥10月22日，他观看了他最后的一出戏。从这出戏中他看到了道德沦丧的又一例证，也再次对道德典范的力量坚定了信心。10月的最后一天，梁济去亲戚家归还长期拖欠的二十块大洋。同一天，他也拜访过一位老教员，并赠送了事先备好的一份礼物，以庆祝他即将到来的生日。11月7日，梁济

---

① 〔404c〕，p. 39b。又见 pp. 4b, 26b, 35b, 37a—b；〔99b〕，p. 28。
② 〔99b〕，p. 28。
③ 〔404e〕，pp. 23b—24b, 26, 37, 38b—39b；〔99b〕，p. 28。
④ 〔488〕，1918年11月26日；〔278a〕。崔灵芬曾用名冼（音译）灵芬。
⑤ 〔488〕，1918年9月4、7、13、22、28、29日；10月18、19、24、26、29日；11月10、13、23、24、26日；12月1、12、22、25日；1919年1月8、15、16日。
⑥ 然而，梁济毕竟早在1912年年初就立下了誓愿；那么是什么原因阻止他未能尽早履行他的誓愿呢？在1912年时，他本来要等待召开临时国会并向议会呈交自己的意见。在那以后，他一直想着要在死前能去一下杭州著名的西湖（他尤喜江南风景）和桂林（这是他的祖籍，他却从未去过）。〔404a〕，pp. 1b—2, 10—11b, 13—14b, 57—59；〔404f〕，pp. 1—11b。

很早便起身，准备去彭诒孙家住一晚。① 他在动身之前偶然遇到梁漱溟，梁漱溟是来同他讨论关于欧战的新闻的。"世界会好吗？"梁济问道。梁漱溟回答："我相信世界是一天一天往好里去的。""能好就好啊！"他说罢就离开了家。②

两天后，他还没有从彭家回来。他的子女们开始着急了。由于离祝寿的日子只有五天了，他们就到净业湖去接他回家。他拒绝跟他们回去，但保证转天独自回去。他奋笔疾书了一整夜，对《敬告世人书》作了润色，写好了给友人的绝笔书。③ 东方破晓，他穿好衣服，告诉用人他要照常去湖边遛早，一会儿便回来。一小时以后，正当用人开始着急的时候，一名警察发现：在湖的北端靠近高庙小岛的水里漂着一顶蓝布帽子。用人和彭诒孙飞奔出去，一眼就认出那顶帽子。然后他们赶回书房，发现他的笔记和信件整齐地堆放在书桌上。④

正如梁济预想的那样，他的死在社会上产生的道德影响比他一生所做的努力要深远得多，也给他带来了更大的个人名望。各大报纸都刊登了这一消息，许多要人写了赞词和诗文。接踵而来的文章、颂词和其他反应在事件过后持续了很久。仍然生活在故宫中的一个太傅帮梁济得到了一个品德上的谥法。甚至总理靳云鹏也为他写了一幅还愿匾。其他人则举行各种纪念会。几年以后，人们仍然可以看到有人在湖边烧纸钱和哭祭。湖边竖立的纪念碑

---

① 〔404e〕, pp. 40a—b；〔99b〕, p. 28b；〔480〕, 1918 年 11 月 19 日。

② 〔14a〕, p. 18。

③ 〔99〕, p. 28b；〔480〕, 1918 年 11 月 19 日。

④ 在这个湖的最北端有一个狭窄的水湾，在水湾当中有一个小高地。在这个小岛的高处有一座寺庙，此庙至今犹存。从彭诒孙的家可以看到这片小水湾。这片有着垂柳、寺庙和小路的地区是这个湖畔最静谧宜人的去处了。

在湖边的拂晓中散步是梁济的习惯，因此用人见他清晨独自出门并不感到奇怪。虽然这几个月来梁济显然是一直在写东西，但彭诒孙只是偶尔看到他在伏案写作，并且在忙乱中他也不可能发现梁济写的竟然是临终绝笔。

和沿湖地区在周年忌日举行的许多集会，都是纪念梁济的这一义举。在梁济《敬告世人书》的鼓舞下，几周以后，一个年长的蒙古旗人也投身湖中。①

然而，反应并不仅仅限于旧式学者和官吏以及当地居民，甚至反传统的知识分子——如陈独秀、陶孟和、徐志摩——也都为梁济的殉难之举感动了。他们的评论不久就出现在《新青年》上，并一直持续到20世纪20年代。直至70年代，香港和台湾的报纸上仍在发表着纪念和评论的文字。②

许多人都认为，梁济仅是本着古代儒家"忠"的传统为覆灭的清朝而自杀。③梁济本人写道：如果他的自杀必须从某种具体的意义上理解的话，那一定"系殉清朝而死"④。他不是拒绝在共和政府中任职吗？这不正是以传统的隐遁方式来抗议统治者和政府吗？他不是寄希望于君主制下的渐进式改良吗？但是梁济没有支持袁世凯和张勋的复辟企图。在他看来，袁世凯是革命后罪恶的象征。而当他听说张勋企图将清朝末代皇帝再请回金龙宝座的计划时，他连发四书恳请其中止此事。还有一次，他直截了当地说：我"决非反对共和，而且极赞成共和"⑤。

---

① 见〔488〕，1918年11月12、14、26、28日，12月4日；1919年1月13、15，11月26、27、28日，12月2、19日；〔278〕，1918年11月16日，12月2日；〔480〕，1918年11月19日，12月7日。关于皇室赐谥，请见〔99b〕，pp. 28b—29；〔193〕，496：21。那位旗人叫吴梓箴（宝训），是前理藩部郎中，曾接办过彭诒孙的《京话日报》。见〔99b〕，pp. 28b—29；〔488〕，1918年12月3、8日。

当我1973年访问净业湖（听说现已改名为积水潭）时，岛上的小庙尚在，但没有纪念碑的踪迹了。那里的几块石碑显然被捣毁了，因为它们的基石还在。在对这里的居民和居民委员会作了广泛了解之后，我终于找到了一位在此居住了40年的老人。他说，他记得梁济的墓碑直到1945年时尚完好无损。由于它属于"封建"之列，又没有多大艺术价值，大约在解放后不久就被捣毁了。

② 见〔153〕；〔516〕；〔5h〕；〔307〕；〔293a〕；〔517〕；〔139〕；〔529〕；〔205〕。
③ 见〔293a〕，pp. 143—144。奇怪的是，当时报章关于这次自杀的文章都没有提到清朝皇室。
④〔404a〕，p. 1。
⑤〔404a〕，p. 11。又见p. 51b；〔404e〕，pp. 16a—b，24—26b；〔99b〕，pp. 27a—b。

实际上，他既不是为清朝也不是为君主制度而殉难。由于既无一人乐于为清朝而殉身，亦无一人愿意为共和的理想及其实现而牺牲，梁济为此事所困扰着。① 他企图以死为共和时代的世代做出榜样，让人知道什么是真正为真理信念、公共义务和个人操守而献身。

梁济对其举动的各种理论解释是彼此矛盾的。他拥护共和制，却又说他的自杀是为清朝殉节。他无意识地将普遍的天理和儒家具体的礼仪规则联系在一起。他曾献身于宣传当代的新知识，却咒骂着"新学"而死去。但这些矛盾都不重要。决定他的死亡的并不是他在理论上的结论，而是他自幼年就肩负起的君子之责。正如雪莱在捍卫自己的艺术时宣称只有诗才能"与永恒无限的本体相契"一样，对梁济之死持有独到见解的也是当时最伟大的诗人徐志摩。他说：

> 这因为他全体思想的背后还闪亮着一点不可错误的什么——随你叫他"天理"、"义"、信念、理想，或是康德的道德范畴——就是孟子说的"甚于生"的那一点，在无形中制定了他最后的惨死，这无形的一点什么，决不是教科书知识所可淹没，更不是寻常教育所能启发的。②

甚至陈独秀这位新文化运动的发起人和主将，也从传统的角度称赞梁济之死。也许这并不令人吃惊。因为虽然陈独秀主张用科学的规律代替天理，但他同时也情绪激昂地书写基督的道德英雄主义。陈独秀正确地理解了梁济自杀的意义在于宣扬他自幼接受下来的道德原则，而并非为清廷殉节。

---

① 〔293a〕，p. 145。
② 〔293a〕，pp. 146—147。徐志摩提到的那句话见于《孟子》第六章，原文为："生亦我所欲也，义亦我所欲也。二者不可得兼，舍生而取义者也。生亦我所欲，所欲有甚于生者，故不为苟得也。"〔378〕，Ⅰ；Ⅱ，p. 411。

他还赞扬了梁济的气概、少有的正直和舍生取义的崇高精神。①

梁济自杀仅仅几天以后，胡适的一直寡居的母亲在安徽去世了。刚从丧礼（他对这次丧礼作了适当的革新）上归来的胡适多少还带着些同情心。胡适断言梁济之死是由于不能接受新兴的西学。他强调，公众要从梁济的悲剧中吸取教训，"养成一种欢迎新思想的习惯，使新知识新思想可以源源进来"。当然，胡适也广泛地投身于传入这类新思想新知识的事业。并且，他利用梁济之死来说明他的事业之重要这种做法似乎有些荒谬。胡适带着嘲讽的口吻别有用心地宣称："今日的新青年，请看看二十年前的革命家！"②

各种从纯理性角度去解释梁济这一举动的努力都是徒劳的。他的儿子也参与了这一讨论，但最终也只是以自相矛盾和含混的争辩而告结束。梁漱溟说他记得其父一直是一个改良主义者。③同样，中国当时最著名的社会学家陶孟和对此也并没有什么真正的见解：

> 我读了这些文字，也钦佩梁先生果敢不屈的品格，他清廉的品行，他对亲友的忠诚，在一切都商品化了的今天，毕竟还有梁先生这样一些杰出的人物……但我仍然认为自杀不应是旧士大夫采取的办法。④

陶孟和是根据一种赤裸裸的功利主义标准去评价梁济的举动的。他问道：这种行动如何能成为有效的呢？⑤对他来说，梁济的品格和动机并不是最主要之点。

---

① 〔153〕。
② 〔309a〕；〔5h〕，p.64。
③ 〔5h〕。
④ 〔517〕，p.153。
⑤ 〔516〕。

梁济的自杀是经不起这种社会学分析的。无论是涂尔干（Durkheim）的经典范畴还是其学生哈尔卜瓦哈（Halbwachs）对这些范畴的修订，都不能做出圆满的解释。① 按涂尔干的理论，这是一种"利他"的行动，因为他是为了大多数人而死的。这也是哈尔卜瓦哈所说的"祈求降祸"，因为驱使他自杀的是他和集体之间彼此的憎恨。梁济一生正值社会集团急剧分化、社会价值急速改变的时代。这种时代会造成涂尔干所谓的反常的自杀，然而梁济则是为着一种特殊的社会价值系统自杀的。徐志摩出于一个诗人对智识化的厌恶，拒绝进行任何"科学的"分析。他回答陶孟和说：

> 它的起源与所能发生的效果，决不是我们常识所能测量，更不是什么社会的或是科学的评价标准所能批判的。在我们一班信仰（你可以说迷信）精神生命的痴人，对我们还有寸土可守的日子，决不能让实利主义的重量完全压倒人的性灵的表现，更不能容忍某时代迷信（在中世纪是宗教，现代是科学）的黑影完全淹没了宇宙间不变的价值。②

如果不加任何奉承的话，梁济的自杀可以解释为一个没落贵族的怨恨和迷茫。在此几个月以前，另一个与这 20 世纪极不相应的、绝望的"婆罗门"——亨利·亚当斯（Henry Adams）也告别了人世。他一定也理解他的中国兄弟的尴尬处境。正如他在那充满怒气的自传里常说的那样，他的"18 世纪的教育"和家庭传统使他和格兰特（Grant）总统的美国以及这个蒸汽电机时代格格不入；具有严格的儒家泛道德主义气质的梁济同样也不能适应有着袁世凯和铁路的中国。岂止是波士顿的亚当斯和桂林的梁济如此，

---

① 见〔231〕；〔255〕。
② 〔293〕, p. 152。

第二章 精神异常、自杀、成圣

就连普通人在年轻时的观念和教养，到了成年后也会成为他们在新世界成功的障碍。颇有兴味的是，梁济自杀时正住在北京的鲁迅在几年后发表了一篇小说。它写的是一个屡试不第、悲愤至极的老者在追寻一种神秘的白光时葬身湖底。这位老者认为，这光会指引他去寻找他祖上埋藏的财富。①

尽管梁济本人厌恶诗歌，然而也许正是诗人，尤其是中国的诗人，才能最好地理解梁济的死。也许将梁济的自杀与屈原的死相比较才最能了解它的性质。屈原是中国第一位伟大的诗人和第一个著名的投水自杀者（像端午节所见证的那样），他宁愿死去也不愿使自己的金玉之质受到摧残。当这位诗人在汨罗江边投身赴水时，他宣称：这个世界是污浊的，只有他才是纯洁的。不难想象，梁济置身湖畔时也向这个腐败的世界宣布了自己的金玉之质。（他选择"净业湖"作为葬身之所是偶然的吗？）屈原那在远古中震荡着的韵律也许最能反映梁济告别人世时的心境了：

  夫党人之鄙妒兮，
  羌不知吾所臧。
  任重载盛兮，
  陷滞而不济。
  ……
  知死不可让兮，
  愿勿爱兮。
  明以告君子兮，
  吾将以为类兮。②

---

① 〔419a〕。
② 〔500〕，第八册，pp. 2487—2490。

第三章　北京大学的孔夫子和文化

北大风气

梁济自杀的转年——1919年——对于中国尤其是北京大学来说,是至关重要的一年,世界大战已经结束,中国正在凡尔赛为收回日本在山东侵占的领土而斗争。当斗争失败的消息传来时,一股由北大的教授、学生引发的民族主义情绪迅速席卷了全中国。随之而来的是中国历史上空前的文化革命。

梁漱溟——这位年轻的印度哲学教授处在这场运动的正中心,他在学校的最亲密的朋友——胡适、李大钊、陈独秀、蔡元培——是五四运动和新文化运动的核心人物。他的另一个知名度稍差的朋友、哲学教授杨昌济,把他介绍给自己的学生和未来的女婿。这是位新近来自长沙的高大的湖南人,名叫毛泽东。虽然对于梁漱溟来说,年轻的毛泽东有着浓重的口音和乡土气,但他对毛泽东有着深刻的印象。并且,这种感觉似乎是相互的,因为毛泽东也听过梁漱溟的讲课。[1]

---

[1] 梁著中关于同这些人物接触的材料有〔66〕;〔4〕,pp.1—2,7,43,44;〔11a〕,pp.3,8,9;〔5m〕,p.80;〔51〕,no.18(1941年10月5日)。曾于1929年至1930年与梁漱溟在《村治月刊》共事的李朴生回忆说,梁漱溟曾对他谈到过与毛泽东初次见面的印象:"虽然外表粗犷,但能看出他很有才干。"(〔628〕)

待在北京大学，梁漱溟应该感到如同在家中一样。因为这个城市是他的出生地，在教职员（包括两所中学的学生）中，他有许多朋友。但是，梁漱溟从未认真考虑过使自己适应那个开风气之先的"新文化"团体。一个原因是，他是个佛教徒，而那时佛教在知识界并没有获得较高的地位。另一个原因是，在同事中他几乎是唯一没有出洋留过学的，甚至从未上过大学。他进北大时24岁，比起大部分相对年轻的职员们还要年轻得多。例如，陈独秀当时38岁，李大钊29岁，蔡元培41岁。甚至梁漱溟的一些学生，如日后成为著名学者的冯友兰、顾颉刚也比他年长。梁漱溟曾在1919年初与之就佛教因明与科学之关系公开交锋的另一位学生傅斯年也只比他小一岁。①

五四事件

当时，傅斯年之闻名于世并非由其学问，而是由于学生运动，他是颇有影响的学生杂志《新潮》的创办人。在具有历史意义的五四游行示威中，他是一名重要的领导人，是来自北大的指挥。1919年5月4日天安门示威之后，当激奋的学生强烈要求对卖国的政府部长采取直接行动时，傅斯年的确呼吁过大家要克制，但是他不能控制住这些学生。被鼓动起来的学生冲到了政府部长曹汝霖、章宗祥的住宅，趁势烧掉了曹汝霖的房子，并把章宗祥打昏了过去。②

此后，许多事件接踵而来。政府的镇压在北京引起了更多的学生组织成立和示威活动，它们对于全国的运动来说就像一服催化剂。事件本身和

---

① 〔66〕，p.6；〔5j〕，pp.69—75；〔243〕；〔244〕；〔136〕。
② 〔155〕，p.233；〔158〕，p.16。

接踵而来的运动把许多像陈独秀、李大钊这样的知识界年轻领袖卷入了新的政治生涯。仅仅八年之后，李大钊被军阀的刽子手杀害，陈独秀最终也被他所创立的政党排除在外。但是，为了政治上的权宜之计，他们和其他人把自己的信仰和主义的一部分暂时放在了一边。

然而，他们的同事梁漱溟对五四事件的反应却截然不同。在他唯一的公开评论中，他有意挑衅地强调曹汝霖和章宗祥的公民权。虽然梁漱溟对学生及其动机也寄予同情，但他反复重申他在两年前反军阀的小册子里的话：如果中国能实现稳定，那么每一个人都必须遵从法律，反对暴力，无论是北方的军阀还是南方的立宪主义者，无论是警察还是学生。如果中国能有未来，那么为未来而奋斗的人们应为建立起码的公民权而共同努力。他再三恳请学生应对这次袭击负责并把自己交给警察处理，"判什么罪情愿领受"。①

且不必说这再次表现了他独标新异的特殊秉性，他的这番议论也反映了他一生的态度：他只赞成那些符合本人道德准则的方法并只愿依据这些手段行事。这种沉默慎言以免政治权力玷污其圣贤身份的习惯使他此生不再加入政府。

五四运动以后，中国的青年往往都崇信民族主义和政治上的行动主义并急于对中国的问题做出解答，1911年以前的梁漱溟也曾如此。然而经过青春后期的危机之后，这三者都不复存在了。

从菩萨到鸿儒

直到1921年梁漱溟实际上宣布放弃佛学转向儒学以前，总的来说，公

---

① [3]；[177]；[324]，p.156。

众基本上还是把他看成是一个佛学家。1918年,他在《印度哲学概论》中对佛学作了系统的哲学研究。此外,作为中国重要的居士学者,他也常常被请去讲述这方面的研究,参加这方面问题的讨论。① 他与其他致力于佛教理智复兴的领袖们也过从甚密。② 就这一点来说,他1921年的宣言所产生的影响还是相当令人瞩目的。

我们很容易把梁济的自杀视为梁漱溟突然转向儒家和中国文化的主要诱因,而学者们也普遍接受这一解释。③ 梁济的自杀和梁漱溟对此做出的反应想必是不能轻易忽视的。这件事为梁漱溟的转变提供了最明显最公开的标志。当时,因为忽视了中国文化和父亲的教诲,他公开地责备自己:"呜呼!痛已!儿子之罪,罪弥天地已!"他反复地痛责自己;在父亲忌日则

---

① 〔2a〕。1918年,梁漱溟在讲课笔记的基础上完成了一部书稿。此书出版于1919年。到1926年,它已出版了五次。1966年,它在台湾出版(未署梁氏之名),因此,它显然还是有一定学术价值的。

1920年9月,少年中国学会通过了一项决议,不允许它的成员信仰宗教。这是当时年轻知识分子中反宗教运动的一部分。由于这个问题在它的会员中引起了争论,学会开始了一项研究宗教问题的计划。梁漱溟作为当时著名的宗教思想家被请去为学会作讲演。后来又在该学会杂志上发表了有关宗教的论文(〔5m〕)。这次讨论和梁漱溟的文章引起了相当多的评论。请见〔601〕;〔538〕。

1920年,还有许多佛教学者(如章太炎、吕澂)开始把唯识宗的哲学和西方各种思想(如柏格森等)相比较。《民铎》杂志主编李石岑请梁漱溟在该杂志"柏格森专号"上发表意见。见〔5n〕。1921年的一篇关于宗教的文章把梁漱溟1916年的论文(《究元决疑论》)称为关于印度宗教思想最好的研究。见〔137〕。

② 梁漱溟和章太炎、梁启超、欧阳竟无以及其他致力于佛教复兴的人士有着私人交往。1920年,梁漱溟访问了欧阳竟无在南京新成立的佛学机构支那内学院,他可能是在那里第一次见到了他的朋友和支持者、广东军人陈铭枢。见〔4〕,pp. 114—115, 210—211;〔423〕, p. 124;〔571〕, p. 320;〔5r〕, p. 115。

③ 见〔367〕, p. 176;〔198〕, p. 331;〔548〕, pp. 9—10;〔506〕, p. 278;〔570〕, p. 118;〔144〕, p. 96。梁漱溟本人说,他决定要亲自倡导儒家生活是在1921年"三四月间"。见〔4a〕, p. 2;〔14a〕, p. 16。

公开地悲泣。①也许，在促使儿子强化自我认同并有意识地公开声明忠于某种思想体系方面，梁济的自杀的确提供了一种最终的动力。然而，这距离梁漱溟最后公开放弃佛学而献身于儒学尚有两年半的时光。

如果仔细阅读梁漱溟在乃父去世前的论文，也会看出他后来关于儒学及中国文化思想的大致轮廓。实际上，他1916年关于佛学的那篇文章也标志着他向孔夫子和导源于孔夫子的文化迈出了第一步，尽管这种标志深藏在字里行间。虽然这篇文章的主要论题是谈佛教的优越性，但他也谈到，他发现佛教的某些方面和早期儒家的人生哲学有相似之处。②夏天，他忽然决定要开始认真研读儒家经典，并且被王阳明及其弟子王艮（1483—1541）的思想吸引了。在另一篇文章中，他把中国文化描述成一个远古时代流传下来的超验的存在，它与它在历史现实中呈现的具体形式是超然分离的。③关于中国文化精华（由早期圣贤创造的一种难于定义的东西）的思想将成为梁漱溟此后40年全部思想的主干。和他本人当时对佛教超善恶的形而上学相反，在1917年秋反军阀的小册子里，梁漱溟谈到了民众中存在一种与生俱来的内在的善德，从而表现出他对儒学家的信仰，即认为在人类本质中存在着一种绝对的道德标准。④当一个月后他到北大就任印度哲学教授时，他直截了当并颇具挑衅性地向校长蔡元培、院长陈独秀声明：他此来除阐

---

① 〔312〕, pt. 6, no. 301（1963年5月16日）：19—20；〔9h〕, pp. 97—103。
② 〔5a〕, p. 16。也是在此文中，梁漱溟指出所有的西方思想都是"机械的""肤浅的"。三年后，在1919年11月李超女士追悼会上，梁漱溟强烈地表明了他对西方理性主义思想日益增长的抵触情绪和他对当时青年中盲目崇信理性主义的怀疑。他直截了当地批评了其他几位发言人——胡适、李大钊、陈独秀、蔡元培——的强调理智、忽视感情。他坚持认为，如果妇女解放（这次追悼会的主题）只是作为一种理性的建设，那就不会有什么真正的结果；相反，只有诉诸感情才能成功。见〔5k〕, pp. 76—77。又见这次追悼会的报道：〔488〕, 1919年12月1日；〔480〕, 1919年11月20日。
③ 见〔4〕, pp. 135，138，214；〔5f〕。
④ 〔5g〕。

扬释迦和孔子的学说外别无目的。① 事实证明，梁漱溟生活中决定性的转折点开始于他青春后期思想活动和社会活动的暂停时期（即 1911—1916 年精神危机时期），而并非开始于他父亲的自杀。

当 1921 年 5 月他表示要献身于儒学时，他随即决定要改变自己的生活方式，由一个虔诚的佛教徒变成一个虔诚的儒者。一个显著的标志就是——他必须结婚。当时，对于梁漱溟来说，寻求婚姻之乐乃是出于一种严格的道德责任，这种责任来自他新近的承诺及以前独身不孝而产生的负疚感。正如他当时写给朋友的信中说的那样，他之娶妻实出于好德而非好色。② 听说他作了这样一个决定，他在军界的朋友、广东人伍庸伯把他介绍给自己的妻妹、一位姓黄的满族年轻寡妇。③ 这位姑娘并不特别动人，并不聪明，也不热情，而且由于出身贵族，从未学过烹调和理家。梁漱溟也并不特别倾心于她；但显然是不想让伍庸伯为难，也是不愿再费周折，他还是娶了她。1921 年冬天，他终于成了一个孝子，"率新妇拜公遗像而哭"④。

文化问题

公众是从一部讲演集《东西文化及其哲学》中得知梁漱溟这一新的信仰的。在文化问题成为中国年轻知识分子心目中最重要的问题的时候，这

---

① 〔4〕，p. 15。这种由佛教向儒家的转变是一种传统的形式，尤其在宋明的儒者中更是如此。梁漱溟本人也意识到了这种传统。见〔47〕，p. 63。
② 〔389〕，Ⅰ，p. 28。
③ 此处有误，梁夫人此前并未结过婚。——中译者注
④ 〔9h〕，p. 100；〔312〕，pt. 1，no. 295（1963 年 2 月 10 日）：14；〔5i〕，p. 65；〔636〕；〔621〕；〔623〕；〔617〕；〔619〕；〔628〕。

些讲演的正式出版使梁漱溟作为一个中国文化的捍卫者而闻名全国。

在这时，无论是旨在发现某种文化的"灵魂"的研究，还是为了分离出它们特征的一种以上文化的比较研究，都已经不算是新鲜的了。文化研究在19世纪末20世纪初已经相当普遍了，尤其在德国更是如此。在中国，随着新文化运动和五四运动的兴起，这不但是一个热门的而且是一个极其紧迫的问题。1915年，当陈独秀创办《新青年》、向中国青年吹起荡涤中国一切旧东西的号角时，一个新的西方化的理智建设亟待着手。这些新型的知识分子直截了当地指出：中国的软弱不仅仅是由于它缺乏武器和工厂，也由于它的整个文化，它的道德、文学和思想。西方的强大也在于它的文化。因此，中国要强大起来，就必须抛弃自己的文化而采纳西方文化。

陈独秀在《新青年》上发表了题为《东西民族根本思想之差异》的文章，对东西方作了如下的比较："西方人强调好战、健斗、个人、实利和法治；东方人则重安息、家族、感情。"① 李大钊则把这些区别进一步简化。他说：西方是动的文化，东方则是静的文化。他把这些区别归因于地理上的影响。他同意陈独秀把东方人消极、依赖、悠闲的态度说成是中国软弱和困难的根源。但他没有像陈独秀走得那样远，号召人们摧毁全部中国传统。相反，越来越多的知识分子预期未来的世界将立基于东西文化的综合上，而李大钊也是其中一员。西方积极进取的世界观将取代沉迷于睡梦中的东方态度并由此而解决因其消极态度而在中国产生的问题。"东方的精神生活"也将有助于控制西方的实利主义。这样，东西方都经过一番改造，一个优越的新文化就将出现。②

约翰·杜威（他于1919—1920学年中基本在北大任教）所说的东西方

---

① 〔152〕。
② 〔394〕。

思想的融合，在某点上与李大钊提出的综合东西颇为相似。① 杜威最著名的中国学生胡适也预言将出现一种融合了东西方哲学特点的世界哲学。② 该大学转年（1921年）的著名客座教授是英国人伯特兰·罗素。他也表达了这样的愿望：中国在保持自己的道德特质和人文主义的生活方式（在这方面中国是有优越性的）的同时，似乎也应吸收西方的科学和技术。虽然他对实现的可能性也不抱乐观态度，但他坚持认为融合东西文化应该是中国力求实现的理想。③

梁启超和张君劢对西方文化的幻灭 梁启超也许是最有威望、最有说服力，也最能为一般人接受的"融合说"的鼓吹者了。1919年初，他从欧洲旅行回来，向他的同胞们报告了西方人正在恳请东方人给他们以精神上的慰藉。④ 世界大战将维多利亚时代对进步与科学的信心毁灭殆尽，战后欧洲知识分子之萎靡不振令梁启超印象深刻，他高兴地说：西方文化并非完美无缺，而中国文化则或许能矫正西方的缺点。

梁启超严厉批评的主要对象是理性主义（或科学）。他确信，正是它使人类成为受唯物主义决定的自然的一部分，从而摧毁了全部的精神价值。梁启超问道：如果人只是按照永恒不变的物质规律活动的一种生物过程，

---

① 至少这是梁漱溟对杜威在北京大学1920学年开学典礼上的讲话（在这次典礼上杜威被授予荣誉博士学位）的解释。蔡元培则不同意这种解释。见〔524a〕，p. 82。梁漱溟还提到了杜威在北京大学哲学研究会上的讲演，但报纸对这次讲演没有报道过。见〔4〕，pp. 2, 176。巴里·奇南（Barry Keenan）关于杜威在中国讲演的一览表和罗伯特·克洛波顿（Robert Clopton）的杜威在华讲演集都没有收入这两次讲演。见〔228〕；〔343〕。
② 〔310〕，导言，pp. 5—6。又见〔4〕，pp. 12—13。
③ 罗素在1920年至1921年逗留中国期间，在许多讲演中都提倡文化综合。这些讲演发表在报纸、期刊和一家（由梁漱溟的朋友张申府主编的）专门宣传罗素思想的杂志《罗素月刊》上。罗素文化调和论最简洁的表述请见〔461〕，它是在罗素返回英国后发表的。
④ 梁启超的文章最初连载在1919年3月的《时事新报》（〔481〕）上，见〔407〕。

那"还有什么善恶的责任"①?他指出:道德沦丧的一个必然的也是惊人的后果就是世界大战。在这次世界大战中,西方人成功地摧毁了他们自己,因为科学在用庞大的技术装备他们的同时也剥夺了他们的道德准则。然而,这场战争使大部分人的人生哲学经历了一次变化。欧洲的知识分子觉悟到他们以前对"科学万能"的崇信是错误的,以激烈竞争为手段的无休止的物质进步也是错误的。梁启超指出:克鲁泡特金的"互助"和柏格森的"创造性进化"证明欧洲人正在修改达尔文那条"适者生存"的粗陋规律,而倭铿的哲学则证明他们又重新对"精神生活"抱有兴趣。在梁启超看来,似乎欧洲人已经发现中国文化也和他们自己的文化一样包含有人道主义的理想,因此东方的精神将在矫正西方唯物主义的过程中起着重要的作用。②

1923年初,清华大学曾留学德国的年轻哲学家张君劢对走西方工业主义、资本主义和科学主义道路提出了类似的疑问,从而在知识分子中挑起了全面的论战。③张君劢认为,五四以来,中国的年轻人逐渐感到科学可以解决社会的和个人的一切问题。但是他断言,人类的灵魂问题、道德问题和审美本质问题不是单凭理性主义就可以解决的。通过揭露工业化都市社会中的丑恶、不平等和残忍,张君劢批判了西方的现代化。他问道:难道中国的目标也是同样要丧失人性吗?

梁漱溟的《东西文化及其哲学》 梁漱溟对这个问题的论述(这些论述在1921年年底出版成书)在当时受到了知识分子和历史学家的注意,因为他的论述被看作是梁启超1919年文章和张君劢"人生哲学"讲演的中间环节。在大多数人的心目中,他们三者的立场都是对于新文化运动的保守主义反

---

① 〔407〕, p.10。
② 〔407〕, pp.36—38。
③ 〔119〕。

击。①在他们的反实证主义的理论倾向中,在他们对于传统外壳下的中国文化精髓的眷求中,以及在他们对现代工业化西方的反感中,他们三个人都有着共同的论题和态度。

虽然正是张君劢那篇独特的演说在广大知识分子中引起了长达十年之久的喧闹,但梁漱溟的讲演以及这些演说的出版也确实在知识分子中造成了轰动。一部学术著作吸引了如此众多的读者,这还是史无前例的。这本书在头四年中一连印刷了八次,同时也把梁漱溟抬到了全国瞩目的位置上。他在大学中的日常课程也突然吸引了大批学生和校外听众,以至于他不得不把他的课改在校内主要大厅里讲授。他在校外的讲演也成了值得报道的重要新闻。②虽然他年纪尚轻且成就无多,但他的名字甚至出现在"中国当代大人物"的民意测验中。③梁漱溟的影响和名声也不仅局限于中国和中国人中间。该书出版几个月以后就在日本的学术界中引起了评论,关于此事的消息也在国外的留学生中不胫而走。一位西方传教士甚至出版了此书的摘要。④

然而,新文化运动的主将中只有胡适打算评论梁漱溟的这部著作。反传统主义的重要理论家们潜藏的感觉是:梁漱溟似乎是一个行为古怪却并无害处的人,颇有些像那个提倡缠足和文盲的辜鸿铭。知识界对待梁漱溟

---

① 〔308〕;〔150〕,Ⅱ,p.330;〔304〕;〔580〕,pp.121—122,129;〔144〕,pp.90—98;〔141〕,pp.72—82;〔155〕,pp.329—331;〔367〕,pp.170—185,310—331;〔198〕,pp.326—337;〔376〕,pp.135—141;〔108〕,pp.27—30,104—105;〔345〕,pp.40—42;〔324〕,pp.155—161。

② 见〔161〕;〔247〕,pp.21—26;〔637〕;〔233〕;〔565〕;〔488〕,1924年3月26日。梁漱溟的讲演集在1921年已经不公开地印行了。1926年,商务印书馆出到了第七版。

③ 〔203〕。梁漱溟和"基督将军"冯玉祥并列第十名。冯玉祥在这次民意测验进行时刚刚攻占北京,发动了惊人的政变。考虑到民意测验进行的几个月前梁漱溟已在北大辞职并离开北京(民意测验时,梁漱溟尚在北大任职),他应该比冯玉祥更好些。梁漱溟还在早些时候上海举行的一次民意测验中获得了名次。见《每周评论》,23.6(1923年1月6日):223—226。

④ 见〔451〕;〔246〕;〔434〕。

似乎根本不像他们对待张君劢那样认真。也许冈崎文夫（他在1922年把梁漱溟的著作介绍到了日本）看出了对于《东西文化及其哲学》这种矛盾反应的一部分原因。冈崎说："中国知识界对这部著作感到为难，不知如何做出反应。"①的确，当时发表的评论也证明了人们对于此书的理解和解释是如何不同。

梁漱溟对文化论战所作的贡献在中国产生了深远的影响。正是梁漱溟的著作挑起了"文化论战"，并且也许正是这部著作为公众回应张君劢的讲演架好了讲坛。中国人持续阅读着《东西文化及其哲学》，甚至在人们已经忘却了梁启超和张君劢那些争论之后仍然如此。由于它引起了此后30年的讨论和批判，梁漱溟这部书成了有关这一问题的一部经典著作。在中国大陆以外，它也一直流传了将近30年。②在台湾学校的课本里，这部书和孙中山、蒋介石的"神圣"语录一起被摘引，梁漱溟的思想也被拿来和索罗金（Sorokin）一类人的新文化理论进行比较。③在《东西文化及其哲学》发表35年以后，共产党政府在批判梁漱溟方面所用的时间、能量和笔墨几乎和他们花在更为著名的西化派自由主义者胡适身上的一样多，而这种做法

---

① 〔451〕, pp. 700—701。
② 见〔249〕;〔374〕;〔505〕;〔245〕;〔309d〕;〔131〕;〔149〕;〔118〕。20世纪30年代在提倡"中国本位文化建设"与赞成"全盘西化"的人们之间的论战是这种讨论的一种形式。这次论战中最重要的文章和文章目录发表在〔226〕和〔227〕中。又见〔309f〕;〔551〕。

虽然梁漱溟本人对后来的大部分辩论一直不抱兴趣（请看他在《朝话》中对"中国本位文化建设"问题的论述：pp. 120—122），但他的《东西文化及其哲学》对以后的所有讨论都有着明显的影响。其例请见〔155〕, pp. 329—331;〔144〕;〔141〕, pp. 72—82;〔117〕, pp. 1, 50—51;〔501〕, 1941年11月1日;〔445〕;〔604〕;〔357〕;〔443〕;〔295〕, pp. 159—180;〔589〕, p. 42;〔523〕;〔508〕;〔442〕;〔175b〕。60年代末在台湾由官方发起的"中国文化复兴运动"再次把这个问题提到首要的位置上，并产生了一大批著作和论文，《中国文化论集》（〔585〕）就是一个样本。
③ 见〔236〕;〔150〕, Ⅰ, p. 330;〔569〕, pp. 16—17, 175—196;〔568〕, pp. 54, 64;〔570〕, pp. 112—145;〔304〕;〔197〕;〔532〕, Ⅰ, pp. 5, 6, 30, 48, 115, 116;〔537〕;〔411〕。

则使梁漱溟的思想有了进一步的感染力并长久流传。

如果当时重要的知识分子对梁氏著作采取了暂时回避的态度，又如何解释它得到的如此广泛的欢迎和流传呢？这种明显的矛盾现象也许说明了在沿海大城市之外，那更庞大却少有发言权的中产阶级社会中，新文化运动知识分子的影响确实是有限的。梁漱溟的书似乎呼应了这一大群没有在文坛发言的边陲地区中层知识分子的感受方式。例如，一位怀有敌意的批评者就指责梁漱溟用这部书把大批老朽的中学教员组成了反对新文化运动的大军。① 因此，和那些主要生活并工作在北京、上海和广州的同事们不同，梁漱溟似乎与地方上以及知识分子中学识不高（也不太西化）的人们相处，反而比较友好自在。② 通过了解梁漱溟的论述，或许能使我们看清动荡的20世纪二三十年代中国广大的中间社会的特性和感情。

---

① 〔565〕。
② 北京城里那些讲普通话的西化知识分子们是很不愿意搭理那些只有中等水平的外省土佬的。正如毛泽东几年后回忆的那样："对于他们大多数人来说，我这个人是不存在的。……（他们）没有时间听一个图书馆助理员说南方话。"见〔489〕，pp. 134—135。

第四章　中西文化（一）

包含梁漱溟在内，众人对中国文化的讨论中暗含着一个基本问题，这就是中国文化的价值与以支配世界（现代化）为目标的社会经济组织的合理化之间的紧张关系。能否既保持中国的方式，又能达成增强国力的现代化呢？文化上的融合派认为可以。全盘西化的鼓吹者陈独秀以及持同样主张的人们则力图说明：既然中国的方式（无论其道德或学问的体系）看来同现代世界都不相容，因此除了完全抛弃中国的旧历史外别无选择。出乎意料的是，同上述两种主张相比，梁漱溟的文化观却同陈独秀的持论更趋一致。

意欲和文化的形成

"文化"这个范畴是梁漱溟理论的基础。梁漱溟的理论建立在佛教唯识宗的形而上学之上，认为宇宙是永远变动不居的。① 他所谓的世界灵魂（Anima Mundi）与叔本华的意志概念（Will）相当，人的一生皆是这种盲目力量的

---

① 梁漱溟认为他关于唯识学的见解仅仅是个人的解释；他也承认，他的佛学造诣不如欧阳竟无、吕秋逸这些专家。〔4〕, p. 48；〔4a〕, pp. 4—5。

一种表达。生命就是个体欲实现这种意志（大意欲）而与各种障碍相斗争的过程。精神，或尚未实现的意欲，不断向周遭环境提出要求，并克服环境中的障碍，作用力与反作用力就这样不停地互动。如此一来，生命就成了个体表达其意欲所遭逢的一系列无穷无尽的问题。① 文化——生活的方式——即是人们解决意欲需要和环境障碍之间的矛盾的一种方法。文化的不同可以归结为"意欲方向"的不同或是意欲据以处理环境中障碍的方式的不同。

梁漱溟提出了三种理想的文化类型——表现出三种不同的意欲方向。它们依次反映着用来理解环境中问题的不同方式（或是意欲和环境之间不同种类的矛盾）。第一种类型是以西方为代表的，它是意欲常规的或标准的方向。它反映了作为动物的人的基本问题：对食物、住所、繁衍的需要。在这里，为了征服环境并满足这些根本的要求，意欲是一往无前的。西方文化的所有特征和成果，如科学、民主、征服自然的力量等，都是自然地沿着意欲的这一方向发展起来的。意欲的第二个基本方向是趋向于自己与环境协调，也就是在意欲本身的要求和环境之间求得一个平衡。这种文化类型涉及的问题是：如何追求感情上满足的生活并由此获得极大的内在惬意感和生活的快乐。这种类型以中国为代表。第三种类型以印度为代表，意欲回复到自身去寻找自我的否定。在第三种文化的最后阶段，人类意识到世界不过是一种错觉，因此要寻求绝对的启示。

通过实例，梁漱溟形象地描述了解决意欲和环境矛盾的几种不同方向：假设一栋房屋坍塌了，典型的西方人的办法就是彻底拆毁房屋重新造一座新的，中国人则是将房屋修缮好，印度人则试图取消住房的要求。在人类进化的相应阶段上，这三种方向先后依序承继发展。在人类生存的原始阶段，

---

① 〔4〕, pp. 24, 28—50, 80—87。

人们勇往直前去解决根本需要，企图通过改变环境以满足人类有机体的大部分基本欲求。当人们满足了他们的基本需要以后，开始意识到要获得情感丰富、令人满意的生活这个问题，即在真正地享受已获得的物质财富的同时去发现生活本身的乐趣。当获得了内心的满足和外部的财富之后，他们就面临着要意识到这个真正永恒的问题：尘世的暂时性和死亡的必然性。在第三阶段，人类就从对自身和外部世界的错觉中解脱出来，并最终获得了涅槃的终极快乐。①

在某种程度上说，梁漱溟是用无核心价值的相对主义来构成自己的理论。这三种意欲方向，在人类发展与面对问题的各个不同阶段，在人性上都占有等值的地位。"西洋文化的胜利只在其适应人类目前的问题，而中国文化、印度文化在今日的失败，也非其本身有什么好坏可言，不过就在不合时宜罢了。"梁漱溟在此时似乎仍然执着于他曾经历经万苦攀登过的佛教冷漠的崇高境界。"我并不以人类生活有什么好，……人类文化有什么价值……我很晓得人类是无论如何不能得救的，除非他自己解破了根本二执——我执、法执。"② 然而，梁漱溟相对主义的后设史观（Relativistic Metahistoricism）与他对一切相皆是空的体认，最终都无法阻止他去抽绎中国文化的精髓并将之视为一种绝对价值，只是在此之前他尚需经历一段痛苦磨砺的过程。

为了解释人类发展现阶段上中国和印度文化的存在，梁漱溟回顾了中国和印度文化中早期的圣贤："其实文化这样东西点点俱是天才的创作，偶然的奇想。"与西方的圣贤只看到了人类面临的直接问题不同，印度和中国的哲人不可思议地在那些问题出现之前就预见到第二、第三条道路上的问

---

① 〔4〕, pp. 24, 52—55, 66, 166—167。
② 〔4〕, pp. 109, 209。

题。身为各自的时代中最杰出的人物，他们对这些问题的关注使其文化在第一条道路走完之前便分别被引导到第二、第三条道路上。①

虽然在有些方面梁漱溟的理论与马克思主义的观点有部分重叠，但他强调意识的第一性使他与唯物史观截然相对。然而，历史唯物主义对文化的解释在当时的中国正日趋流行。梁漱溟承认马克思主义关于经济基础决定上层建筑的主张，但他认为单单这种理论还不足以解释透彻。经济或地理决定论只涉及客观因素，因而只能解释因果关系（缘）。②梁漱溟问道：中国和印度何以未曾像西方那样有经济的发展并经历工业革命？他的结论是：显然，东方人的主观因素，即意志的根本态度或方向，是唯一发挥作用的原因（因）。

反对文化融合

初看起来，梁漱溟在形而上学方面的漫谈似乎与他对中西文化的最后结论没有太多关系。但他宣称，对宇宙终极性质的理论思考正是《东西文化及其哲学》的中心。③基于这一点，他不去考虑各种关于文化融合的理论。

---

① 〔4〕, p. 44，又见 pp. 45, 145, 154, 159, 199—200。梁漱溟关于文化差异的根源所作的论述和罗素的理论很相近。当不得不提出一种假说时，罗素也说过："这大约在很大程度上要取决于文化形成初期出现的那些重要人物（如摩西、穆罕默德、孔子）的品格。"〔461〕, p. 187。
② 〔4〕, pp. 44—47，又见 pp. 145, 154, 159, 199—200。罗素的讲演给梁漱溟留下了这样的印象：历史唯物主义不能解释世界各文化区域内经济发展的差异，也不能解释同一自然环境中文化的差别。罗素指出，虽然中国人、埃及人、巴比伦人的"自然环境和经济条件大体相同，但他们各自的精神世界却很难说得上有相同之处。……那些将一切均归因于经济的人大概很难说明这种不同的缘故。……目前，我并不以为科学能圆满回答民族性问题。"〔461〕, p. 187。
③ 〔4〕, p. 43。

既然文化作为一个整体表现了意欲采取的独特的基本方向，那么特殊的文化成果（如欧洲的科学和中国的伦理学）就不能被拔去或添加。一个民族若非先具有某种潜在的文化心态，便无法创造出该种文化成果。

例如，梁漱溟指出中国人曾试图通过文化融合获得西方那样的富裕和强盛但终归于失败。19世纪末，中国首先试图融合最表面的西方文化成果——技术和工业。在这些最初的企图遭到失败以后，中国人又向前走了一步，试图移植西方的制度和法律，如1898年改良主义者提倡的那样。1911年，他们又向前进了一步，推翻了君主制度，建立了共和的代议制政府和其他西式政治制度。但因为中国人的潜在心态仍未改变，所有这些努力也就归于失败。[①]

所以，梁漱溟对梁启超的《欧游心影录》评价不高。梁启超此书为近来欧洲承认中国文化和中国哲学中的某些部分尚有些价值而感到庆幸。梁漱溟宣称："其实任公所说，没有一句话是对的！"[②] 他说：

> 他们感于两方文化各有各的弊害，因此期望得一个尽善恰好的，从此便可以长久适用。他们不晓得一派文化之所以为一派文化者只在于其基本态度。他们关于融合的谬见即来源于这种理论。其实这一派根本精神和那一派根本精神何从融合起呢？[③]

因此至少在表面上，梁漱溟反对"选择东西文化之优"的公式。约瑟夫·列文森认为，中国人赞许文化价值融合论的动机，不过是希望中国能得到与

---

① 〔4〕, pp. 4—5, 8—9。
② 〔4〕, p. 14, 又见 pp. 2, 13。
③ 〔4〕, p. 198。

西方平等的地位,希望中国与西方"势均力敌"①。梁漱溟反对这个公式,并非因为他察觉到了中国人的虚伪,只想吸收异国民族的长处,却漠视该长处其实源于异国的民族性,而是他痛感若要借用外族的长处,就得同时接纳外族的民族意识。

因为既然中国的意欲方向与西方大不相同,中国就不能算是在全人类共同发展的道路上落后于西方。相反,中国有自己的轨道,和西方完全不同。因为中国的方向不同,科学、民主和工业对中国来说就不是必然的。

> 我可以断言假使西方文化不同我们接触,中国是完全闭关与外间不通风的,就是再走三百年,五百年,一千年也断不会有这些轮船,火车,飞行艇,科学方法和"德谟克拉西"精神产生出来。这句话就是说:中国人不是同西方人走一条路线。因为走的慢,比人家慢了几十里路。若是同一路线而少走些路,那么,慢慢的走终究有一天赶的上;若是各自走到别的路线上去,别一方向上去,那么,无论走好久,也不会走到西方人所达到的地点上去的!②

其实梁漱溟是说,中国文化中任何机能失调的因素都必然是外来的,这些因素并非仅仅作为催化剂,而是变化的基本原因。中国社会制度中不存在能产生变化的那种后续力。梁漱溟认为,如果不是西方,"不变的中国"将长此以终古。③

然而,世界各地确实会互相交流。西方凭借着由其心态而产生的财富和力量很快成为整个世界的文化典范。因此梁漱溟的文化图式也潜伏着一

---

① 〔379〕,Ⅰ,pp.109—116。
② 〔4〕,p.65。
③ 〔4〕,p.203,又见 pp.64—65,145。

种激进主义。既然现在所有文化都在接触中,基于意欲不同方向的三种文化系统不会再同时共存了;一种属于全人类的文化将要出现。因此他断言:中国文化"如果不能成为世界文化则根本不能存在"①。

梁漱溟相信那些激进的反传统主义者对此问题看得最清楚。例如,陈独秀已经意识到:如果中国要引进西方的科学和政体,则必须也引进西方文化的其他部分;中国人必须从整体上根本地采用西方文化,改变意欲的基本方向。

> 我们也不能不叹服陈先生头脑的明利!因为大家对于两种文化的不同都容易麻糊,而陈先生很能认清其不同,并且见到西方化是整个的东西不能枝枝节节零碎来看!这时候因为有此种觉悟,大家提倡此时最应做的莫过于思想之改革,——文化运动……②

人们也许能够想象到:梁漱溟说了这番话之后,他的听众一定会瞠目结舌。终于,连梁漱溟这样一个仰慕佛学和儒学的渊博的哲学家也同意"新青年"一派了!他甚至也赞成他的主要对手陈独秀了。

科学和民主

梁漱溟也同意陈独秀的看法,认为西方文化的本质是科学和民主:"西方化是由意欲向前要求的精神产生'塞恩斯'与'德谟克拉西'两大异采

---

① 〔4〕, p.9, 又见 pp.3—4。
② 〔4〕, p.6。

的文化。"① 沿着人类文化的"第一条路向",西方文化面临的是那些与生存有关的人类基本关切。

> 所有衣、食、住,种种物质的需要都是要从自然界取得的,所以这时态度应当是向前要求的,就着前面下手的,对外改造环境的,以力征服障碍的。若不向前想法子而就着自己这面想法,那就不成功;……或不得生存了。②

西方意欲趋于满足欲望和要求的方向产生了两种基本态度,这两种态度的具体表现就是科学和民主:对外部世界作理智计算的态度导致了科学的发展;注重私利和要求权利的态度导致了民主。这种态度可以追溯到古代希腊。现代西方文化是这种态度逻辑发展的顶点。诡辩派的怀疑论建立了"凭个人的主观于我有利无利"作为评价行为的唯一尺度。苏格拉底将知识等同于道德,对理智给予了最早的强调。西方文化完全是自利的、使用理智的。自古希腊以来的大部分西方哲学家一直关心诸如认识论、宇宙论这些对自然世界的理性的计算。西方文化所有的特征——合理的经济和政治制度的竞争,宗教的衰落,对法律、权利和个性的强调——都是由此自然地发展出来的。③

借助罗伯特生(Reverend Frederick Robertson)对希腊文化和希伯来文化的区分,梁漱溟巧妙地处理了修来世的禁欲的欧洲中世纪造成的矛盾。对于罗马到文艺复兴之间的历史,他轻描淡写地解释说:西方曾一度受到东方(第三条路)的希伯来文化的影响。(如果罗伯特生知道他说教的意图在一个中

---

① 〔4〕,pp. 22,24。
② 〔4〕,pp. 166—167。
③ 〔4〕,pp. 155—158,76—77,142—152。

国的异教徒手中得到了运用,他一定会从圣公会那华美的墓穴中苏醒过来!)梁漱溟断言:"希伯来的思想是出于东方的——窃疑他远与印度有关系。"①

文艺复兴使西方人的基本态度变为希腊式的,由此他们转向了正常的文化发展。梁漱溟引霍夫丁的话说:"文艺复兴最伟大的成就是世界的发现和人的发现。"当然,"世界的发现"是科学的再生。这时,希腊的纯理性主义得到了英国经验主义的补足和修订。批判的理性主义摧毁了宗教和中世纪的超民族主义。英国经验论者将自利和理性计算这两种基本趋向与西方富反抗精神的意欲结合起来,带来了近代工业的诞生。②

梁漱溟继续说,文艺复兴的"发现自我"为民主的发展做了准备。这种民主是一种制度,它允许个性自由的极大发展和集体行动的极大发展。梁漱溟对这种制度是赞成的。民主建立在个人权利之上:从积极方面说,要保证发展个人的机会;从消极方面说,保证自由在一个限定的活动范围中不受社会或其他个人的影响。"个性的伸展"同时意味着"社会性的发展"。民主保证了有效的组织,同时又保护了个人不因组织窒息个性而受到损害。③

照梁漱溟看来,正是由于西方人意识到了自我才得以产生西方民主这一最伟大的成就:既保证了个人表达和发展的自由,又提供了团体合作的组织。由于个人在决议过程中享有权利,因此他们在组织中就不是无个性特征的部分。组织对具体个人自由的保证使他们感到他们可以服从组织的决议而不必放弃自己的自由。个性和组织是彼此依赖的,没有一方可以脱离另一方而存在。

个人自由及自我意识不仅对个人是有价值的,对集体也是有价值的。因为它们允许个人能力的发挥,而这种发挥则造就了更强有力的团体组织。没

---

① 〔4〕, p. 56。
② 〔4〕, pp. 66—67。
③ 〔4〕, pp. 37—41。

有这种利己的解放，就不可能有西方的经济发展和财富。没有个人对社会的积极参与，著名的西方公共精神和民主也是不可能的。这些主题构成了梁漱溟对西方民主的理解。① 这些主题渗透在1911年以前严复、梁启超著作的自由主义讨论中，而那时梁漱溟只是一个刚开始思考西方的中学生。

西方化的结果

梁漱溟解释说，这种对自己和自我意识的肯定，导致了西方人的自利和去自然世界中为自己寻求各种享受的态度。西方人理智计算习惯的结果是："在直觉中，'我'与其所处的宇宙自然是浑然不分的，而在这时节被他打成两截，再也合拢不来。"现在，西方人仅从满足需要出发把自然界看成一个利用和征服的对象，这种态度形成了他们对世界及人类中同伴们的看法。西方人的理智是强大的和不可抗拒的。它在知识和财富方面获得了巨大进步，使生活更加舒适，取得了许多其他无疑是令人敬佩的成就。同时，"他们精神上也因此受了伤，生活上吃了苦"②。

在一些地方，梁漱溟以一种哲学式的生态学家的口吻说道：

> 西洋人……使人与自然之间，人与人之间产生了罅隙，……很深刻地划离开来。就弄得自然对人像是很冷而人对自然更是无情，无复那古代以天地拟人而觉其抚育万物，像对人类很有好意而人也恭敬他，与他相依相亲的样子；并且从他们那理智分析的头脑把宇宙所有纳入

---

① 〔4〕, pp. 37—42, 61—62。
② 〔4〕, p. 63。

他那范畴悉化为物质，看着自然只是一堆很破碎的死物，人自己也归到自然内只是一些碎物合成的。①

西方人对个人利益的理智计算，使得"宇宙和人生断裂隔阂，矛盾冲突，无情无趣，疲殆垂绝"②。

西方人不能从他们的同伴那里获得精神上的安慰，这不仅因为"其人对人分别界限之清，计较之重，一个个的分裂，对抗，竞争，……像是觉得只有自己，自己以外都是外人或敌人"。即使是家庭本身也免不了这种卑鄙的争辩。"开口就是权利义务，法律关系，甚至于父子夫妇之间也都如此。"③

现在，梁著的读者很清楚了：梁漱溟并未慷慨地无限制地赞扬近代西方，而毋宁说是呼吁人们注意它为自己的成就付出的代价。虽然那些西方人如此令人羡慕，他们的帝国横跨世界，他们在奢侈中度日；但他们完全是一群可鄙的吝啬鬼，享受不了他们靠侵略所获得的富有。"外面生活富丽，内里生活却贫乏至于零！"听到这些议论，梁著的读者们一定会很高兴吧！④

理智的计算　　梁漱溟指出，西方态度的第一个因素是以损害情感为代价的理智的计算，它使人丧失了完善的生活：

> 我们生活中的工具——理智——为其分配、打量之便利，而假为分别的；若当作真的分别，那么，就错误而且危险了。什么错误危险？就是将整个的人生生活打成两断截；把这一截完全附属于那一截，而自身无其意味。如我们原来生活是一个整的，时时处处都有意味。

---

① 〔4〕, p.177，又见 pp.178, 179, 186。
② 〔4〕, p.186。
③ 〔4〕, pp.178, 152。
④ 〔4〕, p.178，又见 p.152。

若处处持这样态度，那么就把时时的生活都化成手段。——例如化住房为食息之手段，化食息为生殖之手段——而全一人生生活都倾敧在外了。不以生活之意味在生活，而把生活算作为别的事而生活了。平常人盖多有这种错分别。——尤以聪明多欲人为甚——以致生活趣味枯干，追究人生的意义，目的，价值等等，甚而情志动摇，溃裂横决。①

这种功利主义的计算"使人完全成了机械，要窒息而死"②。

个人自利　资产阶级功利主义文化中的另一个主要倾向——自私的计算——导致了对于所有外在行动的成败患得患失。梁漱溟说，当生活的重心转向外部世界时，人们就因陷入忧虑而破坏了生活。围绕着个人利益自然会生出许多忧虑，甚至一个注重效果的利他主义者对其民族或人类利益的关心也会产生忧虑。③（在梁漱溟本人的危机时期，他的忧虑在很大程度上是关于共和革命的成败，而不是关于他的个人利益。）功利主义者对外在的成败的倚赖，是追索梁漱溟1912年转向佛教，和他在三四十年代的儒家立场的一条线索。青年时代的梁漱溟发现了人类存在中幸福的"相对性"，这导致他去佛教中寻求绝对真理。愉快是在外部世界中满足了一些欲望的结果。但欲望也会带来痛苦和不快。1921年，作为儒家的梁漱溟感到：以往叔本华关于欲望、满足、厌倦的说教，只有功利主义者才会上它的圈套。他们的"快乐"是相对的。

---

① 〔4〕，pp. 133—134。
② 〔4〕，p. 135。
③ 〔4〕，p. 138；〔5r〕。梁漱溟一定是在指他个人已经经历的危机，至少是在有意无意地这样做。在他的全部著作中，他只有两次用到"自己跟自己打架"这句话。一次是在追述自己的危机时期时（见〔47〕，p. 3），一次是在描述那些未领略孔子生活的人们在理智和感情上的冲突时（见〔4〕，p. 124）。

> 何谓相对的乐？……他这个乐是与苦对待的，所以为相对。……平常人走计算的路，总要由手段取得目的，于是必有所取得而后乐，取不得就苦了。其乐全系于其目的物，而借待于外；……又其乐去苦来，苦去乐来，显为相对待的；所以说是对待的而非绝对的。①

很清楚，梁漱溟所选择的立场我们只能称之为反智。他用19世纪欧洲浪漫主义者的口吻使用"理智"一词。如同雪莱的"计算能力"一样，梁漱溟的"理智"可以剖析生活因而也可以摧毁生活。梁漱溟宣称，一种自利计算的态度将使人的生活变为达成外在目的的手段，因而一个人内在的生活活力就在外部世界中消散了。梁漱溟确信，马克思所说的"冰冷的个人本位的计算"正是西方人的血液，它不但淹没了欣喜和热忱，也淹没了生活本身。

梁漱溟在对他的听众——尤其那些从未去过国外的人们——就西方人感情痛苦发出惊呼时大约有些过分动情了。他多次呼喊："真是难过的要死！"②梁漱溟应该是认真的，因为这种感觉可以追溯到他个人的危机。梁漱溟觉得他亲身经历过西方的趋向及其带来的痛苦，因此很了解他所讲的问题。这种精神上和心理上都已崩溃的功利主义者（或是实用主义者、享乐主义者——这些在梁漱溟并无区别）的形象在梁漱溟的演说和著作中还将不断浮现。每一处的措辞都反映出他有着自己内心的体验。

西方的机器和资本主义 自利和物质的理智计算这两种趋向结合的逻辑结果是工业资本主义。浮士德精神认知外部世界（科学）的追求和满足欲望的追求结合在一起诞育了机器。梁漱溟对机器作了如下批评："机械实

---

① 〔4〕，p.137。
② 〔4〕，p.178。又见 pp.152，166；〔4a〕，pp.3—4；〔5r〕，p.115。

在是近世世界的恶魔。"这种口吻和拉斯金（Ruskin）、甘地以及其他人对工业社会所作的批评何其相似！梁漱溟对资本主义的批评正是落在保守主义和马克思主义的传统互相重叠的部分。

> 当机械发明……小工业一次一次的破坏，那些在小工业居主人地位的——小资本家——便一次一次都夷为隶属的工人，到大工场去做工乞活。……社会上简直划然成两阶级，……资本家和工人的关系看着是自由契约……其实资本家可以完全压迫工人制其死命，而工人则除你愿意饿，可以自由去饿之外，没有别的自由。因为你不作工就没有饭吃，……时时有失业的恐慌，和一方生产过剩膏粱锦绣堆积起来而一方人还是冻馁。①

梁漱溟对西方资本主义所作的保守主义批判如此明显地利用了马克思主义的分析，这并不奇怪。正如卡尔·曼海姆指出的，生命论者和马克思主义者所认知的现实，在哲学上都是起源于对纯粹理性主义的浪漫主义式的反抗。②青年马克思和马克思主义者对机器的态度是又爱又恨。梁漱溟对现代工业也怀有反感。对工业的反感是马克思主义感情的基础，反过来说，对科学与技术的崇拜却是马克思主义逻辑的基础。③

和西方的情况一样：在中国，对资产阶级理性主义及其附属的经济体系的这种单纯的反感，在哲学上将同时以激进与保守的形式表现出来。在梁漱溟反对资本主义的各种批评中，他讨论的实际是"异化"问题。他相信，西方迫于他们的社会和经济环境，正朝着一种有损于人类本性的方向

---

① 〔4〕, p. 163。
② 〔422〕, pp. 161—164。
③ 〔541〕, p. 63。

前进。① 梁漱溟是保守主义者如何失望地呻吟的又一个实例。用涂尔干的话说，这很像一个社会主义者的"痛苦的叫喊"②。然而，梁漱溟相信西方所有的阶级都全部"异化"了："如此的经济其戕贼人性……是人所不能堪。无论是工人或者其余地位较好的人乃至资本家都被他把生机斫丧殆尽；其生活之不自然，机械，枯窘乏味都是一样。"③

工业社会其他方面的情况也烦扰着梁漱溟——就像当年烦扰着马克思一样。梁漱溟看到机器生产和劳动分工可能会使人失去人性。这种机器生产使工人成为机器的附属物而不能使工人得到有创造性的满足。梁漱溟指出了由此产生的问题：自杀、犯罪、酗酒、各种变态现象和家庭的衰落。工人在做了一天枯燥疲闷无聊的工作以后，还要"急着"去找乐子。对于工人来说，工余也是一种痛苦，因为他们只有在粗俗的肉欲刺激中才能找到快乐。"总之非淫过不乐"。然而，最使梁漱溟感到烦恼的大概还是人们之间不断的竞争。这种竞争迫使人们全神贯注地投入到经济斗争中去，使他们的精神常常充满了忧虑和恐惧。④

中国文化：《易经》和直觉

五四运动以后，西方观念在中国的巨大威力使得所有传统思想家都产生了一些奇怪的转变。尽管他们厌恶西方事物，但他们似乎也在竭力试图

---

① 〔4〕，pp. 181，63；〔5r〕，p. 116。
② 涂尔干在对社会主义作了一番认真研究之后总结说，社会主义是出于一种道德的激情，出于对资本主义的一种感情变化，而不是出于什么客观的科学结论："社会主义不是一种科学，……它是一种痛苦的叫喊。"〔232〕，p. 5。
③ 〔4〕，p. 165。
④ 〔4〕，p. 165，又见 pp. 166，178，191。

用西方思想家或西方的理论名词去澄清中国的旧概念的效用。梁漱溟也不例外。他用在近代西方理性思潮中发现的"论据"为其理论做论证。

例如，梁漱溟从西方非凡的科学天才爱因斯坦及其相对论中为古代中国《易经》的宇宙论寻找到了支持。① 梁漱溟还认为，亨利·柏格森（他当时在欧洲和中国都很有影响）通过生命论哲学所发现的东西，就是古代中国人一直努力去了解的东西。在某种程度上应当反过来这样说：梁漱溟是靠着这位法国人的帮助去解释中国形而上学的。柏格森认识论的核心思想是：直觉才能把握住所谓"翩翩飞舞"的变动不居的现实（而无法用理智分析将其冻结成固定、僵化的范畴），而要企及绝对的知识和真理也是如此。实际上，梁漱溟不过是用柏格森的概念东一点西一点地去塑造他自己的那套中国人的思维或儒家理论。②

---

① 〔4〕，p.118。梁漱溟还认为爱因斯坦的新理论印证了唯识学关于世界的思想：现实中存在的只是事件相续的变化现象，这些事件的活动是根据因明规律进行的。〔4〕，p.87。几年后，其他一些唯识学理论家（如著名的住持太虚）也声称他们是在按照相对论解释唯识学。见〔113〕，pp.124—125。

② 至少在1915年，梁漱溟就读过柏格森的著作了。但是，他直到1916年夏才开始认真研究中国哲学。见〔5a〕，pp.11—13，18—19；〔4〕，p.135。梁漱溟谈到他当初读柏格森的著作是"人生一大乐事"。见〔47〕，p.23。（此语见于《朝话》1946年上海版第136页。——中译者注）

柏格森直觉主义形而上学的基本理论是他在1903年的论文集中建立的。见〔106〕，pp.177—227。从梁漱溟著作中所用的术语和比喻看，他最熟悉并最受影响的显然是柏格森的《创造进化论》。见〔104〕。这是梁漱溟所读的柏格森的第一部著作。见〔5a〕，p.11。但对于柏格森的许多基本思想，梁漱溟却完全忽视了。如柏格森对"机械主义的时间"和"绵延"的区别，以及他关于记忆和自我的思想。然而，对于柏格森在《创造进化论》中对于直觉、理智、语言的论述，梁漱溟似乎有了全面的理解。对于柏格森1921年以前的其他重要著作，梁漱溟好像还不熟悉，如〔103〕或〔105〕。

梁漱溟还将唯识学的形而上学和柏格森主义作了比较。虽然他也感到它们的中心概念都是"不断流动的"宇宙和"流动的实在"，但他仍然认为它们在方法论上有着根本的差异。他指出，唯识学只依靠感觉和理智去认识这种流动的本质，而柏格森依靠的则是反理智的直觉。〔5n〕，pp.97—101。又见〔4〕，pp.78—79，86—87，119，169。

梁漱溟承认从表面上来看，中国的确是明显地落后了，或者说就是一种发育不全的文化形式。

> 有人——大多数的人——就以为中国是单纯的不及西方，西方人进化的快，……而中国人迟钝不进化，……我起初看时也是这样想。例如，征服自然一事；在人类未进化时，知识未开，不能征服自然，愈未进化的愈不会征服自然，愈进化的也愈能征服自然。①

但是，梁漱溟指出，中国人潜在的心态是和谐、退让与妥协。依此态度，人们不是将自己置于自然的对立面，而是与自然相融合，陶乐于其中。不是刺激欲望（如西方人那样），也不是压抑欲望（如印度人那样）；中国人走的是中间一条路——知足。因此，内在的满足与快乐是中国人的第二条路的特殊成就。②

在梁漱溟看来，中国文化的核心是它的形而上学。无论是在它关注的问题上还是它使用的方法上，这种形而上学都在根本上迥异于印度和西方的各种形而上学。③ 后两者集中在本体论——实体问题上（这种终极实在是宇宙精神还是物质？是一元的还是多元的呢？）；而中国的形而上学自始即寻求理解何谓变化。梁漱溟认为，由于中国的形而上学家们不是按照静止的实体来思维，因此他们形成的概念也从来不去处理有关实体的具体问题。另一方面，西方和印度的思想家使用的是明白限定的理性分析和准确的概念，由于那些有逻辑界定的概念和精确的名词在本质上是静止的和固定的，用它们是无法理解和描述纯变化的。

---

① 〔4〕，p.64，又见 pp.34—38，65，151，200—204，208。
② 〔4〕，pp.65—66，151—152。
③ 〔4〕，pp.80，114—115。

中国哲学用直觉去把握作为物理世界的基础的抽象概念。这些概念只能通过"虚的意味"加以表达。《易经》(它是中国全部思想的基础)把宇宙生命描述为一个不停顿的"流"。这种"流"借助相互对抗、相互贯通的二重性力量获得形式和运动。而这些则由《易经》的卦这样一些暗示性的符号加以表达,或用诸如阴与阳、龙与马这样一些对立力量的符号加以表达。

中国的形而上学家们据以获得宇宙涨落的感觉和体验的那种直觉过程当然是非理性的。理智推理的本性使得它认知的事物落于呆板并失去了原来的光泽。因此梁漱溟说,由于中国人的思维从未使自己陷入本体论和认识论的纠纷中去,所以它是金瓯无缺的,也没有受到那种曾摧毁了西方形而上学的现代理性主义的影响。

值得注意的是梁漱溟关于形而上学和科学的比较,因为其后他还会以不同的形式表现出它们的区别。他说,中国形而上学建立在直觉的基础上。这种直觉是人类一种"无心"的能力(无所为而为)。相反,科学的基础是理智,它是一种有目的的工具,是处理"意欲"与环境之争的手段。因此,理智的活动总是有着一种潜在的动机(有所为而为),并与个人的物质利益直接相连。①

孔子的直觉主义和柏格森的生命主义

梁漱溟把孔子看作是中国形而上学基础和中国文化的结合点,他确信孔子在《易经》原理的基础上系统地讲述了人生哲学并为其在社会中的实

---

① 〔4〕, pp. 80, 114—119。

行发展出了各种制度。正是孔子哲学的这个实质面向，使梁漱溟得以赋予中国文化某种绝对的普遍价值，尽管他对文化的认知具有一种相对主义的后设史观。这一过程大致如下：宇宙是生命，生命是不止之流；因此，不断变化就是绝对的真实。了解变化本身即了解真实的本质。按照梁漱溟的解释，孔子已从《易经》把握了这种变化的本质，因此也把握了人生的本质。一种基本的宇宙原理来自生命的流动——使所有存在物和谐相处。①（这种和谐的基本价值将形成他后来改革的思想和方案。）

梁漱溟认为，这种和谐的基本概念就是孔子学说中令后世争论不休的"一以贯之"的概念。当表现为人生哲学时，它是"仁"（benevolence, true humanity, or perfect humanness），这是儒学最完美的表述和它的本质。② 和柏格森一样，孔子大约把直觉感情看作是对与自然相和谐的生活的可靠指导。梁漱溟对儒学这种生命论式的解释源自王阳明并充满了柏格森主义的意象和词句，其目的是对抗纯粹的理性主义以捍卫某种绝对价值，这和生命论与"生活哲学"起源于德国保守的浪漫主义是一样的道理。③

柏格森直觉主义哲学的内在矛盾在于，它认为人类的意识永远是理智的。在柏格森看来，由于人类面临变动和杂乱无序时感到了忧虑，于是他们就专注于对自然事件的理智计算，只是很少的时候才能复燃直觉这盏"几乎熄灭的灯火"。直觉向他们揭示了另一种自然秩序的存在。这种自然秩序不是基于宇宙数学，而是基于生命的冲动。柏格森指出：在人类进化更彻

---

① 〔4〕, pp. 118—120。
② 〔4〕, p. 121。这句话见于《论语》4：15 和 15：2。在中国历史上对这段话有许多不同解释。梁漱溟尤其反对胡适的解释。胡适认为这句话指的是孔子的"知识方法"；梁漱溟则认为，孔子作为一个直觉主义者，他绝不会去讨论理性主义的认识论问题。见〔4〕, pp. 121, 126—129。
③ 〔422〕, pp. 83—93, 157—164。

底更完满的时代，直觉和理智将更好地融合在一起。从梁漱溟的论述可以看出，他认为孔子正是在进化过程中"一跃"而臻于至善至美的人性。

对于梁漱溟的儒学来说，理智与直觉之间的对立至关重要。柏格森把理智看作是复杂化了的感官能力，因为它可以使人们应付环境，因此有助于控制物质对象。梁漱溟说：

> 理智是给人作一个计算的工具，而计算实始于为我。在直觉情感作用盛的时候，理智就退伏；理智起了的时候，总是直觉情感平下去。所以二者很有相违的倾向。①

无论一个人身上是理智还是直觉占优势，仁与不仁之不同还是能分清楚的。一旦理智开始起作用，就使自利的计算成为可能，而这种计算又使人的生活和乐趣取决于欲望的满足。

> 孔子则不然。他原不认定计算而致情志系于外，所以他毫无所谓得失的；而生趣盎然，天机活泼，无入而不自得，决没有那一刻是他心里不高兴的时候。②

孔子所理解的宇宙充满了春意生气。儒家没有别的，就是要顺着自然的道理，顶活泼顶流畅地去生活。由于孔子的哲学以变化为基础，孔子避免任何一种确定性。这一点与"其他人"（这里似乎指的是西方人；或是墨子，梁漱溟认为他的哲学与西方相当）形成鲜明对照。因为实在是永恒的流，

---

① 〔4〕，p.128。
② 〔4〕，p.137。

找不到一个不变的尺度。因此，孔子不去试图寻求确定的客观的原则。由于这些原则是与"中庸"之道相背离的，任何原则或尺度一旦直接用于逻辑计算，都有悖于中庸之道。

由于孔子将生活奠基于直觉（这一能力是"无心"的，全然没有应付环境的实际需要）之上，他的活动是"无所为"的。"无所为而为是儒家最注重用力去主张去教人的。""算计不必为恶，然算计实唯一妨害仁的。"①

照梁漱溟看来，孔子通过两种手段将其生活制度化——礼和乐。他用理智使这些制度达到理智和感情的融合，或修订和调整人类未成熟的本能。儒家礼乐之意义在于为人类生活创造了一种感情和精神上的安定。梁漱溟说，儒家起着宗教的作用，而无宗教的缺点（如迷信及其他烦恼）。儒家是通过审美来达到宗教所追求的目的的。当时蔡元培和其他一些人也主张用艺术代替宗教以保证一个人的精神生活。但梁漱溟以为儒学比一般艺术可靠得多，因为它具备一套系统的哲学以及作为这种哲学之基础的生活方式。②

与儒家人生哲学截然相对的是功利主义。在梁漱溟看来，它是西方全部人生哲学的代表。因此他建立了一个基本的二分法，这种二分法成为他此后30年思想的核心。西方相当于机械论的实证主义，是理智化的，是有目的的活动，是自私自利，是道德上的虚无主义。所有这些都是实用主义固有的，而实用主义则被梁漱溟视为全部西方思想逻辑发展的终点。③西方的对立面则以中国和儒学为代表，它主张情感、直觉、伦理道德、无私、反对计算，它是绝对价值的代表。

---

① 〔4〕, p. 134。
② 〔4〕, pp. 140—143, 153—154, 193, 196—197。
③ 〔4〕, pp. 157—158, 193。

中国文化实现自身的失败

孔子的直觉主义以及它必然造成的不确定性,对于这种"非宗教之宗教"的具体表现有着重要的含义。如果说儒学的基础是建立在对连续的实在之流的直觉把握上,那么它就不可能有一个确定的客观的行为准则(这些准则旨在将经验归纳为固定的理智范畴)。因此,常见的儒家道德和真正的孔子精神基本上是相悖的。儒家两千年历史中所有的正规道德准则和行为规定实际上是反儒家的。

梁漱溟对儒学的直觉主义解释,使他将儒学在历史中的具体表现(如礼教、名教)相对化了。相对主义使他得以保留了儒学的基本精神、它的绝对价值和"天理",而不去考虑这些绝对价值的具体表现。因为他认为这些具体的道德习惯曲解了"真正的"儒学。① 梁漱溟说:"大家要晓得,天理不是认定的一个客观道理,如臣当忠、子当孝之类。"② (他无意中提到的这两个传统道德的例子与他本人的生活经验有直接关系:他从不是一个孝子;然而至少在某种程度上说,忠则是他父亲自杀的原因。)因此梁漱溟可以解决他父亲遇到的矛盾,即普遍的天理和中国具体道德之间的矛盾。天理适用于全人类,这是中国人的独到之处,然而天理无法被当成中国历史上的正规道德。

在强调家庭以及亲属关系时,梁漱溟的生命论观点再一次表现出纯粹的中国色彩。礼乐是将孔子的生活方式加以贯彻的社会方法,但所有这些

---

① 〔4〕, pp. 152—153。"礼教"和"名教"指的是"道德教化"。具体地说,指的是那些起着部分法律准则作用的"典章制度"。随着宋代新儒家二元论理性主义的兴起,这些"礼法"被看作"天理"的外在表现。由此,从宋代起,这些礼教、名教因其有着神圣不可侵犯的力量而渐渐变成了呆板僵硬的教条。民国初期对儒家的批判主要是直接针对儒家伦理的这些外部表现的。
② 〔4〕, p. 127。

都是以情感的培养过程为基础的，而这种情感则是发端于最自然的源泉——子女对父母的情感。这种人生最初的情感将被培养为其他一切情感的基础。梁漱溟又说，虽然《孝经》不一定就是孔子所作，但它的著名论述还是正确的："夫孝德之本也，教之所由生也。"实在地说，全部儒家学说不过是对孝悌的扩展和论述。①

梁漱溟一方面把孝作为"真"儒家的基础，另一方面他也呼应了五四反传统主义对形式上的儒家关于家庭生活戒条提出的批判。"古代礼法，呆板教条以致偏欹一方，黑暗冤抑，苦痛不少。"梁漱溟指出，在传统社会中没有"自己"的概念②，因此个性也没有发展的余地。在威权主义的家庭结构中，个人被"埋没消失"了。③ 他称赞了戴震（1724—1777）对"种种偏激之思想，固执之教条"的攻击，这些思想和教条导致了自宋代以来社会生活方面日益增加的压迫。④ 在评论宋代形成的正统的道德准则时，梁漱溟写道："数千年以来使吾人不能从种种在上的威权解放出来而得自由；个性不得申展，社会性亦不得发达，这是我们人生上一个最大的不及西洋之处。"⑤

但是，由于梁漱溟对自己和乃父的冲突所怀有的矛盾心理，他不可能完全采取新文化主义者对传统家庭的全部看法。他确信："家庭里，社会上，处处都能得到一种情趣，不是冷漠，敌对，算账的样子，于人生的活气有不少的培养。"因此，"虽在（个性发展）这一面（家庭）有如此之失败不利，却是自他一面看去又很有胜利"。因为通过家庭中国人才得以避免与他们的

---

① 〔4〕, p.140；〔539a〕，第一章，"开宗明义"。
② 〔4〕, p.153。
③ 〔4〕, pp.37—40, 152。
④ 梁漱溟写道：戴震对这些形式上的礼教的批判是"孔家人生的萌动"。〔4〕, p.150。
⑤ 〔4〕, p.152。

伙伴疏离，免于那种使西方人大伤脑筋的人类感情的毁灭。①

梁漱溟对正统伦理道德和传统的家庭组织的矛盾心理只是他在维护传统过程中所存在的更大矛盾的一个小小的侧面。他既把绝对的普遍价值赋予儒学，又对它在历史上的具体表现加以指责。对于"中国过去如何"和"中国过去应该如何"（起码依他的理论说应该如何）之间的明显差距，梁漱溟怎样解释呢？

中国的早熟

中国的唯一伟大成就是：孔子和早期圣贤超出了当时物质环境和中国文化的发展水平所允许的限度，得出了对人性的更好的理解。但问题也恰恰出在这里。中国文化诞生得过早了：中国的时代环境并未提供一个充足的基础（经济或理智的发展）以使中国文化得以充分认识自己。这样，历史就使得它不能全部实现自己的基本精神。它既说不上成功也说不上失败，而是处在一种暧昧不明的过渡状态。中国人"明明还处在第一问题未了之下，第一路不能不走，那里能容你顺当去走第二路？所以就只能委委曲曲表出一种暧昧不明的文化"。②这样，孔子和谐的基本思想就仅仅是一种时机未到的草率成就，只是他真性情"萌芽"的结果。历史上的儒学和中国文化只是建立在"糟粕形式与呆板教条"的基础上，只产生了一些模糊的影像。中国文化不如西洋文化"那样鲜明"。③

梁漱溟断言，以前还从未有人真正理解了孔子的本来精神（言外之意，

---

① 〔4〕, pp. 153, 152。
② 〔4〕, p. 200, 又见 pp. 199—203, 297。
③ 〔4〕, pp. 154, 180, 145, 200。

只有他例外)。例如荀子就完全误解了孔子,因为他断言人性恶,必然用客观外在的礼使人归于善。结果,荀子以后的儒家强调的主要是外在的约束和行为准则。梁漱溟考察了各代历史,指出了历代儒家的谬误。虽然他赞许王阳明,尤其是他的门徒王艮,认为他们于孔子精神"颇有见矣";但他仍然认为,千百年来的儒学很少能反映孔子的精神。①

即便有人能理解这位先师的真意,但第一条路上尚未解决的问题也将妨碍它的制度化。要想礼乐(这是孔子原来欲使其精神制度化的方法)能够实行,就必须让理智高度发展。"礼乐不兴,孔子的人生固已无从安措",结果是:"中国数千年以儒家治天下,而实际上人生一般态度皆有黄老气。"②因此,一直不能获得一个真正儒家的社会秩序。

人类即将中国化

此时,梁漱溟的听众可能会奇怪:中国文化还有可能仅凭这种委曲暧昧的形式继续存在下去吗?因为异化的西方文化显然已解决了第一条路上的问题。但梁漱溟又说——简直是令人瞠目结舌地说:"质而言之,世界未来文化就是中国文化的复兴。"③也就在这时,他宣布:西方文化已经完成了它的历史使命。西方已解决了第一条路上的问题,而生存、基本需求、物

---

① [4], pp. 138, 145—150; [47], p. 123. 阅读王艮(心斋)的著作使梁漱溟对儒学发生了兴趣。王艮和他的同学王畿(龙溪,1498—1583)有时被人们认为近于禅宗,其例请见黄宗羲的批评([317], 32:1)。但最吸引梁漱溟的大约还是王艮对知识的能动解释。这种理论强调,外部世界的活动是内心知识的完成。
② [4], pp. 145, 147。
③ [4], p. 199。

质欲望这些将在第二阶段上遇到的问题只有凭中国人的态度才可以解决。

> 盖第一路走到今日,病痛百出,今世人都想抛弃他,而走这第二路,……尤其是第一路走完,第二问题移进,不合时宜的中国态度遂达其真必要之会。①

西方曾发展出满足人类"种种物质的需要"的手段;现在,"这种人生态度将随生存问题以俱逝"。梁漱溟宣称:"以前人类似可说在物质不满足的时代,以后似可说转入精神不安宁时代。"世界未来文化相对于西方文化来说"确然截然为根本的改换",它采取的"全然就是中国的路子",这是"无论如何不能否认"的。②

梁漱溟向他的听众强调(后者无疑是瞠目以对),这一预言是以他从西方理智和文化趋向中发现的无可辩驳的"客观"证据为基础的。这一转变虽有许多方面,"大约其根本关键只就在他向外的视线回转过来"。现在西方人正寻求内在的满足、内在的快乐、内在的生活。现在他们必须处理"他心问题"、"人事"问题,而不是物质问题。③

梁漱溟指出了这个新的理智氛围的"东方色彩":

> (西方的思想家)不知不觉变了方向,……从前总是讲绝对,现在变了讲相对;从前主知,现在主情意;从前要用理智,现在则尚直觉;从前是静的,现在是动的;从前只是知识的,现在是行为的。从前是向外看的,现在回转其视线于自己,于生命。……东方人讲哲学

---

① 〔4〕,p.200。
② 〔4〕,pp.166—167,196,198。
③ 〔4〕,pp.176—177。

都是想求得一个生命，西方人只想求得知识，但此刻则无不走入求生命一路了。①

梁漱溟列举的这一大串例子在西方人看来似乎有些奇怪，因为他不仅包罗进柏格森、尼采、倭铿这些实证主义的敌人，也还有美国的实用主义者约翰·杜威（1859—1952）、威廉·詹姆斯（1842—1910），还有达尔文进化论的修正者阿尔弗雷德·华莱士（Alfred Wallace）、托马斯·赫胥黎。而梁漱溟的另一个崇拜对象伯特兰·罗素（姑且不谈其实证主义根底）也是一个既反对柏格森又反对实用主义的善辩者。对梁漱溟来说，诸如直觉心理学和基尔特社会主义这样一些纷然杂陈的流派最清楚不过地说明了西方文化在追求中国式的精神上的满足。②是梁漱溟对大战后理智气氛的看法有着某种内在逻辑呢？还是梁漱溟对西方一知半解和一厢情愿导致了他的结论呢？

以上两种答案都有根据。梁漱溟提到的那些令人目眩的一大堆运动和人物，共同特点就是他们在当时的中国都名盛一时。虽然梁漱溟确信自己俯瞰了全部西方最主要的思想，他的所谓"客观证据"其实大多是他对偶然遇到的西方思想和思想家们的主观解释。他看到了对19世纪末唯物主义（或是机械论、唯科学主义）的反动。当然，这得到了梁启超的帮助。休士（H. Stuart Hughes）把这种反动称为"对实证主义的反动"③。但是梁漱溟没有察觉：这种世纪末的批判以另一种形式表现了自启蒙运动以前就存在于西方意识中的那种紧张。在梁漱溟看来，机械主义—实证主义—自然主义

---

① 〔4〕, p. 176。
② 〔4〕, pp. 164, 166, 169—187, 191—194。
③ 〔321〕。虽然休士的研究局限在西方重要的社会思想家本身，并且主要集中在战前，因此也就将克鲁泡特金、倭铿、詹姆斯以及战后的伯特兰·罗素排除在外，但他在著作中对理智主义趋向的描述和梁漱溟的看法还是相同的。

都是西方文化最本质的表现，对它的任何挑战都是近来才发生的，是前所未有的现象。由于他一直认为中国文化总的说来是西方文化的对立面，因此对西方传统的任何批判（无论这种批判的本质是什么）都自然和中国文化的态度有着相近之处。

梁漱溟解释西方理智趋向的方法以及他阐述儒学的方法都流露出杜威、柏格森这一类别具色彩的西方思想家的影响，而这是20世纪中国历史上特有的现象："有选择地从西方思想中借用一些个别的概念来达到某种目的，而这个目的则往往与这些概念所依据的前提毫不相干。"[①]这种现象并不仅限于中国，西方也有。宗教思想家们和一些政治运动也有选择地借用一些原则和论据为自己的理论和纲领服务。20世纪初，工团主义就曾抓住了伯格森，虽然这位哲学家恰恰是直接行动政治的反对派。一些宗教思想家和人文主义者也把物理学家海森堡的测不准原理视为自由意志可靠的科学堡垒。但是，中国知识界对西方及其思想史的理解参差不齐，使中国知识界种种借鉴外来思想的折中主义显得光怪陆离。李大钊和梁漱溟对克鲁泡特金和柏格森的理解就是这种借鉴的一个有趣的实例。

克鲁泡特金　李大钊用克鲁泡特金的互助论重新解释了马克思主义的阶级斗争理论，使之更易为中国民族主义所吸收。梁漱溟则宣称克鲁泡特金是西方文化即将儒家化的最好例证。他惊呼道：彼得·阿列克赛维奇公爵"真可说是一个大贤"，因为他认为人们道德的、利他的冲动发源于一种内在的生物本能。这"岂不是孟子口之于味、目之于色的比喻，所谓'礼义之悦我心犹刍豢之悦我口'吗？"克鲁泡特金正是"充满了中国人的风味与孔家的气息"。[②]

---

① 〔428〕, p. 13。
② 〔428〕, pp. 13—14, 140—146;〔4〕, pp. 185—186。

梁漱溟对克鲁泡特金理论发自内心的惊叹，大约是由于他对西方知识界的曲解。梁漱溟认为，以前只有中国人真正对人类的绝对善良怀着一贯的信念，现在，不是别的民族，竟是一个西方人表达了同样的信念！

> 中国人一向有很浓厚的性善论色彩，而西洋人虽不就是反对性善论的，然而从不闻人倡导，到他却大唱起性善论来。因此他主张无政府主义，认定人自己都会好的，不必叫别的力量来支配。人自能得到妥洽，这件事不但是可能的，并且是很顺的。……他顶反对刑罚制度。①

因此，克鲁泡特金成了梁漱溟论述西方变革其"霸道"而转向中国人"王道"理想的明证。霸道自然会使人性变恶，因而不得不靠刑罚加以规范；王道则依靠道德影响和创造良好的环境，人类的真正本质就可以在这种环境中显现出来。②

柏格森 李大钊用柏格森关于自由意志的思想赋予他的历史唯物论以一种强烈的唯意志主义者的气质。梁漱溟则将柏格森的反科学的直觉主义及其能动主义理解为左派阳明学的同调。梁漱溟大约也相信，对柏格森式生命论的普遍接受预示着在他所了解的西方文化中将产生一次革命。因为在他心目中，柏格森主义就相当于儒学。他说："理智与直觉的消长，西洋派与中国派之消长也。"在他看来，西方人在发疯似的奔走着，目的是为他们的精神痛苦寻找"一个出路。这时唯一的救星，便是生命论的哲学。……现在的世界直觉将代理智而兴"。③

罗素 伯特兰·罗素——这个启蒙运动理性主义的哲学产儿，梁漱溟

---

① 〔4〕，pp. 185—186。
② 〔4〕，p. 180。
③ 〔428〕，pp. 21，23，25，145，155—156；〔4〕，p. 178。

将之视为中国文化的理想典范,梁漱溟赋予他的角色的含义似乎是最令人费解的。不过,他把这个新实在论者称为现代"最像孔子"的人。一直到1949年,即梁漱溟完全放弃了柏格森和克鲁泡特金几十年之后,他仍然还在引述罗素的思想。①罗素能在梁漱溟的思想中以及他的西方文化巨人录中赢得一席地位,这实际上有些事出偶然。当梁漱溟正在准备他的东西文化系列讲演时(1920—1921学年),适逢罗素正在北京大学讲学。因为梁漱溟的老朋友张申府是中国首屈一指的罗素学者,梁漱溟曾听张申府相当详细地讲解过罗素的著作并亲自阅读过。②并且,罗素关于中西方的见解与梁漱溟本人的见解非常相似。③

无疑,罗素极大的吸引力来自他对中国传统文化的热情赞扬和对西方的同样热烈的批评。一个著名的西方哲学家对旧中国的几乎每一件事都引以为乐,这足以使许多具有现代头脑的中国知识分子感到恼火,但他却受到保守主义者和不那么保守的人的欢迎。例如孙中山就说,罗素是了解中国的唯一的一位英国人。④

---

① 〔4〕,p.181。其例请见〔14a〕,p.31;〔86〕,pp.8,68,128,290,292,322;〔84〕,pp.3,10。
② 见〔524a〕,pp.61—62;〔598〕。梁漱溟的确读过罗素《哲学问题》(〔459〕)和《社会改造原理》(〔460〕)的中译本。见〔5d〕,p.31;〔4〕,p.170;〔5p〕,p.104。虽然梁漱溟也听过罗素的一些讲演,但他和罗素从未有过私人交往。这是我在1974年4月和赵元任谈话时得知的,赵元任是罗素在中国时的陪同翻译。
③ 罗素对中国文化困境的论述和分析(发表于〔461〕)与梁漱溟非常相近。罗素认为,中国必须使自己强大,足以抵御外来侵略,但却似乎要避免西方式的国家主义所具有的问题。中国必须用科学战胜贫困,但却要避免西方工业主义的弊端。罗素本人关于如何才能使工业化更具人类本性的论述发表在〔462〕上。还可以将他的观点和梁漱溟对中西人生态度的论述加以比较,请见〔461〕,pp.194—198,200—202。至于罗素和梁漱溟在其他方面的明显相近处,请见〔461〕,pp.187,212,213,242,252。但是,对于梁漱溟最鄙视的道家在民众中的影响,似乎罗素却给了它以高度的评价。见〔461〕,pp.42,83—84,187—194。罗素对儒学的态度以及对它的解释和梁漱溟相去甚远。
④ 见〔198〕,p.237;〔578〕,p.120。

但是，罗素是一个严谨的唯理智主义者、逻辑实证论的创立者，他是梁漱溟直觉主义儒学的对立面。然而，伯特兰·罗素有两种身份：一个是脱离实际的《数学原理》的智者；另一个是政论家，他在道德和社会问题上的机敏辩才表现了几乎令人难以置信的对人性的热情与温存。虽说梁漱溟大概也感觉到就算是"另一个"罗素所说的话大多也相互抵触，但他只将焦点集中在他所企望的那个罗素上。例如，在他当时的道德哲学中，罗素认为"生命率性生长"即是人之至善。罗素说：这种"发育完整"的理想"是不能进行定义和论证的，它只能靠微妙的直觉去体会"。因此，虽然罗素恶毒地攻击柏格森主义，而当梁漱溟说罗素的"眼光见解也很同生命论意思相合"时，他并非没有一点根据。①

罗素认为，和谐——个人内心的和谐以及个人与社会之间的和谐——是人间各种制度的目的。他希望教育成为培养健康的创造冲动、制止不健康的占有冲动的手段。尽管他憎恶形式上的宗教，但他还是赞成"能够给人类的存在带来一些……可以永远远离竞争、破产和毁灭绝境的时代"的那些宗教。因此，在梁漱溟表述罗素那些"完全与孔家的见解一样"的伦理和社会学说时，他并没有真的混淆罗素著作中那些有着明显差别的东西。②梁漱溟指出，儒学也把和谐作为它的中心观念，并且通过礼、乐、祖先崇拜、祭祀以培养人们善良的冲动、遏制邪恶。虽然儒学并非真正的宗教，但它也为人类生活带来了"某种永恒的东西"。

威廉·詹姆斯和约翰·杜威 梁漱溟的那份用来证明西方人生活态度发生变化的西方思想家的人名录中，也包括了威廉·詹姆斯和约翰·杜威，这似乎显得更加自相矛盾了。但是梁漱溟毕竟把实用主义看作是西方态度

---

① 〔4〕, p. 177；〔460〕, p. 24。
② 〔4〕, pp. 182—183；〔460〕, p. 245。

的最后"圆满"和"恰好"。① 詹姆斯晚年也的确有一种神秘的倾向；实用主义本身也和生命论一起反对纯理智的知识，强调生活的感情方面而不是理智方面，从而让知识从属于行为。实用主义者关于真正的知识只能来自真正世界中的行为的观点以及他们对美德的"动力学式的"解释和王阳明，尤其是他的学生王艮的主要思想相似。中国当代的其他评论家们也指出过王艮与实用主义的这种相似性。②

梁漱溟在他的书中关于杜威在北大讲演的唯一介绍中提到，杜威说西方哲学偏重于自然的研究，而"东方哲学偏于人事的研究"。梁漱溟关于未来西方文化的问题将在人事方面的信念，促使他用杜威的讲演支持他自己关于西方方向变化的论题。③

泰戈尔 从印度诗人泰戈尔在西方极富声望和深受欢迎的现象中，梁漱溟找到了西方人变化的进一步的证据。这位诺贝尔奖获得者的反理智的直觉主义，"恰好是西洋人的对症药"。梁漱溟进一步解释（至少是为了自圆其说）何以是一个印度诗人而不是中国诗人受到了西方人的欢迎："原来的婆罗门教似并没有这样子，……所以他这种路子，不是印度人从来所有的，不是西洋人从来所有的；虽其形迹上与中国哲学无关联，然而我却要说他是属于中国的，是隶属于孔家路子之下的。"④

倭铿 梁漱溟说，倭铿（1846—1926），这另一位诺贝尔奖获得者的哲学的全部意义，就在于它试图"一反西洋的路子，……而为中国的路子，孔子的路子。……顶可以见出他怎样要把从来西洋人生倾歆在外的重心收了回来，颇与孔子意旨相同"。和实用主义一样，倭铿对个人行动和勇敢的

---

① 〔4〕，p.193。
② 其例见〔337〕，p.152。
③ 〔4〕，p.176。
④ 〔4〕，pp.186—187。

英雄主义、道德斗争的强调以及他的好战的行动主义者的理想似乎与梁漱溟本人的儒学产生了共鸣,而梁漱溟的儒学则来源于王艮的具有浓重行动主义色彩的学说。梁漱溟说:"唯有倭铿很称得起是刚大乾健的。"①

心理学 梁漱溟甚至还宣称,西方近来的心理学关于人类无意识、非理性方面的发现也有助于证明他的观点。他评论道:心理学的研究现在已发现,人的理性本质"只是心理的浅表,而隐于其后无意识之部实为重要根本"。认识到本能和情感是行为的真正的决定因素就会废弃西方传统的人的观念,这种观念把人看作是为着自身利益以设计其行为的理性存在——自由主义的经济社会思想就建立在这种观念之上。随着视人类为计算机器的观念(这种根本观念最"与中国风气适相反对")的消逝,建立在此观念之上的文化也将变化。经济自由竞争(它已经在西方造成了如此巨大的痛苦)的哲学基础已经被摧垮了。②梁漱溟断言,这种对人类生活非理性方面的新的强调证明:

> 西方人两眼睛的视线渐渐乃与孔子两眼视线所集相接近到一处。孔子是全力照注在人类情志方面的;……孔子与西洋人的不同处,其根本所争只在这一点!……不怕他不走孔子的路!③

达尔文主义 梁漱溟意识到,把人描绘成受生存本能的驱使与其同类处于不断斗争中的思想(社会达尔文主义)是资本主义自由主义的另一基本支柱。他指出,那些达尔文主义的修正者托马斯·赫胥黎、克鲁泡特金、华莱士和颉德(Benjamin Kidd)都证明西方人现在也发现了互助利他的道德

---

① 〔4〕,pp. 179,180。
② 〔4〕,pp. 168—171。
③ 〔4〕,pp. 170—171。

的行为也是基于一种本能：社会本能。如果是社会而不是个人被看作竞争的单位，那么道德就可以被想象为生存竞争的产物。梁漱溟认为，战争和经济竞争一直被旧进化论证明是合理的，但如今新的理论打破了这种正统理论。资本主义经济制度的革新是不可避免的。①

社会主义　梁漱溟预言，这种经济生活的改变将采取社会主义的形式。在"挽近"的社会主义学说中，他看到了重要的方向变化，而这种变化则进一步证明了西方的东方化即将到来。

> 挽近社会主义不像样简单朴陋。以前他们以为圆满了物质生活，就圆满了人生；但要经济情形如他们理想得到改善，人类就得到丰美的生活，就成了黄金世界。这全为他们……误以为外境一经圆满改造，就没问题，……但是现在他们的眼光都已从物质进到精神，从外界转到内界，……沿着西洋轨辙而走出来的社会主义已经掉换方向到东方的轨辙上去。②

梁漱溟说，这种新意识的一个很好的例证就是最近基尔特社会主义的流行。

> 我从李守常先生拿得一本基尔特主义的书……他们那派所抱人生观更可代表现在的西洋人是如何屏斥一味向前逐求的人生，而所向慕则在雍容安娴的中国态度。……谁敢否认这不是中国态度将代西洋态度而兴？③

---

① 〔4〕, pp.171—174。
② 〔4〕, p.184。
③ 〔4〕, pp.184—185。

在梁漱溟提出他的理论仅仅三年以前，布尔什维克革命震撼了世界。正当梁漱溟在济南做这些讲演时，毛泽东则和另外 11 个人在上海法租界的博文女子学校开会，这次会议产生了中国共产党。李大钊这个曾首先将基尔特社会主义介绍给梁漱溟的人是这个党的主要理论家，他在这三年中于公于私皆已信奉马克思主义了。而梁漱溟则以社会主义是一种失败的陈旧形式而不予考虑："社会主义……就是科学气味的（即马克思主义——艾恺注），其所推测到今也多未中，而阶级斗争固未见就崩裂出来。"另一方面，他宣称基尔特社会主义更具现实态度同时也充满了理想主义。① 梁漱溟摒弃马克思主义的结论，明显地倾向以合作途径达成社会主义，这种思想的形而上学基础则是儒家的偏爱和谐、反对斗争。

由于西方人已经获得了富足，他们的经济组织现在就试图寻求一种更恬淡、更从容不迫的生活方式，很像"中国人从来的样子，……物质生活的事业也就退处于从属地位，……那么，便又是中国的样子"。梁漱溟甚至还做了这样的猜测，为了努力寻求人类的满足，西方也许要恢复手工业："假使当真恢复手工业而废置大机械，那么，又太像中国从来不用机械用手工的样子了。"②（如同梁漱溟的其他古怪预言一样，他提前了 50 年。）

中国的礼和乐 梁漱溟说，必须摧毁整个西方的社会制度，经济制度的改革才能实现。首先要摧毁的是法律和刑罚，梁漱溟称它是"统驭式"的法律并把它比喻为用来"统驭动物"的办法。法律维持着社会秩序，它靠的是"用一个力量统合大家督迫着去做的，还是要人算账的，人的心中都还是计较利害的，法律之所凭借而树立的全都是利用大家的计较心"。未来社会不是依靠法律和暴力的外部约束，而是必须要依靠"人格，靠着人

---

① 〔4〕, pp. 154—155，177。
② 〔4〕, p. 194。

类之社会的本能,靠着情感,靠着不分别人我,不计较算账的心理"①。

然而,社会如何才能有效地训练和培养个人的品格和感情呢?梁漱溟回答说:"人的情志方面就是这宗教与美术两样东西。"但是在一般意义上说,宗教早已被理性主义摧垮了。其他作为宗教之基础的东西,如罪恶感和迷信,也将被人类知识的必然进步摧垮。并且,美学方法从未真正孤立地起过作用。②梁漱溟预言,美学手段将是必要的,但这种美学手段要建立在系统的哲学基础上,这样就可以起到宗教的作用,而且能避免宗教的弊端。因此,梁漱溟得意地断言说,唯一可以解决这些问题的制度和习俗就是儒家的"礼乐",在未来的世界文明中它必将取代法律。这套"似宗教而非宗教、非美术而是美术"的儒学系统是能够建立社会秩序和规范的,而无须法律和刑罚。因为它的实质就是"调理本能"。"我虽不敢说以后就整盘的把孔子的礼乐搬出来用,却大体旨趣就是那个样子。"③

由于儒家的礼乐将取代西方社会生活中的法律,儒家的人生哲学也将在精神生活方面取代西方的宗教。这种精神需求"同宗教一般的具奠定人生勖慰情志的大力,却无藉乎超绝观念,而成功一种不含出世倾向的宗教"。梁漱溟预言,只有儒家学说才能起到这种作用,因此西方将不得不采纳它。④

梁漱溟关于西方即将儒家化的预言与1919年梁启超关于中国人给予西方人紧急精神救助的呼吁相似。梁启超在他的《欧游心影录》中写道:"开步走!大海对岸那边有好几万万人,愁着物质文明破产,哀哀欲绝的喊救命,等着你来超拔他哩。"甚至在此之前,辜鸿铭这位坚决反对清朝和反对纳妾的斗士也用他那高雅的英语大声疾呼地号召中国人的传教热情。在此二十

---

① 〔4〕, pp. 194, 195。
② 〔4〕, p. 195。又见 pp. 94—113;〔5m〕, pp. 133—166。
③ 〔4〕, p. 196, 又见 pp. 153—196。
④ 〔4〕, p. 197。

年前，印度的维韦卡南达（Swami Vivekananda，中文又译作辨喜——中译者注）就以极其相似的口吻向他的同胞们号召了："起来吧，印度人！以你们的精神征服世界！世界需要它，没有它，这个世界将被毁灭。"他的追随者也继续希望印度教仍然能够统治世界。①

但是，梁漱溟的预言并未引发中国人的传教活动或者导致中国生活方式在西方的存在。西方将必然地也是自然地通过人类环境无情的进化过程将其自身东方化。为了解释这一过程并论证他起初的预言，梁漱溟在以后的乡村建设理论中提出了一个关键的思想。他强调说，西方没有做出改变文化方向的"选择"，但确切说应是它目前文化所产生的问题强迫它如此。"事实"（这是他通常用来指称经济要素的词）将决定文化演变的速度。梁漱溟说："非事实变迁摆在前面，他不转的。"对西方人来说，"事实的变迁""最关重要"。因此在经济制度改变以前，文化上的总变化不会发生。"客观事实不允许马上采取第二路态度。"②

这种说法似乎又和梁漱溟最初谈过的哲学基础相矛盾了。那种哲学基础认为决定文化水平的绝对因素是主观，即意识决定存在。他表示，中国古代的圣人能超越存在（他们的环境和经济发展）获得一种精神，它们就表现在中国文化的创造过程中。他现在似乎又说，在西方，精神决定于社会存在和经济状况。换句话说，他似乎承认历史唯物主义适用于西方社会而不适用于中国社会。

---

① 〔407〕, p. 38；〔353〕, 序言, p. 5；〔354〕；〔344〕。辨喜这段话请见〔257〕, p. 24。又见〔257〕, pp. 25, 37—44, 271。

② 〔4〕, pp. 168, 191—193, 又见 p. 203。

中国的文化困境和梁漱溟的结论

梁漱溟以这样的方式描述中国的文化问题：没有任何方案是可行的。他概述这种窘境说：

> 所有的不及人家之一点，就在步骤凌乱，成熟太早，不合时宜。……我们不待抵抗得天行，就不去走征服自然的路，所以至今还每要见厄于自然。我们不待有我就去讲无我。不待个性申展就去讲屈己让人，所以至今也未曾得从种种威权底下解放出来。我们不待理智条达，就去崇尚那非论理的精神，就专好用直觉，所以至今思想也不得清明，学术也都无眉目。……我们因未走第一路便走第二路而受的病痛，……我们没有抵抗天行的能力，甘受水旱天灾之虐，……国际所受的欺凌，国内武人的横暴，以及生计的穷促等等……一言总括，这都是因不像西洋那样持向前图谋此世界生活之态度而吃的亏。①

梁漱溟当时为解脱这种窘境做了出人意料的提议。与此同时，他也反对当时大多数人的见解。

对其他文化保守主义者的态度 由于梁漱溟反复强调他认为中国目前的绝境是中国文化的逻辑结果，因此他断然与当时其他的文化保守主义者分道扬镳。他嘲笑说，在陈独秀那"明晰的头脑，锐利的笔锋"面前，他们对传统的捍卫显得招架无力。梁漱溟疾呼道："然试就所有这些病痛而推原其故，何莫非的的明明自己文化所贻害。"②

---

① 〔4〕，pp. 202—203，208。
② 〔4〕，pp. 204—206，203—204。

>还有一般无识的人硬要抵赖不认，说不是自己文化不好，只被后人弄糟了，而叹惜致恨于古圣人的道理未得畅行其道。……也正为古圣人的道理行得几分，所以才致这样，……中国人之有今日，全由于我们自己的文化，而莫从抵赖。①

但是，梁漱溟批评这些保守主义者，并非由于他们捍卫了传统，而是由于他们在这方面未能做出什么值得赞扬的工作。在新文化的猛烈冲击面前，他们气急败坏地议论一番，"怒骂止于怒骂……并没有一种很高兴去倡导旧化的积极冲动"。这是因为"他们自己思想的内容异常空乏，并不曾认识了旧化的根本精神所在"。相反，他们只能从事经学和文学研究，堆积一些"死板板烂货"。同时，他们也犯了倡导文化融合的人们的那些缺点，这些保守主义者"总像是要德谟克拉西精神科学精神为折半的通融"②。

对佛教的态度　梁漱溟对佛教的信徒，尤其是对那个直至他转向儒家以前一直参与的佛教复兴运动作了最激烈的攻击。依照他的文化演进理论，只有人类获得了满足的物质生活（完成第一路向）并获得了满意的内心生活（完成第二路向）以后，印度人的彻悟的"第三路向"才是适宜的。因此，目前在中国传播佛教适足以歪曲佛教——"只是把佛教弄到鄙劣糊涂为止"。因为"佛教是要在生活美满而后才有他的动机"。

他并没有否认佛教"复兴"的事实，但他评论道："此刻社会上归依佛

---

① 〔4〕，p. 204。（此段引文末两句将中文原文倒置，今按英文顺序译出。——中译者注）
② 〔4〕，pp. 205—206。梁漱溟特别提到的这些"烂货"，指的是北京那家短命杂志《国故》（〔370〕）上发表的那种文章。这家杂志专门宣传和研究传统文学和学术以及"国粹"思想。它极力反对白话文运动。它的许多编辑，如刘师培、马叙伦、黄节，都和《国粹学报》（上海，1905—1911）有联系。《国故》于1919年刘师培逝世后停刊。但是，在刘伯明、吴宓、梅光迪的领导下，《学衡》在20年代到30年代则承袭了《国故》的衣钵。

教的人，其归依的动机很少是无可批评的，其大多数全都是私劣念头。藉着人心理之弱点而收罗信徒简直成为彰明的事。最普通的是乘着世界不好的机会，引逗人出世思想。"因此他恳请佛教改革和复兴的领导者停止他们的努力。他声明说："我反对佛教的倡导，并反对佛教的改造。""假使佛化大兴，中国之乱便无已。"①

一个矛盾的解答

梁漱溟直到系列演讲的最后，才对他指出的那些明显无解的矛盾提出了解答。他承认中国文化精神和西方文化精神是互不相容的，但是面对西方文化已经居统治地位这一紧迫形势，中国的前途是清楚的。至少对梁漱溟来说是如此。他劝人们对西方文化要采取"全盘承受"的态度："这两种精神（科学与民主——艾恺注）完全是对的；只能为无批评无条件的承认；……怎样引进这两种精神实在是当今所急的。"②

梁漱溟在其讲演中强调的那些当下遭遇的困难反映了他长久以来的担心。在1917年反黩武主义者的短文中，他曾呼吁过群众争取公民权的改革运动。在1921年，他仍然认为这是实际行动中首要的一件事：

> （由于）军阀之蹂躏，生命财产无半点保障，……我们眼前之所急需的是宁息国内的纷乱，让我们的生命财产和其他个人权利稳固些；……怎样能让个人权利稳固社会秩序安宁，是比无论什么都急需

---

① 〔4〕，pp. 209—210，202。
② 〔4〕，p. 206。

的。这不但比无论什么都可宝贵，并且一切我们所需的，假使能得到时，一定要从此而后可得。①

为了实现这两个先决条件，梁漱溟仍然提倡一种有效率的自由主义民主，正如他在革命之前以及他的危机之前所持的态度那样：

> 我们现在所用的政治制度是采自西洋，而西洋则自其人之向前争求态度而得生产的。但我们大多数国民还依然是数千年来旧态度，对于政治不闻不问，对于个人权利绝不要求，……故今日之所患，不是争权夺利，而是大家太不争权夺利；只有大多数国民群起而与少数人相争，而后可以奠定这种政治制度，可以宁息累年纷乱，可以护持个人生命财产一切权利。②

梁漱溟同样也认为只有西方的科学和技术才能提高国民的生活水平——这是他第二件最关切的事情。"试去一看下层社会简直地狱不如；而水旱频仍，天灾一来，全没对付，甘受其虐。"③

也许是由于五四运动带来的高涨的反帝气氛，梁漱溟此时表现出了对外来侵略危险的极大的关注。"（我们）所受种种欺凌"已经痛苦不堪，但现在梁漱溟感到最大的危险还是帝国主义列强将会"挟着他大资本和他经济的手段，从经济上永远制服了中国人，为他服役，不能翻身"。④

实际上，梁漱溟是说中国必须西方化才能生存下去。他认识到民族主

---

① 〔4〕, pp. 208, 204。
② 〔4〕, p. 208。
③ 〔4〕, p. 203。
④ 〔4〕, pp. 203, 208。

义和文化主义之间、"保国"和"保教"之间的对抗。但他仍然认为中国文化具有普遍的绝对价值，并预言现代化国家也将走中国的路。这种两难似乎是不可解决的：中国不能再保留它的文化了，因为正是中国文化带来了现今的问题几乎要毁了中国；但是如果中国放弃自己的文化而采纳西方文化，那么在世界文化转向中国文化的同时，中国却恰恰要忍受西方文化固有的那种非人性和精神痛苦。而且在梁漱溟看来，文化是一种一以贯之的人生基本态度的完整的表现，因此他摒弃了那种倡导中西文化融合的轻率的解决办法。

终于，梁漱溟再也不可能逃出他煞费苦心才把自己逼进的那个角落了。梁漱溟以这种解决办法结束了他的讲演：对西方文化要"全盘承受而根本改过"。同时，"批评的把中国原来态度重新拿出来"[1]。这个结论使得中心论题变得模糊了。虽然这个公式同时允许民族的生存和中国原来文化态度的保留，但它和他的那个由根本态度或意欲方向产生的完整的统一体的文化观念是相矛盾的。

梁漱溟1921年这部著作（《东西文化及其哲学》）的主题是主张中国文化不但在精神水平上高于西方文化，并且与现代化是一致的。在此后的三十年中，他发表了数以千页计的文章来重复这一思想。他将用"理性"取代直觉和"仁"作为中国文化的本质。他也将为他的理论的实际应用修改其具体方案，但不是变更其本质：中国将保持圣贤们的遗产（即人性的发现），还将获得"富裕和强盛"。他的全部推论中贯穿着一个始终存在并且也是不可消解的矛盾：中国文化符合真正的人性，也恰恰由于这种性质使得中国人不能获得目前所需的事物。这种矛盾当然并不仅仅存在于中国，它一直是大多数现代西方哲学和文学的主要问题，尽管形式各异。

---

[1]〔4〕，p.202。

例如，科学是由对外部世界的理智计算而产生的；对西方人来说，这种态度按其本性是把宇宙看作"一堆死板的东西"，而它与梁漱溟所描述的中国人的态度却正相反。民主是由"明确区分人我"和为着个人权利的自私的争斗而产生并维持的；而这和讲求人我感情融和与"让"的中国精神则截然相对。

在某种程度上说，梁漱溟1921年的理论似乎最终提倡了他曾经反对过的东西文化调和论。但从某种角度上说，甚至梁漱溟本人也几乎模糊了他与文化调和论者之间的界限，他虽然留心分寸，但已间不容发："我们此刻……非参取第一态度，大家奋往向前不可；但又如果不根本的把他含融到第二态度的人生里面，将不能防止他的危险，将不能避免他的错误。"（文化调和论者通常使用"调和"这个词——to blend or to harmonize，但是"含融"最接近于"blending"这一翻译。）①

梁漱溟似乎认为，虽然历史上的中国文化也许是和现代化不相容的，但他理想中的中国人本来的态度并非如此。他一直试图描述并建立一种态度，它将体现"中国人本来的精神"并使中国人能避免西方道路上隐藏着的陷阱，但它同时却可以使中国人从西方文化中得到他们真正需要的东西。

> 我要提出的态度便是孔子之所谓"刚"。……只有这样向前的动作可以弥补了中国人夙来缺短，解救了中国人现在痛苦，又避免了西洋的弊害，应付了世界的需要，……本来中国人从前就是走这条路，却是一向总偏阴柔坤静一边，近于老子，而不是孔子阳刚乾动的态度。②

---

① 〔4〕, p. 212。虽然"含融"可以被翻译为"blending"，但这个词可以理解为这样一个过程：在此过程中，合为一体的两种成分不是对等的，并且仍然保持着各自的完整性。
② 〔4〕, pp. 211—213。

这种态度将一举两得，既可以解决中国物质方面的劣势，也将恢复本来的、真正的孔家生活。它将不但有利于现代化的目标，而且在几千年后的今天最终弥合了中国"真正"的文化精神与其实际历史表现之间的落差。

这种对中国文化危机的解决办法与梁漱溟后来发挥和倡导的解决办法有一个共同特征，这就是实用主义。梁漱溟一直在谋求使实际价值和他规定的价值一致起来。梁漱溟暗示，成功的改良和有效的行动只有依靠所有的中国人都在内心牢牢地树立起"人生态度"："一个人必确定了他的人生才得往前走动。"在改良能成功地完成之前，一定要有建立在牢固基础上的群众性感情的信仰。由于实际的原因，现代化是必须与精神的重建和复兴相伴随的。由于中国缺乏这一基本的先决条件，因此新文化运动和五四运动至今未能产生真正结果也就是自然的了。"新派所倡导的总不外乎陈仲甫先生所谓'塞恩斯'与'德谟克拉西'和胡适之先生所谓'批评的精神'……这我们都赞成。但我觉得若只这样都没给人以根本人生态度；……枝节的做法（它不能深入人的内心——艾恺注），未免不切。"① 各种新的思想潮流和改革纲领纷至沓来，"却总是在笔头口头转来转去，……总没有什么实际干涉，真的影响出来；……只有踏实的奠定一种人生，才可以真吸收融取了科学和德谟克拉西两精神下的种种学术种种思潮而有个结果；否则，我敢说新文化是没有结果的"②。

只有当广大民众对这种有生气的、积极的儒学有了热情的信奉，中国才能获得现代化的财富和力量。只有复兴了中国原有的精神（一种"非宗教的宗教"），"才能把生机剥尽死气沉沉的中国人复活过来"。（大约三十年

---

① 〔4〕，pp. 213，205。
② 〔4〕，pp. 213—214。

以后，梁漱溟用与此极其相似的比喻来描述共产党人所进行的改革。）①

这时，梁漱溟并没有提出关于如何开展他的准宗教性群众运动的具体方案。但他总的倾向是非常明确的："照我意思是要如宋明人那样再创讲学之风，以孔颜的人生为现在的青年解决他烦闷的人生问题。"②讲学（学生们学习生活在一起，在教师身边形成一小团体的习惯）包含两个基本思想：这种关系密切的小团体是增进道德和知识的基本单位；师生关系是组织形式。这段话也说明了梁漱溟是如何把他过去"对人生问题的忧虑"带给了中国的青年一代。

梁漱溟强调他向往的是一个群众性的运动，而不是历史上那种孤傲的讲学制度。"最好不要成为少数人的高深学业，应当多致力于普及……我们可以把孔子的路放得极宽泛，极通常"。他指出王阳明的学生王襞（东崖）门下就有许多工匠和农民。梁漱溟并未谈到这些经过《论语》陶冶的教育者兼复兴者如何产生，他们将如何组织起来，如何去接近民众，以及其他细节，但他许诺说以后会谈这些问题。"孔子的东西不是一种思想，而是一种生活；我于这种生活还隔膜，容我尝试得少分，再来说话。"③

这些讲演显然是在指出儒学有着普遍的价值。他也表示出这样的意思：以前尚未有人真正理解了孔子。他是唯一拥有拯救人类的启示的人。在他为此书写的序言中，这种以救世主自居（即一种幻圣感）的色彩也是很明显的。

> 我又看着西洋人可怜，他们……要想得精神的恢复，……左冲

---

① [4], pp. 213—214。又见于[87]。梁漱溟在一年后给一位友人的私人信件中也用了这句话（[90]）。
② [4], p. 213。
③ [4], pp. 213—214。

右突，不出此圈，真是所谓未闻大道，我不应当导他们于孔子这一条路来吗！我又看见中国人蹈袭西方的浅薄，或乱七八糟，弄那不对的佛学，……东觅西求，……我不应当导他们于至好至美的孔子路上来吗！……孔子之真若非我出头倡导，可有那个出头？这是迫得我自己来做孔家生活的缘故。①

抛弃了涅槃寂静的那个菩萨的旧日形象（它已在1916年出现过了），现在又作为儒家的圣贤出现了，这位圣贤肩负着传播永恒之"道"的责任。

---

① 〔4a〕, pp.3—4。文中之语引自《孟子》7B: 29。在《孟子》原书中，"大道"指的是"君子"之道。

第五章 《东西文化及其哲学》的社会反应

梁漱溟著作最著名的三个批评者是：自由主义者胡适、国民党元老吴稚晖、共产党人杨明斋——这三个人涵盖了从右派到左派的政治立场。

胡适的看法

由于梁漱溟的著作对胡适关于中国古代思想的著作提出了激烈的批评①，甚至抨击胡适治学不够严谨，胡适自然要做出公开的回应。胡适用嘲讽的口吻指责梁漱溟这种基本教义式的解决方案建立在过分简化的概括和含糊的抽象概念上。②他对梁漱溟的批评和1919年他在与李大钊关于"问题与主义"的通信中对共产主义的间接攻击基本相同。从胡适以及他西式自由主义者的一般观点来看，梁漱溟保守主义的"基本教义式的解决方案"和共产主义者的观点是相通的。

胡适同意梁漱溟把文化定义为人类同环境斗争的形式，但他强调向环境索求什么是由生理条件决定的。因为所有的人有着共同的生理结构，他

---

① 见〔4〕, pp. 1—2, 12—13, 121, 126—128, 130—134, 138。
② 〔309b〕, pp. 158, 162—163, 166—169, 171, 174。

们对环境的要求也基本相同。人类的思想并非如梁漱溟所说是一种文化方向的表达，而仅仅是满足这些要求的工具。按照胡适的思想，全部文化和人们满足需要的方式只是"大同小异"。"例如饥饿的问题，只有'吃'的解决，而吃的东西或是饭，或是面包，或是棒子面，……而总不出植物与动物两种，决不会吃石头。"①

有限的可能说 胡适的意思是，由于人类的需要在各处都是相同的，因此若声称某种文化具有某种特征与否（如梁漱溟以基本态度之不同而作的区分一类），本质上都是一种"专断的取舍"，因而是站不住脚的。人的需求不外乎那几项，能够满足这些需求的方法不外乎那几种，这个原则对于社会组织、政治组织、形而上学观念都同样有效。胡适宣称："梁先生和我们大不相同的地方，只是我们认各种民族都向'生活本来的路'走，而梁先生却认中国、印度另走两条路。"他嘲笑地说："我们承认那'有限的可能说'，所以对于各民族的文化不敢下笼统的公式。"②胡适后来显然改变了主意，因为在三年后，他对中国人和西方人的特征作了类似于梁漱溟所作的那种概括。③

对于梁漱溟的概括，胡适自鸣得意地提出了反证：梁漱溟不是指出中国人的生活哲学是一种"安分知足"和"寡欲摄生"的哲学吗？胡适则指出，这种思想在西方文化中也有。有着提倡饮酒的诗作和多妻制、妓女制的中国人并不比西方人更能体现这些思想。④

正如胡适指出的那样，如果中国和西方一同走"本来的路"，那么对他来说就应义不容辞地回答梁漱溟曾作过回答的那个令人担心的问题：为什么中国人远远落在了后面？

---

① [309b], pp. 171—176。
② [309b], pp. 172, 176, 175。
③ [309d]。
④ [309b], p. 168。

> 因环境有难易，问题有缓急，所以走的路有迟速的不同，……我们只可以说欧洲民族在这三百年中，受了环境的逼迫赶上了几步。①

可是 17 世纪欧洲环境的如何突然改变以及为何改变这个问题，胡适就留给读者自己去想象了。

梁漱溟的反驳　梁漱溟对于那些针对他的著作的批评一直坚不作答。但是胡适的傲慢无礼确实刺痛了他，激使他做了反驳。胡适还公开地将梁漱溟和张君劢列为新文化运动的敌人②，这样混为一谈使梁漱溟深为不满。他的反击并没有说出什么新东西，主要是抗议胡适及其他人没有认真读他的书，更没有试图读懂它。"大家读我的书，大概都像看北京《晨报》一样，匆匆五分钟便看完了。……这种批评叫我如何答！……现在一定要我作答，我也没有别的答法，只有指出原书请他俯察罢了。"对胡适的讽刺，梁漱溟是以和蔼的态度回报的："唉！胡先生！……何妨虚心理会理会！实在没有工夫看，丢下罢了！……偏要用点工夫拿他麻麻糊糊乱批评一阵，这为何来？"③

梁漱溟以相反的态度来对待这些批评者，表现出他的谦虚和治学严谨，给所有批评者提出疑问的权利。出于这种态度，他说："我最喜欢求与我不同的意思，想明白他所以与我不合的原故，而大家则否。"④

虽然不能否认梁漱溟在反驳中多少有些偏执，但公平地说，他的指责是有道理的。例如，胡适完全忽视了梁漱溟用了很多篇幅来反驳环境决定论，而胡适的批判正是建立在这一点上的。胡适只因找出几个通则之外的反证而不去考虑文化态度存在的可能性。梁漱溟对此也感到失望。"呜呼，胡先生

---

① 〔309b〕, p. 175。
② 〔9c〕, p. 54。又见〔309c〕所载梁胡二人就胡氏见解的通信。
③ 〔9c〕, pp. 22—33, 54。
④ 〔9c〕, p. 22。

休矣！先生而根本不承认有所谓'一种风气'，'一种色采'，'一种精神'，'一种趋向'，而有为此言者皆属糊涂；……亦谁能与先生争？"梁漱溟还屡次适如其分地提到胡适所崇敬的老师杜威在讨论文化时也使用过这一类名词。①

总的来说，梁漱溟的自卫是相当成功的，揭示出胡适的评论固然文笔流畅，但他对梁漱溟著作中提出的各种问题的批判都建立在与梁氏南辕北辙的前提上。但是，胡适的"选项有限理论"确实击中了梁漱溟的要害。如果文化不外是人们满足生理需要的方法，那么，各种方法间效果之高下就成了人们评价文化价值的明确的、客观的、绝对的标准。梁漱溟则主张，人们对环境的主观要求并非全由人类共同的那种生理结构所决定的。他竭力试图证明并无这种标准。梁漱溟说：对印度人来说，"饥饿"并不是他的"问题"，而"吃——生活——是他的问题"。梁漱溟指出，在古代印度斋戒是常见的习俗。但梁漱溟显然不能否认大部分印度人还是要吃饭的，正如西方人和中国人要吃饭一样，虽然他们对生活所持的态度不同。②

由于胡适和陈独秀把梁漱溟划入作为新文化运动对立面的保守主义者之列，这毕竟使梁漱溟那敏锐的感情受到了伤害。"照这样说来，然则我是他们的障碍物了！我是障碍他们思想革新运动的了！……这令我很难过。我不觉得我反对他们的运动！……你们在前努力，我来吆喝助声鼓励你们！"③

其他的批评

梁漱溟要求相互理解的这一富有感情的恳求并未成功。老顽固吴稚晖振

---

① [9c], p.37, 又见 pp.36—38, 42, 46。
② [9c], pp.46—48。
③ [9c], pp.19—20。又见 [154]。

振有词地说:"敌人不是他,而是他说的话。"梁漱溟指责人们没有真正读他的书这话也激怒了杨明斋,以至于他要发愤写一部相当于梁著两倍的书。①

吴稚晖 吴稚晖认为,梁启超和其他一些著作的作者"欺骗"了梁漱溟,使他对西方产生了误解。结果,使梁漱溟"像曹锟(当时控制北京的军阀——艾恺注)开宪法的玩笑那样开了西方文明的玩笑"。这种评价得到了其他受过西方教育的人的附和,甚至包括一些同情梁漱溟的人。有人指出,如果梁漱溟去过西方,他决不会反对西方化。由于他们对西方社会有着深远的理解和个人体验,他们认为梁漱溟对西方历史和哲学的描述失于简单。一些人也指出了西方思想中明显的非功利主义倾向,如神秘主义、浪漫主义。其他人则挑剔他在分析中忽略了基督教,并向他保证无论现代理性主义产生与否,宗教在西方都并非他理解的那样是一具死尸。②

杨明斋及其他人 作为一个称得上优秀的马克思主义者,杨明斋抨击梁漱溟把"精神"或生活态度放在了首位而高于经济和地理的因素。③但杨明斋真的对书中其他的一切内容都作了批评,几乎是逐字逐页地批。在所有批评者当中,只有杨明斋和保守主义杂志《学衡》的编辑刘伯明想到了要从反直觉主义的角度入手进行辩论,即引用朱立安·本达(Julien Benda)用来批评梁漱溟奉为圭臬的柏格森的论点。本达争辩说,如果柏格森主义"信守它的原则"的话,那么它"就只能是一些完全单纯的否定和充满激情的呐喊,而不能在实际上说明任何问题"。刘伯明也用同一口吻说:"梁君尚直觉矣,然其著书发挥直觉之价值则理智之事也。"④对梁漱溟"三条道路"这一问题,大多数评论家倾向于胡适的意见。虽然他们也承认"趋向""方式"

---

① 〔580〕, pp. 16, 127。又见〔565〕。
② 〔580〕, p. 17。又见〔144〕, p. 96;〔413〕;〔391〕;〔597〕, pp. 15—20, 37—38。
③ 〔597〕, pp. 8—11, 20—24。
④ 〔102a〕, pp. 101—102;〔597〕, p. 74;〔413〕, p. 8。

这些名词的有效性，但他们指出，生活对每种文化来说都是奋斗，而意欲则正是根据它自己的本质"向前"发展的。梁漱溟那套微妙的形而上学的回转说无法说服他们，他们认为："中国、印度和西洋都是朝前面坦坦荡荡的一条大路走的，不过走法不同，或是走的快慢不同。"①

大多数人都赞成胡适，认为梁漱溟理想的文化型式有些太理想了，尤其是他口中的中国型式，而真正的中国人并不符合梁对他们的概括，连最同情他的严既澄也坦率地说：

（梁漱溟对中国家庭和社会生活的描述）似乎太把中国人恭维过分了。……难道梁君未曾听见过那些兄弟争产，朋友算计翻脸种种敌对结仇的事情吗？家庭里的嫉视暗算种种苦痛，差不多随在而是，难道梁君也不晓得么？……其实则冷漠算账的事情，并不较西洋人少，只不过比西洋人顾面子些，不像西洋人那样明斗罢了。②

同样，杨明斋也指出那些儒家士大夫是一伙贪得无厌之徒，绝不是没有为自己打算的习惯。当然，梁漱溟也承认，真正的儒家精神在历史上并没有流行开来，也没有彻底地为人们理解。但是在这场对历史上儒学的一边倒的攻击中，梁漱溟恰恰就卷进了来自对立面的肉搏战中。

这数千年之中儒家掌政治教育大权"治天下"，还不能采用自己的祖宗之学说的意思……不就是理想太高"不近人情"于人生活无关系，……数千年既不能采用，那么，焉知再下去万年仍是不能采用？

---

① 〔391〕, p. 10。又见 pp. 11—12, 15—16；〔390〕, pp. 437—440；〔597〕, pp. 7—8, 11—14, 32—36；〔144〕, pp. 93—94。
② 〔602〕, p. 6。又见〔391〕, pp. 9—10；〔390〕, pp. 94—95。

试问数千年或数万年采用不上的一种文化，有什么价值？梁君发挥他，岂不白费工夫！①

批评家们指出，梁漱溟太天真了。虽然他在理论上把"真正的"孔子和那个迷信的、虚伪的、腐朽的传统儒家的文化类型区分开来，但他的著作一出版，在实际上则支持和鼓励了那些军阀、官僚和其他反动势力用"假"孔子来支撑自己的地位。哲学家李石岑算是最为这部著作设想的批评者了，他建议抛开这些矛盾回头关注这部著作的正确结论：

> 梁君……因特别见到孔家哲学的真价值，所以决定要提倡；但我以为也不必提出孔子，尽可把孔子的精义去宣扬，那便不至为"伪孔"所利用。②

并非所有的评论家们都如此挑剔。有些人则毫无保留地赞扬这部著作，甚至于反击胡适和吴稚晖的批评。③ 的确，这部著作在整个中国造就了一批虔诚的信徒，他们之中的有些人则将成为梁漱溟以后乡村建设运动的骨干。

矛盾及其批评家

这部著作的基本矛盾自然不会被那些满怀仰慕的年轻的新传统主义者们注意到，就连那些苛刻的批评家们都忽略了。梁漱溟巧妙地使用了含糊其

---

① 〔597〕, p.106。
② 〔391〕, p.20。又见 pp.16—19；〔390〕, pp.94—97。
③ 见〔381〕；〔280〕；〔248〕, pp.3—4, 6—11；〔602〕, pp.5, 9—10。

词的手法，成功地掩盖了大部分矛盾。梁漱溟在文化融合问题上的闪烁其词也蒙过了评论家的眼睛。当然，有些人也看出梁漱溟的自相矛盾之处。某君对梁漱溟的思想"差不多全体赞同"，但也承认不明白梁漱溟为什么反对文化融合，因为"即梁先生自己所说的，也未尝不是如此了"①。

只有很少几个人才具有那种深邃的目光，看到了梁漱溟对中国文化困境的解决方案后面存在着一个根本的矛盾。对于梁漱溟那两个建议——全盘承受西方文化，又将西方文化"根本改过"以符合儒家精神方才承受——有人评论说：这样"恰好弄成一个对销"。他反问道：如果真像梁漱溟提出的那样，中国人完全接受了科学，那么从逻辑上讲他们就要"完全换掉中国式的态度"。如果提倡民主精神，那么"怎样可以再引入到孔子的路向，叫他们脑子里混些……反德谟克拉西的精神呢？"②。但是，连这种批评也还没有清楚地指出矛盾的全部本质。

另一个人——哲学专家贺麟——既欣赏梁漱溟的巧妙，也看出了他的矛盾所在。他指出，梁漱溟假定儒家的人生态度"有其独特的永久普遍的价值"，但梁漱溟避免了"陷于狭隘的中西文化优劣的争执。……巧妙地避免了东方文化优于西方文化的褊狭复古的见解"。贺麟也看到梁漱溟使用的方法，是"隐约地暗示着东方的人生态度比西方人向前争逐的态度要深刻要完善"。但是，贺麟在最后的分析中做出了这样的判断：梁漱溟"一面重新提出儒家的态度，而一面主张全盘接受西方的科学和民主，亦未完全逃出'中学为体，西学为用'的圈套"③。

在这里提到那个陈旧的"体用"公式显然是不完全适当的。梁漱溟理

---

① 〔602〕, pp. 9—10。又见 p. 5；〔391〕, pp. 22—23；〔390〕, pp. 95—98；〔580〕, pp. 124—126；〔144〕, p. 90。
② 〔391〕, p. 24。
③ 〔261〕, pp. 10—12。

论中的"体"已不再是目下中国人所拥有的东西了。它成了某种尚未实现的潜力,并且只有实现了"体"以后才能真正获得"用"的功效。"体"如今成了人类进化而产生的普遍性的成果,只因孔子最先发现它才得以为中国所独有;也只因有了孔子在当今的继承人梁漱溟,它才得以存在下去。

对梁漱溟著作的历史意义以及它引起的反应可以从各种角度进行评价。当时的一位美国传教士说,这部著作意味着"中国人在与西方文明的接触中进入了反思的阶段……他们现在已经开始对西方文明、印度文明以及自己国家的文明进行批判和科学研究,以希望能在将来为他们自己建立一种最好的文明型式"。贺麟认为,"在全盘西化的同时"会"对于中国文化根本失掉信心";而梁漱溟在某种程度上还能保持中国人的信心和自尊。蔡元培则认为,这是一部对全人类都有意义的著作。他说:"梁氏所提的,确是现今哲学界最重大的问题。"①蔡元培的话并不夸张,因为现代的危机毕竟是与梁漱溟全部思想紧密相关的中心论题。

梁漱溟的朋友李石岑所作的评价也许是最有洞察力的了。李石岑不知怎的悟出了梁漱溟的理论其实是在解答他本人经验的人之存在的问题。他说:"梁漱溟先生的人生态度,恐怕是这样。因为他留神考察个人生活不安的所在与夫近代人生活的堕落,所以想提出孔家哲学来作一时的救济。"②

实际上,这部著作恰恰是梁漱溟个人历经过虚无的写照。从"西方功利主义"转而沉入佛学的慰藉,最后变为对儒学的坚定信念。这就是他本人精神上的迷航记。虽然这种解决方案的表述方式——也就是梁所推动的具体措施——在1921年以后将有变化,但这种解决方案不会改变。他的追寻已大功告成。

---

① 〔434〕, p. 698;〔261〕, pp. 10—12;〔524a〕, pp. 82—83。
② 〔389〕, pp. 8—9。

第六章　梁漱溟的上下求索，1922—1926

梁漱溟认为，他在哲学的层面解决了中国的文化危机。但是作为一个圣人，尤其作为王阳明的信徒，他深谙内圣外王之道。在《东西文化及其哲学》发表后的八年之中，他一直在探索如何将抽象的概念具体落实到实际行动方案中。在书里，他呼吁在两个方面立即采取行动：在政治上，维护国内政治稳定；在教育上，恢复"讲学"传统。发表了这部著作之后，梁漱溟当即着手在以上两个领域贯彻他的方针。

一个政治改革的计划——"我们的政治主张"

由于辛亥革命的不彻底和他参与革命的经历，梁漱溟一直以来对任何政治都持怀疑态度。尽管如此，1916年他却在司法部任职，1917年又试图推动一次政治改革。1922年他再次欣然参与政治事务，这说明他一生中对个人的政治角色一直持矛盾的心理。在此后的几十年中，他又担任了一些政界职务，并于抗日战争期间亲自发起了一个政党，因此，他再次令自己卷入了政治争斗和权术的旋涡长达十年之久。可是，他对从政不无反感，每次都是受到自身责任感的驱使才去接近政治。

虽然梁漱溟认为中国的危机是一场文化危机，只能从文化上解决，但面对20年代初的军阀混乱，他还是采取了政治上的行动。1922年初，梁漱溟和李大钊一道向蔡元培建议发表一篇评估时局的政治声明，并对中国的困境提出解决方案。①北京其他有影响的知识分子如胡适、丁文江亦对这项计划很感兴趣，并很快组成了一个16人的小组将其落实。最后由胡适起草的《我们的政治主张》在此后十几年中一直被自由政治奉为圭臬。②

乍看上去，梁漱溟这样一个文化上的保守主义者肯定不会和西化的胡适、丁文江以及信奉共产主义的李大钊合作，但他们最后竟然就一个共同政治纲领达成了协议。其实这并不奇怪：无论梁漱溟如何反对西方影响，他一生所持的政治态度只能被看作是"自由的"。他的立场同那些其他地区和其他时代中典型的文化保守主义者接近。由于反对政治现状，这些保守主义者和他们的组织坚决拥护自由主义的政治原则和理想。譬如，19世纪中叶俄国斯拉夫文化优越论者们就是为了自由政治而与尼古拉一世的独裁做斗争。

实际上，在这个自由主义组织1922年的文件中包含着许多梁漱溟之前已经公开倡导的主张。这份宣言主张好人有责任摒弃不重要的政治分歧，投身于时局，至少要参与政府事务。而这一点与梁漱溟1917年在小册子中表达的思想何其相似！在那本小册子里，梁漱溟批评了由于那些好人观望和失败主义态度而造成的恶劣形势，呼吁他们振作起来并联合在一起，通过舆论的力量求得一个解决方案。尽管胡适一直严厉地批评梁漱溟的文化理论，但梁漱溟1917年的纲领使他满腔热忱，而这种热忱又被他带入到1922年的宣言中。

这篇宣言中甚至也可以发现梁漱溟《东西文化及其哲学》中的一些具

---

① 〔11k〕，p.333；〔198〕，p.240。
② 这份宣言最初发表在《东方杂志》上，三个星期后又刊登在胡适和丁文江的自由主义刊物《努力周报》上。又见〔308b〕。

体想法。梁漱溟曾经谈到，他希望所有人都应有为政治权利而斗争的精神。这份宣言写道："我们坚信实现政治改革的第一步是好人必须具有斗争精神、有必要建立一个富于战斗性的果敢的公众舆论。"这份宣言也承认个性的发展对好人政府的意义，这是梁漱溟在其著作中反复说明的另一项主题。此外，梁漱溟在1917年提倡的裁军运动和他一生憎恶的在政治中使用武力这两点在此宣言中也有所体现。

讲　学

可是说到底，梁漱溟骨子里还是一位孔子那样的圣人，而不是诸葛亮那样运筹帷幄的儒雅谋士。宋明儒家讲学的原型是孔子、孟子与其门徒之间的关系。在这种关系中，学生随老师周游并广泛地参与老师的事务。《论语》所描述的就是这样一位在感情和道德上与其弟子有着亲密联系的孔夫子。梁漱溟正是从这样一位孔子的身上看到了自己的影子。刚刚发表了著作，他就开始个人的讲学实验，于1922年和一些学生发起了一个公社兼学院的组织。在他一生中，只要条件允许，梁漱溟就一直保持着这种生活作风。[①]（若能知道他的新婚夫人看到十几个陌生人搬进来和他们同住，心里会怎么想，一定很有意思。但遗憾的是没有这方面的记载。）

在小组里，师生之间互相监督着彼此的道德操守，正如梁漱溟在中学时代的小组里所做的那样。梁漱溟解释说：

（人）虽知病又不易去管理自家。古人云："智者不能自见其面，

---

① 〔47〕, p.1;〔9e〕, p.78。

勇者不能自举其身。"这就是说人不容易看清楚自己的面孔；即看清了又不易随时可以自主的调理自己。于是这时唯一的方法，就是"亲师取友"。此外别无他去。为什么呢？因为每人常会把自己忽忘了，……因此就得师友常常提醒你，使你不忽忘。……就是靠朋友的好处，以融化感应自己的缺短而得其养，假定我的脾气是急躁的，与脾气和平者相处，可以改去急躁；我的精神不振，而得振作的朋友，我处于其中，也自然会于无形中振作起来。①

通过讲学这条线索，我们能够把梁漱溟的个人生活、教育思想以及他搞乡建的方法联系起来。此外，梁漱溟文化复兴和乡村改革的计划也都建在讲学的基础上。讲学传统对梁漱溟有着巨大的吸引力，因为他早年经历了一场感情危机，而现在他又将这场感情危机传达给他的学生和全中国的知识青年。这种经历使梁漱溟产生了对青年道德和精神健康的深切持久的关心。讲学的更深一层面是对道德批判、规劝和榜样在小组转化中所起作用的深信不疑，在这一点上，身为儒家的梁漱溟与信奉马克思主义的毛泽东是一致的。

社会主义

早在20世纪20年代，梁漱溟就提出来了另一项最终会在他乡村重建纲领中出现的内容，这就是经济革命和社会主义的首要性。他对其他的改革家们发出警告：

---

① 〔47〕, pp. 18—19。

第六章 梁漱溟的上下求索，1922—1926

若不根本改变这种经济制度，那么教育家、道德家、公共卫生家、宗教家的努力都是徒劳的。如果你们真心要改造这个社会，就从这里下手吧，其余都是白说！[①]

梁漱溟也承认，如果找不到一个改变社会经济基础的办法，无论他本人在文化道德复兴以及为青年寻求一种人生哲学方面如何努力，最终将是竹篮打水一场空。在以个人主义和私有财产为基础的经济制度中，"大家自然要走入狭小鄙劣，为我自私一路"。因此，在梁漱溟看来，经济制度是社会上一切混乱、罪恶和精神上的非人性等现象的原因："空口说白话，是挽救不过来的；只有根本改革这个制度，而后才行。"[②]

虽然中国尚未经历一场工业革命，也尚未遭遇到存在于西方社会中的那种强烈的非人道的机械化和阶级冲突，但问题仍然是尖锐的。梁漱溟坚信无论中国还是西方都要通过社会主义来解决现存的社会问题和经济问题："仅可以说是病状不全一样，而病苦的难堪急待救药，固无分别。"[③]

一旦对讲学和社会主义的思考有了令他满意的答案，梁漱溟就认定两者不动摇了。但是，为拯救和重建中国社会制订的计划花了他更长的时间，虽然他也认为这些问题非常迫切，但他拒绝重蹈那些同时代的人走过的路，这些人过于急于解决中国的问题，于是便全盘接受一系列的方案和设想，但实施后很快又摒弃它们。梁漱溟似乎认识到了考虑不周的方案在实施中的潜在危害，因此他在落实方案时更加谨小慎微。只有在他有机会分析了方案的每一个方面，并确信整个方案有效时，他才着手开展计划。即使在他为之倾注感情的乡村建设运动中也是如此。

---

① 〔9a〕, pp. 1—10。
② 〔9a〕, pp. 1—10。
③ 〔9a〕, p. 10。

从五四运动中觉醒后，中国的改革者们开始把注意的焦点从东部城市移向农村。梁漱溟很清楚地知道这些零散的尝试。1919年，李大钊就已经号召知识青年"走向农村"，为建设一个新中国而努力。同年，乡村教育的先锋理论家徐家菊发表了一篇文章，着重强调要通过教育来解决农村存在的特殊问题。1923年，颇有影响的《甲寅》杂志的创办人、梁漱溟的老相识章士钊提出一套方案，主张将中国建成一种道家式的农业乌托邦，以求避免西方工业化带来的罪恶。尽管这些观点很有号召力，但梁漱溟认为在现代世界中建立一个农业国并不实际。他相信，只有发展工业才能消除贫困并使中国强大得足以抵抗帝国主义侵略者。①

批评与教育改革

20世纪20年代初期，除了关注社会和知识精英的道德沦丧之外，梁漱溟还很自然地把注意力主要集中在教育改革上。在1917年的小册子里以及《东西文化及其哲学》一书中，他还仅仅是简单地提出和描述这个问题。到了1922年，他便已经开始更深入地探索这个问题可能存在的前因后果。他发现，罪魁祸首笼统地说是西方的不良影响，具体地说则是其对教育体制的损害。据梁漱溟对形势的判断，西方的不良影响起初集中在大城市，而现在则逐渐在全国扩散开来，它正腐蚀中国传统的道德观念。西式教育的普及和投身于新文化运动的某些教育精英的误导目前正使这种隐然作祟的癌症进一步恶化。②

---

① 见〔393b〕；〔393c〕；〔339〕, p. 36；〔122〕。又见〔123〕；〔124〕；〔11a〕。
② 〔5r〕, pp. 113—116；〔8〕。

梁漱溟承认中国传统的士人本该成为道德典范却并未一直做到这一点,可即便如此,至少他们还是晓得正确的品行、个人修养和用道德感化社会的重要性。他们之所以有地位,部分原因是其个人品格备受尊重。他们既是政治上的统治者(政),又是道德准则的守护者和导师(教)。这两种身份一直是紧密相连的。虽然他们的行为可能会为私利驱动,但他们对此很敏感并耻于在公开场合谈论利己之事。

可现如今,西方的影响已经营造了一种弥漫的氛围,让其中的人毫不掩饰自己的贪婪,并使之看不到"人生真义",教育简直就成了变相的商品交易,成了获得文凭以作为享受"高等生活"的本钱。① 它同时也助长了那种颓废奢侈的习惯。那些教给青年人的技能完全与大众的真正需要脱节。

> 中学毕业者不能从事农业和工业。即乙种之农工商业学校之毕业者亦多不适于农工商业——于中尤以农业为最不适于实际。……其毕业者舍求差谋事外,一无可为焉。故自乡间人家言之,家里多一学生即多一废人。②

今天的知识阶层,还留有传统知识阶层一样的贵族身份,却失去了原有的道德责任感,蜕变成了一群被金钱和物质消费所定义的知识精英。传统精英可能只是碍于面子而不得不违心屈从于道义,相比之下,今天的精英们根本没什么面子需要顾及。以前,士大夫不能公开言利,而今"则竞言利,其有能创业致富者,不独名正言顺,且群所称美,以为是真能用其所学,知识阶级之好者也"③。这样的知识阶级对于人民来说算是什么道德典范呢?

---

① [9d], pp. 57—68;[9m], pp. 151—152。
② [9d], p. 66。
③ [9d], p. 61。又见 pp. 57—68;[9m], pp. 151—152。

梁漱溟是有意识地使用"贵族"一词的。因为他认为现在的教育费用如此昂贵，以致只有有钱人的孩子才能接受教育。因此，劳心和劳力之间的传统界划大概要成为万古不移的了，中国社会将像西方社会那样永远被分化成两个阶级。现在的教育只能教出不良习惯和松弛的道德。缺少礼教和社会责任感，中国的知识阶级正（在都市里）过着一种剥削者的生活。这种生活与广大群众的生活方式和利益是完全脱离的。①

> 乡间儿童到县城里入了高等小学以后，便对他旧日乡村简朴生活已过不来，旧日饭亦不能吃了，旧日衣亦不能穿了，茶亦没得喝，烟亦没得吃，种种看不来，种种耐不得。而乡村农家应具的知识能力，又一毫没有，代以学校里半生不熟绝不相干的英文理化等学科知识；乡间的劳作一切不能作，代以（西式的——艾恺注）体操打球运动与手足不勤的游惰习惯。②

总之，在梁漱溟看来，中国现有的教育制度综合了中西传统中的弊端。中国的教育家们摒弃了传统教育的精华，保存了糟粕。例如，西方知识分子并不以从事手工劳动为耻，而如今中国西式的知识分子们，甚至那些研习农业和工业技术的人，也像传统文人那样视这种手工劳动为耻。又如，西方知识分子不一定都贪图做官，但西化的中国知识分子却都希望进入仕途。这样，一方面西方不良影响带来了种种问题，另一方面却使得中国的知识分子"进不能如欧西之所谓知识阶级，退不能如昔日中国之所谓士"③。

梁漱溟也批评了西化了的中国教育家们，说他们错误地以为教师只需

---

① 〔9e〕, pp. 83—84；〔9d〕, pp. 55—57, 60—62, 67；〔9m〕, pp. 149—154。
② 〔9m〕, pp. 151—152。
③ 〔9d〕, pp. 63—64。

要传授"知识技能",而全不需要关心学生在心理、生理和道德三方面的发展。值得注意的是,梁漱溟举的例子是一个备受精神折磨想要自杀的青年:"(今日的教师)对于他的学生生理上心理上发生什么病态,很可以全然不晓得,乃至学生中有自杀的大事变,他不过事后吃一惊。"站在其对立面上,梁漱溟坚持认为:"要办教育,便须与学生成为极亲近的朋友而后始能对他有一种了解,始能对他有一些指导。"自然,梁漱溟提出的解决办法是在讲学模式中才有的小团体式的亲密的师生关系。①

梁漱溟对现代教育制度的批评与十年前他父亲提出的批评在口吻上极其相像。和他父亲一样,梁漱溟谴责西方将知识分子布尔乔亚化(即将其变成资产阶级)所带来的不良影响。面对今日没有道德责任的教育界领袖,他怀着和父亲一样的愤慨。现在的知识阶级成了一个不能再得到社会全力支持的堕落的寄生贵族:

> 其举动挥霍如官僚阔人焉;吾心窃伤之。……衣履服御,饮啄娱乐,虽曰细末哉,然其间既有贵族的与平民的之不同。……我则不能为贵族!梅兰芳之剧我弗能观也,真光电影之场我未尝入也(一座之费至于数金——中译者补),是贵族的生活也!吾见其门汽车马车之喧阗也,意我而亦出入其间,心实耻之!……有为贵族生活者即是堕落!②

总之,梁漱溟谴责西式教育制度一方面不能满足中国社会的真正需要,另一方面又使知识分子与广大民众分离。因为这种教育制度来自另一个情况不同的社会,它"未见到何等的成功,却贻给社会许多的病痛……几乎

---

① 〔9e〕,pp.74—76。
② 〔9d〕,pp.67—68。在写下这段话几个月以后,梁漱溟又写了另一篇文章,特别赞扬他父亲很少到这种娱乐场所去。这说明他在写这段话时想到了他父亲。见〔7〕。

可以说他是替另外一个社会办教育养人才"[①]。

梁漱溟做出这些抨击后好几年,类似的批评才涌现出来。陶内（Tawney）在 1930 年为国际联盟教育委员会作的报告中也得出了许多相同的结论。1928 年,毛泽东考察了他家乡的农民如何起来反对受西式教育的教员并代之以自己的学校,这些学校更适合于他们的真正需要。[②]梁漱溟教育思想的主旨与毛泽东后来的构想殊途同归。但也正是在这条道路上他与西化的胡适博士渐行渐远。在梁漱溟致力于教育事业的年代里,胡适正住在上海的洋租界里,时不时地去欧洲旅行,结交洋人和"洋化"的知识分子,就餐于"这个或那个城市豪华的餐厅,时而又在餐余打牌消夜"。[③]总之,他过的正是梁漱溟极端鄙视的"贵族"生活。

梁漱溟遇到两名同事

一方面是由于他不满北京大学只重知识的西式教育，另一方面也是由于他根本不想当个闭门做学问的圣人，1921 年至 1924 年间，梁漱溟几次试图辞去他的讲席，每一次都被蔡元培挽留，但他绝不肯使自己的活动局限在教学领域内。1921 年，他父亲的老朋友彭诒孙去世后，梁漱溟接办了彭诒孙的《京话日报》。由于《东西文化及其哲学》一书的成功，他还要到全

[①]〔9m〕,pp. 149，153—154。
[②] 陶内对不适合中国社会需要的西式教育的批评影响到了中国读者，请见〔163〕。梁漱溟的其他一些批评，如认为缺乏体育、农业教育、职业教育，在陶内的批评中也有反映。毛泽东曾抨击过"洋学堂"，说它们"完全说些城里的东西，不合农村的需要"（见〔424a〕, pp. 39—40）。而梁漱溟在此以前就看到了这些。
[③]〔253〕, pp. 216—220。

国很多地方发表演讲，出席会议。① 在游历过程中，他遇到了两个人。这两个人对梁漱溟的思想发展和未来的活动方向产生了重要影响。

卫西琴（Alfred Westharp，又名卫中） 梁漱溟的第一个也是唯一一个外国朋友。他是一个古怪的德国音乐教育家，在偏僻的山西省省会太原开了一所学校。1921年，梁漱溟在一次教育工作者会议上遇见了他。梁漱溟为卫中的教育方式所吸引，大概是因为这种方式与他的想法吻合。卫中强调学生心理和生理上的健康。此外，学生从事所有的家务劳动并自己动手烧饭，他们甚至还办了一个小工厂自己生产鞋袜之类的日用品。他们也负责学校的管理和后勤。②

王鸿一 1921年，梁漱溟在济南做有关东西文化的演讲时，第一次遇到他的亲密朋友和未来的同事、山东籍的政治教育家王鸿一。两人一见面就意气相投，并在以后的十年中合作搞了几次改革和教育实验。王鸿一本人并非学者且不擅辞令，他发现梁漱溟道出了他多年的感想。刚刚听完梁漱溟的讲演，王鸿一就评论道：对我很有启发。受梁漱溟的影响，王鸿一将他的主要精力转向了文化问题。③ 但这时的梁漱溟却尚未准备向他提供一

---

① 梁漱溟一直申明他既无资格也不向往着成为一个学者或哲学家，他只是在"认真地解决问题"，而这则被别人看作是学问或哲学。〔9p〕, pp. 189—193, 197—199；〔4〕, p. 2；〔11a〕, p. 2；〔14a〕, pp. 1—3, 11—12；〔510〕, p. 5. 又见〔66〕；〔71〕, p. 19；〔463〕, p. 63。

② 卫西琴在20世纪初移居美国，后又移居中国。他古怪到会赤身裸体在有供暖设备的黑屋子里弹钢琴奏鸣曲。他的理论是，不能让其他感觉打扰欣赏音乐。（但是，听众是不需要和他一起进入这种纯自然的状态的。虽然如此，他的努力仍不能使梁漱溟欣赏到贝多芬的雄壮与辉煌。）他的其他艺术杰作还包括为《诗经》配乐并训练学生演奏。在梁漱溟见到他几年以前，著名的翻译家严复已经翻译发表了这位热爱中国的人的一些文章，这些文章表现了他反西方的心理。见〔47〕, p. 118；〔9k〕, pp. 121—143；〔9i〕, pp. 105—112；〔603〕。

③ 王鸿一是从他旧日学生（后来又是梁漱溟的学生）那里初次听说了梁漱溟。他对这位学生所谈深感兴趣，因此劝说山东省教育厅邀请梁漱溟来做"东西文化及其哲学"的讲演。〔555〕, p. 2. 又见〔557〕, p. 1；〔558〕；〔11j〕。

套具体的行动计划。虽然被抛在一边单枪匹马地干，王鸿一终于还是想出了一个乡村改革计划，并最终成功地使梁漱溟转向了乡村重建工作。

为了解决他一生关心的问题——不平等和贫困，王鸿一走了很长一段路。① 在辛亥革命以前，他曾谴责清末中国"奴儒"的心态和儒家伦理对官僚文牍主义的卑躬屈膝。从那时起，他开始献身于教育事业。但他集中考虑的还是如何在提高乡村贫民收入水平方面取得一些实际效果。他坚信必须学习西方科学才能弥补中国目前的不足。但他也觉得中国传统的政治思想和教育思想在其他方面还是足够用的。他的中心教条就是"先养后教"——只有经济状况好转以后才能考虑到道德。他创办的学校有菏泽（曹州）中学、一所土匪教养院、一所工业学校以及散布全省的手工业培训中心。② 至少，这所工业学校也是个从事革命宣传及活动的中心，所以于1907年被清政府关闭。

民国初期，王鸿一逐渐结识了翟城（河北定县）米氏。自1904年起，米家一直在办一个模范村。1904年，定县新任县长孙纯斋对米家的活动很有兴趣，并帮助他们把教育和习俗的改革扩大为乡村自治政府的计划。1916年至1917年间，孙纯斋在山西短期担任过省政府主席的职务。无论出于何种原因，山西军阀阎锡山及其顾问赵戴文都对他的想法很感兴趣，因

---

① 1900年初在日本做学生时，王鸿一支持革命事业并参加了孙中山的同盟会。共和建立时，王鸿一做了山东省教育厅厅长。以这种身份，他在全省建立了新式学校的网络。当国民党1913年开展反袁世凯的"二次革命"时，他辞去职务，集中精力经营他在菏泽的中学，并和许多志趣相投的反袁世凯的国民党员一起工作。他和那些控制着山东教育界的同事们成功地挫败了1915年袁世凯在山东的保守主义教育政策。1916年袁世凯去世时，王鸿一作为省议会中一个重要人物出现了。为了提高穷人的收入，他在全省建立了一个试验工厂的网络。

1919年，他感受到了北京大学中的"新潮"，并找到胡适、蔡元培等人，希望他们能回答他关心的问题。他曾遍览新书，逐渐（并且是洞察地）得出结论：这种新思想将导致共产主义。这种谋求平等的激进方式和他本人的儒家理想是不一致的。〔555〕；〔557〕；〔554〕；〔556〕；〔475〕，Ⅱ，pp.1—19；〔11j〕，p.325。

② 这三所学校也是革命宣传和革命活动的中心。1907年，在潍县的学校因其政治性质被政府关闭。〔555〕，pp.1—3；〔558〕，p.1；〔520〕，pp.419—420；〔157〕，pp.15—16；〔471〕，Ⅱ，pp.221—231。

此在孙纯斋离职后，阎赵二人继续实施了他的方案的一部分。

山西的地方政府系统基本上是按照袁世凯1914年的试验规划组织起来的，这个规划看来也只在山西被实际采纳。这个规划由县以下四级行政机构组成：局、村（有一些是为了便于管理合并在一起的）、闾（由25户组成），最后一级是由五家组成的单位，叫作"邻"。① 在管理体制中，他们实施了米氏包括打击盗匪活动、戒吸鸦片和废除缠足等内容的方案（20年代，南京政府采纳了这套行政组织框架的修订版）。

1922年，初遇梁漱溟之后不久的王鸿一拜访了阎锡山和赵戴文。根据在山西的所见所闻，王鸿一开始把村自治政府看作寻找中国出路的关键。此方案不但与他自己的价值观相符，并且能够解决中国的经济和政治问题。于是他开始联络那些持同样见解的华北绅士们。1924年，他来到北京，和米迪刚一起办报纸宣传他们关于村自治的思想。他俩还和其他人一起发表了一份宣言，呼吁在乡村进行政治经济改革。使村成为基本的主权单元，这些华北绅士的非正式组织也由此被称为"村治派"②。他们渴望得到梁漱溟的支持和参与，但梁漱溟在此时回绝了。梁漱溟并非对此不感冒。早在1923年初，他（独立于王鸿一）就已经在演讲中提出通过复兴农村来解决中国的问题。然而，不仅陈独秀曾警告他说这是一个小资产阶级的幻想，甚至梁漱溟本人"亦生怕是主观上的乌托邦，无用的长物，而不敢自信"③。

---

① 这份论述乡村自治及改革的地方管理文件是在〔470〕中查到的。王、米、赵三人大约在同时求学于日本，并在日本加入了同盟会。

② 这个团体的成员及其影响一直仅限于山东、山西、河北、河南。阎锡山也可以被看作是它的一个成员。他曾为他们的杂志写过文章。这个团体中最活跃的成员是赵戴文、米迪刚、王鸿一、茹春浦、吕振羽、王惺吾、尹仲材、杨天竞、孙则让（廉泉）、颜兰亭、彭禹庭、梁仲华。见〔279〕, p. 59；〔217〕, p. 99；〔111〕；〔297〕；〔142〕；〔555〕, pp. 2—3；〔557〕, pp. 1—2；〔533a〕；〔9q〕, pp. 228—230, 237—255；〔11a〕, pp. 13—15。

③〔11a〕, pp. 10, 13。

梁漱溟离京赴鲁（1924—1925）

但是，王鸿一的方案终于脱颖而出，赢得了梁漱溟的注意。1924年，有两股力量吸引着梁漱溟。一股力量来自广东南部。在那里，经过孙中山改组的、受苏联支持的国民党正准备进军北方统一中国。另一股力量来自山东东部。在那里，一伙文化上持保守态度的官僚和绅士正计划开辟一块传统主义的根据地，以求能与西化的北京大学相抗衡。他们希望在孔子故里曲阜这样一个有象征意义的地方建立一所新学校，其宗旨是要传承国粹。①

在南方，国民党军人陈铭枢和李济深几次吁请梁漱溟南下参加他们的救国事业。在南下前这两个人都是梁漱溟的好友。1924年初，从广东回到北京的李大钊向梁漱溟介绍了改组后的国民党，并向他保证，他的共产党在和国民党结盟后一心一意只想搞民主革命。②但在1924年春天，在权衡是去革命的南方还是待在保守的北方时，梁漱溟发现国民党武力解决问题的政策和自己的理想相悖。他公开发表的一个讲话令他在广东的崇拜者很泄气。在讲话中，他批评了国民党诉诸武力的行为。③

1924年4月，大约在梁漱溟最后决定东行前后，印度诗人泰戈尔来华访问，他歌颂在东方有与西方物质主义相对的、融会贯通、自成一体的性灵。

---

① 〔109〕，228/3277，秋季报告，1921；〔488〕，1922年11月30日；〔9e〕，pp.72—73。
② 李济深（1885—1959），"桂系军人集团"的重要成员。民国初的十年中，他受教于北京陆军大学。这期间他在北京大学旁听过梁漱溟讲课，并成了梁漱溟的终生好友。他很钦佩梁漱溟。1921年，李济深离京去粤。陈铭枢（1889—1965），著名的广东籍军人，佛教徒。他在欧阳竟无的南京支那内学院初遇梁漱溟并成为终生好友。梁漱溟还同李济深的朋友、广东人伍观淇（字庸伯）建立了私交，并通过伍观淇得以和自己后来的夫人相识。李济深和陈铭枢都极仰慕梁漱溟。20年代初，他们一直劝说他参加国民党广东政府。见〔233〕；〔312〕，第一部分（〔334〕，第295期）；〔11a〕，p.9；〔628〕；〔635〕；〔636〕。
③ 〔233〕。

第六章 梁漱溟的上下求索，1922—1926

尽管这个印度人十分卖力地到处宣讲，但还是受到了国民党各派人士和大部分新式知识分子的强烈抵制。在大学任教的最后日子里，梁漱溟出席了为这位亚洲主义的疾呼者举办的招待会，并单独与之会见。梁漱溟对泰戈尔所谓亚洲的心灵回归不太感兴趣，所以会见时，反倒是他给泰戈尔上了一堂何为儒学的课。① 一个月以后，梁漱溟离开了北大红砖砌成的校园，再没有回去。

1924年秋，应王鸿一的邀请，梁漱溟带着三名得意门生到山东菏泽接办省立第六中学。王鸿一把这所中学连同一个高等研究机构（重华书院）看作计划中的曲阜大学的先导。但除了他以外，其他发起人后来都没有再支持这项方案。虽然曲阜大学前途未卜，办中学的事儿却令梁漱溟动心。他认为这是一个绝佳的机会：一方面他能在实践中检验尚未成形的教育改革计划，另一方面他也能开展"讲学"的实验。②

---

① 〔47〕, pp. 70—72。关于泰戈尔1924年对北京的访问及其对此事的反应，请见〔257〕, pp. 155—245。
② 曲阜大学的三个最初发起人是靳云鹏（生于1887年）、潘复（生于1870年）、夏继泉（生于1883年）。他们都出生于山东旧式权贵家庭。1921年以前，他们都在中央和省政府中任要职。靳云鹏在1913年至1916年间任山东都督，1919年至1921年间任国务总理。这三个人组成了一股反日的政治力量以对抗段祺瑞的绥靖政策。虽然他们在1923年已经购置了土地并募集了部分款项，但在1925年又废弃了这项计划。王鸿一是唯一一个仍然支持创办这所大学的人。他劝说梁漱溟到山东创办重华书院，作为建立曲阜大学的第一步。见〔555〕, p. 3；〔9e〕, pp. 79—81；〔9j〕, p. 118；〔488〕, 1922年11月30日；〔471〕, II, pp. 1—19。
  梁漱溟与农村生活的最初接触是在1923年夏天。那时，他在菏泽县附近的一个叫陈坡的小镇上，住在他的学生陈亚三家中。他的第二次乡间旅行是在1924年到1925年，当时他正主办菏泽省立第六中学。恰恰在这几年中，山东省省长、军阀张宗昌的弊政使得省内盗匪活动日益猖獗。由于社会上普遍要求恢复法律和秩序而一度偃息的秘密社团（如红枪会、大刀会）一下子复活起来，其队伍迅速扩大；因此地方社会组织起了乡村自卫队。这种自卫队常常以当地旧有的农村学校为中心进行联系和组织。梁漱溟后来的乡村重建计划，也是以通过地方学校系统进行组织和维持的民兵为特征的。因此可以相信，是这一时期在山东的经历影响了他。〔109〕；〔617〕；〔619〕。

在菏泽中学的改革 从某种意义上说梁漱溟在这所中学所实行的改革是他正在寻求的整个社会改革方法的一个缩影。"讲学"是他这个改革的中心。在小组里师生双向互动、激励、批评对方,促进德与才的共同进步。和西式学校中的机械知识训练不同,梁漱溟的学校谋求的是对人的整体教育——不仅是要传授知识,还要在情感和道德上予以指导。即使在知识训练方面,学校也尽可能不依赖照本宣科上大课的手段,反而是强调小组学习和自学。梁漱溟语重心长地特别提到菏泽中学的自学小组代表了他的教育改革设想,即废除僵化刻板的按时上下课挣学分的教育体制,代之以不受框架约束的学生互动和师生互动。[①]

为了不让学生成为脱离大众生活的新贵族,梁漱溟要求学生从事日常的体力劳动,并且不靠日常杂役人员的帮助,独立维持学校的后勤保障。"我们觉得社会上一部分人比其余一般人享受过于优厚是不对的事;所以我们的衣食住如其他消费生活都要简单朴质。……如果是富厚人家的子弟到我们这里来,须要改他的习惯,学着勤劳一点,俭朴一点。"[②]

按照他的社会主义理念,梁漱溟废除了固定的学杂费制度,而视学生家境收不同的费用。他坚持"无论学生纳费多少,将受同等待遇"的原则。办学以"感情"为基础,而不是靠固定法律化的章程。因为这种章程提供的是西式学校的组织形式。[③]

录取由考生在两次考核中获得的总成绩决定。首先用普通考试测验学生的智力和学习成绩;之后是更重要的面谈,由校方代表评估初选生的"资质和态度"。最后能否入学看的是品行和道德,而不是智力或学术。[④]

---

① 〔9e〕, pp. 71—86。
② 〔9e〕, p. 83。
③ 〔9e〕, pp. 83—85。
④ 〔9e〕, pp. 81—82。

曲阜大学 通过将改革在学校制度化，梁漱溟希望将他的教育理念灌输给一些师生（老师也需要寻求道德和知识上的自我提高），日后他们将为曲阜大学的建立打下根基。他也期望着这个方案能为他更远的目标——振兴中华——提供一批核心骨干。①

梁漱溟特别注意把他设想的曲阜大学和王鸿一一班人先前所支持的方案区分开。后者融合了两个元素，一是国粹派所强调的传统文史研究，二是康有为以儒学作为国教的思想。其实，国粹派当初也邀请康有为任校长并负责招教师。大概是康有为顽固的保皇立场给这些文化上保守、政治上却拥护共和的国粹派们当头浇了一盆冷水，这个想法后来再没有下文。②

梁漱溟也特别注意把自己的理想和康有为区别开来。他宣称自己的曲阜大学没有任何"宗教臭味"。它不是那种专门从事文学和学术的"存古学堂"。他也不想去搞那种蒙昧主义的书斋，"悬空的谈什么中国哲学印度哲学"。相反，最先要建立的是数学系和生物系，为的是"对于现代学术作彻底研究"。之后，学校才开设其他具体系科。③

梁漱溟再度隐退（1925—1926）

大概是梁漱溟的文化保守主义跟山东国粹派向往的文化保守主义不兼容，曲阜大学始终没有办成。随着办学计划的破产，梁漱溟带着失望和沮

---

① 〔47〕, p. 1；〔9e〕, pp. 78—80。
② 〔488〕, 1922 年 11 月 30 日。
③ 〔9e〕, p. 72。"存古学堂"的思想一般都与文化保守主义的"国粹"学校相联系。张之洞首先提出建议，在废除文官考试制度以后，应该建立这样的学校，使国粹能够通过经学中心得到保存和延续。〔116〕, 68：23—32。

丧于1925年春回到北京。他从菏泽中学带走了一些学生，他们成了他的终生门徒。由于极度沮丧，他打算三年内不再参加任何活动。这三年里，他打算和学生在北京西郊清华大学田园般的校园里度过。他想继续讲学，直到有适当的机会再出山。①

但是，他的三个最亲密的学生并没有和他一起待在北京。甚至还在他滞留山东时，国民党将领陈铭枢、张难先就已屡发函电催他南下参加北伐。出于消沉和悲观，梁漱溟拒绝离开北方，但他派徐名鸿、王平叔、黄艮庸去南方考察改组后的国民党及其北伐的真正意图。②

从这以后到翌年，梁漱溟坚决推掉了北方各大学的讲席和一系列演讲的邀请，并开始一项拖延已久的工作——编辑整理父亲的文稿以便出版。1926年初，他和学生们迁到老朋友、德国人卫西琴的家中居住。不久前，卫西琴从太原搬到了北京。梁漱溟读了三个学生向他作的有关北伐的激情洋溢的报告，但他还不能做出南下的决定。③

梁漱溟之所以在这段时期里半隐退并且郁郁寡欢还有其他原因：整个国家处在动乱中，北伐军高举统一全国和打倒帝国主义这两面大旗向北开进。在整个南方，共产党通过组织工会、农会为北伐开辟了道路。发生决定性转变的时机已经成熟。然而，虽说梁漱溟作为圣贤的自我认同仍然没有动摇，但他尚拿不出一个拯救民族（以至最后拯救人类）的方案。他既不信服王鸿一的乡村自治和农村改革计划，也不信服国民党从外国引进的武装统一和党派专政的理论。最使他沮丧的是：他开始对中国人本来的精神（拜圣人所赐）是否还有残存这一点抱有严重的怀疑。他对于它的再生还能抱什么希望呢？

---

① 〔11a〕, pp. 4, 9—10; 〔47〕, pp. 1, 55; 〔99j〕, p. 118。
② 〔11a〕, pp. 4, 9—10。
③ 〔9g〕; 〔47〕, pp. 55, 57; 〔11a〕, pp. 4, 9—10; 〔9i〕, pp. 105—107; 〔9k〕, pp. 122—124。

第六章 梁漱溟的上下求索，1922—1926

　　这一时期梁漱溟也经历了个人的不幸和艰辛。他的长子突然染上了一种怪病，最终不治身亡。他把死因归咎于西医的无能，但大夫是他自己选的。他会不会暗中责怪自己不该否定中医呢？此外，他也很贫穷，没有收入，但这也不能迫使他承接那些担任教职的邀请。① 甚至为父亲编辑文稿这件事也没有给他带来丝毫安慰。以往的不孝和拒绝认识乃父为之殉身的传统价值，使他备受内疚的折磨。②

　　1926年9月，国民党军队已越过长江。陈铭枢率部占领了具有战略意义的武汉地区以后，又催促梁漱溟前来会面。梁漱溟表示同意。但由于对国民党尚存怀疑，他先取道上海，再到南京，终于又折回北京。因此，他最终没去国民党控制的任何地区。③

---

① 〔9j〕, pp. 118—120；〔47〕, pp. 125—126；〔11a〕, pp. 8—10。
② 这种负疚感在他此时写的一篇文章中表现得相当明显。见〔9h〕, pp. 97—103。
③ 10月在上海时，梁漱溟会见了拥护民族主义、反对共产主义的中国青年党领袖曾琦。中国青年党这时与国民党西山会议派结成联盟。曾琦试图争取梁漱溟支持他的政党的纲领，但梁漱溟并不认为曾琦的纲领比国民党的纲领更令人满意。〔11a〕, p. 10。

第七章　广东与河南：乡村重建的开端，
　　　　　1927—1931

　　1927年1月，梁漱溟正与他的犹豫和绝望做斗争，这时他早先派往南方的三个学生中的两个从国民党左派的首都武汉回到了北京。没回来的那个参加了共产党，他正是梁漱溟的得意门生徐名鸿。①其余两个人，尤其是王平叔，也对共产主义者产生了深刻印象，只是没有实际加入共产党。在同梁漱溟相处了一段时间后，王平叔和黄艮庸的思想才渐渐"恢复得和平正常"；但是这足以让梁漱溟认识到共产党的主张对那些"有勇胆能干的青年人"的感召力。②

共产党人和梁漱溟的"顿悟"

　　思考这些事的同时，梁漱溟和他的学生继续在北京西郊大有庄宽敞的

---

① 这位勇猛无畏的徐名鸿在六年后成为福建起义中的关键人物。他和陈铭枢、蔡廷锴等福建起义领袖一起共事，彼此过从甚密。他也与共产党有联系。以这种特殊身份，他试图策划福建起义和江西苏维埃的联盟。起义失败后，他装扮成农民逃往苏区，但在途中被捕。由于时常冲动结怨甚多（一些县长因贪污被他迅速地处决了），他未能出保释放而被处死。当地农民说，他的被捕是由于被杀官员们的冤魂索命而致。〔563〕；〔314〕；〔622〕；〔636〕。
② 〔11a〕，pp. 10—11；〔563〕；〔38〕，p. 346；〔14a〕，pp. 26—28。

宅院里每日按部就班地学习和研讨。在这个僻静的场所,梁漱溟经历了一场突如其来的、戏剧性的"觉醒",麻痹已久的精神由此恢复正常。

> 悟得了什么?并不曾悟得什么多少新鲜的。只是扫除了怀疑的云翳,透出了坦达的自信。……否认了什么?否认了一切西洋把戏,更不沾恋!相信了什么?相信了我们自有立国之道;更不虚怯!①

这番话制造了一个假象,让很多人包括梁漱溟自己以为他的思想发生了邅变。②但事实上,梁漱溟并没有放松他一贯坚持的主张,即中国极其需要学习西方的民主和科学。关键性的不同在于:他不再坚信中国有必要或是能够从西方引进诸如城市工业化、代议制或学校之类的"特定的"社会、政治或经济体制。也许是受到了王鸿一及其团体的影响,梁漱溟选择了以一种保守主义的国情特殊论来抵制西方化。中国人的民族精神(这个词是直接从王鸿一那里搬来的)、习惯、风俗和心理以及现存的物质条件(如贫穷、交通不便、薄弱的工业化和都市化)都不允许中国采用这些"西洋把戏"。③

---

① 〔11a〕,p.12。
② 这段刻画其"觉悟"的激动人心的措辞被历史学家们拿来引证并错误地相信了它。如某人所指出的,梁漱溟经历了"一个根本的内心转变"。其例参见〔518〕,p.48;〔257〕,p.61;〔548〕,pp.37—38。实际上,梁漱溟关于中国的文化论断仍然和这次觉悟之前基本相同。1927 年以后,他有时也用"技术""理智的发展"或者"经济的发展"代替他在《东西文化及其哲学》一书中所说的"科学"。其实,无论在"顿悟"之后还是在此以前,他一直提到要从西方借鉴同样的文化模式。"民主"后来变成了"组织"或"团体",指的是普通个人对国家事务的参与以及在其中的影响。当然,这也正是梁漱溟在他 1921 年的著作中从"民主"发现的有价值的东西。1927 年以后,他继续声明,科学和组织是中国必须向西方学习的,正如他在"觉悟"以前声明必须向西方学习科学和民主那样;而这正是他乡村重建的基础。在梁漱溟下列著作中可以得到证明:〔19〕;〔38〕,pp.50,56,175;〔25〕,p.47;〔11h〕,p.250。
③ 关于梁漱溟就西方制度不适合于中国的物质和精神环境的最初的理论表述,请见〔11b〕和〔11c〕。

这种理由使人们自然地联想到袁世凯（以及他的顾问 Frank Goodnow）用来支持其复辟君主制度的那些论据。这种理由也和戴季陶、陶希圣一类国民党理论家们的理由相类似。后者将同样的保守主义的国情特殊论掺入受马克思主义启发产生的类别中去。无独有偶，在 19 世纪末的俄国，康斯坦丁·波比多诺斯切夫（Constantine Pobedonostsev）和费奥多尔·陀思妥耶夫斯基这些人也从俄国历史和文化的特殊性出发来反对民主。

梁漱溟说的觉醒主要是这样一种觉醒：中国有能力通过改良自己的制度继续生存下去。他现在"敢于相信"王鸿一关于乡村复兴改良运动这类计划不但能使中国生存下去，而且能使中国残存的"本来"文化获得新生。他一直最不确定的是：是否任何乡村改革方案都在经济上现实可行。一个自我认同为农业国的国家如何立足于工业化的帝国主义列强林立的世界上并存在下去？农村自治怎样才能使人民摆脱贫困？"我不敢信鸿一先生他们几位从那主观的简单的理想，能解决中国的经济问题；而经济问题又是关系一切的重大问题。"直到一年以后——1928 年，当他已经在广东南部着手发起乡村改革时，他的这些疑虑才"大半"烟消云散。①

纵观梁漱溟的一生，他的这次顿悟也许是一段漫长心路历程的最后一站。这段心路历程始于 1916 年，这也是他从反对父亲排洋守旧的立场而承担的负罪感中解脱出来的过程。然而更直接的因素是他意识到了共产主义对中国青年的巨大诱惑力（这个认识是他的学生带给他的）。"只有共产党才使我们真正恍然大悟，使我们看透了西洋人的一切把戏；有了这种顿悟，我才深感到这些西洋戏法中国人是要不上来的。"②

梁漱溟从西方社会中只看到了启蒙运动与马克思和斯密共享的假设：

---

① 〔11a〕, p. 15。
② 〔11a〕, p. 12。

第七章 广东与河南：乡村重建的开端，1927—1931

任何改革只有建立在个人的物质利益的基础上才能成功。在他看来，共产主义是西方文化所能得到的必然结论。它用个人的物质利益来解释"所有的社会现象"。然而，正是共产党人和他们的主张明显地吸引着中国年轻的知识分子，促使梁漱溟本人致力于乡村建设。如果他本人不能为青年人提供一个真正令人满意的行动纲领，那么后者一定会跟着共产党人走。不负责任的非革命的国民党、胡适一类丧失灵魂的自由主义者以及那些文不对题的保守主义者们，都提不出一个真正可供选择的方案。①

广东，1927—1928

1927年5月，在桂系军阀的再三邀请下，梁漱溟终于南下了。事实上，这一年有许多新型知识分子纷纷离开当时处于奉系军阀张作霖控制下的北京。梁漱溟离京的直接原因可能是前一个月张大帅的部队处死了他的朋友李大钊。②

梁漱溟和他的学生先到上海与陈铭枢会合，然后一起游览了杭州著名的西湖。之后，梁漱溟继续南行到广东与李济深会面。当时，李济深任国民党中央执行委员会委员、黄埔军校校长③、广东省主席。与李济深会面后，梁漱溟就来到了学生黄艮庸的家乡——广州附近的一个小村庄里。他本打算在花县黄艮庸家只待一个夏天，但却一直滞留到1927年年终。

---

① 见〔11j〕, p. 329；〔11a〕, pp. 11—12, 19—21。梁漱溟自认为，他正在同共产党争夺中国知识青年精英的这一问题并没有被后来的批判者们放过。请见〔250〕；〔582〕；〔456〕；〔402〕, p. 161；〔264〕, p. 211。
② 〔428〕, pp. 258—260。
③ 应为副校长。——中译者注

对于能否在广东实验他的乡村建设构想，梁漱溟起初并未抱多大希望。他推想，目前国民党选择的这套列宁主义的新模式是不能容许在意识形态上与其相悖的方案的。但是，李济深对梁漱溟却寄予了极大的信任。未征得梁漱溟本人的同意，他就请求南京政府批准，发展梁漱溟为广东省政府委员。然而，梁漱溟尚未准备将他的乡村改革方案公之于世，而且尚未决定是否在广东开始行动。因此他谢绝了这一任命。①

乡村的不满 事实证明，梁漱溟的决定是对的。他在广东农村的滞留使他直接看到了共产党在动员农民方面取得的成功。这番经历使他进一步确信，如果他本人振兴中华的努力不能成功，那么胜利就将属于共产党了。在目睹了中国共产党组织的农会与地主控制的民团之间的武装冲突之后，梁漱溟对农民运动更有信心了。他坚信谁驾驭了农民的愤怒和沮丧，谁就掌握了未来。②"农民运动是中国目前必须有的，谁忽视了农民运动，他就不能理解目前的形势。"只有当他的旨在复兴中国伦理社会并医治其政治经济之落后的"革命的"农民运动获得成功之后，"其他的农民运动才是无用的。也只有到那时，共产党才可能不复存在"③。

也正是在1927年，毛泽东也被他在中国农村目睹的令人愤慨的状况深深震撼了。这番经历也决定了他未来的策略。梁漱溟和毛泽东对这种现象的不同反应很说明问题：毛泽东把它看成是精神上的无产阶级进行武装政

---

① 〔11a〕，pp. 15—17；〔9m〕，pp. 146—147。
② 〔14p〕，pp. 131—132。彭湃，从事农民组织工作的第一个重要的共产党人，是改组后的国民党农民部中的决定性人物（毛泽东也是这个部门中的活跃分子）。他和他的同事组织的农会在1927年12月广州起义之前曾一度控制着粤东大部分地区。
③ 〔38〕，pp. 179—180，184。1949年后对梁漱溟的批判一再指出，梁漱溟蓄谋以乡建运动从根本上取代共产主义运动。其例请见〔296〕，p. 36；〔173〕，p. 53；〔260〕，pp. 196—197；〔302〕，p. 79；〔590〕，p. 32；〔351〕，p. 131；〔414〕，p. 282；〔342〕，p. 177。

治运动的动力,并很快着手发展了一支军队①;梁漱溟却把它看作是对道德教化的召唤,并很快制定了一个方案,以便让农村遍布"君子"。

李济深 1927年12月,张发奎占领了广东,企图推翻李济深。正在上海出席国民党中央执行委员会会议的李济深命陈铭枢回到广州攻打张发奎。与此同时,张发奎的一些部属联合了共产党的组织,成功地占领广州,并宣告成立著名的广州公社。这次起义最终被陈铭枢粉碎。李济深本人于1月初回到广州。

李济深此时与梁漱溟做了进一步的讨论。而梁漱溟如同怀揣着治世愿景的圣人孟子一样,向愿意将之付诸实践的当权者许诺王道治天下。梁漱溟对李济深说:"我期望你能替中国民族在政治上、经济上,开出一条路来走,方为最上。如何去替民族开这条路出来?则我之所谓乡治是矣。"②

这位精明的军人非常现实,以致不能全部接受他这位学究朋友的理想主义见解。但李济深对梁漱溟的期望还是表示接受,并同意梁漱溟在广东搞乡治实验。由于李济深的赞成,梁漱溟决定在广东待下去并参与了政府公务。他代李济深出任广东政治分会建设委员会主席,并提出开办乡治讲习所建议案及乡治实验计划大纲。③

对于官僚机构运转的缓慢(这份建议案要送交南京中央政府批准后转回来,才能由广东省政府将它付诸实施),梁漱溟显然有些不耐烦了。因此,他认为"时机似仍不到"。除了他对于政府主持改革历来就抱有疑虑以外,还有两个因素使他不愿再从事当时那种官办的乡村工作。一是他才刚刚开始着手把有关这项计划的零散概念系统化,在描绘这幅乡村自治的蓝图方

---

① 在1927年那篇关于湖南农会成功的经典性报告之后,毛泽东随即写出了一些重要著作。它们的宗旨恰恰是指出独立的武装政权的绝对必要性。见〔424b—c〕。
② 〔11a〕,pp.16—17。
③ 〔375〕,13.20(1936年5月25日);〔9m〕,p.147。

面,他做的还太少了。二是他也听说在华北、华中有几处乡村改革计划在进行,他希望在实施自己的方案之前先去访问一下这些地区。①

与此同时,李济深为他安排了广东省教育厅长的职务,被他推掉了,并举荐深谙旧学的文人黄节。黄节接受了这一职务。但是,梁漱溟同意任广东省立第一中学(全省最好的中学)校长,希望能利用它作为训练乡村改革工作人员的试验场所。听说梁漱溟要留在广州,中山大学哲学系试图请他重返学者生活,但他也谢绝了。他像以往一样坚持认为自己既非学者亦非哲学家。②

陶行知和晓庄试验乡村师范学校

1928年年中,梁漱溟离开广州前往上海和南京访问教育改革家们,并为他在广东的乡村工作收集意见,物色工作人员。③他两次访问了南京城外陶行知创办的著名的晓庄试验乡村师范学校。陶行知的学校是唯一受到梁漱溟无保留的赞许的乡村改革方案。当然,它能获得这种殊荣是因为它碰巧与梁漱溟的设想和方针相符合。对于民国初期以城市为主导的"书本教育"

---

① 〔11a〕,p.18;〔9m〕,pp.148—149。
② 1928年,梁漱溟在广州就乡村建设问题发表了最初的一系列公开讲演。〔38〕,p.2;〔636〕;〔9m〕,pp.145—168;〔9p〕,p.191。黄节(1873—1935),旧式经学家,曾是国粹保存会和南社的成员。见〔416〕;〔107〕,Ⅱ,pp.465—168。
③ 在上海,梁漱溟拜访了教育专家高践四。高践四一度曾是江苏省政府首脑及省教育专员。梁漱溟还和国民党高级官员朱家骅交换了意见。朱家骅是南京中央政府和中央建设委员会的成员。〔11b〕,p.39;〔23i〕,p.281。他还试图吸收李朴生(他后来成为国民党的重要领导人,此时正在上海教书),劝他去日本学习三年农业经济,并答应由广东省政府出资,但李朴生以家庭原因为由拒绝了。〔628〕。

第七章 广东与河南：乡村重建的开端，1927—1931

体系，陶行知做出了与梁漱溟极其相似的反应。陶行知是杜威的学生，在杜威"教育是生活""教育是社会"的思想基础上，发展出了一套更契合实际的方案。但是，他比杜威更进了一步，提出"生活即教育""社会即学校"。①

和梁漱溟一样，陶行知也认为中国当代的教育使知识界和乡村民众相脱离，使知识分子成了不能为广大社会整体服务的寄生虫。因此中国需要一种新型教育。这种新教育将使知识分子深入到乡村生活中去，在"做中学"，把他们改造成为新人。这种新人要有"农夫的身手""科学家的头脑""艺术家的情趣""社会改革家的热情和精神"。虽然陶行知显然是杜威的门徒，但同梁漱溟一样，他的哲学根底是建立在王阳明学说之上的。陶氏为自己取名"行知"（行动—知识），即反映了王阳明"知行合一"的教义。②

由于"生活即教育"，晓庄没有正式的阶级。学生们每日在田里劳动，并尽可能参加村里的全部生活。他们通过自己的体力劳动满足自己的日常需要。例如，他们自己解决吃饭问题、自己制作鞋子。他们的训练无非是学习如何因地制宜地解决乡村生活中的问题，以及如何通过个人的示范作用把这种知识传授给农民。由学生建立的乡村学校和其他组织（如公共茶馆之类）是承担政治和教育等多功能的活动中心，依靠宣传和同乡的压力遏制赌博、缠足、吸毒之类乡村生活中的恶习。在学生的帮助下，农民在实践的过程中了解新的组织形式和政治生活，同样，他们在实践的过程中学习新型农业技术。"学、教、做"在晓庄是三位一体的。③

回到广州中学后，这些见闻让梁漱溟按捺不住心中的热情。

　　首先令我们注意的，就是他的"教学做合一"的信条。他们相信

---
① 〔514〕，pp. 1—10；〔366〕，pp. 319—320。
② 〔184〕，p. 162；〔512〕，pp. 1—5；〔513〕，p. 182；〔9m〕，pp. 156—157；〔421〕，p. 7。
③ 〔9m〕，pp. 157—167；〔366〕，pp. 181—185，321—322。

教育方法，应当是怎样生活就怎样教育；而生活里面，不外许多事情，育方法，即是："事情怎样做就怎样学，怎样学就怎样做"。在我觉得这里很合于教育道理的。①

梁漱溟发现晓庄试验的各个方面都符合他的想法。其实陶行知方案的大部分都和梁漱溟本人在山东第六中学的改革相类似。梁漱溟以赞许的态度提到晓庄学校由学生自己管理，正如他们管理自己的生活那样。教师只起监督和辅导的作用。师生一律与农民同甘共苦，把他们的都市习气改变为乡村习惯。"他的用意在使学生能和农人一般吃苦，并且深知农民的问题，所以他们的生活都很平民化，穿短衣服，常时光着脚如同农夫一般的。"②

在陶行知工作的鼓舞下，梁漱溟马上着手他改造广东省立第一中学的工作，并尽可能参照晓庄的模式。首先，他在教职员工大会上宣读了他的决定：

我们可以断定这样的学校（晓庄——艾恺注），一定会有结果的。培养出来的学生，至少有两种好处：

一、有能力。分别言之，有三种能力：A. 劳作的能力。——我们却没有劳作，不能劳作。B. 智慧方面的能力。他们所学的都是真学问。——我们注入的教授得到的学问，怕不是真学问；有了智慧，也是假智慧。C. 作团体社会生活的能力。这就是指他们的自治与学生分任校务。——我们呢，师生分作两级，治者与被治者，这是不能发展

---

① 〔9m〕, p. 157。
② 〔9m〕, p. 166。晓庄的其他方面也引起了梁漱溟的注意并将成为他本人乡建方案的重要组成部分。如，学校也关心农业技术的普及和环境改造以及福利性的组织，诸如合作社、修路会、村际联合会、救火会等等。〔9m〕, pp. 161—163；〔366〕, pp. 283—296。可能晓庄最重要的方面就是着重在通过"中心"学校和茶馆实现的村际联合行动上下功夫。

作社会生活的能力的。

　　二、有合理的生活。因为他们的生活很平民化，这都是他们不同于我们的地方。我们啊！无能为力又不平民化，不能作事又要享贵族生活。——社会的病痛是学校制度给与社会的病痛！我参观了晓庄学校，引起很多的兴趣；不知我们同事同学大家有没有高兴和心愿来改造我们的学校？①

　　省立一中的教职员们很可能并不准备"甘心情愿"地履行梁漱溟的改革计划，但他已经把北方来的朋友和学生安置在一些重要岗位上了。如，卫西琴任附属师范学校校长，黄节任教务主任。他的学生徐名鸿（他现在已经回到了梁漱溟的麾下）、黄艮庸、张俶知均任教职，并在改革方面有着充分的权力。②

　　梁漱溟提出了一个完整的改革方案。这个方案就是训练学生"拿出他们的心思耳目手足的力量，来实做他们自己的生活，建立他们自己的公共生活，以便能独立地解决他们将来遇到的任何问题……现存的制度只是把学生变成不能做事的废物"③。所有校内的杂役，如维修、洗衣房、小卖部和饭厅，都可以废除或减少，而代之以师生进行管理。他们为自己做饭、洗衣、维修，组织起合作商店和班级厨房。学生还接办了学校的行政管理，加强自我纪律约束，（和教师一起）订立了各种公约。讲读课本式的教授法被减少到最低限度。梁漱溟要求"积极的学习"，以取代"被动的坐堂听讲"。

---

① 〔9m〕，pp. 167—168。梁漱溟从未真正承认陶行知的影响，虽然他自称对陶行知的献身精神和创造性怀着极大的钦慕。他们两位只是彼此相识，却从未建立过密切的个人关系。
② 梁漱溟似乎一直靠黄节和他的学生们管理学校。在1928年12月以前，他本人甚至未曾去过学校，而两个月后，他就离粤北上了。〔9n〕，p. 187；〔9m〕，pp. 145—149；〔636〕。
③ 〔9n〕，p. 175。

对于他后来的乡建公式最有意义的是他试图向学生灌输组织形式和团体生活的习惯。每个班由一名教员指导，形成一个自立的单元。所有纪律、班级厨房、学术活动事务都在这个单位的管辖范围内。梁漱溟的这种"讲学"思想，即小组成员团结在一起共同提高心智与道德，是围绕班主任这一角色构思的。学生坚持写日记，记录感情、道德及学业上的情况。这个日记要交给班主任看。通过看日记，班主任了解了学生的内心生活，这样就能更好地帮助他们。

最后，梁漱溟还试图提倡一种类似"社会主义"的事物。各方面不错但是家境贫穷的学生以及那些能力有限但"用功"的穷学生将免交学杂费。同学们和老师将一起提供他们的生活费用。①

在把所有因素都考虑进去后，与其说广东第一中学的改革是借鉴了晓庄模式，倒不如说是受了后者启发。这两个地方和梁漱溟在山东省立第六中学的实验在总体方向上是一致的。

梁漱溟回到北方

1929 年 2 月，梁漱溟动身去华中、华北参观那里的乡村工作。离粤时，他尚打算着再回来继续这里的乡治训练计划。但他也料想到这一去可能就留在北方了。王鸿一一班人等催他回北平的信来了一封又一封，在那里他们正在创办一份专门讨论乡村改革和村治的杂志。②

---

① 〔9n〕, pp. 176—186。这些改革显然不是由梁漱溟本人而是由他在校内的门徒监督加以贯彻的（正当这些改革付诸实施时，梁漱溟于 1929 年 2 月离开了广州）。学生们也从事一些农业劳动、手工劳动、木器和金属加工。所有这些都是为学校的实际需要而做的。〔636〕。
② 关于梁漱溟旅途中之观感以及对所参观的三处村政的评论，请见〔9q〕。又见〔96〕。

第七章 广东与河南：乡村重建的开端，1927—1931

梁漱溟把他的门徒们留在学校继续实行他的改革计划，自己和广东政界、知识界中对乡村工作感兴趣的一批人先到达江苏昆山县徐公桥，参观了那里的中华职业教育社。这个组织是黄炎培于1918年创办的。黄炎培最近渐渐认识到，城市学校培养出来的农业专家在农村一无是处。[①]一旦他们习惯于城市生活，便不愿到田间工作，对改进农村生产力一点儿忙也帮不上。如今，黄炎培的职业教育社再次把它的方案放在"造就新农民"——就地训练农民——这个立足点上。

离开徐公桥，梁漱溟来到了河北定县。他久闻那里米氏的工作。他在广东期间，晏阳初领导的中华平民教育促进会也迁到了翟城米氏办的模范村。晏阳初这时已把以前那种城市平民识字运动扩大为普遍的乡村建设方案，这个方案包括村落自治和农业改良。[②]

离开河北，梁漱溟来到了山区省份山西。那里有一个乡村自治系统已经开展多年了。梁漱溟一到太原，正在山西东北家乡休养的阎锡山主席就电邀他到那里就乡村改革交换看法。在阎锡山处逗留了几天以后，梁漱溟继续在山西旅行，参观了一些比较成功的村政，和省里负责村政工作的官员交换意见。

虽然梁漱溟对官僚机构插手山西村政系统很不满意，但他承认山西村政在一些地区还是取得了成功。由于有一个由良好交通联系起来的有组织的村落系统，又有一个高度发展的地方武装系统，阎锡山极大地减少了省内盗匪的活动。

[①] 黄炎培早在辛亥革命前即积极投身教育改良。在整个30年代中，他一直积极从事乡村工作。1927年初，他的职业教育社开始实施徐公桥方案。另一个包括38个村庄在内的重要计划于1929年底在江宁县黄墟开始着手。1931年，职教社又在苏州附近的善人桥开始了另一个试验。关于这三项试验的简略介绍，请见〔366〕，pp. 140—157。

[②] 〔9q〕，pp. 224—232；〔366〕，pp. 67—75；〔240〕；〔24〕。平民教育促进会本身于1926年就已经在翟城建立。但在晏阳初1929年出国筹资归来以前，它还没有把自己的工作扩大到更广泛的地区，也没有进一步的各项计划。

对现有乡村工作的评价

5月,在结束了两个月的奔波后,回到北平的梁漱溟思考着他一路上的见闻。从某种意义上说,这次旅行使他个人很满意并受到了鼓舞,因为他看到了其他人与他殊途同归。平民教育的领袖晏阳初和职业教育的领导人黄炎培都和梁漱溟一样认识到,"中国就在它的农村里",并把各自组织的注意力从城市转移到农村。此外,他们也看到自己以前旨在解决文盲、职业技术缺乏等单一问题的方案本身是无用的。结果,他们都把自己的目光放远,看到了总的乡村改革运动。梁漱溟对此倍感欣慰。因此,在乡间考察回来后,他坚信自己走的道路是正确的,乡村改革是解决中国问题唯一可能的途径。

但是,总的说来,他对所看到的乡建方案还不十分满意。虽然他钦佩那些改革者的努力,但他基本上认为模范村的办法既不适宜也没有前途。另一方面,他发现这些教育家们的办法不现实,和农民的实际需要相脱节。"平民教育之转向农民身上,并扩充其内容意义,当然是一大进步;我们不能不赞颂的。……'中国'这问题不是从教育上,从一种社会事业,可得解决。"这些努力还远谈不上解决农村的基本问题——生产率的低下和贫困。平民识字是件费钱的事,它只会"劳民伤财,幼时定要他读,长大却又去种笨地,终年看不见,用不着,种上七八年地,从前所辛辛苦苦读来的书,早都忘了"。"平民教育在中国是需要的;但其真露出需要的时机还未到。我总希望他最好是随着需要而来。"①

梁漱溟最不满意的是对西式官僚政治体制和法律的照搬,尤其是在山西。他在这些方案中发现的其他问题似乎是难以解决的,这些问题也将影

---

① 〔9q〕, pp. 265—266。

第七章　广东与河南：乡村重建的开端，1927—1931

响他自己的工作。例如，集中在一个或几个模范区下功夫的办法是矫揉造作的，也是很不合适的；虽然它未尝不是实际的和必要的，而且梁漱溟本人也采纳了这种办法。他问道："中国有多少村落？"在这里或那里创造几个模范区，毕竟不是最后的答案。

再有就是资金和人员的问题了。当时有几处试验区的人员和资金均来自外界。定县方案接受了地方政府的津贴和平教会的资金和人员。黄炎培的方案则靠他自己的组织供给资金和人员。梁漱溟认为这种现状有两种不良后果。首先，整个方案将都是被人为地维持着，一旦外界培训人员及提供资金的来源被切断，这个规划就不能再持续下去。其次，他们没有充分调动农民参与其中。"村人于公产（无论出于政府或其他来源——艾恺注）易看得与己不相干；而因经费不出自己身上，对于公务亦易漠视不管。"①

但是山西的另一种搞法即私捐（直接的土地税）更加糟糕。它仍是个政府经营、政府出人的办法。政府的作用太大，群众的作用太小：

> 政府愈管则人民愈被动，愈被动，愈不动。……故山西村政，若作自治看，则自治之生机已绝。……对于山西村政的批评此两句话可以尽之：一面是太过不注意；一面是太过用力气。……山西各项新政，原都是好的；而上面用力太过，人民纯处于被动，其易有弊害，理所当然。②

---

① 〔9q〕, p. 234。一年之后，黄炎培试图回答梁漱溟的批评。他说，从外面给一个人打一针或给他一些钱并非长久之计，只是帮助病人复苏的一种应急措施，如同做人工呼吸。如果这种办法在某个方案里试验有效，那其他地区一定会仿效。显然，黄炎培回避了梁漱溟提出的问题。即便这种办法被证明有效，那也只有在经过培训的人员及外来资金的帮助下才可能，而这种条件是其他地区不能仿效的。见〔318〕。

② 〔9q〕, pp. 271—272。

由于梁漱溟把地方上的"官府"看成是一股剥削性的异己力量，他认为地方财政部门杂役制度上的种种办法"全是空的"。"国家向他们要钱，已经够受了；现在村里又向他们要钱，……（他们）如何能热心向前合作自治呢。"梁漱溟建议：这些钱最好"让其自用，或者还用于生产上；如多买上点肥料等，就可以有些出息。如此将钱要去，……不但无救于他们的贫，反使之贫而益贫"①。

梁漱溟的结论是：如乡建和村治不是由基层群众自己动员起来的运动，它就必然要失败。并且，任何政府或官方在乡村运动中所起的作用必定是有害的。将省县的官僚机构的触角延伸到更下一层的乡村社会算不上地方自治，而恰恰是地方自治的反面，即官僚化。在梁漱溟看来，官僚化和群众运动是不相容的。②梁漱溟本人关于乡村建设思想的关键处正在这里：乡村建设是一场社会运动，它不但不依赖政府官僚，甚至在一些情况下它还是一种反官僚的运动。这些原则在梁漱溟作为乡建领导人的生涯中是坚定不移的信条。

在参观了山西以后，梁漱溟用一个生动的比方表达他对政府干扰乡村工作的忧虑：

> 中国人民好比豆腐，官府力量强似铁钩。亦许握铁钩的人，好心好意来帮豆腐的忙；但是不帮忙还好点，一帮忙，豆腐必定要受伤。……现在全国党政各界，有一句时髦的话叫作"建设"，不知老百姓最怕听建设这句话。然则就不要建设了吗？当然不是。几时自治的

---

① [9q], pp. 264—265。
② [9q], pp. 262—263。有关梁漱溟以后对这种看法的详述，请见 [38], pp. 6, 66; [47], pp. 40—50; [11h], pp. 246—248; [14r]; [20], pp. 301—302; [39]。

第七章　广东与河南：乡村重建的开端，1927—1931

习惯能力养成了，政治的大路开出来，则建设自然而然，应有尽有。①

也许地方领导人问题是最要紧的了。因为梁漱溟理想的那种有能力发动一场自发的农民运动的人物都离开农村了。"稍微有钱的人，都避到城市都邑，或者租界。……再则有能力的人，亦不在乡间了。因为乡村内养不住他，……最后可以说好人亦不住乡村里了。……要选村长，他们（土豪劣绅——中译者注）是一定愿意当选的。而且当选的必定是他们。"说到那些富于理想的青年学生的潜力，梁漱溟似乎忽视了他们在北伐战争中成功地组织过农民这一事实。相反他坚持认为青年知识分子太容易放弃理想了：因为"乡村中人，总是安于故常，遇事冷淡。……乡里人的态度，如在他头上，加一盆冷水，一定弄得兴败而返"。梁漱溟还指出，青年人容易"遭乡人之厌恶"。②

换言之，梁漱溟这时并未对领导人问题做出一个回答。但在内心里，他一定在想着那些会从他在山东、广东中学里发展起来的新的讲学传统中走出来的朝气蓬勃的、强干的、有修养的青年君子，这些年他日思夜想的不就是作为孔子再世的他如何培训青年，教会他们用一套他正在草拟的系统方案治国平天下吗？对于他新近产生的乡建构想来说，这些青年不就是当然的领导人吗？

村治派

在北游结束之前，军政联盟的混乱已使局势大变，最后的结果是，梁

---

① 〔9q〕, pp. 272—273。
② 〔9q〕, pp. 258—260。

漱溟没有回到广东。1929年初，桂系军阀首领白崇禧、李宗仁与南京政府公开分裂。梁漱溟的支持者李济深虽然与广西集团有联系，但没有参加这次叛乱。3月中旬，李济深到达南京，名义上是出席国民党第三次全国代表大会，实际上是在蒋介石和西南将领之间做调解工作。但蒋介石并非想象中那样听从调解。他于3月21日开始将李济深软禁了一段时间。由于在广东的后盾没了，梁漱溟就在王鸿一及其村治同事的劝说下迅速放弃了在广东的计划，转而参加了王鸿一等人在北方的乡村改革运动。①

在梁漱溟离开北方的这两年中，北方的乡村改革运动发生了很多事情。北伐期间共产主义的组织者们在农民中的成功，似乎引起了北方军阀和国民党官员对农村问题的注意。因此，王鸿一同其他一些志趣相投的人突然为他们的村治计划找到了新的关注点和兴趣点。这种新的兴趣集中在两方面：一是贫困，二是缺少合格的地方领导人。而这两方面因素也许正是共产党人的成功所在。

冯玉祥的作用　讲到梁漱溟的乡村重建方案受军人韩复榘的帮助在山东落脚，此事说来话长。我们得从那位粗犷的、有改革思想的中国西北军阀冯玉祥说起。在乡村建设运动刚刚出现时，冯玉祥似乎是一个重要但是隐藏在幕后的推手。这个运动的许多线索都神秘地在这位"信基督教的将军"身上交织到一起。他是陶行知的密友，甚至还在晓庄为自己盖了一所房子。②

---

① 〔164〕, I, pp. 197—198；〔176〕, p. 103；〔214〕, pp. 59—63。李朴生（他在离开广东后曾一度与梁漱溟共事）认为，如果李济深继续当政，梁漱溟会回到广东的。〔628〕。由于梁漱溟的另一个朋友陈铭枢接替李济深任广东省主席，所以如果梁漱溟不认为留在北方与王鸿一等村治派共事更吸引人的话，他可能会回到广东的。
② 冯玉祥是陶行知的最初的赞赏者，他可能为陶行知的试验提供了武器。〔495〕, pp. 5—6；〔494〕, pp. 1—2；〔366〕, p. 283；〔504〕, pp. 41—47。

第七章　广东与河南：乡村重建的开端，1927—1931

时至1927年，冯玉祥已经重新建立了"国民军"（国民军曾在1926年被张作霖击溃），通过部属和盟友控制了河南、山西、甘肃、绥远诸省。那一年，当他意识到共产党领导的农民组织在他的管辖区十分活跃时，他十分警惕。1929年6月，他和蒋介石结盟共同反对共产党和国民党左派。原因之一就是惧怕这些激进的群众组织的力量和影响。① 虽然在此之前他对乡村改革是感兴趣的，但共产党组织的成功无疑增强了他的忧虑。② 8月间，几乎是在联蒋的同时，冯玉祥发布了他自己在河南开展乡村重建的纲领。这个计划包括建立一个乡村工作训练学校和两个模范村。冯元帅的主要部属韩复榘负责这个乡建计划的实施。③

彭禹庭　1921年至1927年间，彭禹庭为冯玉祥做秘书（一个叫邓小平的四川青年也是彭禹庭此时在国民军的同事），他是把冯玉祥和乡村改革联结起来的另一个线索。1927年秋天，也就是在冯玉祥开办他的乡村培训学校的几个月以后，彭禹庭回到他阔别六年的家乡参加母亲的葬礼。在去湖北襄阳的路上，他看到在通往家乡豫西南镇平沿线上的乡镇和村庄全被土匪占据了。彭禹庭在谈到家乡一带竟成"土匪世界"时说道："可以说，自有生以来，所受的刺激，都莫过于这一次。"但是，还有更糟糕的事。由于土匪在邻村绑架了一个人质，恐慌的亲友们在彭禹庭回来之前就匆匆办完了丧礼。对于任何中国人，尤其是出身守旧的河南乡绅家庭的彭来说，这是一个非常大的不幸，"对于万恶的土匪，又加一层愤恨"。④

---

① 〔477〕，pp. 203—232；〔467〕，pp. 28，30—35；〔327〕，pp. 252—256；〔417〕，pp. 703—795。
② 由冯玉祥的一位秘书写有关冯玉祥的乡建纲领的报告就支持这样一个假设，请见〔611〕，p. 523。
③ 〔611〕，pp. 523—525；〔270〕，pp. 76—80；〔269〕，pp. 252—255；〔107〕，Ⅱ，p. 52。1928年，冯玉祥指派河南省主席韩复榘负责管理学校的毕业生并安排他们做村长。〔611〕，p. 524。
④ 〔366〕，pp. 185—187。

彭禹庭到达故乡以后，很快就在邻村组织起民兵并发动了一场剿匪运动。在这过程中，他开始了新的生涯——成为乡村建设的领导人。1928年夏，韩复榘的省政府任命彭为他家乡的区长。

和当时其他注重单一问题的乡村工作者一样，彭禹庭不久也认识到他着手解决的土匪问题是和广泛的乡村问题紧密交织在一起的。

> 在起初着手剿匪的时候，心里想道：如果能把土匪肃清，民间的痛苦，马上就可以解除。谁知土匪肃清之后，问题依然很多！——农业如何改良？工业如何提倡？农村经济如何调剂？社会的一切问题如何解决？①

于是，彭禹庭着手将他在镇平的乡村自卫工作扩充为更大规模的乡村重建方案。其他的河南人如梁仲华、王怡柯都是王鸿一村治组的成员，不久也参加到彭禹庭的工作中来。②

同年，受冯玉祥邀请，王鸿一就村治问题与冯进行了讨论。他们各自在东北和西北进行的村治运动至此联合到了一起。在此前，王鸿一也拜访了西北的另一位当权者阎锡山。此后，王鸿一于1929年1月在北平创办了《村治月刊》。③ 这是此后十年中将涌现的众多关于乡村改革杂志的第一家。

河南村治学院 当梁漱溟于1929年5月回到北平的时候，冯玉祥和韩复榘委托王鸿一、彭禹庭、梁仲华等人建立一个专门研究乡村问题并培训青年乡村建设工作者的机构。这些人又转过来劝说梁漱溟和他们一起来办

---

① 〔366〕, p.188。
② 关于彭禹庭的工作情况和发展，请见〔366〕, pp.183—218；〔336〕；〔562〕, p.2。
③ 〔557〕, p.1；〔13〕, p.31；〔11j〕；〔473〕, p.1。

这件事。梁漱溟马上着手起草了一篇介绍其宗旨的短文。①1929 年 10 月，河南村治学院问世了。它坐落在河南最北部与河北省夹角处的辉县百泉，东邻山东，西面是山西那尘土飞扬的黄土高原。

乡村建设理论的第一次系统阐述：1929 年

1929 年 10 月以后，梁漱溟兼顾着河南村治学院和北平的《村治月刊》社。在学院的演讲和在北平的写作让他有机会开始就其乡村改革的思想做系统阐述。这项事业耗费了他此后八年的精力。②在《河南村治学院旨趣书》中，他第一次公开提出了关于乡村建设思想的基本原则。③

此文开篇即说道："中国社会——村落社会也。求所谓中国者，不于是三十万村落其焉求之。"虽然西方也有村落，但它不是村落社会。从这一点出发，梁漱溟阐明了他对历史演化而成的基于不同理念的两种对比文化的看法。由于西方文化尚斗，因此定义清晰的、有组织的集团（阶级）便以与其他团体斗争的工具的形式出现了，这样就逐渐形成了资本主义。资本主义在其发展的高级阶段又产生出了帝国主义。中国是一个以和为贵的社会，既因为没有阶级存在，又因为缺少非血缘关系的组织形式和能力而显得分散，它缺乏产生阶级的那种态度和社会结构。从西方的定义上说，中国甚至一直就不是个民族国家。因此，西方文化历史上自然形成的体制基

---

① 〔11a〕, pp. 18—19；〔9r〕；〔38〕, pp. 1, 346；〔472〕, pp. 1—2。
② 梁漱溟在这所学院中大概没有待多长时间。1929 年至 1930 年的大部分时间里，他都待在北平。见〔14a〕, p. 34；〔38〕, pp. 106, 321；〔11e〕, p. 177；〔8〕, p. 1。1930 年 2 月，他开始写他关于乡村建设的重要著作，这部著作直到七年后才完成。〔38〕, pp. 1—2。
③ 〔9r〕。

本上不适用于中国。

像以往一样，梁漱溟力求使自己的实践和传统达到一致。他强调：中国"不能"也"不应"成为一个"近代国家"。不能的原因有两个：经济帝国主义不允许中国工业和资本主义的发展，城市工业社会的制度和习惯同中国人的精神是不相符的。中国不应该走西方国家的路，因为这条路会导致帝国主义、阶级斗争、经济上的不平等和工业化城市的畸形发展。但最重要的是，中国人的精神是应加以保护的财富，它可能在将来改变整个世界。慕求欧人之强霸而丧失此精神"是诚所谓下乔木而入幽谷者"。中国人应该认识到"其强未必良，其弱未必恶"。

社会化和民主化 梁漱溟宣称，中国的物质条件低下和社会组织不完善是可以通过民主化和社会化（这是代替科学和民主用来为自己文化做辩解的概念）矫正的。他强调中国的"一穷二白"在完成经济政治转变时的优越性。他指出：西方的民主实现了个性自由和公民权利，但它不是真正的民主，因为经济上的不平等是它资本主义生产方式本身固有的。"我于生产分配的社会化不难并得，则真正民治主义的政治组织之社会可以实现，其美善岂不度越于欧人乎！"

这种民主化过程和社会化过程的联合就是乡村建设。村落必须首先在经济上集体化以形成新的社会组织的经济基础。这种重新组织也将增加生产。在这种基层组织的重组完成之后，同样的过程将在更上一级继续进行，直到整个国家实现社会化和民主化。梁漱溟说，如果反其道而行——即自上而下进行改革，则"几于造空中楼阁矣"。

最后，梁漱溟强调乡村建设已经成为人们普遍认识到的中国发展的唯一道路。他也提到了最近教育家们（平教总会和职业教育社）以及国民党领导人在乡村改革方面的努力。他声称，这些情况都说明了"人心之所同趋"。

1930年7月，王鸿一的去世使梁漱溟失去了一位最坚定的支持者。由

第七章　广东与河南：乡村重建的开端，1927—1931

于这位朋友的身体每况愈下,梁漱溟早已接替了《村治月刊》的编辑工作。①随后,他又创办了第二家杂志《乡村建设》。②这些杂志成了30年代讨论乡村建设问题的主要论坛。梁漱溟的目的是要通过这些杂志促成一个全国性的运动,并把已出现的和在未来十年中将继续扩大其队伍的各个乡建方案联合在一起。通过这些杂志以及他本人的著作、小册子和论文,梁漱溟逐渐成了有关乡村建设思想的主要理论家。

山东乡村建设研究院　梁漱溟本来期望着以河南为基地继续他的工作,但军阀政治的瞬息万变再一次是他所料不及的。自1929年春即开始酝酿的蒋冯冲突终于爆发为1930年春夏间的公开战争。由于两个主要部属(包括韩复榘)的背叛,冯玉祥的前途已经不妙。到了9月,当那位东北"少帅"张学良(冯的旧敌张作霖之子)也参战反冯时,冯玉祥大势已去。蒋介石的军队很快攻占了河南的城镇,冯玉祥称霸华北的最后企图宣告破灭。蒋军在10月进入开封后的第一批行动就包括关闭河南村治学院。③但是,梁漱溟的计划并未全告终结。因为及时倒戈而被授命管辖山东的韩复榘,自担任河南省省长时就一直是他的有力支持者。在山东履新后,韩复榘立即邀请梁漱溟将学院迁到山东。10月底以前,梁漱溟在济南讨论了部署。11月选定了院址。④此后八年中,在为中国寻求一个既非国民党亦非共产主义的蓝图的那些探索中,梁漱溟和他的山东乡村建设研究院一直走在最前面。

---

① 〔533b〕;〔11j〕;〔11a〕,pp.15—23;〔375〕,13.20(1936年5月25日);〔8〕。
② 《乡村建设》于1931年1月在北平创刊;后来转到邹平出版,一直出版到1937年日本全面侵华。《村治月刊》在1930年8月由月刊改为半月刊。1931年6月以后,它不定期出版。它的最后一期是在1933年8月1日出版的。停刊的原因是缺少人员和资金。
③ 〔533c〕。
④ 〔533d〕;〔472〕,pp.1—2;〔204〕;〔13〕,p.31;〔533b〕;〔11h〕,p.224。

第八章　中西文化（二）

1930年到1949年之间，梁漱溟在连续发表的六部著作和上百篇论文中系统地阐述了一套文化理论，此理论比他在《东西文化及其哲学》中的阐述更复杂、缜密，也更为详尽。如果只是粗略地浏览一下这些大段的推理，我们得到的是这样的印象，即梁漱溟完全抛弃了他20年代初提出的文化理论；随之被抛弃的还有超历史的延续论、唯识学、印度、直觉、活力论和仁。西方思想家和他们的思想不再发挥任何作用，他们的位置被一些新的名词和概念所取代。但是，如果我们仔细阅读，就会发现，梁漱溟非但没有否定或抛弃他在《东西文化及其哲学》一书中所表达的思想，反而对这些思想作了更为详尽的阐释。

如果说内容没有变的话，那么梁漱溟总的方法和分析的要点则从哲学转向了社会学和史学。梁漱溟说，以往在定义中国文化时，人们往往忽略了社会及其结构。①的确，他的文化理论的第二次表述可以被命名为"中西文化及其社会"。梁漱溟指出，中国文化在历史上一直是独一无二的。它是一种独特的生活方式。比起其他文化，它绵延的历史更悠久，传播得更广泛，同化了更多的人民，影响了更多的邻近文化。这种令人敬畏的力

---

① 〔86〕, p.115；〔38〕, pp.326—327。五四运动以后到20世纪30年代之间，马克思主义出现了，并且在中国知识分子中有着支配性的理智影响。在历史主义社会学这条相反的道路上，梁漱溟成了带头人。

量其精髓是什么呢？①

对西方社会的探讨

为了寻求答案，梁漱溟将中国和西方的社会发展作了系统的比较。宗教是历史上最大的分水岭，是它将中西置于不同的发展轨迹上的。梁漱溟大概会同意像艾略特（T. S. Eliot）这样的文化保守主义者的观点，认为所有人类文化在开始时都要依赖宗教，或与之不可分割。②但是，西方的宗教用严格的组织和教规造就了共同生活的"习惯"。这种生活则为后来政治的、社会的及经济的组织提供了基础。③由于这些团体之间经常竞争与斗争，它们的内聚力便日趋强大，这种内聚力反过来又淹没了个人。从广义上说，这就是单一民族国家（西方团体组织的终极形式）的本质。④梁漱溟认为，这种宗教强加的极权主义和中世纪禁欲主义最终导致了一股强烈反作用的产生，其表现形式为个人主义、民主和享乐主义。⑤

梁漱溟对西方社会发展的总的分析实际上是一种准马克思主义的分析。梁漱溟写道：西方社会历史发展的原动力就在于依经济划分的利益集团之

---

① 〔86〕, pp. 2—4, 75, 221;〔38〕, pp. 20, 39—43;〔10〕;〔74〕;〔49〕。本章所讨论的这些思想在梁漱溟1930年至1949年的大部分著作中都有所表现，尽管其形式或有不同。最系统的说明请见〔86〕,〔38〕,〔11〕。梁漱溟第二期文化理论的概要曾于1964年在台湾的出版物上用笔名发表过，这无疑是梁漱溟的一位学生想坚持其导师的教训，又希望不引起国民党的注意之举（梁漱溟那时在台湾还是一个不大受官方注意的人物）。请见〔443a〕。
② 〔234〕, p. 47;〔86〕, p. 98;〔55〕。
③ 〔86〕, pp. 51, 55, 75, 306, 318;〔25〕, p. 62;〔383〕, p. 23;〔55〕;〔32〕;〔21〕。
④ 〔86〕, pp. 19, 62, 223—224;〔16〕;〔42n〕, p. 65;〔14r〕;〔55〕。
⑤ 〔86〕, pp. 46, 91—92, 126, 136, 236, 301;〔9k〕, pp. 138—139;〔14k〕;〔38〕, pp. 23, 118;〔25〕, p. 62;〔11b〕, pp. 40—42;〔11c〕, p. 119;〔473〕, p. 61;〔32〕;〔57〕。

间循环往复的"正反合"式的斗争。国家不过是统治阶级的工具。① 西方的历史就是一部个人之间、阶级之间、民族之间斗争的历史、竞争的历史、对抗的历史。在其所造成的社会变迁中，政治形式、宗教、文化等上层建筑是随着生产方式的发展而发展的。实际上，梁漱溟是赞成历史唯物主义的。

> 马克思以机械观的眼光来解说社会的蜕变演进，我想在欧洲或是适用的。因为当人的意识被役于盲目的生命时，经济的必然性就在机械地起作用。若从经济上握其枢机，推论其必然之势，亦何不可。唯物史观所以说来近理的，大概是这个原故吧。②

正如《东西文化及其哲学》一书中所讲的那样，梁漱溟将以机械的原则计算得失视为西方社会运作的典型特征。在启蒙运动之前，这种计算是为了解决精神上的忧虑，即能否进入天国或能否得到上帝的惠助。后来，这种计算变成了经济的和享乐主义的计算，但这个原则是贯穿始终的。纵观古今，西方人一直都被这个或那个外在的异己力量统治着——要么被上帝借助神父统治着，要么被国家借助法律统治着——同时相应地做着不同的计算。通过个人与个人之间、个人与集团之间、阶级与阶级之间的斗争和相互影响，"权利"这个冷冰冰的法律概念就出现了。其结果是，除了法律形式以外，人们之间不存在义务。③ 西方人这种注重外在形式和寻求满足的另一个结果就是近代科学的产生。

---

① 〔86〕，pp. 27，143，146，155，163，168，174—175，183—185，197；〔11d〕，pp. 173—176；〔113〕，p. 207；〔55〕；〔38〕，pp. 2，88；〔16〕。
② 〔11d〕，pp. 146—147。
③ 〔14k〕；〔38〕，pp. 23—32，65，114—118，140；〔11c〕，pp. 119，125；〔47〕，pp. 9，32，61；〔86〕，pp. 18，65—69，91—92，205—210，267，285，290，301—306；〔55〕；〔57〕。

中国：宗教的灭亡

为什么中国没有按照这个标准的模式发展呢？中国文化也发端于宗教——它曾经是商代和周初封建制度意识形态的支柱。但中国早期的圣人——尤其周公和孔子——有着非凡的洞察力。他们认识到了宗教会将个人与人性分离的性质，于是就开始用纯粹的伦理来取代宗教。人靠自己而不是什么外在力量维持人性。结果，中国人就没有造就出伟大的宗教，也没有发展出在组织内生活的习惯和凌驾于家庭之上的集体。这一点对他们文化的性质是至关重要的。①

直到周朝灭亡时，中国社会的发展还是沿着常规的道路前行。那时，社会由农奴和贵族这两个相互对抗的阶级组成，社会秩序靠暴力维持。那个时代的世界观还是有利于科学思想的产生的。战国时期，中国出现了一些类似今天的民族国家，它们彼此之间相互竞争。但在此时，"士"的阶层也开始转向圣人所发现的"理性"。这些独立的知识分子既不是贵族也不是农奴，他们在社会中没有固定的经济地位。他们既不尊重贵族的世袭统治权力，也不尊重贵族的军事力量。他们完全能胜任政治事务，却不一定非要为官。由于他们的出现，旧的封建制度瓦解了（因为这时土地可以自由买卖了），但是又没有新生的资产阶级出来取代封建制度。中国社会也就进入了两千年周而复始的停滞阶段：没有形成明显的阶级，但也没有实现经济上的平等；没有形成一个真正的民族国家，但又保持着一个文化实体的完整性；没有很好地实现孔子的理念，但又不能抛弃这些理念。正如梁漱溟在其早期论著中描述的那样：中国处在一种过渡状态中，圣人过早的意

---

① 〔86〕，pp. 2—3，7—8，16—18，49，66—67，70—73，78，84—85，98，134，170—175，185，220—221，262，289—292，329—333；〔11b〕，pp. 47—49；〔11c〕，p. 131；〔11d〕，pp. 170—175；〔25〕，pp. 47—50；〔38〕，pp. 34—43，50—56；〔14k〕；〔14r〕；〔21〕；〔29〕；〔23c〕。

识飞跃使其偏离了自然发展的轨道。①

有了"理性",便不再有固定的世袭贵族和长子继承权了。然而科考制度使这个农业国具备很强的社会流动性。梁漱溟强调,中国是一个"职业分途"的社会,而不是一个阶级社会。中国是一个"伦理本位社会",而不是一个以武力为基础的法制社会。②

由于不存在有组织的团体和阶级,中国从未成为一个真正的民族国家。政府总是无所事事,仅仅是收收税和偶尔使用武力对付内外的动乱以维持秩序。但在和平时期,社会秩序的维持靠的是伦理体系而不是武力威慑。在西方社会里,个人的自我利益以及附带的权利需要一个靠武力支撑的法律。而中国社会则是通过内在的自律和伦理意识凝聚在一起的。

梁漱溟再一次表现出将传统社会中的社会流动性理想化的倾向。根据他的推理,由于每个人都可以参加科考,也由于没有法律和世袭制阻碍这种流动性(皇室除外,但算不上一个阶级),所以不会存在世袭的统治阶级。③但他也没有立即反驳中国共产党根据土地占有对农村社会所作的阶级划分。他承认,这样的理论不无道理。但是,他仍然断言,在大多数人口(他们既非地主亦非佃户)中看不到西方社会中存在的那种明显的阶级差异(如主——仆、贵族——农奴、资产者——无产者)。总之,梁漱溟指出,虽然出现了不计其数的起义和多次的改朝换代,却没有一次名副其实的革命。

显然,梁漱溟理论的主旨就是将中国排除在马克思主义分析的适用范

---

① 〔86〕, pp. 2, 13, 23—24, 32, 62, 184—185, 207, 223—224, 254, 298—302, 321—322, 329;〔11b〕, p. 42;〔11d〕, pp. 170—176;〔25〕, p. 47;〔38〕, pp. 41—61, 77—78;〔57〕。

② 〔86〕, pp. 18, 49, 84—85, 118, 159, 185, 254, 321—322;〔38〕, pp. 23—29, 47, 70, 77—78, 184, 197, 394;〔11b〕, p. 28;〔11d〕, pp. 170—175;〔9d〕, pp. 56—57;〔42a〕, p. 10;〔42e〕, pp. 26—28;〔24〕;〔23f〕, pp. 257—258;〔16〕;〔14j〕。

③ 〔38〕, pp. 75—76, 340—341;〔57〕;〔16〕。

围之外。对梁漱溟来说，要论证中国确实不能被套进那个常规的分析框架并不十分困难。自秦以来的两千多年间，中国社会当然有改变，但基本的生产模式和生产关系并没有多大变化。20世纪30年代的社会历史学家们非要强行把中国历史事实塞入马克思主义框架中，梁漱溟嘲讽这是一种削足适履的做法。他强调，问题不在于传统中国社会中是否存在资本主义的先决条件。他也承认资本主义萌芽、民主、科学以及所有其他"西方的"产物确实曾存在过，但最紧要同时也是让人答不上来的是：为什么这些因素在过去的两千年里一直处于萌芽状态？由于中国的发展并没有遵循马克思主义设定的常规阶段，一些马克思主义者就转而在"东方生产方式"这个荒诞的范畴里做解释。另一些人同样笨拙地把中国历史的大部分称为"半资本主义"或"半封建"。梁漱溟嘲笑道："大概遇到中国事加一'半'字都颇适当。"① 梁漱溟认为，这些显然不适当的努力反而证明了他的观点。因为中国社会在缺少必要物质条件的情况下还能不断地实现其潜能，所以中国的一切都是谜。儒学像宗教但毕竟不是宗教。中国像国家，但终非一个真正的国家，中国社会一直趋向于形成阶级，但从没有真正产生过阶级。②

梁漱溟指出，中国社会和西方社会的不同并不是简单的传统社会和近代社会的不同，确切地说，不同的根源在于以哪种人类模式为基础。③ 由于西方人还没发展出"理性"，他们的行为仅仅是由个人的物质私利所决定的。构成他们生活的仅仅是身体的需要与外部自然环境和人类环境之间的相互作用。与之相反，中国社会是建立在人类理性基础上的，因此所有西方的理论及其分析方式都是不适用于中国的。在梁漱溟看来，由于作为经济附

---

① 〔11d〕, pp. 142—150；〔11e〕, pp. 171—184；〔47〕, pp. 132—135；〔86〕, pp. 175—177；〔38〕, pp. 357—359；〔16〕。
② 〔86〕, pp. 27—42, 178—186；〔38〕, p. 41；〔11c〕, p. 119；〔11d〕, pp. 170—175；〔9r〕, p. 275。
③ 〔86〕, pp. 27—40, 197, 284—285, 290—291。

庸的人（Homo Economicus）^①在中国已经绝迹两千年了，所以亚当·斯密和卡尔·马克思的社会学说在这里都是些不相干的题外话。

由于西方人认为所有的人理所当然地只能按照他们的私利行事，他们自然就创造了一种政治制度，在这个制度中，私利和私利之间相互抵消达到平衡。这种立宪制度和自由主义民主的核心就是"牵制与平衡"和"法治"。但是孔子洞察到人类能从道德的动机出发行事。他将责任放在个人的道德能力之上，正当的行为不需凭借任何外部力量（法律或多数意见）来保障。^②（当然，梁漱溟这是在将清末"人治还是法治"的老生常谈重新摆回到桌面。）这种思维促使持"自由主义"立场、搞"自由主义"活动的他反对在中国搞立宪主义。这种自相矛盾很像他父亲当年对戊戌变法所持的态度。

通过进一步发展《东西文化及其哲学》中那尚为含糊的思想（即在西方，人的意识是由其社会存在决定的，在中国，意识是超越存在的），梁漱溟试图解释为什么西方的政治社会制度和思想不符合中国国情。现在，他很明显在暗示：在中国，上层建筑决定经济结构；在西方，经济结构决定上层建筑。在表达这一思想时，梁漱溟用的一些认知方法很像过去那种玄之又玄的"精神文化—物质文化"的辩论。在孔子以后，中国的文化和社会发展是"先心后身"，"由神及物"，"自上而下"；在西方则恰恰相反。西方人有着由物质的因素和力量决定的"身体的"文化，中国文化则是由道德因素和精神力量决定的。正由于西方社会和文化的发展是"无意识的"，才可能推导出一个客观的发展规律，而在中国这是不可能的。^③

---

① 这里姑且直译。至于梁漱溟对这方面问题的论述，请见《中国文化要义》第十一章第三节。——中译者注
② 〔11b〕, p. 31; 〔11c〕, pp. 117, 125; 〔86〕, pp. 83—86, 122, 132—136, 205—210; 〔38〕, pp. 114—118, 182—188; 〔47〕, p. 9; 〔14r〕; 〔16〕。
③ 〔86〕, pp. 183—185, 210, 267, 293; 〔9r〕, pp. 275, 276; 〔9k〕, pp. 138—140; 〔16〕。

人类文化和"理性"

"理性"这一概念是梁漱溟第二次文化理论建构的基本原理。"理性"一词当然不能用通常英文中相应的"reason"来翻译，除非像柯勒律治（Samuel Coleridge）那样把它和"rationality"加以区分。跟其他类似的思想家提出的基本概念（如马修·阿诺德的"文化"、约翰·纽曼的"演绎观"，或甘地的"真理"）一样，梁漱溟的"理性"是个定义不明确的名词，有着和《东西文化及其哲学》中的"仁"及"直觉"相同的功能。①

梁漱溟第二期的理论不具备第一期理论那样的系统性；它的精华存在于难以捉摸的暗示和隐晦的影射之中。梁漱溟没有提出一个特殊的系统以代替以前那个"西方—中国—印度"的连续统一；确切地说，他暗示着一个宏观的宇宙演化进程的存在。"万物"根据各自的本质演化上升为许多复杂的高级的形式。它们与生俱来具有一种"理性"的倾向。理性贯穿演化过程并指导其前进的方向。在脊椎动物阶段，以"理智"（梁漱溟所用的"理智"一词在今天应被理解为"智能"——中译者注）形式存在的理性倾向已经表现出来；在进一步脱离了低级生命形式的阶段，高级灵长目已经"萌生"了这种能力。到了智人的阶段，真正的理智（智能）就出现了。正是这种理性思维使人和禽兽有了区别，因为它把人的意识和具体的有形事物区分开来了。人有抽象思维、分析、推理和发明的能力。这种超越生物性自我

---

① 梁漱溟有关"理性"（以及他最初发表的新文化理论的轮廓）的最早的材料是在 1930 年下半年，因此他一定是在 1929 年年末和 1930 年年初对这一思想作了系统的阐述。那时他正在河南村治学院从事教育活动。见〔11c〕, pp. 137—138；〔11d〕。梁漱溟以前已常用"理性"这个词，但一直是在"理性的能力"（power of reason）和"合理性"（rationality）这些习惯的意义上使用的。这个词本身是一个日语新词，习惯上翻译成西方的"reason"或"rationality"。直到 20 世纪初叶，这个词在中国才开始广泛使用。关于梁漱溟此前使用"理性"一词的例子，请见〔4〕, pp. 33, 45, 75, 76, 79, 173；〔9k〕, p. 133。

和自然环境的能力是"生命的大解放"。① 但是，在具有理智（智能）的动物和真正的人类之间还有一道鸿沟。理智（智能）确实标志着人异于禽兽并且也是"理性"的先决条件。然而，虽"二者本来密切相联不离"，它们却是截然不同的能力。"如计算数目，计算之心是理智，而求正确之心便是理性。"② 梁漱溟认为，后者才是人类的真正本质，是生命进化的最终产物。

从某种意义上说，梁漱溟用的是"体用"公式来解释"理性"与理智的关系："理性是生命本身，是体；理智是生命的工具，是用。"③ 梁漱溟差不多是在暗示：若有理智（智能）而无"理性"，则只是动物生命的一种高级形式；它缺少作为真正人类标志的道德能力。梁漱溟把"理性"描述为一种"指导道德行为的官能，……使人成为人类的是非观念"。人非禽兽恰恰在于他们能达到此"无所为之境地"或"无私底感情"，这种感情超越了生物本能和自利，它"超脱于本能"。④ 显然，"理性"是"没有进一步动机的行动"的能力。在梁漱溟的《东西文化及其哲学》中，这种能力被认为是从直觉和"仁"的本质中产生的。

和第一期理论一样，梁漱溟的第二期理论在具体的行为准则问题上似乎还有些含混不清。（这样说是因为人们把固定的客观标准看作真道德的巅峰。）他说，"理性"就包含在儒家的仪式和礼仪中，是对其他社会关系（尤其强调对"他人"，并将实现伦理责任视为首要任务）的泛爱之情。⑤ "让"和"克己"是"理性"表现的核心。人生来只具有理性的潜能，而中国文化的本质就在于能培育这种个人内在的潜能。这种文化的核心所在就是

---

① 〔14i〕, pp. 75—77。
② 〔86〕, p. 128。
③ 〔30〕。
④ 〔86〕, pp. 128—133, 333, 又见 pp. 185, 247, 260, 287, 321。
⑤ 〔86〕, p. 254。

"教化"。

最终的分析指出，中西文化的全部差异都归结于中国的圣贤们过早地发现了"理性"。中西方在一定程度上都发展了理性（reason）和才智（intellect）。但在西方才智很强盛，发展得很完备，理性方面却很"浅薄"；中国文化则恰恰相反。①西方人发展才智最终创造出了科学；在中国，才智只是隐而不显。正如孔子用纯粹伦理代替宗教从而对中国的历史产生了持久的影响那样，保留了宗教的西方注定要走特殊的道路。当宗教在批判的理性主义冲击下土崩瓦解时，为了维持社会秩序，为了规范个人与团体、个人与个人之间的关系，那些法规和官僚政治就出现了。在中国，是伦理关系、内在自律、习俗和传统在维持着社会秩序。在日常生活中，政府是不起实际作用的。

梁漱溟在表述中西文化基本分歧时还用了另外一个二元对立：西方的文化出发点是"向外用力"，中国则是"向内用力"。②梁漱溟建构了许多这样的二元对立（其中大部分都与斯拉夫文化优越论者或甘地这类中国之外的文化保守主义者们提出的二分法相类似）：法律与礼俗相对、政治团体与家庭相对、个人与家庭相对、权利与义务相对、物质力量与道德力量相对、个人欲望与伦理责任相对。③而这些二分法都是从"理性"这一观念推演出来的。

梁漱溟看到了现代化过程是以西方文化特征发展而来的。中国自身的文化则阻碍了这一过程的产生。因此，"理性"既是中国最大的成就，同时也是中国最大的弊端：

---

① ［86］，pp. 129, 289—293；［38］，pp. 39—43；［11d］，pp. 174—175；［23c］，p. 79；［47］p. 61。
② ［38］，pp. 35—38, 41, 61, 65, 114, 118, 140；［11c］，pp. 119, 125, 131；［11d］，p. 147；［86］，p. 267；［47］，pp. 9, 61, 147；［23b］，p. 31；［57］。
③ ［38］，pp. 37—38, 41, 61, 140；［11c］，p. 131；［86］，pp. 84—85, 98, 185, 262；［55］；［57］。

> 中国民族精神，照我的认识，就在"人类的理性"。我常说：除非中国人几千年都白活了，除非中国人没有贡献；否则就是他首先认识了人类之所以为人类。我的意思：中国民族精神彻头彻尾都是理性的发挥。中国古人很早就认识了人类。①

如同在最早的理论中指出的那样，在常规的进化过程中无果的超前正是中国一切难题的根源。在还没有打好必要的物质基础之前，中国文化已经进入了一个高层次下不来了。

> 人类是理性的动物，但理性之在人类是要渐次开发的。……就社会生命说，更是要慢慢随着经济的进步及其他等文化条件而开展的。所谓理性在中国社会开发的早，即因其时候尚不到，条件（物质的——艾恺注）尚不够。②

这样，在以上对文化史的两种概括中，梁漱溟要说明的就是：正是由于中国早期圣贤们的高瞻远瞩，中国文化才成就了人类道德上的至善，同时却忽视了支配自然环境这个基本任务。似乎这些"文士"（C. P. Snow 曾诋毁他们）大约三千年前就在中国出现了，并且在人们还没有发展出能完全满足自己根本需求的能力之前，就改变了他们整个文化的走向，用柯勒律治对纯文化的著名定义说，把文化转向为"和谐地发展那些彰显人性的品质和能力"。虽然他们发展出了一个比西方更具人性的生活方式，但也正是

---

① 〔23c〕, pp. 92—93。
② 〔38〕, p. 39。

这个生活方式使他们在物质上蒙受着痛苦。

梁漱溟理论的第二次表述也是为了说明普遍绝对的天理（在人类中表现为直觉，也就是仁和理性）既是全人类的也是中国人的。中国文化其实就是发展了一个普遍且终将被实现的人类潜能。在整个宇宙历史过程中，中国人被赋予了一个重要的角色。作为历史上的一个群体，中国人拥有的文化生活和精神生活是独一无二的，并最充分地展现了人类道德方面有可能达到的最高层次。在腐朽的外壳下，这个道德的群体至今仍然存活着，至少是在农村。

究其根本，梁漱溟表达的是中国人对其文化的那种传统态度；这个文化不是中国人的文化，而是"唯一的真正人类的"文化——是对所有时代的所有人都有效的一种生活方式。梁漱溟对西方所持的态度实际上和19世纪反西方的中国保守主义者们是一样的：西方的技术也许确实应该采纳；但重要的是，西方的野蛮人们最终会认识到中国人走的路是高明的，并会采纳这条路。

然而，梁漱溟和那些中国传统的保守主义者有本质的不同：后者相信自己知道中国文化指的是什么；他们可能将它归结为具体的政治和社会制度、某些确定的行为准则、特定的文学艺术遗产和某些本土的风俗习惯。换句话说，他们非常乐于接受从前的中国文化。在《东西文化及其哲学》中，梁漱溟已经否认了历史上的中国文化的权威性。在第二次阐述中，他再一次表明要把历史上的并且尤其是最近几个世纪的中国文化和社会，与他本人的那个纯粹的中国文化概念区分开来。梁漱溟从未明确地说过，自中国文化发端以来，这种堕落究竟始于何时。但是说到过去这几百年，他的态度倒是很明朗：

> 即我常说的，中国文化到清代的时候，表面上顶光华，顶整齐文

密,而内里精神顶空虚,顶糟;外面成了一个僵壳(指礼教),里头已经腐烂。试看代表中国精神的士人,至清朝已经腐败不堪,他们崇拜文昌帝君、关圣帝君,提倡读太上感应篇、阴骘文……这一套与中国古人的精神最是不相合的。因为他是将贪利与迷信合而为一,而中国古人最不贪利,最不迷信,所以正是相反。中国文化至此时期,内里即已枯烂腐败、空虚无主。①

甚至孔子的教条及其道德教育的方法也已经成为一种空洞的形式主义。和他的父亲一样,梁漱溟从未放弃表达对学不致用、为学而学的厌恶之情。理由是:

> 清代率天下为八股时艺,一宗朱注,演孔孟书为游戏文章;学术界风气又以名物考订为事,鲜及义理。故在高等教育上,此"人生之学"浸僵浸腐,殆已成僵尸。同时,礼教之威严愈著,人情真意愈以衰薄。故在一般社会上,此人生行谊教育亦已僵化而鲜生意。②

正是这种早熟注定了中国文化不能完全自我实现,随着时间的推移,这些习俗和制度也已变得荒谬可笑和"机械"了。虽然它们最初与宗教和法律是大相径庭的,但现在也已经像后者在其他社会中一样,成为一种控制社会的手段。

> 其锢蔽不通竟不亚于宗教,其刚硬冷酷有过于法律。……像中国

---

① 〔38〕,p.137。又见〔86〕,pp.299—300;〔23c〕,p.75。
② 〔11h〕,p.251。

礼俗中一个为子要孝,一个为妇要贞,在原初是亲切的自发的行为上说,实为极高的精神,……但后来……变做一种维持社会秩序的方法。此时原初的精神意义尽失,而落于手段化、形式化、枯无趣味;同时复极顽固强硬。①

有的时候,梁漱溟又认为,中国文化的"思想往往与他实际所站的地位相远,自己矛盾"。如同在《东西文化及其哲学》一书中提出的那样,他认为中国一直徘徊在人类发展的两个阶段之间,而在其中任何一个阶段都没成功。中国以往的一切成就"只可算是第二期文化一点影子;缺乏经济进步,实无望其完成第二期文化"②。那么,中国能否再回复到第一期的文化呢?

这亦不能。第二回到第一,那就是由理性又退回到身体,向外用力又代向里用力而起。……在中国历史上便是逆转。亦不能再回到没有经过理性陶冶那样。……前进不能,后退不可,只有盘旋。③

虽然梁漱溟将他所说的圣人之言与历史上的儒学分离开来,但这没有否定它的可靠性。像历代真诚的儒家一样,梁漱溟也在试图追溯那个本体,即原初的儒学。在这一过程中,他要抛弃历史偶然加于其上的外壳和余赘。

---

① 〔38〕,p.61。
② 〔38〕,pp.77—78;〔86〕,p.295。
③ 〔86〕,p.295。

中国和人类的未来

于是，梁漱溟的第二次理论阐述建立起的是和《东西文化及其哲学》同样的两难：为了生存下去，中国必须效仿西方，但又要保存自己的纯粹文化。但在这第二次表述中，"科学技术"和"团体组织"这些词语取代了被硬性引入的科学和民主。在现代的挑战面前，中国最严重的问题是缺乏集体生活的形式、习惯和思想。①梁漱溟附和孙中山的说法，把中国社会描述成分散的、无组织的社会，全然没有组织纪律和合作的传统。②由于道德一直被视作个人的私事，因此从来就没有公共道德和公益精神。③

和《东西文化及其哲学》一书那些看法相反，梁漱溟并没有就即将中国化的西方作具体论述。反而只是简单地假定西方"必须"改变。"近代以后"是"人类历史的一大转变期，社会改造没有哪一国能逃"。这种"事实"的变迁将强迫西方改变其方向，正如今天中国被迫借鉴西方那样。在未来，"一个中西具体的融合"将是不可避免的，而人类也将在"理性"的基础上发展出一种共同意识。④这个观点不是很像他长期反对的那种文化融合论吗？

但是，人类历史这一脱离历史轨道的大转向将使中国文化最终解答它自一开始就包含着的那个难解之谜；西方的挑战及其科学的力量也将使人类最终能够真正充分实现自我。梁漱溟过于乐观的预言反映了中国人思想的惊人转变。据这位儒家传统的继承人的说法，科学自由主义、马克思主

---

① 〔38〕, pp. 50, 56, 145—148, 282, 442；〔16〕, p. 48；〔9r〕, p. 275；〔25〕, p. 47；〔86〕, pp. 70—73；〔11h〕, p. 250；〔24〕。
② 〔86〕, pp. 65—69；〔38〕, pp. 50, 175, 368—369；〔25〕, pp. 47, 50；〔274〕, Ⅲ, pp. 52—59；〔21〕；〔29〕；〔16〕；〔55〕；〔57〕；〔19〕。
③ 〔86〕, pp. 65—69, 94, 329—331；〔38〕, pp. 52, 145；〔55〕。
④ 〔38〕, pp. 22—23, 又见 p. 144。

义以及东方传统的人道主义也都见证了同样的转变:"确切地说,西方人带来的不是本质上的社会和经济转变的观念,而是附属在现代技术和政治参与技巧之上的那种信仰。这个'外在于'经济和政治问题的王国……实际上是可以构成的。"①

和《东西文化及其哲学》一样,梁漱溟仍然坚持认为群众性的文化复兴是使中国现代化成功的绝对必要条件。中国应当以"理性"为基础创造出一个新的世界文化,这种文化将征服西方现代化的力量,同时又能避免西方现代化所带来的灾难。在1921年的著作中,梁漱溟只是含糊地提到一个民众运动。现在,他已明确地表达了这一思想,这就是乡村建设。

如果梁漱溟这里的基本思想和他在《东西文化及其哲学》一书中表达的思想是一致的,那么为什么他要抛弃活力论和直觉而求诸"理性"呢?1949年以后的那些马克思主义批评家们认为,梁漱溟之所以如此,要么是由于这类货色"不时髦了",要么是因为臭名昭著的蒙昧主义在1923年的"科学与玄学"的论战中已声名狼藉、一蹶不振。但一致的观点是,"理性"的实际内容就是他的《东西文化及其哲学》中的直觉。②虽然是这样的,但梁漱溟有时在使用"理性"一词时表达的是口语里"合情合理"的意思,以此暗示中国文化是人类生活的唯一合理的方式。③这个词在他的字典里好像一个放之四海而皆准的真理,让人不免联想起近代以前中国人的绝对文化优越论。只要这种基本思想不改变,那么,它更深一层的也是不可避免的矛盾就依然存在。而梁漱溟却还是只把它看作相反相成的关系:

> 中国人的短处为诸位所看到的,其实都是正从他的长处来的;中

---

① 〔431〕,p. 119。
② 〔331〕,p. 9;〔195〕,pp. 112—113;〔559〕,p. 125;〔212〕,I, p. 179;〔101〕,pp. 47—48。
③ 其例请见〔86〕,pp. 289—292;〔14k〕。

国人今天的失败，都是从他过去的成功而来的。中国人的短处正是由他的长处而来的，那许多长处将来是可以救活我们的老民族，复兴我们的国家的。①

---

① 〔42e〕, p. 26。

第九章 乡村重建：儒家的现代化

对于中国这种独特的文化两难，梁漱溟的最终解决手段就是在文化复兴过程中实现现代化。从20世纪20年代的总体思考、教育实验以及文化理论中，他顺理成章地发展出了20世纪30年代的乡村建设纲要。自1930年到1936年间，他勾画出了实际行动的蓝图。梁漱溟断言：这个经济、政治和社会革命的纲领"将发展出一种新文明，这种新文明还从未出现过"。他预言，这种以"理性"为基础的"正常形态的人类文明"是人类的必然归宿。① 西方文明是"反常的"、"以钱为本"的、"畸形的"过度工业化和都市化的文明。在那里，"人类失去了对物质的支配"。② 梁漱溟的"人类新生活"则将避免重蹈此覆辙："人类文明之正常形态，正有待中国人开其先路。所以我们的运动，一面是民族的，同时亦是世界的。"③

梁漱溟的理论和其他反现代化的保守主义思想自然有相似的地方。但值得注意的是，这位儒学家对中国困境的反应在相当程度上酷似共产党领导下的革命（无论是在抗战期间还是在1949年以后），特别是当后者明显处于受毛泽东领导、具有毛泽东思想倾向的时期。当梁漱溟书写这些作品时，毛泽东思想的鲜明特征尚未形成，有待毛泽东本人和中国共产党在今后发展出来。

---

① 〔38〕, pp. 146, 143。又见 pp. 176, 184, 197, 291；〔14g〕, p. 69；〔11f〕, p. 202；〔42e〕, p. 32。
② 〔38〕, pp. 143；445—447。又见〔11g〕, p. 207。
③ 〔472〕, p. 6。

对乡村建设的历史的和实践的辩护

为了论证自己纲领的必然性，梁漱溟以一种独特的方式对鸦片战争后一百年的历史进行了诠释。不论是 19 世纪末的洋务运动、戊戌变法、共和革命、五四运动，还是 1924 年的国民党改组、北伐……作为领导者的知识分子一直都深信只有效法西方才能使中国富强。他们一向都买那些不合国情的洋理论的账，却没一次运动达到其目的。为此付出了沉痛代价的却不是那些精英知识分子们，而是广大的农民。他们的汗水换来了现代化的改革，他们的血则被土匪和军阀肆意抛洒。可要是没有精英的瞎胡闹，哪来的这些土匪和军阀？帝国主义和政府的苛捐杂税降低了农民的生活水准，摧毁了他们的生计。当时，经济帝国主义更是毁坏了农村手工业，好让他们的农作物商品化并受世界市场的价格波动所左右。①

西方资产阶级在思想领域中最能暗中作祟了。伴随口岸通商而来的西方个人主义和自私自利的癌细胞（"以个人为重，伦常为轻；以权利为重，义务为轻"）开始在社会上扩散。士人的后代和有德行的大户都舍弃乡下跑到城里来。被腐蚀了的他们在这里沉沦在地狱滋生的糜烂中。梁漱溟哀叹道："西方功利思想进来，士不惟不以言利为耻，反以言利为尚。"② 乡村遭受的践踏日见深重，换来的是财富和知识人士在城市集中。③ 中国的城市不像西方那样是以生产为目的的城市，而是一个特权阶层的消费中心（这非常像毛泽东后来的告诫）。所有这些倾向摧毁了农村原有的社会秩序，同时

---

① 〔47〕, p. 10；〔38〕, pp. 6, 359—364, 369—371, 379—385；〔42a〕；〔11f〕, pp. 195—196；〔9r〕, p. 285；〔14h〕, pp. 71—74。
② 〔38〕, pp. 60, 71。
③ 〔38〕, p. 394；〔17〕。

也破坏了农村基本的风俗和道德。①

梁漱溟警告说，只有旧式传统的士阶层在乡村重建中得到再生，中国和中国革命才能免遭厄运。"知识分子若徜徉于空气松和的都市或租界，无望其革命；只有下乡而且要到问题最多痛苦最烈的乡间，一定革命。"②城里的富人享受特权、坐享其成，完全不知人民大众的疾苦。梁漱溟对此痛心疾首。这种强烈的憎恶在毛泽东思想里也随处可见。

但是，梁漱溟认为，在农民遭受了几十年的苦难之后，知识分子终于开始意识到照搬西方都市工业文明的模式是徒劳无用的了，他们正把目光投向农村。现在，"麻木的神经开始感到疼痛了"，中国的知识分子正逐渐认识到现实，"民族自觉的头一步便是觉悟到农村；从这一步就可以觉悟到一切。觉悟到我们原来社会构造的特殊，觉悟到我们不能不自有我们的前途"③。如同梁漱溟为他关于此问题的首部著作所取的题目那样，乡村重建将是"中国民族自救运动之最后觉悟"。这是中国应付西方挑战的最后几招。在描绘这个"必然到来"的未来时，梁漱溟又试图像往常一样将实用与教条结合起来：

> （我们）在计划里，只能顺着事实为精确的设计。然而我们的方针亦还不是主观的，而好像是被决定的。不过天所留下给我们的一条道，恰好是一条最合理想的道。不是我们选择最理想的道走，而是其余这一方那一方都横拦竖截杜塞不通。我常常想着发叹，这真是天造

---

① 〔14h〕，pp. 72—75；〔11d〕，p. 164；〔14p〕，p. 135；〔38〕，p. 294；〔39〕，p. 6；〔31〕；〔21〕。
② 〔11e〕，p. 190。曾被公认是影响甚广的《东方杂志》在1927年以前几乎从未讨论过农民问题。在1927年8月（第24卷第6号），它发行了这个问题的专刊。此后直到1935年，它发表了一大批有关乡村问题的文章。
③ 〔38〕，pp. 321，363—364，394—395；〔11d〕，pp. 158，176；〔11k〕；〔47〕，pp. 88—90，122。

地设,……直好像怕我们走入歧途一样,单留下一条道直往理想里去的路给我们。①

中外保守的本土主义者普遍青睐公开的非理性的诉求。和他们不同,梁漱溟始终坚持他的计划是在对那些棘手的事实做了考察和分析之后形成的。"实事求是"也是他的格言,而并非毛泽东的专利。梁漱溟对其乡村的及文化的复兴所做的最根本的辩护既不是民族的认同和团结,也不是浪漫主义,而是"客观事实",且其中涵盖的最重要的是对经济因素的考量。和其他的保守主义者、西化的自由主义者以及许多国民党智囊相比,梁漱溟貌似更倾向马克思主义。他说:"经济是事实的主要部分,是事实的主干。……故必事实到了那一步之后,才能产生那新的制度。"他甚至还暗示,乡村建设是一种辩证发展的结果,因为他曾自信地断言:"解决的力量天然存在于问题之中。"②

作为一个观察事实的现实主义者,梁漱溟在论证中国主要是一个农业国的过程中,强调了实际考察的重要性:采取"从农业入手"的政策在经济上说得通,因为中国的大部分人都住在农村而不是通商口岸。因此,强调农业是让民族经济及地方经济实现自给自足的最佳方案。③然而揭开他的现实主义评估的面纱,我们看到的是不容变通的农本主义哲学(agrarianism)。

农本主义的思想在反现代的守旧者中很常见,它总和对工业化都市生活的种种憎恶相结合。的确,与其称之为农本主义,倒不如称之为反城市

---

① 〔38〕,p. 395。
② 〔47〕,p. 90;〔38〕,p. 321。(这段话见于《朝话》中《制度与经济》一文。艾恺所引文顺序与原书有出入,今依艾恺的顺序译出。——中译者注)
③ 〔38〕,pp. 14—16,291—295,372—375,401—405;〔9r〕,pp. 275—277;〔42f〕,pp. 34—40;〔42〕,pp. 41—44;〔17〕。

第九章 乡村重建：儒家的现代化

主义或是反工业主义。① 梁漱溟的农本主义自然也反映了他对现代都市生活的无比厌恶。中国城市呈现的是一副西方资本主义社会的面貌，在这个人为创造出来的地方，个人只懂利己和竞争，对他人毫无感情，这样的城市自然为梁漱溟所不容。在这种基础上怎么能建立起"理性的"文明呢？梁漱溟的乡村建设是试图使未来的中国避免重蹈上海这个大商埠的覆辙。"上海实是将中西弊恶汇合为一，最要不得的地方！幸亏中国只有一个上海而未完全上海化。"伦理精神、人类感情和集体精神只有"少许"还残存在内地农村。②

如果西方农本主义的典型特征包括视万物有神性和陶醉于田园之美，那么它们对梁漱溟来说是完全陌生的。淳朴天真的农村生活对于他并没有什么特殊的魅力；在他的思维里，"自然"也并没有什么特殊的道德上的隐喻作用。例如，1936年访问日本后，他对日本总的来说是不以为然的，但他同时也称赞日本城乡之间的天然差别比中国的城乡差别要小得多。乡村建设要实现的目标是农村中的城市，而不是远古时代那种道家式的乌托邦。和毛泽东一样，梁漱溟所追求的是："农村式的都会和都会式的农村……不应当是截然两种东西；而应当调和。"③

梁漱溟有许多关于经济发展（包括他关于工业发展计划）的著作，其中贯穿着很多近似毛泽东思想的主题，比如反城市化、反消费文化、强调农村的全面发展、缩小城乡差别、地方自主、自给自足等。虽然他坚持"以农村为基础"的文明（因为农村是理性和智慧的发源地），但他也同样坚信，

---

① 当然，这种意义上的农本主义是一种近代现象。如同欧洲浪漫主义的农本主义和近代以前的海希奥德（Hesiod）、加图（Cato）、圣奥古斯丁等人的农本主义传统有着密切关系一样，梁漱溟的乡村建设和中国传统的重农思想也有着同样的关系。
② 〔38〕, pp. 378, 379, 183, 又见 pp. 180—185。
③ 〔38〕, p. 444。

如果不能大幅度提升生产力，中国的新的"理性"的文明不可能实现："有人误会我反对物质文明，反对工业；我安有此意。我对物质生产增加和生产技术改进，原是看得很重要的。……经济的进步，我们看得很重；唯有经济进步，才让我们的生活能更合理。"①

梁漱溟也承认苏联的工业化模式避免了资本主义工业化中存在的许多问题，但这种模式在他看来也有很多不尽如人意的方面：过多的中央规划、工业高度集中在城市，还有跟资本主义一样总的来说很"机械"的特征。为了趋利避害（当然也要"实事求是"），他提倡发展扎根农村、由农民经营、主要并直接面向农业需求的分散的中小企业。虽然强调分散集权和地方自主，但是梁漱溟认为国防、运输、能源发展和高科技产业属于例外，应该国营。按照梁漱溟的构想，电气化和农业机械化将提高农业劳动生产率。接下来，不同于自由式企业的发展，一个科技发达、有集体性质的农业产业将产生真正服务群众的工业，农业和工业将形成一个相互刺激的"循环"：农业对肥料的需要将最终催生化学工业；农具则需要一种机械工业；农产品的加工亦将引出许多小工业。"更从工业推进农业；农业工业叠为推引，产业乃日进无疆。——这是真正的自力更生；环境逼着我们只有这样自力更生。"要实现这一目标，"农民必须同时也是工人"。②

此外，梁漱溟认为自己是实际分析客观事实的，站在这个立场上，他十分瞧不起对手们对中国未来的设想，认为那些都是主观臆断的空想家们的幻想罢了。③他的老对头有信奉西方自由主义的胡适和丁文江。梁漱溟指责他们用主观"臆想"代替对实际情况的系统研究，以及对这种情况背后历史因素的认真分析。梁漱溟嘲讽地说：他们"虽然是'科学派'而依然

---

① 〔47〕，pp. 88—89。
② 〔38〕，pp. 389，390，又见 pp. 388—394，409—414，432—438，443—444。
③ 〔38〕，pp. 178—179，219—220，321，264—265，395；〔11d〕，pp. 158，176；〔14g〕，pp. 69—70。

第九章 乡村重建：儒家的现代化

不出乎一些主观的要求与希望。全不见他们如何观察事实，了解社会的变迁，从客观上得到解决问题的线索"。他称他们的计划是"笑话无聊"，并说道："请诸位先生赶快醒一醒罢！"① 他还挖苦胡适不承认帝国主义、封建主义和军阀存在的"客观事实"。② 他也以同样的方式批评了国民党的新传统主义者（和马克思主义者）在建构那些和事实无关的高超理论时忽视了中国的具体国情。③

梁漱溟思想中这种看上去自相矛盾的倾向对我们来说是重要的。的确，那些脱离现实的空想家（恰好又是他们总是称别人为空想家）常常以救世主自居。但是，梁漱溟的态度让人联想到梁济的"讲究实际"、对"清流"们空洞的战争呼吁的反感，还有对清末那些虚假的纸上改良的厌恶。此外，梁漱溟的态度与他本人早年对"空话"的厌恶、对辛亥革命不彻底的深刻反思、他强调的理论联系实际，还有他对中国现实社会结构和历史背景的重视都相吻合。这种（尊重事实的）态度也许能解释为什么梁漱溟的思想和毛泽东思想在某些方面有相似之处。

士和农民

梁漱溟指出：中国实际上已经有过一系列的自救运动，它们是由内陆

---

① [14b]。从此基础出发，无论在抗战前、抗战中还是战后，梁漱溟对自由主义者的宪政运动都持反对态度，或者说他实际上持的是一种反对态度。
② [11k]，p.335。这是梁漱溟对胡适《我们走那条路？》一文做出的反应。胡适的这篇反对革命的文章引起了广泛的阅读和讨论。在文章中，胡适不认为军阀、帝国主义、封建主义是重要问题。他认为："我们的真正敌人是贫穷，是疾病，是愚昧，是贪污，是扰乱。"见 [309e]；[98]。
③ [47]，p.122。

一些不了解沿海地区情况也没有受过教育的农民自发搞起来的。

> 同光①年间（1862—1908——艾恺注）闹的无数教案，1900年义和团之扶清灭洋运动以及近年北方各省之红枪会天门会，四川之神兵等等皆属此例。……从历来中国问题之两种发动（农民和知识分子发动的自救运动——艾恺注）看去，其间有一大苦楚，即两种动力乖离，上下不相通。在下层动力固盲动而无益于事；而上层动力，以其离开问题所在而纯秉虚见以从事，其结果乃不能不落于二者：一、搔不着痛痒；二、背叛民众。②

于是，梁漱溟总结道：中国革命的关键在于"上层动力与下层动力接气"③：

> 即革命的知识分子下到乡间去，与乡间人由接近而浑融。……我们自始至终，不过是要使乡间人磨砺变化革命知识分子，使革命知识分子转移变化乡间人；最后二者没有分别了，中国问题就算解决。④

如果农民是革命的"主要力量"，乡村建设也将是一个农民自身的运动，那么为什么还需要知识分子？因为，虽然只有农民才了解他们切身的问题，但他们不能解释、阐明并分析这些经验材料以便得出系统的结论。"感受迫

---

① 艾恺英文本将"同光"误译为"光绪宣统"，今据梁著还原。——中译者注
② 〔11e〕, pp. 187—189。
③ 引号中语本在下面那段引文中，为艾恺意译；今参照梁著原文译出，并提到前面。——中译者注
④ 〔11e〕, p. 191。又见 pp. 189—190；〔38〕, p. 344。

害虐苦的多数人亟求解除痛苦……只是他自己太没方向。"① 知识分子会将农民的要求系统化并找到解决方案。

此外，梁漱溟还认识到，"所有知识分子是靠农民血汗供养的"，他们应该到农村去用他们的现代知识偿还欠下的这笔账。然而梁漱溟认为问题的关键在于——当年他父亲也是这样评价清末改良派的——人与道义，而不是知识和训练。梁漱溟为知识分子在乡建中设定的角色其实总结了他和他父亲一脉相承的思想——儒家道德贵族对社会和文化的责任：

> 今所谓知识分子，便是从前所谓念书人。……他是代表理性，维持社会的。其在社会中的地位是众人之师，负着领导教化之责，……如果不能尽其天职，只顾自己贪吃便宜饭，而且要吃好饭，那便是社会之贼。今之知识分子其将为师乎？其将为贼乎？于此二途，必当有所抉择。这好像是一个道德上的问题，不能保其必为师而不为贼。②

西方资本主义的不良影响将中国的君子变成了心胸狭隘、贪图富贵的商贾气太浓的专业人士。在定义知识精英在社会中角色的时候，梁氏父子毫不掩盖地抨击了这一现象。在 20 世纪 20 年代，梁漱溟就曾抨击西式教育制度，认为它造就了一个丧失了君子传统的特权阶级。30 年代，梁漱溟大声疾呼，要求知识分子到乡村去，而不是做自己领域的学霸。农民在生产中也需要有感情和精神的参与。如果像在资本主义和（苏联）共产主义制度下那样，"少数人掌握所有产业，独享运用脑力之特权"，那么多数人只好被迫"机械地"当少数人愚昧无知的奴隶；结果，他们就没有机会自立。

---

① 〔11e〕, p. 186。又见〔38〕, pp. 220—233。
② 〔38〕, p. 360。

因此，乡村地方行政人员不是要靠受到洋式教育的专家，而是全靠他们"有一片为地方，为人民的真心肠，……这样的心肠发不出来，恐怕所谓建设，一面在建设，一面在破坏，即使有相当的成绩，不知人民在暗中损伤了多少"。因此，"不能靠技巧"。①士人们内在的道德力量的源泉比他们的专业知识更重要（这似乎有点像中国今天的又红又专）。

正确的意识、动机和信念高于个人的知识和技能，这个主题贯穿在梁漱溟的全部思想中，并且似乎常常和乃父的思想相通。在一篇演说中，他曾援引过林则徐（文忠，1785—1850，梁济特别崇拜的一位英雄）的一句话，这句话的大意是：如果缺乏对人民的同情和责任感，一个知识分子的才干将是没有价值的。②

梁漱溟的国防思想中也很明显地强调道德、政治因素高于专业技术，并深信力量存在于团结和被发动起来的农民中。他和毛泽东一样，坚信"人的因素比武器更重要"，因为最终是"由人来使用它"。梁漱溟认为，最重要的人是普通士兵，他们的精神比他们的技能和体力更重要。当然，梁漱溟和毛泽东的思想也许都是来源于古代军事战略家孙子（约公元前4世纪人）。孙子说，战略上五个基本因素中，首要的是道德影响。梁漱溟准确地预言，一旦日本投入机械化的部队，中国的正规军是没有胜算的。只有动员和组织起农民进行持久抗战才能取胜。要想抗战成功，就要靠一种"自发自愿的力量。依靠谁？必须依靠民众……依靠农民武装。只有如此我们才能自卫"③。梁漱溟强调，他的乡村建设是动员这种乡村抗战的唯一办法。④

实际上，梁漱溟认为战争为乡村建设提供了黄金时机：

---

① 〔38〕, pp. 422—423；〔42c〕, p. 17。又见〔38〕, pp. 217—218；〔9d〕, pp. 63—67。
② 〔42c〕, p. 17。
③ 查无此文，姑且意译。——中译者注
④ 〔42n〕。

第九章　乡村重建：儒家的现代化

中日作战之后，会要有许多地方我军撤退，敌军未到，因为在空间上敌人兵力是不能普遍的。亦会要有许多地方，我行政机关已撤，而敌人御用机关未立，因为在时间上也来不及的。在这许多地方，乡下人顶需要知识分子领导或帮忙。而此时的乡村工作亦必然很好做。因为平素我们工作时，虽处处为农民打算，而以我们趋新，他们守旧，我们多所兴举，他们懒得动，我们不免站在政府一边，他们好似是被统治的老百姓，致成彼此相对立的样子，……今天敌人压迫来，我们和乡下人要共同应付环境，便从相对转为相合以对。同时非团结组织无以应付环境，乡下人将自然走上团体生活之路。凡此皆敌人之赐。①

事实证明，梁漱溟的见解是完全正确的；然而，受益于此的是共产党人而不是梁漱溟的乡建工作者。

团体组织形式和政治

按照梁漱溟的文化理论，传统中国的主要弱点是团体组织和科学，而这正是西方的两大长处。因此，乡村建设的主要任务就是为中国创造团体组织的形式，通过这些组织形式，人民才能开展所有其他有关经济发展、技术普及、教育和政治改革的具体步骤。梁漱溟强调，无组织的中国农村要联合成为积极的有组织的团体，必须以理性和伦理关系为基础。通过改善和加强小范围的伦理义务，"调整社会关系"，新的团体才能形成，中国才能实现现代化，并避免重蹈西方的错误：

---

① 〔51〕, no. 32。

（这个）中西具体事实的融合，可以说是以中国固有精神为主……其组织原理就是根据中国的伦理意思而来的；仿佛是在这五伦之外，又添了团体对分子、分子对团体一伦而已。这一个团体组织是一个伦理情谊的组织，而以人生向上为前进的目标。[①]

梁漱溟强调说，"每一个成员必须积极热情地参与团体组织的生活"，这个组织有着"自发自愿"的性质并"由多数人支配"。对多数人的这种"民主主义"的尊重能够和中国的道德贵族的非民主的传统结合在一起吗？梁漱溟暗示，解决的办法大概就是最终采用一党统治。他坚信这种形式能够避免"机械的"自由民主的宪政（他反复预言这种宪政永远不会在中国扎根）的缺点，又能够激励民众的自愿行动。梁漱溟断言，在公民参与和中国人尊贤尚智之间的矛盾（这个矛盾被他看作是西方的法治和中国的人治之间的固有冲突）可以通过一党制得到化解。他把这种形式称为"人治的多数政治"，并发现它"顶合中国人精神，顶合古人理想"。这也是民主，因为"有成就的领导人是多数人拥护的，他也要凭借这种支持"。然而实际上，它仍然是"古代儒家通过教化实行少数统治的理想"[②]。

党这个东西，是西洋玩艺，虽与中国不合，但是尊崇党魁亦与中国人的尊师很相像。其党魁的言教大过一切，这也就是尊贤尊智的意思。因为一个党的成功，其主张理论，常常是他一个人（党魁）创造出来的……这个党中的分子当然要尊重他，多数人要听他的话，……这个时候虽然是多数听党魁一人的话，好像是多数被动了；但因为他

[①] 〔38〕, p.175。
[②] 〔38〕, p.158，又见 pp.157—160。

了解党魁的主张，愿意听从党魁的话，多数愿意这样干。他自己愿意，你能说他是被动吗？……其党魁的人格，都是很特别的；……为众所敬仰，多数人自己愿意听他的话。……这几点给我们一个暗示，暗示给我们：仿佛是在一个团体中，少数贤智之士的领导与多数人的主动二者可以调和，并不冲突。①

梁漱溟既要求民众自发的主动和积极参与，又要求"尊贤尊智"的精神，这两项要求后被共产党发展出来的制度所证实。而他关于至高无上、魅力非凡的"党魁"的思想似乎预示了毛泽东在中国革命中扮演的角色。

既然梁漱溟热衷于一党执政和一个至高领袖的优点，他岂不该支持蒋介石和国民党（一个自称为"新传统主义"的党）正在酝酿中的独裁才对？实际上却恰恰相反，梁漱溟对蒋介石和国民党的统治极为蔑视。在他看来，蒋介石不过是个满怀野心并侥幸取胜的武夫，而国民党不过是个充满内部派系纷争的乌合之众，至于它以三民主义为基础的思想体系则是与现实无关、内容自相矛盾的"大杂烩"。② 政府贪污腐败，党也丧失了理想，其领袖们"生活逸乐，早已安于现状"。由于他们不了解中国社会，也没有这种判断能力，他们不能为中国革命指出任何方向。他们谈的是社会主义，实际上走的却是资本主义道路。国民党在各方面都是失败的：它在政治上没有统一国家；没有实现最早的均分田地的设想；它没有能力剪除军阀。它的改革只是加重了农民的负担。总而言之，它脱离并背叛了民众。③

---

① 〔38〕, pp. 156—157, 又见 pp. 146—147, 175—176。毛泽东曾希望被人们当作历史上的一个"导师"。这大约可以作为梁氏这段话的一个非常贴切的实例吧。见〔490〕, p. 169。
② 〔11n〕, p. 351；〔11d〕, pp. 167—170；〔11a〕, pp. 25—26；〔38〕, pp. 315—316, 338。
③ 〔38〕, pp. 140, 316, 319—320, 363, 372—373, 414, 432—433；〔11d〕, p. 176；〔11e〕, pp. 177—189；〔14a〕, p. 20；〔39〕, pp. 7—8；〔51〕, no. 15。

由于国民党政府显然已经完成了它在中国革命中的历史任务，梁漱溟极力主张它现在应该辅佐于未来的革命（即乡村建设）。因此，与其说梁漱溟是在公开呼吁加强一党制政府，不如说他需要的是国民党允许所有党派和政治团体（包括共产党人）参与政府。①

然而，乡村建设必须是一个文化运动而不是政治运动。因为梁漱溟认为，中国的各种问题——政治的、经济的、道德的——都不过是根本上的文化危机的具体表现。②如果不首先化解这种文化危机，任何新当权者都只能使中国再次进入一种混乱、暴力和内战状态罢了。实际上，他们并无政权可夺。他发现，中国缺少有合法性的国家政权（尽管国民党自命不凡）。20世纪30年代的政治形势实际上和20年代并无不同；政权不过类似于一种武力，军阀以各种形式控制着一切。因此，"一旦乡村运动者掌握政权，必是先已掌了军权，成了军阀"。（因为在这二十年中，梁漱溟对实际政治关心的首先是消除对内使用武力。）政府历来就敌视真正的文化革命，一旦掌了权，就和社会相分离。"就是圣人上台也不行！"由此，梁漱溟得出了一个既像预言又像悖论的观点："乡村运动团体要守定在野的营垒，自己不操政权。"③这个结论是自相矛盾的，就像我们前面指出的一样。

虽然梁漱溟对中国当代危机这种非政治性解决也许显得与毛泽东的革命有着根本的不同，但是在很多地方毛泽东思想的潜在主题也是政权脱离社会。毛泽东也意识到夺取政权并非是最后的解决办法。的确，依靠群众、厌恶官僚政治中的命令主义以及对国民党的墨守成规甚至固守旧习的疑

---

① [36]，p. 8。
② [38]，pp. 11—24，205—207，293—294，443；[14g]，p. 69；[14h]，pp. 74—75；[47]，pp. 120—121；[11b]，p. 98；[11e]，pp. 182—183。
③ [38]，pp. 315，319，364—365。又见 pp. 213—214，263，301，310—314，373—374，399—400，410；[39]，pp. 4—9；[11c]，pp. 63—65；[20]，pp. 301—302。

第九章　乡村重建：儒家的现代化

虑，这些是毛泽东思想的重要方面。"文化革命"最终也是要动员社会反对政府。

现代国家不可避免地需要注定非人性化的官僚机构，梁漱溟从未在实践上与此做过斗争。和甘地不同（在其他方面他们很类似），梁漱溟没有想到由成千上万个独立村落的共和体组成的未来社会是如何一番面貌；他期望着这个独立的"文化"系统能以某种方式克服现代政权与生俱来的罪恶。毛泽东则必须在实践上解决这个问题，但他还没找到一个清晰的解决方案。

乡　约

梁漱溟可能为他的乡村建设提出什么样的基本组织形式呢？如果西方的制度本身会产生道德的堕落（也是这种堕落产生了这种制度），它怎么能适应中国的需要呢？另一方面，如果中国的弱点之一即在于它缺乏团体组织形式，那么它本身的文化中有什么因素可以服务于这个目的呢？梁漱溟认为"乡约"正是他所寻找的答案，它不仅是一项符合梁漱溟理想的中国传统制度，而且"实在是西洋人所不能想象的"。"乡约"总结了梁漱溟关于在小团体中进行道德强化与更新这一基本思想。他期望着凭借它能实现他自转投儒学后万分憧憬的那个目标："使讲学与社会运动打成一片。"①

乡约是由北宋人吕和叔（大钧）创造的一种乡村集体行为和互助的制度，这是吕和叔从《周礼》《礼记》等经典中得到的启示。宋明理学的两位巨子朱熹（1130—1200）和王阳明曾对这一思想抱有极大的兴趣并提出过

---

① 〔38〕, p. 189；〔47〕, p. 1。

自己的版本。① 清政府又恢复了乡约，但它完全成了一种官僚统治的工具（无论程度如何），失去了原来作为地方自治以及互助集体的那种理想。在清代，村民积极参与的劝善、忏悔和集体舆论都退化成走形式地当众宣读皇帝劝善的圣谕。

梁漱溟自然继承了吕和叔的乡约思想，因为其有反官僚的自愿的性质。他把自己的乡约思想和明清的形式完全区别开来，因为后者一直是由政府提倡和控制的，本质上敌视任何鼓动和激励农民的举措。一定要把官府的"铁钩"排除在乡村之外——梁漱溟的乡约是要由道义上的劝告和地方自立组成的，而不是由官方的法令组成的。② 通过有民众热情参与的"积极的"组织，乡约将建立起农民的政权，而这种政权是梁漱溟的其他计划所必不可少的。

> 必须从立志开头，才能有乡约；……而强制则为被动。自动与被动是不相容的；被动不能发生志愿，出于强制则无志愿，……用官府的力量就是强制，强制则使乡约成为假的，落于官样文章。③

因此，今天的乡约就将是一个自愿发起并自发维持的社会组织，通过它村民将共同合作以解决他们共同的经济、教育和武装的需要，而这些是独立于官府以外的。同时，他们互相监督并使彼此的道德更加完善。它的一些功能是承袭传统模式的：批评和自我批评，调解纠纷，为集体树立正反面的典型。和吕和叔的乡约一样，它的核心也是道德；它将是一个"有

---

① 见吕大钧传记（〔496〕，卷340）；〔201〕；〔567〕，《奏议》，卷9，pp. 58—62。关于对历史上乡约的发展的一般论述，见〔596〕。
② 〔38〕，pp. 187—197，202—204，302；〔25〕，pp. 127—128。萧公权也强调过吕大钧乡约中"前所未有"的理想和在他前后出现的类似组织有着同样的区别。〔276〕，IV, pp. 532, 552。
③ 〔38〕，p. 204。

望于众君子"的组织。①

虽然梁漱溟承认他的乡约的目标和吕和叔的原意相近，但他也感到有必要作些修改以使它适合于今天的社会条件和他自己的理想。"今日世界不同于古，我们于师法古人相勉为善之外，还须注意求进步。"② 当然，非传统意义上的进步包括经济发展和一些其他进步以及其他新的组织形式。梁漱溟是试图保留传统中国社会组织的家长式核心（关系亲近的小团体和人情），将其与现代化（动员民众、参与政治、发展经济）结合在一起。

梁漱溟的乡约和传统乡约的另一个显著的区别呼应了他在《东西文化及其哲学》一书中对形式上的儒家礼教做的那种相对性论述："在中国古人的乡约中，可以看出他心目中好像有一个标准的礼俗，以为将这个标准做到就行了。其实善是一个无穷的，时时在开展中的；……我们的补充改造，即把偏乎个人的一点看成是社会的，把有所限的一点看成是永远开展的。"③

如果将官方的法令和法律标准排除在外，用什么来定义梁漱溟的这种基层组织呢？梁漱溟解释说，农民自己将创立新的"礼俗"，这种礼俗将转过来逐渐造就出新的积极的儒者。和毛泽东一样，在梁漱溟的理论中，群众是他们公共利益的最后主宰者。梁漱溟和毛泽东都预言，通过类似的手段，他们各自的文化革命将创造出一批新人。

西方（和国民党）那种毫无人情味的文牍式官僚主义不仅会使人变成卑鄙的阴谋家，并且会扼杀人类的道德潜能。克服这种官僚主义的唯一办法，梁漱溟强调，恰恰是要一蹴而就地移风易俗。梁漱溟的方案主张：集体价值观不应由条文表述并通过法律机械地加以强化，而只能在伦理上的礼和

---

① 梁漱溟曾援引过吕大钧的原文。见〔38〕，pp. 188—191，197—198，207—208，214—215；〔11b〕，pp. 53—63。
② 〔38〕，pp. 258—259，307；〔12〕，p. 4。又见〔38〕，pp. 187—215；〔25〕，pp. 127—129。
③ 〔38〕，p. 201。

内化的道德标准的基础上建立。没有必要硬性地去描画这个组织的面貌；这个形式的细节将在重新热烈起来的道德氛围中"自然地"发展出来。由于这种精神气质将凭借着自身的力量向前发展，形式上的法律、官方的规章制度和有形的力量从此失去了必要性。（受集体舆论鼓舞的）个人会做出道德的而不是计较私利的决定。在这点上他不同于西方，仍旧保持着孔子那种对人类道德潜能的信念：

> 只要大家每人心中都明白，则你作这件事如果作的不合情理，自己固然明白，人家也明白。……① 乡村建设的组织必须依靠人民自己，而不是一个依靠外力维持的组织。每一个成员必须使自己意识到组织的需要，意识到团体中个人之间及其利益之间的关系。②

（梁漱溟显然从未意识到，在依靠"个人利益"的同时，奢望着能培养个人"不为自己"的理性道德力量，是自相矛盾的。毛泽东意识到了这个矛盾，但"阶级斗争"思想也不能解决这个矛盾。）

熟悉中国共产主义社会理想的人会发现，梁漱溟如此钟爱的乡约构想与共产党的学习小组在抗战和解放后这两个时期的形式和实践有雷同的地方（尤其是在他们有别于西方及苏联模式的方面）。无论是在梁漱溟的儒家模式里，还是在毛泽东的马克思主义模式里，这种小组织结构都在两个方面发挥着关键作用：一是政治（还有其背后的道德）团体在横向和纵向整合；二是发动群众落实具体的经济和政治改革方案。梁式乡约和共产党的学习小组既可以被视为一种控制社会和政治的工具（因为反抗意识会被狂

---

① 下面这几句在艾恺所注出处中找不到原文，可能是版本问题，姑且意译。——中译者注
② 〔38〕, pp.252—254。

第九章 乡村重建：儒家的现代化

热所窒息），也可以被视为是将一出主题至善至美的道德剧制度化（的结果）。两者的目的都在于通过组织和引导社会互动来为运动的价值和目标制造社会压力。周围人的赞许和批评既是灌输意识形态（儒家或是马克思主义）的机制，也是克制猥亵或酗酒等恶习的良药。梁漱溟希望，通过积极参与乡约这样的组织，农民们能使自己变得更会反思、更能分析、更有主见，从而不再像以前那样消极地接受现有的习俗和社会现实。梁漱溟也幻想教育和集体工作能让农民将感情和智慧融入国内和国际事务中——这一愿望后来由共产党实现了。

但是，梁漱溟和毛泽东的根本区别不但表现在对待这种小团体中的冲突的态度上，还表现在处理这一改革中的基本矛盾的方法上。这个矛盾就是：如何利用受目前恶劣的社会条件制约的人民去实现未来的良好社会？如果人民所持的价值和习惯模式仍然是目前这个不良社会形成的，他们怎么会真诚一致地去要求那些显然是不受欢迎的东西呢？例如，一些村民无疑仍然喜欢缠足。这样的问题如何处理呢？而且，变革力量本身——乡村工作者或党的干部——总是退却甚至不能真正获得新的意识。毛泽东对这一困境有他独到的认识。他希望小团体能将这种冲突公开化并着手解决和消除它们。而梁漱溟儒家式的乐观主义偏见使他不能正视这种冲突和矛盾。他坚持认为决不能让这些事情发生，更不能让它们成为一种实际上的压制。相反，对民众一定要本着说服和自愿的原则。唯一的办法是求助于人类的感情和说理。在新的习惯形成之后，这个问题也就不复存在，那些力量的性质也就无关紧要了。毛泽东则认为会有"多次文化革命"，有些甚至是和变革力量相对抗的。

农民学校 梁漱溟乡约的基本组织——自治机构的政府和其他公共事务的管理部门——不是市政厅，而是"乡农学校"。地方从自己的成员中选出"聪明廉洁"的人做校长。他（她）不具备获选官员的地位和身份，而只充当一名"教员",其最重要的作用就是调解。

对于梁漱溟的方案和他关于和谐的理想来说,这种调解员所扮演的角色是至关重要的(无论是在当地与外界之间,或在当地成员内部)。有了这样一个农民学校,群众就不会直接批评和抨击乡建干部,而是首先去找校长,接下来校长再代表他们把他们的要求传达给干部。如果村民内部发生了意见分歧,校长就要"作深入调查以弄清群众的要求",并系统和"适当"地把他们零散的、含混不清的要求明确地表达出来。和毛泽东的群众路线一样,胜任的校长靠的是他的才干、坦率和博得群众的"尊敬与信任"的能力。梁漱溟承认:在开始时,需要真正廉洁和睿智的人来当校长;一旦新的社会风气出现了,即美德成为一种习俗后,什么人当校长就没什么不同了。①

在新社会,尤其是在进行集体会议时,"礼乐"(在梁漱溟1921年的著作中占有显著的位置)也扮演着重要的角色。梁漱溟重视集会中仪式和礼节所起的作用,即抑制公然作对的行为。他坚信,音乐可以免除由文明带来的阴冷、沉滞、自私的算计,还可以增强农民的生命力。"我们制作一种简单的、经济的戏剧,教他们自己唱,渐渐的使农民都开始唱开了他们的戏……极需要有适合于他们的戏教他们唱。"② 梁漱溟这位圣人不屑于做这种轻浮的事,但他与此有关的想法却耐人寻味,正是熟悉了这一关键环节,我们才得以将梁济以民间戏剧为教化工具的尝试和解放后那些成为教化工具的民间戏剧联系在一起。

虽然最大限度的地方自治是梁漱溟这一计划的基本宗旨,但他也意识到,缺少相互沟通和核心组织的基层运动是没有出路的。因此,他希望所有的农民学校能够在村、乡、县、省各级别被组织联系在一起,织就一张

---

① 〔38〕, pp. 143, 180, 189—193, 200—204, 252—260, 312—314, 373—374;〔12〕, pp. 1—2;〔11e〕, pp. 191—192;〔11f〕, pp. 201—206;〔11g〕, pp. 207—216;〔11h〕, pp. 217—220;〔21〕。
② 见〔47〕, pp. 137, 139—140;〔38〕, pp. 256—257。

第九章　乡村重建：儒家的现代化

覆盖全国的社会教育文化网（独立于官方机构之外）。一旦乡村建设蓄积了足够能量，社会便终将取代政府。现存的通常由政府经管的系统（如学校系统）应该被废除，并依据农民的真正需要和愿望重建。①

在乡建方案中，梁漱溟对教育的具体设计是他先前的教育实验和他对中国西式教育体制的拓展。此处再次出现和毛泽东思想相似的地方。梁漱溟强调，中国的新教育首先是一种实践性的教育——它的真正目的在于提高生产，轻课堂而重实践。它着重在社会教育，尤其是成人教育。初等教育最终是要普及的，但一定要由当地农民来管理，只有他们才了解什么是对他们真正有用的。他说：我们一定要让农民来管理，也就是说，在你进行改革前，你一定要成为一个农民。他谴责现行的大学教育"和社会没有关系，……培养的人才也不合社会的需要"。学生一定不要再读那些洋课本了，它们对中国的实际情况说不出什么所以然。此外，在学术研究中也应该强调那些能解决中国社会需要的应用科学，如乡村公共卫生和农业技术等。②

儒家社会主义　梁漱溟本人并不相信单凭着赤裸裸的道德力量就能创造出并维持新的集体制度。除非农民能看到这种组织有益于他们，并能解决他们的问题（比如，保护他们不受土匪侵害，提高他们的生活水准，改善他们的健康状况），否则新型乡农学校是没有希望的。梁漱溟式乡约的经济杠杆是合作社，其作用在于优化并提高生产，平均分配。和前辈圣贤孟子一样，梁漱溟也看到道德上的至善和经济条件是分不开的。此外，他还看到，经济上的不平等妨碍着儒家真正价值的实现："这个问题（私有财产）不解决，一切都没有办法。……现在的社会制度，一面制造罪恶，一面更

---

① 见〔38〕，pp. 205—207，213—214，262—263，296—297，312—314，319，364—365，398—399，400—410；〔14f〕，pp. 63—65；〔39〕，pp. 1—2，8；〔11h〕，pp. 233—237，245—248；〔20〕，pp. 301—302。

② 〔42k〕。

妨碍人类美德的发挥。……确实教人狭小自私……理想社会之所以能达于美善境地，就在其解除生产竞争的压迫。"

儒家的复兴客观上得益于帝国主义的经济侵略。"零零散散的农民，受此外面大势的逼迫，他将很自然的必要从分散往合作里去走；以合作团体利用进步技术。"合作社将不断扩大其资本以至一切最终都成为公有的。乡村建设各个方面的总趋势都是"从私往公里去"。①

合作社是梁漱溟解决土地问题的重要环节。据他的分析，土地问题有三大困难：土地分配不均，土地利用率低，耕地总体上不足。总的说来，梁漱溟的计划和1949年以后进行的中国土地改革和改组的方式很接近，当然，它没有斗地主这项重要内容。它第一步是做到耕者有其田，然后是促进合作利用土地。

> 这两点是我们应当积极进行，不容稍缓的；而这两点果得作到，其去土地公有亦只有一间耳。……使耕者有其田，固已给予农业上有说不尽的好处；但如其各自经营生产，还不是土地合理的租用。我们必须更从土地的合作利用（一种利用合作），达到土地利用的合理化。②

梁漱溟争论道：通过集体开发人口稀少的地区，中国耕地短缺的普遍问题可以得到解决，他深信，"由我们的乡村组织及合作社，可以消除大半"。他反复强调，合作团体应该"出于理想思维而非强制"。要解决土地问题，

---

① 〔38〕，pp. 288—289，169—171，416，293，432。又见 pp. 172—175，189—190，227，285—294，300—306，386—394，415—432；〔11g〕，p. 207；〔9r〕，p. 275；〔485〕，pp. 258—259。梁漱溟所指的并非中国以前曾建立过的那种合作社，他认为它们是失败的。

② 〔38〕，p. 414。

唯一有效的办法是通过"调整社会关系形成政治力量"。① 无论是官府还是军队（即便是"人民军队"）都不能插手此事。无论梁漱溟对土地问题怎样感到忧虑，他一直反对强制性地将土地充公，并批评共产党（尤其是江西时期）的这类做法。

比起斯拉夫文化优越论者把"米尔"（Mir，沙俄时代农村中一种村社组织——中译者注）理想化的做法，梁漱溟儒家式的社会主义并没有走得那么远，但他也暗示（像他父亲那样）：由于在传统的中国家庭或宗族中不存在个人财产权，因此中国的伦理关系中发展出了一股倾向于公共财产的趋势：

> 中国从来没有把财产看成是个人的，都看成是一家的；而家的范围又常常是不定的，……中国人从前所以没有明白显著的共产的要求主张，原来是因为生产技术是简拙的，可以零碎的小规模的去生产，……并不是有一个反社会化的风气。②

梁漱溟对苏联农业集体化实验的态度和他对苏联工业化模式的评价相似。中国在农业集体化方面必须模仿苏联，但也当然要不同于苏联的"机械性"。中国的集体化必须主要靠农民自愿，而不是中央集权的强制政令来完成。和乡农学校一样，他这个计划的基本轮廓是由地方自立和自给自足这一理想构成的（在政府和地方之间一直存在着隔阂）。但是为了要符合中国全局的利益，全国范围内都应该开展合作。全体农民要"纳于合作组织中，这样无形中就将农民都变成经济的战士"③。

---

① 〔38〕, pp. 411—414, 304—307。
② 〔38〕, pp. 168—169。
③ 〔38〕, pp. 416, 293, 432。又见 pp. 26, 168—169, 303—304；〔86〕, p. 197；〔32〕。

儒家和毛泽东的思想

既然梁漱溟关于农村新文明计划的某些方面和毛泽东的革命有如此明显的相似性,那为什么梁漱溟在1937年以前会反对共产主义呢?首先,需要注意的是:梁漱溟也反对国民党,反对自由主义,反对军阀。总之,只要是不完全符合他所说的圣贤教化之道的,他就反对。其次,当时社会上流传的共产党的形象(是由国民党控制的杂志和官方报道传播的)是一群"杀人放火"的"土匪强盗"——梁漱溟难免也有此偏见。① 再次,共产党的性质在江西苏维埃时期(1930—1935)和延安时期实际上有本质的不同。共产党此时尚未接受毛泽东领导,还没有开始要确立"毛泽东思想"。后来在批评延安以前的共产党时,梁漱溟也常常谈到江西苏维埃的失败政策和抗战期间边区惊人的成就有很大不同。②

随着时间的推移,梁漱溟对共产党的态度逐渐变得矛盾起来。在同以往的自救运动以及国民党的比较中,梁漱溟逐渐认识到,共产党的路至少还是正确的:它是为农民服务的。(这当然更多地要归功于毛泽东,而不是归功于马克思主义。)甚至在某些目标上,共产党人和他的乡村建设运动也是一样的:它们都"要农民自觉,有组织而发生力量,解决他们自身的问题"③。当然,承认这些共性是部分的和有条件的;梁漱溟自然要继续坚持他

---

① 梁漱溟在20世纪30年代说的一段话(在1955年至1956年的批判运动中,这段话自被不厌其烦地引用)反映了中共在当时给人们的普遍印象:"共产党杀人放火,其为害亦与土匪差不多。"见〔38〕, p. 279。又见〔302〕, p. 78;〔609〕, p. 62;〔351〕, p. 131;〔202〕, pp. 156—157;〔260〕, p. 196;〔342〕, p. 177;〔414〕, p. 282。
② 其例见〔51〕, no. 17。毛泽东本人在谈到江西时期时,在某种程度上也承认梁漱溟批评到的那些方面有一些失误。如,在《关于纠正党内错误思想》一文中,他提到"单纯军事观点""流寇主义""追求物质享受""缺乏组织纪律"等。见〔424e〕。
③〔12〕, p. 63。

第九章 乡村重建：儒家的现代化

本人对拯救中国的设想，并继续批评共产党在他看来是违背他那套方案的实践。

然而，梁漱溟并没有像人们希望的那样在共产党的努力和乡村建设之间划出一条革命或改良的界线。他承认，乡村建设"很像是一个改良派。但处处又表露革命的口吻"。"现在我肯定地说：中国问题之解决方式，应当属于'革命'。"中国的问题就是"如何建造成功新秩序的问题"，然而乡村建设"毕竟是一种革命；从旧秩序——君主专制政治，个人本位的经济，根本改造成一全新秩序——民主政治，社会本位的经济，不说他是革命是什么？"①。

梁漱溟倒是划了另一条界线："我们所作的工夫，是积极的、培养的、建设的，而他们是消极的、破坏的。"在农村需要积极统一和建设的时候，共产党却"首先作一种分化的工夫，使乡村社会成为分离对抗的形势。在乡村社会之内就发生斗争"②。梁漱溟把这种"错误"归于这样一种原因：共产党（和国民党、自由主义者及一切其他乡建以前的自救运动一样）盲目追随国外的理论，而这些理论对中国则是没有效用并毫无关联的。"我始终同情共产党改造社会的精神。但我又深深反对共产党不了解中国社会，拿外国办法到中国来用。"有一次，在反对共产党使用斗争和暴力时，梁漱溟用打趣的口吻结束了他的争辩："朋友，马克思列宁以来祖授心传的手法，请你们承认在此地用不上罢！"③而此时，毛泽东还没有将"马克思列宁主义的普遍真理"灵活地应用于中国的具体实践并使其具有中国特色。又过了几年，在总结了江西的教训之后又恰逢日本入侵之时，毛泽东才在他敬仰的先行者创造的百尺竿头上更进一步，并成功解决了一些难题。

从根本上说，毛泽东的斗争论和梁漱溟的调和论之间是一直存在差异

---

① 〔11e〕, pp. 191—192。
② 〔12〕, pp. 63—64；〔363〕, p. 1；〔38〕, pp. 197, 282；〔42a〕；〔39〕, p. 8。
③ 〔51〕, no. 15；〔11d〕, p. 158。又见〔39〕, p. 6。

的。这并不奇怪,它反映了马克思主义和儒家模式之间的截然对立。贯穿在毛泽东思想(以及他由此出发的实践和经历)中的是矛盾和冲突的积极作用。毛泽东崇尚斗争。同样,在梁漱溟的儒家学说(以及最传统的儒家思想)中弥漫着和谐的核心价值。梁漱溟关于转化和统一的思想用和谐的泛道德主义取代了斗争。因为斗争是理性的对立面。梁漱溟呼吁,在解决(人民)内部矛盾时,"要尽可能的避免斗争,从理性求解决"[1]。自摆脱早年的感情危机以来,梁漱溟一直在心中酝酿着民众的精神复苏,而这种复苏是以重新发扬儒家的和谐关系为基础的。

所以,梁漱溟反对共产党"隔阂不通"的核心就是害怕它"伤和气毁交情,……人情合洽,最能增进生命的活动,论到好处这是根本可贵的好处;毁伤了这个,有形无形不知有多少损失"。"嫌怨仇忌心理"会使中国农村——这个理性不堪一击的最后避难所——和道德沦丧的西方资本主义社会一道,落入同样不拔的深渊。在那里,人只能过非人的日子,而被寄予拯救人类厚望的中国农民也将如数蜕变成经济的附庸。一旦农民被赐予"现成的土地、租谷、钱财",他们就会产生"多得钱少做工"的侥幸心理。[2]

和往常一样,梁漱溟的议论也有考虑实际的一面:

> 我不是说经济不要紧,也不是说利不足以动乡下人。我正是说你在这里动他,他当然有点动,而终归动不起来!若大家仍是各不相顾,各自应付各自的生计问题,问题谁也应付不了。……我们……不要以利诱乡下人。我们应当从根本上复苏了农民的精神,发动其进取之心才有办法。[3]

---

[1] 〔38〕, p. 282。
[2] 〔38〕, pp. 283—284。
[3] 〔38〕, pp. 298—299。

第九章　乡村重建：儒家的现代化

梁漱溟也许从未考虑到这种可能性：假如农民相信这些"现成"的东西理所应当属于他们，假如他们亲自去争取，那么，他们就不会产生这种"侥幸心理"。

其实，毛泽东良好社会的实现也不是以迎合农民"天生的"小资产阶级本性为基础的。至少可以这样说，物质产品的再分配并没有减少专为个人打算的自私自利。和梁漱溟建设新的儒家社会一样，毛泽东的革命也是以个人"非理性"的自我牺牲为基础的；它针对的不是个人的物质私利，而是集体的利益。和毛泽东信奉的马克思主义的无产阶级或是有"无产阶级意识"的农民相比，梁漱溟无私的儒式农民并不见得更加理想化。

梁漱溟最终希望否认的是，在中国农村中存在着真正的阶级斗争的可能性和必要性。他也承认农村中确实存在着"矛盾""问题"和"不平等"，但是他坚持认为这些比起农村和都市社会之间的矛盾要黯然失色。"现在中国社会，其显然有厚薄之分舒惨之异者，唯都市与农村耳。"（在此我们可以看出梁漱溟二十年后与毛泽东对抗的根源所在。）不仅消费水平之间存在着差距，在"身体生命财产的自由"上也有程度不同。"近年军阀与土匪并盛，一切压迫掠夺所不敢施什一于都市者，骈集于乡村；既饱则飏于都市。"农村居民中可能并确实曾有与军阀为伍同享城市悠逸生活的"地主乡绅"。于是梁漱溟做出如下结论：中国真正受压迫受剥削的是占社会百分之八十的生产劳动者——农民。受压迫最深重的是中国偏僻乡村中的愚昧农民。①

此外，梁漱溟警告说，把乡村居民划分为阶级的这种尝试必然是行不通的、不可思议的，也是不公正的："'产'若作生产工具讲，则有二亩地的贫农与自营手工业者都应有产了；……产字若即作钱字解，更不好分。"②

---

① 〔11e〕，pp. 188—189；〔38〕，pp. 304—376；〔12〕，pp. 63—64。
② 〔11e〕，p. 188。虽然这个问题表述得不够好，但梁漱溟的确遇到了严重的困难。中共后来领导的土地改革也将遇到这种困难。

梁漱溟说：

> 我曾见毛泽东分析广东乡村社会为八个阶级，只其中低级之三四阶级准他加入农民协会……划的界格非常严。农民又武装起来，……与绅士们领导的民团，彼此之间，就发生冲突。在花县（梁漱溟当时在此，住在他的学生黄艮庸家里——艾恺注）一带曾有过大规模的战争。现在我只说到不同为止，而不评论他的是非优劣。因为我们对于中国问题的解释与估量，与他们不同。①

梁漱溟简明扼要概括了与共产党的诠释和评估存在的三个分歧：

> 一是他们不认识中国社会散漫和平的特质。因为散漫，斗争就无从斗起，斗亦斗不出结果来；而同时……对于斗争破坏深恶痛绝，他们遂不见容于社会。更其要紧的，农民运动的要旨在于培养起农民自身的力量，但我相信从来缺乏团体生活的中国农民，这必须从正面作慢功夫才有结果，……二是他们不认识中国革命的特殊性……（旧秩序已破坏，正在无秩序，并非有一不平等的秩序）。现在需要以建设完成革命，从进步达到平等；而斗争破坏只将中国延滞在纷乱和不进步的状态中，革命反而不得完成。三是他们不晓得他们所希望建树的革命政权，将靠以进行建设完成革命的，在中国恰好无实现的可能。②

梁漱溟关于阶级斗争的革命不能成立的理由（归根到底是以他对中国

---

① 〔12〕，p.64。
② 〔38〕，p.282。

文化和社会的哲学理论为基础的),同样来自对民国政治和社会的分析。中国的社会、经济、政治已全面崩溃,并不存在一个合法的建立在生产方式和生产关系之上的社会上层建筑,因此无从谈起要推翻这个上层建筑。

> 若在旧秩序未推翻的时候,多少还需要破坏工夫。……旧秩序便是一个有力的革命对象,大家的要求都还集中在一点上,事情就容易办。现在则对象非一个,要求不一致,说不上来同谁拼命。①

梁漱溟问:谁是掌权者?是军阀吗?还是国民党?抑或是地方恶霸?他们在经济上都不能组成或真正代表一个实际存在的阶级。

军阀这个典型的压迫者是一个很好的例子。他受到哪个阶级的委托和支持了吗?没有。他执行了反映哪个阶级利益的政治模式、社会纲领或政策了吗?没有。他本人有固定的阶级背景吗?没有。(梁漱溟说得很有道理。在不同的时间、地点和环境下,民国时期的军人或联合或反对帝国主义列强、国民党、共产党、苏俄、城市资产阶级、工会、地主、佃户、地方恶霸。)他们得到了什么合法的上层建筑的支持了吗?没有。他们"毫无法律凭藉自能存在;人人厌嫉,社会充满反对空气而卒能存在"。他们为什么能掌权?因为他们手里的枪杆子。"唯有枪有效耳!""军阀即此混乱状态中之一物,其与土匪只有大小之差,并无性质之殊。"和所有的各级当权者一样,他们是狡猾的机会主义者,既不忠于哪个阶级,也不归属于哪个阶级。

如果一个军阀"是一机会主义者,一识时务的俊杰,善于应付环境而已",那么所有的政党亦皆如此:"无所依据,只为有所争夺而结党,其争也私,其党也假。"梁漱溟一语中的:"在共产党自不爱听这话,……北平

---

① 〔39〕,p.6。

的大学生虽多，究不胜洋车夫多，而共产党尽多是大学学生。此大学生之愿意作共产党，正如他同学之或愿作传教师，或愿作买办，或愿作官僚政客一样。"①

那些乡间贵族——土豪劣绅们又如何呢？梁漱溟认为，他们是最近成立的西式地方政府和地方民团造就的。这种组织使"少数奸猾乃大得乘机取巧纵肆横行之便"，成为"一方之小霸王"。但是这些投机的"蟊贼"在经济层面上不能被看成是一个真正的阶级。"此刻中国直截了当的说，今日有枪便可压迫人，明朝失枪便被压。"②

因此，梁漱溟反对共产党的做法，认为："他个人稍得地位机会，便留恋现状而落于不革命或反革命去了。"③毛泽东本人并没有注意到挖出一个"新阶级"带来的潜在的危险性，但是他和梁漱溟解决办法的不同关键在于手段而不在于目的。在梁漱溟看来，历史的意志并不体现在一个革命的先锋队或某个单一的被压迫阶级身上；在他的叙述里，广大农民是主角。他坚持认为共产党的暴力手段不是"建设新社会之道。我们终究目的，在农民跻于经济上政治上的平等；刻刻本着这个目的，来调整社会关系，改造社会关系；而此调整改造则需不断地将农民本身力量充实起来，次第以完

---

① 〔38〕, p. 326；〔11d〕, pp. 164—165；〔38〕, pp. 362, 338；〔11e〕, p. 186。又见〔38〕, pp. 74—75, 82—94, 304, 317—318, 324—325, 338—339, 366—367；〔11d〕, pp. 163—165；〔42a〕；〔39〕, pp. 6—8。

② 〔38〕, pp. 278, 276。又见 pp. 274—278；〔11d〕, p. 157；〔11f〕, pp. 194—200。梁漱溟认为（他有相当多的历史事实作为依据），清末民初以来建立的地方官僚机构使那些新生的无耻乡绅和盗贼有很多机会控制和剥削农村。通过控制这些西式的官僚机构，他们拥有了完全把持乡村的权力。梁漱溟认为，这些地方自治系统不仅造就了土豪劣绅，它还助长了地主的势力。例如，民团就难免为地主把持，结果只能"帮助地主去武断乡曲，威福自恣"。〔38〕, pp. 274—276。又见 pp. 196—197, 274—280；〔11f〕, pp. 193—200；〔42c〕, p. 170。（最后的出处或因版本问题，未查到第170页。——中译者注）

③ 〔11e〕, p. 185。

成之"①。毛泽东的"文化革命"求的是一蹴而就,而不是"次第"以成;是通过公开的斗争,而不是靠"调整社会关系"。但是,毛泽东的"文化革命"与梁漱溟所向往的转变过程有相似的地方,特别是在它们有别于西方模式的那些方面。

"不断调整社会关系"这句话在梁漱溟的全部著作中反复被提到,它类似于甘地所谓的用"转变社会关系"的途径来解决社会矛盾。非暴力不合作(Satyagraha,甘地的主张——中译者注)当然同合作社和儒家的乡约相去甚远。但在某些方面,梁漱溟倒是很像一个中国版的圣雄:有道德的人必须是一个非暴力的人。梁漱溟决不会接受暴力,也不会把对内使用武力看作是革命的必要。他十分清楚政治权力是从枪杆子产生的,但他希望乡村建设要避免的恰恰就是政治权力。梁漱溟对武装暴力的反感不仅反映了他作为儒家对和谐的追求,也反映了1917年发生在毛泽东的故乡的混乱和破坏给他留下的难以磨灭的印象。

梁漱溟直言不讳地向毛泽东阐明了依赖武力会产生什么样的后果。1938年在延安,他对毛泽东说,共产党在江西的失败恰恰在于太依赖武力而不是充分依靠人民政治上的支持。梁漱溟批评说:"过去十年间(1927—1937)共产党革命之无成,甚至党命几乎不保,即证知其在政治上失败了——政治路线错误。"②总的说来,毛泽东应该也会认可这种说法。显然,江西苏维埃时期的共产党和抗战期间的共产党在依赖武力的程度上是不同的。

虽然梁漱溟倾向于儒家式的和谐,而对使用武力有着深深的厌恶,但在调整社会关系这一问题上,他显得左右不定、立场不明确。他是否也怀疑过(如同后来的批评者们指出的那样):即便强调了"不断调整社会关系",

---

① 〔38〕,p.284。
② 〔80〕。

一个不借血腥阶级斗争这个严厉的助产婆的手而诞生的新乡村文明最终是不是还会被富农和地主所控制？梁漱溟大概更希望不破坏和谐的人际关系就能得到斗争的那种好处，他更希望通过同样的方式获得现代化的物质利益而避免随之而来的罪恶。例如，虽然梁漱溟断然否认中国农村存在一般意义上的阶级，但他也承认："贫富不均及阶级剥削（业佃、劳资）则是有的。……以业佃土地分配问题为重大。"虽然他坚持村内和谐的绝对必要性，但他又自相矛盾地承认："有的地方，乡村内部矛盾到团结不可能。"梁漱溟指出，不仅业佃问题如此，在一些地方，土地占有不均的问题也很严重。这要归咎于土地的私人占有。土地占有的不均必然导致分配不均。①

大概梁漱溟也为这种自相矛盾而忍受着痛苦的折磨（即便这种自相矛盾尚未明朗化），因为他坚定地捍卫着他所谓的通过非暴力、渐进的途径实现公社化和社会主义的立场。

> 他们（共产党人和左派人士——艾恺注）说的最多者，恰是我在这里说的最少者。这里并没有什么一定的偏见。大概是我感情放得太平静了些，没有各位先生那愤懑激昂的情绪；不由得话就少了。更其是我专从解决的办法上设想，那没办法的话就置之不说。其实这两个问题，我如何不承认呢？土地问题，在我们成天说农民讲农民的人安得不急想解决？可是够上负责来解决这问题的政府还没有，至于共产党的作法呢，倒亦痛快，只是于大局无补（他们若建得起政权来就有补）。②

所以梁漱溟反对阶级斗争和土改的主张是有务实的一面的，但跟以和

---

① 〔38〕, p.304，又见 p.282。
② 〔38〕, pp.440—441。

为贵、去除暴力的原则相比,这一面是有先决条件的。"共产党的办法虽不好,但有的地方也还有用;如果真能够把土豪劣绅打倒,把土地重新分配得平均,这样痛快的干一下,也还不错!"问题在于"此能解决土地问题之政治力量,今日尚未形成"。梁漱溟的意思是说,只有一个统一的、联合一切的革命政权才可以使这些成为"真正可能"。这样的政权必须真正是"革命的"。"除去他是一个革命政权;否则,那个政权只代表惰性、不进步性的。"只有苏联那样的政权才能够"完成革命"。梁漱溟最后说:解决土地问题的办法很容易想到,但要紧的是谁来实现它。①

造成梁漱溟当时还看不到一个性质是革命的政权的部分原因也许在于他缺乏辩证思维。(是否因为他坚持从当时"事实"的现实主义考察出发呢?)但是,之所以梁漱溟不能想象这种政权存在的可能性,显然也要归因于下列事实——20世纪30年代初期和中期的具体历史形势:没能踩着"革命高潮"的浪头达到胜利彼岸的共产党已明显濒于灭绝的边缘。事实已经证明,国民党连自己都不能统一,更不用说要一统江山了。除去被帝国主义列强统治的地区不谈,中国其余的地区实际上都为独立或半独立的军人(虽然他们有时也隶属国民党)所控制。在这些军阀之间几乎每年都要发生争战。在这种情形下,认为近一段时间内不会出现一个革命性质的政权,要比期待到1949年才会发生的事件更体现现实主义精神。虽然毛泽东精通辩证法,但是当几年以后局势发生转变时,他无疑也和梁漱溟一样感到吃惊。因此,我们不能简单地将梁漱溟此时提出的解决办法——靠"社会自身"的团结一体的、致力于统一的运动来完成改革——视为宗教狂人发疯的念头。

但是我们必须追加一句,梁漱溟似乎从未看到问题的另一面:拿现存的当权者——国民党和各种军阀——怎么办?在此,我们触碰到了梁漱溟

---

① 〔38〕, p.197;〔38〕, pp.304, 401;〔39〕, p.2.

最终失败的症结所在；并且可能还会发现梁漱溟为什么总是和民国时期的历史进程不合拍。梁漱溟希望乡村运动能受理性的"控制"和"指导"，利用各种当权者为其目的服务。他没有意识到，只有得到当权者的允许和财政支持，乡村运动才能存在下去。而这样一来，乡村运动就难免"站在官府一边"。他也明白，摆脱这种依赖的唯一方式就是共产党所代表的暴力革命，即他曾批评过的"破坏型工作"。但由于他最终关心的是中华文化，因此他绝不会做出这样一个逻辑结论：为了成功，乡村建设必须是一个独立的、武装的政治运动。对他来说，起作用的必须是理性——既是中华文化之精粹的理性，也是像甘地的"真理"那样的理性。他对乡村建设"必须用理性解决问题"的强调是有其必然结果的。

    不过，梁漱溟的矛盾心理预示了他最终将接受共产党的政权。他说，我们并不"一定反对共产。走到那时再说，如果事实上需要共产，大概谁也阻止不住；……我们这条路与共产同其方向，所差只在分寸不同"[①]。

---

① 〔39〕，p.8；〔38〕，pp.282，307—308，378。

第十章 "南京十年"时期之乡村建设：一个政治和社会的分析

"最近，在'农村经济破产''农村崩溃'的呼号中，'乡村建设''农村复兴'的口号弥漫于全国；这实在是朝野的一种新觉悟。"①

以上是一位民国时期乡村改革运动的重要记录者在他1934年的概论著作中的开场白。据另一位作者统计，当时大约有七百个致力于乡村工作的各种组织。② 知识界的如椽之笔则就乡村问题和乡建方案鼓捣出了上百部专著、各种专门期刊和几千篇论文。作为统治者的南京政府和它所控制的各省政府以及各个半独立的军阀把持的省政府，这时也在制定政策和措施，建立机构，重新组织地方政府。总之，他们对于以往被忽视的中国广大的农村社会表示了极大的关注。

这些连篇累牍的方案和计划所涉及的范围由单一的村落扩展到全国。有些是局限在某一个特殊活动上，如合作社、自卫组织或水利问题。其余的则扩展为一个庞大的计划，不仅要解决全部问题，同时还谋求在特定区域内改造整个环境。和乡村改革相联系的另一思想是地方自治和乡村自治，它指的是村落层次上的政治组织。

---

① 〔366〕, p.1。
② 〔259〕。

1927 年

虽然 30 年代是乡村建设的全盛期,但大多数人事实上直到 1927 年才"顿悟"。正是在那一年,梁漱溟才终于敢相信乡村运动的可能性,王鸿一的村治派才开始引起普遍的注意和吸引到重要的新拥护者。这一年的 3 月,毛泽东宣布他本人开始"觉悟"到乡村中的不满可能会变成"无产阶级"革命的动力。① 也是在 1927 年,冯玉祥开始支持乡村计划,彭禹庭的团体开始形成,陶行知建立了他的晓庄师范。此外,先前对乡村改革不是特别感兴趣的中华教育改造社开始赞助起了陶行知的前瞻性的事业。② 大约与此同时,沈定一(他的性格及纲领与彭禹庭极相似)也在他的家乡浙江北部的东乡开始了乡村改革和地方自治工作。③ 其他几个改良组织和知识群体也在同时并个别地(用梁漱溟的话说,如同天意安排一般)将它们原本都会导向的视线转向了农村。其中最醒目的例子莫过于晏阳初的中华平民教育促进会也将工作的根据地转移到了农村④,中华职业教育社也开始将注意力集中在乡村工作上⑤。

当时的观察家们也指出:不同的人和组织同时将注意力集中到乡村运

---

① 毛泽东著名的《湖南农民运动考察报告》最初发表在《向导周报》第 191 期(1927 年 5 月 20 日)上。

② 〔366〕, pp. 282—283;〔494〕;〔339〕, p. 27;〔562〕, p. 1。

③ 〔366〕, pp. 330—331;〔396〕, p. 65;〔629〕。

④ 平民教育运动 1926 年就在翟城开始了。但在 1929 年晏阳初出国筹款归来以前,它还没有广泛开展工作,也没有形成一个乡村改造的实验中心。见〔366〕, pp. 67—75;〔241〕;〔120〕, p. 38;〔562〕。

⑤ 这个实验区本来是和东南大学、平民教育促进会联合创建的,但一年后这两个单位都退出了。1928 年 4 月,黄炎培的组织独自继续办了下去。转年,职教社又在江宁县黄墟开办了另一个点。此后,职教社又在江苏、浙江接连增设了一些实验点。见〔366〕, pp. 140—157;〔329〕, pp. 38—39;〔449a〕;〔440〕, p. 21;〔562〕, p. 2。

第十章 "南京十年"时期之乡村建设:一个政治和社会的分析

动上是令人吃惊的。① 对于1926年以后纷纷出现的这些运动,有人曾做过这样的比喻:"如雨后春笋,如狂风怒潮","汹涌澎湃,大有掀天盖地而来不可遏止之势"。② 一位左翼评论家认为共产党在1925年至1926年领导的农民运动是带来这波蓬勃发展的"春雨",他做出了如下总结:"这一农民运动,1927年后经过种种变化,才部分地消沉下来。可是影响所及,使社会上、思想上和政治上已划了不可磨灭的痕迹。改良派的农村运动受了农民运动的影响……"③

这个假说固然很诱人。然而,我们却要指出,中国共产党最终选择的道路(与马克思主义正统观念不完全一致的道路)也许本身就反映了中国农村问题的迫切性,并反映了中国立志改革的人们对此问题的热切关心。一定是几个因素合在了一起,才使对中国乡村的这种注意极大地增长起来。许多人日益沮丧地看到军阀统治的强取豪夺带来了许多社会和政治的负面后果;县城中的"上层"士绅(他们是传统的乡村领袖)的资产阶级化并日益背弃乡村,以及都市区域的扩张忽视并损害了广大乡村的利益。此外,学校和教育的普及以及全国性交流的增长使这些问题日益受到更普遍的注意。④ 至于帝国主义对农村经济的影响以及农村生活水平的下降则较富争议性,但仍是切中要害的问题。

虽然这些条件无疑有助于乡村建设思想的传播,但没有任何人能圆满地解释为什么在1927年、1928年突然兴盛起来的对于乡村建设的兴趣和工

---

① 〔562〕,p.5。
② 〔297〕。
③ 〔400〕,p.3。
④ 例如,雷蒙·麦尔斯(Ramon Myers)在论述1927年的特殊意义时曾提出这样一个问题:"为什么直到1927年才出现对农业的兴趣?"在解释这一现象的原因时,他不但列举了20年代以前就明显存在的各种趋势,还提到了1931年以后才出现的世界性经济萧条带来的影响。〔444〕,pp.13—14。

作。上述这些至少自 1900 年以来就已成为一种不断发展的趋势。此外，此起彼落的乡建理论和建议，与小规模的组织早已不断出现，但是，这些早期的努力在 1927 年以前无一获得足够的关注和支持。共产党在动员乡村社会方面是一个成功的范例，它的存在（或威胁）也许确实使 1927 年发生关键性的改变。在梁漱溟看来，农民协会的成功似乎是打消他的疑虑（这疑虑部分是由更为正统的马克思主义者陈独秀的立足城市说引起的）的一个因素，从而认为他关于以农民为基础的群众运动是可行的。当然，冯玉祥的计划与共产党是截然相反的。其他乡村改革者们的动机只能从侧面推敲，但在中国共产党展现农民协会惊人潜力后的一年中，各类乡村改革计划就纷纷涌现或显示出新的活力，这大概并不仅仅是一种巧合。甚至一些国民党的领袖也曾一度谋求利用乡建为其目的服务。

农村的地方精英

通常对国民党和地方精英之间"自然"会联盟的假定，与他们之间争夺乡村经济政治力量的事实是不一致的。问题在于"地方精英"这个范畴含混不清，也导致很难分辨出乡村建设的当然参与者究竟是哪一类人。由于各个地方的差异很大，几乎不可能归纳出乡村中可分成哪些社会阶层。但是在 20 世纪 20 年代末则出现了某种可辨认的趋势。

首先是靠地租生活的"大地主"阶级。他们的利益、资本，有时连住宅也在城市里（或至少是在县城或大一些的市镇区）。由于在沿海城市的银行里拥有存款，又有受过西式教育的子女在城市里工作，这些地主兼资本家可能会重视乡村中的法律与治安，并且某种程度上对提高农业生产效率也感兴趣。但是，他们显然不是乡村建设和乡村自治的社会经济基础。这

第十章 "南京十年"时期之乡村建设：一个政治和社会的分析

些人也许是帝制时代"上层"士绅中的遗老遗少或是他们的子孙；但到了北伐时期，他们在经济、社会和文化各方面都已经相当资产阶级化了，也与崩坏中的传统乡村社会结构切断了联系。国民党也许是在这些人中发现他们的地方精英同盟者的。

要了解乡村建设的阶级基础，我们应该进一步考察帝制时代财产和势力较小的"下层"绅士（生员、监生以及他们的后代）。这个集团拥有的土地和财产要少些，住在小镇或乡村中。最重要的是他们不具备上层士绅所有的那种城市联系和都市文化色彩。（大部分乡建运动的言论都具有强烈的反都市色彩，并把乡村中的各种不良状态归咎于城市。）县以下层次上的自发群众运动和农民反抗运动的共同领袖大部分是这些下层绅士和小地主们。[1]

能够将这些下层绅士和小地主等同于"劣绅"吗？他们是否和"土豪"勾结在一起占据了民国时期乡村的地方舞台？乡村建设和地方自治的赞助者是由著名的土豪劣绅组成的吗？[2]考察一下大部分著名的乡建方案仍得不出明确的答案。无论是在定县还是在邹平，改革者和至少一部分下层绅士之间的冲突是一直存在的，和土豪劣绅有关的难题也是不胜枚举的。[3]并且这种紧张也不仅仅限于由都市里长大的那些理想主义的"外乡人"们所实行的计划。彭禹庭和他的同事们是在本地进行乡建方案的下层绅士，但是他们的第一个行动就是解雇全部县以下各级行政官员（村理事、区长）、修

---

[1] 这里做出的论断是以我在1973年秋天同卢西恩·比安科（Lucien Bianco）教授的谈话为基础的。当时我们谈到了他最近关于"二三十年代农民自发起义"问题的研究。这虽并非他研究的主要方向，但他还是强调指出，那时的小地主经常组织和领导反抗县府、反抗捐税以及其他类型的暴动。
[2] 见〔362〕。
[3] 其例请见〔258〕, p.208。

改选举程序，以使劣绅不能再继续把持这些职位。①梁漱溟把土豪劣绅的存在，归咎于清末民初对地方政府官吏体系的改革，他认为这种改革只是为政府进一步压迫和敲诈勒索提供了手段而已。他尤其注意将他的运动设计成一个非官僚主义的、自发组织的运动，是由农民自己发动和维持的运动，以避免他认为的所有现存自治组织中的弊端。②

乡村建设和乡村自治的改革者们也与延安时期共产党的做法一样，把下层绅士区分为两种类型：劣绅和开明绅士。但无论是改良派还是革命派，他们的划分标准都不是以社会经济为基础，而是根据绅士们的态度和行动。乡村建设者和共产党人之间的这种相似性并非毫无关系，乡村建设基本上是毛泽东的农民运动的改良版。但是，乡村建设谋求的是通过教化、道德影响以及偶尔动用县政府的权力把劣绅改造为开明绅士；而以贫农为基础的共产党人则能够采取更直接的方式。正如一位当时的权威人士指出的那样，乡村建设和共产党人的目的是相同的，但他们的方法也许用佛教的术语可以分得更清楚：乡村建设的方法是一种"渐"的方法，而共产党提倡的则是一种"顿"的方法。③当延安时期的共产党放弃后者而崇信前一种方法时，这种转变就成了它取得惊人成功的关键所在。

---

① 彭禹庭和他的同事们（如别廷芳等人）被人们称为土豪、恶霸，这是些和劣绅相似的称呼。见〔173〕，pp. 49—50；〔225〕。彭禹庭本人也公开承认他的工作在初期就是由"绅士"控制的。见〔336〕，p. 28，又见 pp. 8—12。
②〔38〕，pp. 146—148，187—188，196—197，221，234—235，273—280；〔11f〕，pp. 193—203。
③〔178〕，pp. 8—10。

第十章 "南京十年"时期之乡村建设：一个政治和社会的分析

国民党对乡村建设的矛盾心理

从顾炎武（1613—1682）到毛泽东，中国的政治理论家们一直对这样一种思想感兴趣：通过地方自治的方案发挥出地方社会的潜在能力及主动精神。顾炎武指出，若能妥善驾驭自私自利但精明强干的地方精英，便能收得国力增强之利（这种设想和亚当·斯密的"看不见的手"所起到的作用有些相似）。以后的知识分子由于受到了西方思想的影响，同时又面临着帝国主义的威胁，动员民众这种完全非传统的思想不知不觉地进入了他们的智识论述中。随着"五卅运动"（1925年）的兴起，受马克思主义影响的新一波动员民众的思想就广泛传播开来了。

南京政府关心的问题主要有两方面：治安和经济发展。而乡村建设似乎是理所当然的解决方案。在《建国大纲》中，孙中山期盼能有"自下而上"的民主化过程，让民众的政治参与随之逐渐上升到县级单位。为了说服南京政府，这些乡建工作者总是引用孙中山这篇大纲中的一些适切内容来使自己的活动合法化。

然而，南京陷入一种双重矛盾。南京政府继承了北京的帝国政府（虽说势力被削弱不少），如此一来，就必须面对一个老问题：如何妥善操纵在野的地方精英执行他们传统上对下层社会的政治控制和经济剥削的任务以满足首都的要求。然而，自从19世纪的多次农民起义以后，地方精英也日趋独立，作为政府可靠工具的作用也日渐减弱了。

此外，南京政府并不仅仅是一个中央政府，它还是一个立志创建现代化国家的政府。为了与新的政治科学思想相适应，国民党把现代化等同于行政科层化。对这种现代化的目的而言，乡村建设（及其手段——地方自治）就成了一把双刃之剑。它之所以蕴含着在地方社会进行控制和发展经济的潜力，就在于它能够动员地方上的在野名流。所以，无论它是多么称心如意，多么具有经济效益，对社会多有好处，它的成功都会威胁到中央政府的行政体系与利益。

　　国民政府第二方面的问题是共产主义运动，它使南京政府为了治安问题大伤脑筋。南京力图加强控制，同时也加深了同非行政体系的地方组织之间的对抗。由于在20年代后期进行了反共"清剿"，国民党实际上就切断了与民众运动的任何联系。1927年，它的基层党员受到了深刻的教训，因此他们开始严厉地（并且常常是自动自发地）压制群众组织，这方面的例子往后二十年中屡见不鲜。

　　乡村建设所具有的这种双向作用，使得国民党对乡村改革及改革者的态度一度处于矛盾状态。1930年，蒋介石亲自参观了陶行知在晓庄的试验学校。1931年3月，蒋介石和宋美龄会见了晏阳初，讨论了定县的实验，并计划在蒋介石的出生地——浙江溪口建立一个试验点。他们还打算让一些中央军事学院的学员去定县受训。[①]翌年，蒋介石邀请梁漱溟南下讨论他的乡治试验，"以备湘鄂赣各省之采用施行"。出于对政府尤其对国民党历来怀有的戒心，梁漱溟拒绝前往。国民党考察晏阳初和梁漱溟试验工作的动机是很明显的。例如，蒋介石请求会见梁漱溟，是因为他"近日求治之心颇切。匪患（指共产党——艾恺注）肃清之区，亟须实行乡治"[②]。

　　实验县法规　　在谋求使乡村建设驯服地为南京政府服务这个问题上，国民党左派（汪精卫一派）的内政部次长甘乃光尤其活跃。1932年6月刚刚上任，他就着手组织了一个在华北、华中九省实行地方自治的九人委员会。内政部任命各省乡建领袖为委员（包括山东的梁漱溟、河北的晏阳初、江苏的高践四）。对于是否接受这一委任，梁漱溟感到犹豫不决，因为总的说

---

① 〔495〕, pp. 5—6；〔606〕, pp. 28—30；〔258〕, pp. 215—218。
② 〔272f〕。关于国民党考察各地乡建实验点的目的，还可以参见〔426〕, p. 1。

来他是反对由"政府"来实行地方自治或乡村改革的。对于南京政府 1927 年至 1929 年关于地方自治的法规,他也明确表示不赞成。①

内政部还计划在 1932 年 12 月召开一个协商会,并邀请在野的乡建领袖参加。10 月间,甘乃光到华北地区的乡建实验区视察,停留期间曾分别与晏阳初、梁漱溟做了长谈。梁漱溟询问了甘乃光此行的目的,并就地方行政组织的官僚建制化向甘乃光施加压力。他问:"以前部内颁订地方自治各项法令,实际诸多不合用,奈何?"甘乃光回答说,内政部目前打算允许各省实施一些乡村实验工作,而不必拘泥政府法令。这种给乡村实验以更大自由的许诺想必打消了梁漱溟的顾虑,因此他克服了犹豫心理而同意出席协商会。②

这次会议果真通过了一个重要的提案(该提案后来得到了中央政治委员会的批准),这个提案要求各省在一至四个县的范围内建立一个县政建设实验区。这些地区不受国家和省政府规章制度的约束,因此它们能够在县一级和县以下各级水平上就"改善人民生活"的方法进行实验,并寻求新型的政治形式和组织手段。各省还受命建立一所学校培训地方自治工作人员。③ 这个新的章程一经批准,就为山东邹平与菏泽、河北定县以及国内其他几个指定的实验县提供了根据。国民党终于实行了这样一种法规,这反映了它对农村问题日益加深的忧虑,也反映了他们对乡村动员一直怀有的矛盾心理。

国民党对乡村建设的镇压 归根到底,中央政府和乡建理想之间天然

---

① 〔272c〕。

② 〔272e〕;〔272i〕。

③ 关于这项提案的原文,请见〔519〕,pp. 223—226。还可参看〔561〕;〔272j〕。这次会议还通过了另一项提案,要求撤销县以下局的设置,改建为科。见〔519〕,pp. 212—231。又见〔399〕,pp. 178—181;〔562〕,p. 3。

的斥力还是要强过它们之间的引力。1930年秋,蒋介石军队攻下河南之后采取的第一批行动就包括关闭河南村治学院。① 虽然蒋介石于1930年亲自参观过陶行知在晓庄的实验区,但后来也是他亲自下令逮捕陶行知,封闭晓庄师范学校,并派军队占领了那里。然而许多学生拒绝回到原籍去,他们继续待在那里,秘密地住在农民家中。② 在浙江,沈定一在同一些国民党高级官员会面归来的路上被一阵枪弹杀害了(这是国民党惯用的暗杀形式)。同一年,他的实验工作也告中断。③

彭禹庭在河南的遭遇跟沈定一相同。陶行知的学校被查封后,彭禹庭一直在河南南阳附近几个县继续组织他的自卫和自治体系。当他的组织抗议各种新名目的捐税并断然拒绝缴纳国民党的"特税"(即鸦片公卖)时,省政府对他发布了通缉令。但是,彭禹庭足可以在一小时内将整个地区动员起来,因此这时政府对他是无计可施的(彭禹庭控制的地区地处铁路沿线,有人把它军事上的坚不可摧同铁路另一侧的共产党苏区相比)。④ 乡村建设和国民党行政体系之间这种对抗可以看作是古已有之的争夺地方势力的斗争。1933年,国民党在河南发起了一个重要的运动,把它的行政体系扩展到了基层,赶走了一直把持着地方行政职位的地方绅士。也就是在这一年,彭禹庭被一些不知名的"土匪"枪杀了。⑤ 此后,国民党对地方自治连一点

---

① 蒋介石的军队一进入河南省会开封,代理省主席张钫(几个月后又任省民政厅长)就发布了取消村治学院的命令。学院解散前,该院师生组织了校友会,彭禹庭通过这个组织建立了自己的影响。见〔533c〕。
② 蒋介石封闭陶行知晓庄师范的动机很复杂,大约主要是因为陶行知与蒋的敌人冯玉祥有私交。此外还因为陶行知本人曾批评过蒋介石。大概还因为学生们的一些过激行为(如在南京拒买车票,鼓吹电车体系公有化)。见〔495〕,pp. 5—6;〔504〕,pp. 41—48;〔366〕,p. 283。
③〔366〕,p. 339;〔272d〕,p. 1。
④〔178〕。
⑤〔396〕,p. 65;〔562〕,p. 2;〔588〕,pp. 22, 35, 65。

第十章 "南京十年"时期之乡村建设：一个政治和社会的分析

假装的鼓励也没有了，而是采取了更保险的计划，企图靠着官僚政治这副翅膀使中国农村飞入现代化社会。

阎锡山所搞的乡村建设（国民党也拿去试用过一段时间）走的也是国民党的路。1927年以后，山西的自治系统堕落成为一种以控制为主的官僚政治，它不过是把官方权力深入到地方。这样，阎锡山的计划因不为乡建运动者所承认而名誉扫地。①

CC派的实验县　由CC派控制的两个实验县反映了国民党转而实施官僚行政"控制"和政府强力推行乡村经济发展。在蒋介石的支持下，陈果夫最初打算在江苏江宁建立一个实验县。1933年，在南京政府的直接监督下，江宁实验县正式成立。它的人员来自中央政治学院的师生。县长梅思平是这个学院的政治教授，国民党中央委员会还任命其地方政府专家李宗黄为主任。浙江兰溪县则是CC派的另一个实验点。②

这两个实验县的总方针就是"自上而下"地发展农业和维持治安。梅思平所考虑的是：乡村建设的目的就是使来自上级的指示能够在基层得到贯彻。③这样，所有计划的主动权都掌握在县政府手里，而下面各级行政机关不过是县政府的延伸。与南京政府在全国的通盘政策相一致，这两个县所强调的是运输（尤其是汽车公路——这又反映了南京对治安问题的忧虑）和改善农业技术。④虽然CC派似乎在寻找一种方法，以求既能动员农村又能控制它，但动员民众就意味着对中央政府根本利益的极大威胁。因此，

---

① 国民党政府把山西地方自治作为它1927年至1929年国家法令的借鉴。见〔399〕，pp. 118—139。又见〔297〕；〔142〕，p. 2。梁漱溟在1929年初访问阎锡山并参观山西村治体系时，指出了它的官僚主义倾向和日渐强化的县政府的控制。〔9q〕，pp. 244—252。

② 〔397〕，pp. 84—85；〔399〕，p. 184。

③ 〔274〕，Ⅱ，p. 29。和国内其他地区一样，在实验县里，国民党农村机构的指导思想就是要削弱土豪劣绅的势力。见〔400〕，p. 27。

④ 〔629〕。

集权统治和乡村建设真正目的之间的这种天然的对抗，就迫使他们只能把精力集中在将官僚政治扩展到基层这一问题上。

观察家们当时即指出了江宁和非国民党派系的乡村实验之间的差异。国民党所努力的是一种政府运动，而非国民党派系的乡村建设（在理想上）则是一种纯粹的平民运动。① 梁漱溟的打算和国民党恰恰相反；的确，他的最终目的就是要摧毁县以下各级行政机构，而它们正是国民党希望的寄托。

---

① 〔297〕；〔562〕；〔383〕。

第十一章 山东的乡村建设

1931年6月,韩复榘的省政府在邹平县城正式建立了山东乡村建设研究院,并指定邹平周边为实验区。① 在1933年7月国民政府通过了特别法规之后,这个地区进一步成为实验县,使得学院能够将政府行政机构改革纳入在这一地区开展的研究和培训活动中。由于梁漱溟是邹平工作的中心人物,又有着广泛的威信和声望,邹平很快就成为乡村建设运动中一个主要的思想和精神中心。另一个中心则是晏阳初在河北定县的实验点。②

在当时一些观察家的眼中,定县和邹平是乡建运动中"新""旧"两派的象征。一位批评家指出:"他们实际上的区别似仅在新派直接依赖'国际'之物质和人力的帮助,而旧派则是比较保守的,至少在目前是未欢迎外来的势力直接的参与'农村建设'而已。"③ 其他的观察家也指出,定县以及类似的实验(例如由职业教育社主办的那种)被看作是旨在"救人"的慈善救济运动。邹平实验则相反,其前提是:农民能够自救。④

---

① 以下关于研究院的叙述主要根据〔472〕、〔473〕和〔533〕、〔272〕两种期刊,以及同胡应汉(1934—1935年在邹平做梁漱溟的秘书)、周绍贤(研究院培训部的学生,后来在山东曲阜县工作)、陈文仲(梁漱溟的学生)的多次谈话。
② 〔401〕,p. 150;〔400〕,p. 11;〔239〕;〔204〕,p. 63。
③ 〔400〕,p. 21。晏阳初在一开始曾希望定县的实验将成为"自动、自助、自传"的实验,但他始终未能实现这一目标。见〔605〕。
④ 〔562〕。

首先，邹平提出了中国式的乡村重建。①研究院的基本精神就是通过改革的力量解决实际问题。一位倨傲的立志现代化的国民党人士说：邹平有一种明显的儒家气息。甚至来参观的美国教育家在评论所到之处时也说，只有邹平具有中国人的精神、东方文化的教育。另一位参观者指出："接近民众，用俄国的法子，我已经见过；而用中国的法子接近民众，我只有在邹平见到。"②

观察家们指出，对比起来，毕业于耶鲁大学的晏阳初"是以'中国五千年的历史，五千年的习俗为敌'的。所以对西洋文化是无条件的崇拜，并且欲以西洋的精神技术和物质的帮助，造成中国农村所谓'现代化''科学化'"。借着美国人的"物质帮助"，定县有了充分的财力和人力。③至少在两县的工作人员身上可以看出物质水准有着明显差距，定县的工作人员李景汉感到每月要有150元的薪水才"勉强够活"；而在邹平，干部每月工资徘徊在15元到50元之间。④因为定县有诱人的富裕，又毗邻北平，而且晏阳初与传教士及美国学术团有很多联系，所以说到乡村建设的思想时，西方人往往想到的是定县而不是邹平。

然而，反倒是山东乡村建设研究院才真正与广大人民的生活密切联系在一起，并对后者产生了广泛的影响。到1937年，山东全省107个县中的

---

① 〔472〕, pp. 4—6；〔562〕, pp. 11—15；〔401〕, p. 161；〔170〕, pp. 133—134；〔142〕；〔143〕, p. 17；〔429〕。

② 〔11g〕, pp. 207—208；〔618〕；〔560〕。

③ 〔400〕；〔142〕。

④ 〔258〕, p. 105。邹平的工资水平视各村具体情况而定。乡农学院的教员和管理人员每月15元至30元不等。见〔430〕, pp. 81—83。只有三位研究院的上层行政人员（如训练部主任等）可以每月拿到80元。研究院资金的唯一外部来源是省政府（通过民政厅）。这笔资金在1931—1932年度为10.7万元，1934—1935年度为11.6万元。〔473〕, pp. 24—26；〔472〕, pp. 14—17；〔623〕；〔621〕。

70个被指定为乡村建设实验区,这些县都直接或间接地受到了梁漱溟的组织或工作者的影响。以前在邹平的工作者和学员要么被充实到县政府的行政岗位上,要么在县里落实从研究院学到的这种或那种方案。若是日本人没侵占山东,那么到了1938年,山东各县都将成为邹平工作网的一部分。此外,研究院五分之一的学员都来自山东以外的省份。大部分人回到家乡后,都从事地方工作并搞自己的项目。①

最后,和其他乡村工作机构不同的是,邹平致力于一个宏伟大胆的终极目标——建立中国新文化、新社会,造福全人类。通过将复兴传统文化与改革传统文化的事业并举,并以梁漱溟对圣人智慧的"正确"理解为指导搞实验,研究院的工作人员必将发展出新的无可匹敌的社会和经济的组织形式。这些新形式将使中国在收获现代化好处的同时,避免西方过度都市化和工业化所带来的精神及物质上的罪恶。但是,梁漱溟并不仅仅满足于想象着他的计划如何能够改造中国的农村;他还看到:他的方案找到了一种文明形式来最终取代目前变态畸形的西方文明,这就是中国人创造的以农为本的新的世界文明。②

山东乡村建设研究院

按照梁漱溟的计划,研究院将履行三项职能。首先,作为研究乡村问题和对新的组织形式进行实验的中心(即"制定计划、方案和政策的工厂");

---

① 〔472〕,pp.14—15,19—23,31—38;〔473〕,pp.27—30,40,48,52;〔449a〕,p.272;〔533e〕,p.1;〔13〕,pp.34—35;〔20〕,pp.294—295;〔42d〕,pp.22—23;〔42h〕,pp.46—47;〔613〕。
② 〔472〕,pp.3—7;〔274〕,Ⅲ,pp.59—62;〔473〕,p.3;〔11g〕,pp.208—210;〔9r〕,pp.281—282;〔9m〕,p.150;〔562〕,p.2。

其次，训练乡村建设干部并对他们加以指导；再次，激发年轻知识分子对乡村问题的兴趣，促使他们回到一直被遗弃的农村中去。① 研究院中与这三项职能相搭配的有三个主要部门：研究部、乡村服务人员训练部、农场。其他附属于研究院的机构和组织还有医院、图书馆、社会调查部和邹平师范学校。

研究部和训练部②　研究部将18到30人为一组的大学毕业生训练成为高级乡村工作管理人员、规划人员和研究人员。一年制的学习内容包括必修课（主要是按梁漱溟的思想进行培训）、专业课（如农业、合作社、自卫等），以及与邹平有关的实际工作和对一些乡村问题的独立研究。结业后，通常有一半人继续跟研究院挂靠，其他人则转到山东各县的高级行政岗位上或家乡省份类似的岗位上工作。除了有教育职能外，这个部门还是研究院制定政策和计划的机构。③

训练部为基层方案培训低一级的干部和人员。每年招收大约三百名学生（大部分来自富裕农民或地主家庭），学业涵盖乡村政治问题、军事问题、经济问题和专业技术（如林业、畜牧业和水利等）。结业后，学员按预期回到家乡所在地区。由于熟悉地方情况并有家庭关系，他们工作起来可以如鱼得水。在正规的一年制课程之外，训练部还为来自全省各个地方的乡村学校教师、师范学校毕业生、警察等开设了各种短期班。

虽然邹平师范学校是独立于研究院的单位，但也执行与研究院训练部

---

① 〔11g〕，pp. 207—208；〔13〕，p. 33。（括号中语不知引自何处。——中译者注）
② 虽然从1931年到1937年间，在入学资格、津贴、训练期限等方面有些小的变化，但以下的论述是要对研究院主办的各种训练做一个概括的介绍。见〔472〕，pp. 8—9，27—34；〔473〕，pp. 51—52；〔47〕，p. 2；〔413〕，p. 34；〔20〕，p. 295；〔132〕，pp. 256—258；〔449a〕，p. 272；〔620〕；〔623〕；〔625〕；〔617〕。
③ 〔13〕，p. 34；〔366〕，pp. 14—16；〔472〕，pp. 18—21；〔473〕，pp. 36—40，47—50。

和研究部搞的项目相似的培训班。学校成立于1933年7月,配备的人员是陶行知旧日的同事和学生,因此它基本复制了陶行知的晓庄试验。除了学习正规课程之外,学生们要在师范学校附属的初级小学、幼儿园以及邹平县内其他初小中学校教课,还要为研究院的农场做农业推广工作并参加合作社的组织工作。①

精神陶炼　梁漱溟的理论和"精神"训练是学院中各种培训的重中之重,大约占课内时间的五分之一以及全部课余时间。梁漱溟的全部教育活动都可以在历史上宋明时期的讲学风气中找到源头。宋明的讲学实践强调师生之间密切的私人关系、团体中的向上气氛和对自身对同伴不断的道德督促。研究院的方案同样体现了这些内容。学生在研究院中受教育的基本目的并不真正是让他们了解肥料和手枪是怎么回事,而是使他们"了解其乡运的方向,并以转变其人生思想及日常生活习惯"②。

按照梁漱溟以前的"班长制",学生被分成一些小组,每个小组有自己的班主任。每一个小组作为一个自我管理的团体在一起生活、学习和工作;至于在一起娱乐的机会则很少,梁漱溟的儒教工作伦理(Confucian Work Ethic,是根据新教工作伦理Protestant Work Ethic衍生的一个词——中译者注)不许有星期日或休假日。正常的一天开始于早上五点半,所有的活动都有明确目的,并像在修道院那样恪守严格的日程。此外,每个学生还被要求写日记,对他的工作、周围环境及他本人做出考察和反省。日记要定期上交给班主任进行检查。

每天拂晓,全校学生在天还没亮时就集合在一起做一段时间的静思。梁漱溟或者是其他教师会讲一段"朝话",好让学生有进一步冥思的材料。

---

① 陶行知的学生张宗麟在1935年以后做了师范学校的校长。
②〔472〕,p.28。

通过这样的经历,梁漱溟希望把学生塑造成合格的、有助于研究院解决山东农村问题的急先锋。他们将习惯于在无亲缘关系的集体中生活和工作,习惯于艰苦的劳作;他们将领会自己工作的深远意义,并满怀儒者的热忱去发挥道德影响。

乡村服务指导处 即使在学生结业后,研究院还会通过乡村服务指导处使他们和组织保持联系,接受监督,互相勉励和批评。[①] 乡村服务指导处于1932年第一届学生离校回乡之际成立,负责一些旨在使毕业生继续保持共同使命感和斗争意识的活动和计划。指导处派研究院的教员和老生到全省农村进行定期巡视;为组建和管理农民学校中出现的问题提供咨询和建议;为这些学校编辑专门准备的教学资料(农业、一般科学、地方史、精神陶炼等);并发《毕业生通讯》。毕业生每个月向指导处书面汇报自己的德才进步和工作进展。有时这些汇报会被发表在《毕业生通讯》上,好让毕业生们彼此了解对方的活动。因为指导处的主要任务是要把研究院在山东农村不断扩大的根据地联系在一起,所以梁漱溟很重视指导处。他亲自主持此项工作并下去巡视。毕业生自己组织的同学会也有助于保持团体观念以及对研究院的归属感。[②]

研究院农场 实验农场是研究院的技术分支,从事的是农业推广工作并实行育种和家畜饲养的实验。农场还在推广建设农业合作社方面同农民学校及农村信用社进行合作。要把农村社会从对都市工业中心的依赖中解放出来,就得发展地方工业,而实现梁漱溟这个计划的第一步就是建立一个生产酱油和豆饼的工厂。推广和研究的基本方法乃至于指导者都是直接

---

① 1934年,它改名为"山东省民众教育辅导委员会",和省教育厅协同工作。
② 〔472〕,pp. 34—40;〔473〕,pp. 67—68;〔272b〕;〔13〕,p. 35;〔132〕,p. 253;〔366〕,p. 17;〔272g〕。

从定县请来的。①

研究院和邹平普通农民第一次直接接触是在1931年11月。在揭牌六个月以后,研究院举办了一个农品展览会,期间有奖品、游戏、戏曲、电影提供给与会人员。农展会为介绍新型农业技术、种子、农业设备以及研究院提供了机会。大约五万人出席了展览会,其中有些人是从邻县赶来的。由于这次农展会取得了巨大成功,第二年秋天研究院又为旧济南道所属27县举办了一次农展会。②

1931年的农展会开始后不几天,借着农展会树立的正面形象和宣传效应,训练部第一届学生和教师们下到了农村进行第一期实践工作。他们的具体任务是根据梁漱溟的理论建立基层组织,即乡农学校。乡农学校(以及后来改成的乡学村学)是梁漱溟乡村建设运动及其主要基层机构所独有的。③

改组政府 1933年,研究院受国民政府全权委托就行政机构改组进行试验,梁漱溟的乡建工作得以向理想的最终实现迈进了一步。④虽然梁漱溟一直打算让研究院在实验建设区担当起高级准政府的职能,但直到1933年6月国家有关实验县的条例生效后,研究院才真正把政府职能握在手里。即便此时,其管辖权也仅仅限于邹平、菏泽两县。但是,根据条例,这两个县的政府独立于省厅,直接向省政府委员会汇报工作。虽然县政府在组织上不隶属于研究院,但其全体人员包括县长实际上都是由研究院任命的。

当县政府的运作不再受国家和省政府的规章制度束缚以后,研究院开

---

① 农场主任于鲁溪有两个技术助手和几十个工作人员。农场有几个分点,最大的一个是靠济南的辛庄。这个点是和华洋义赈会、金陵大学农学院联合管理的。〔472〕, pp. 42—49;〔132〕, pp. 261—262;〔430〕, pp. 99—105;〔449a〕, pp. 275—279;〔608〕。
② 〔272h〕, pp. 10—14;〔132〕, pp. 254—260;〔449a〕, p. 278;〔473〕, p. 54。
③ 关于初创时期邹平各学区的详细报告请见〔272a〕。又见〔533e〕, pp. 1—6;〔449a〕, p. 272;〔473〕, p. 27。
④ 〔473〕, pp. 54—62;〔473〕, pp. 70—80;〔366〕, pp. 17—18。

始在其管辖范围内着手改革政府机构，以使其更有效率，更能顺应乡村建设的整体目标。在县一级，研究院废除了所有的局（处理税务、治安等具体问题的独立机关），而代之以政府衙门中的科。由于这种安排使同一地方的科长能碰头并能很快拿主意，所以各局之间及上下级之间的互相推诿得到了杜绝，也因此大大地提高了行政机构的工作效率。① 一年以后，即1934年6月，南京国民政府下令在全国范围内采用这套系统。②

邹平的实践离梁漱溟改组县以下政府设想的最终实现仅有一步之遥。1933年以前，山东的县和中国大多数县一样，一直是由次一级的区组成，区又由乡和镇组成。各级都有自己的行政机关（公所）。再下一级是"闾"和"邻"。1933年6月，梁漱溟把邹平县内的8个区、158个乡和镇全都废除，在研究院学生所做调查的基础上，把全县划分为14个乡，这些乡的分划和习惯上的天然经济区域（显然是集市区域）相一致。乡以下设366个"自然村"，是最低一级行政单位。最重要的是，乡一级的乡学和村一级的村学取代了以前的政府行政机关③，校长掌管学校的事务并对县政府负责。

乡学村学是人民的衙门：邹平方案的精髓

梁漱溟希望的是，通过乡学村学废除官僚主义政府这个让农民受苦的罪魁祸首；正确的做法是，政府通过学校这种组织形式与农民建立联系，乡建干部以教师的身份和农民建立联系。"政府学校化"将反过来导致"社

---

① 〔472〕, p. 2;〔533f〕;〔272k〕;〔561〕;〔430〕, pp. 72—75;〔20〕, pp. 297—298;〔42d〕, pp. 21—22。

② 〔160〕, p. 170。

③ 〔12〕, p. 2;〔472〕, pp. 61—62;〔396〕, pp. 77—83。

会学校化"，这样就能将农村改造成为一个儒家集体主义思想的大学校。①这种做法是为了打消农民对政府及公共事业根深蒂固的不信任和敌视，激发农民对政治和社会产生同以往不一样的热情。通过村一级参与式的民主，政治力量将从民间和地方自下而上地到达国家；而不是通过臃肿的官僚机构发号施令、自上而下地到达民间和地方。按照梁漱溟乡村建设的构想，礼俗社会（Gemeinschaft）将借助乡学村学打败法理社会（Gesellschaft）。因此，乡学村学组织结构的细节需由地方社群来决定；乡学村学既是创造的主体又是创造的对象。梁漱溟写道："因为这村学乡学意在组织乡村，却不想以硬性的法令规定其组织间的分际关系，而想养成一种新礼俗，形著其组织关系于柔性的习惯之上。所以实验计划中设立村学乡学办法的各条文，其意都很含蓄，且颇富弹性。"②

梁漱溟希望通过改造北宋时期的"乡约"实现自己的理想并满足当前的需要，乡学村学是这种尝试的最终结果。梁漱溟希望以乡学村学为手段，在亲密的小团体中，把中国传统的人情和道德理想融入群众运动、参政议政和经济发展中。乡学村学实际上把梁漱溟深奥的文化哲学制度化了。这些学校，特别是村学，实际上只在邹平县建起来了；在菏泽以及另外一些实验县中，乡农学校是一种乡村建设的基础组织。乡学村学得以建立的因素有三：干部、"地方名士"以及村里或乡里的全体成员。

干部的作用 受过训练的乡村工作者是星星之火，梁漱溟希望这星星之火能在基层的地方政治和社会组织的发展过程中形成自发的燎原之势。这些儒家式的干部首先在小型的师友团体中接受教育，接下来将按照他们受训的模式与群众打成一片。作为儒者，他们将通过自己的模范行动和道

---

① 〔14p〕，p. 125。
② 〔12〕。

德带头作用培养群众内在的优良品德;作为专家能手,他们将利用自己的技术专长帮助指导经济生产和社会组织的现代化。这些乡建干部将以学校管理人员的身份同教员们和辅导员们一起负责村学乡学搞的很多项目。

这些梁漱溟培养的"君子"在下乡前必须允诺遵守一个很像红军"三大纪律、八项注意"的公约。公约禁止饮酒、吸烟、向农民借钱,不允许对农民"轻慢"或"狎亵戏谑"他们的女儿。总之,公约嘱咐干部要避免那些曾招致中国村民厌恶的政府官员、土匪、士兵的态度和习惯。邹平县的干部还被要求:在通过任何村庄时都要下马或下车,没有地方上的引导禁止进入陌生的村庄。①

梁漱溟意识到,官方世世代代的压迫和剥削使农民对卷入任何集体活动都抱有深深的疑虑。为了抵消这种态度,干部们不能在一开始就强迫村民们接受任何改革方案或新的组织形式;他们不能"发布"任何"命令"。相反,他们在一开始只能努力求得村民的信任,使自己融入村民的生活。因为梁漱溟想要把全社会都变成一所学校,所以干部们就不能仅仅在乡学村学起表率作用。

对干部来说,第一步是要把乡学村学变成一种乡(村)议事厅兼茶馆的地方,一个"村众有事无事相聚会的地方"。在这些聚会中,干部们可以和农民讨论村里的问题,建议解决的方法,并在村民中培养一种新思维,即他们可以通过集体行动自己解决问题。但干部们必须耐心等待村民们主动要求方案。他们也可以主动提方案,但必须是在村民看起来会愿意接受方案的时候。比如,在传染病流行时,他们可以提倡公共卫生;干旱来临时,他们可以发动打井运动。

地方团体和乡学村学　地方名士(即第二种因素)是一些"有名望有

---

① 〔272a.1〕,p.1。

影响的"人。5 至 10 人组成一个董事会。董事会邀请德高望重的人做校长，他对学校（广而言之，也包括全体群众）具有最高的权威，并且是一村的师长。

村子里的每一个人（男人、女人、儿童）都是"学众"。他们必须"尊敬学长……学长以其在父老的地位言，众人大都为其子弟"，也"要知道爱惜理事；……勿使他陷于不义"。但是，"凡有劝谏的话，无妨以友谊进一言。不过要避免正面冲突"。

学众需要领会的第一个原则就是"以团体为重"。他们必须明白，应该"开会必到，事事要从心里过一遍"。他们必须学会这样想：村里的事都是我的事，我必须在会上发表我的意见。"好人要勇于负责，出头做事。从前所谓好人，只是自己不做坏事就完了。现在的好人要能主张公道，要热心办事。"①

乡学村学的教育 学校的正式课堂教学分为三个部分：成人教育、妇女教育、儿童教育。儿童教育有意识地抵制当时盛行的西式城市化课程，十分强调"有用的"教育，包括识字、农业知识、一般科学、卫生常识和公民教育。梁漱溟说，我们必须转变农村父老对此问题的看法，从而"愿意送他们的孩子入学"②。当地的需要决定了课程的具体内容（例如，小麦产区就不要讲养蚕技术），但各学校都普遍强调培养品格、精神陶炼。除了农忙季节，儿童教育部每天都上课。

成人教育部每天晚上 7 点到 9 点上课，这正是农民放工后的闲暇时间。农民自己决定修不修这些固定的课程。但在 1935 年以后，16 岁到 30 岁之间的男性农民都必须在农闲时修为期 10 周的短期课程。成人教育部的课程有以下内容：公民教育（包括讲故事、时事、梁漱溟思想和精神陶炼等项目）、识字、基础知识（有关合作社、农艺和公共卫生的）、音乐、军事技术。下

---

① 〔12〕。
② 〔22〕，p.1。

午为妇女开设的课程大致类似，但还包括保育和家庭经济方面的培训。

乡学和村学运作的方式相同。但前者还通过初级中学提供了更高一级的专门化职业培训和正式的教育。对于乡内的村学来说，乡学还是行政与后勤中心。①

对乡学村学的评价　即便在研究院和梁漱溟本人看来，乡学村学也并没有彻底成功。由于训练期只有一年，这些干部兼教师显然没有那么顺利地就被改造成梁漱溟方案所需要的技能熟练的教员或管理者。在处理教材、运用教学方法上，他们常常显得不熟练，并且时常显得缺乏基本知识（例如怎样使用国音符号，等等）。支撑这些学校的是日益贫困的山东农村。又正值世界经济萧条、市场紧缩、水旱频仍之际，因此学校本身缺少基本的物质设备，如体育器材、操场、算盘，甚至课桌椅。②

但最让梁漱溟伤脑筋的是他的干部们不能领会他的基本原则。同县政府的高层行政官员一样，他们不可能轻易地放下两千年来官府大老爷的架子。1935年6月，梁漱溟亲自兼任县长以求能改变这种状况。他承认，过去"村学工作始终未能做到好处"，于是将所有村学教员一律调回，从中选拔了一部分集中训练。梁漱溟宣布：从此以后，重点必须放在村学而不是乡学。此外，由学校主办的地方事业（合作社、卫生措施、凿井等）必须依靠村学的自觉主动，不能靠命令和强迫。过去，县政府在处理这些问题时太过于使用强迫手段了。同时，梁漱溟把干部集中在几个乡；其他乡的

---

① 对村学和乡学的描述同样适用于乡农学校，后者是研究院在外县开办的，由研究院培训的外县人员管理。1933年以前，邹平的乡学村学也叫作乡农学校。我对乡学村学的描述主要依据梁漱溟的以下著作：〔19〕；〔14p〕；〔23f〕；〔23g〕；〔21〕。又见〔472〕, pp. 78—90；〔200〕；〔430〕, pp. 76—80；〔132〕, pp. 253—254，以及曾在乡学村学工作过的人的谈话录：〔621〕；〔623〕；〔619〕；〔617〕；〔625〕。

② 〔200〕, p. 4；〔20〕, p. 300。

村学工作暂且缓办。①

共学处 接下来的问题是财政。虽然县政府对乡学村学的教育计划在财政上给予了资助,但大部分款项是地方上筹集起来的。但因一些地方十分贫困以致不足以供养学校,所以甚至在有初等教育的地方,贫苦农民家庭常常不送孩子入学,以致有几千名儿童失学。1935年,研究院和师范学校按照自己的想法实施了陶行知的"小先生制",他们称之为"共学处"。为了让有限的资源得到充分的利用,教师们和师范生们组织正规学校的优秀生给县里那些不识字的"野"孩子们当老师。

每天,从10人到100人不等的孩子聚集在约好的庙里、空房子里、树林里,甚至街巷的角落里。他们在一起上识字课,用唱歌和讲故事的形式把卫生、时事等方面的基本常识灌输给大家。他们还举行识字比赛和唱歌比赛,很快就使学生对他们的"班集体"产生了热情。通过他们,县里最穷苦的年轻人也被纳入研究院的工作网里。当正规学校在一起举办"观摩会"时,共学处的孩子们也参加。到1937年,这样的共学处几乎达到了五百个。此外还有大约三百所村办小学。通过这样一个互相联系的网络,邹平接近实现了普及教育。②

合作社

合作社不但能提高生产率,还能逐渐实现分配社会化,依靠合作社才能构建起梁漱溟所设想的新中国的经济结构。合作化运动的目的就在于"以

---

① 〔200〕, p.4;〔20〕, p.300。
② 〔200〕, pp.1—2;〔199〕;〔281〕;〔20〕, p.300。

合作方式，增加乡村生产，节省乡村消费，并建立共营共享共有之社会资本及经济制度"。通过逐渐增加合作社的利润积累，直至最后使资本公有化，这个最终目标是可以实现的。在此期间，积累起来的资本用于建设小型工业，生产的东西主要是满足农业生产和农产品加工业的需要。至于如何将合作社推广到全部项目中去，研究院制订了一个五年计划。到第五年，每个村都将有合作社，乡里和县里也设有高一级的合作社机构。①

尽管日本侵华阻碍了全部计划的实现，最初的努力还是获得了相当大的成功。到1938年，已经有了几百个合作社，从事编织、养蚕、林业、植棉、信贷等工作。除了林业合作社以外，其余的合作社都向社员提供贷款以满足他们改进生产之用，或是在农产品价格降低时，帮助他们渡过难关。这样，社员们就能摆脱村里放债人（通常是地主和商人）的高利盘剥。合作社放贷的资本来自中国银行这样的大银行。

信用合作社 专门为提供贷款而组织的合作社有两种类型。第一种叫庄仓合作社。除了储粮以外，还允许农民以粮食作为抵押借款，这样他们就可以等到粮价上涨时再卖粮。1935年，有145个这样的合作社②，共计9465名社员。第二种合作社叫信用合作社，是由农村金融流通处提供资金的。流通处主管一笔县政府的财税收入。身兼县政府银行职能的流通处让这笔钱在县内不断流通，合作社余下资金的来源是城市银行和社员们的存款。信用合作社发展得很快，但似乎普遍都控制在少数绅士手里。1933年，只有一个合作社，成员15人，曾借出过300元。到1935年，合作社的数目增加到33个，贷出款9486元，但全部成员仍只有589名。③

邹平的信用社在初期也遇到了在其他地方农村信用社面临的问题。这

---

① 〔472〕，p.111。又见pp.112—118；〔147〕，p.259。
② 应为147个。——中译者注
③ 〔472〕，pp.102—103，108—110，118—124；〔385a〕，pp.58—62。

些合作社是由少数地主和富裕农民控制的,他们草率地组织了合作社,以便有个名义得到县政府从城市银行中借来的资金。许多合作社没有许可证,也没有有效的会计和审计制度。他们的贷款数目往往很大,并且批准时不核查用途。乡绅们常常从合作社借走大笔款项,然后再放高利贷给贫苦农民。

1935年6月,梁漱溟指示组成一个有关合作社事业的监督委员会。他本人以县长(他曾两度暂理此职)的身份兼任该委员会主任。委员会还包括研究院农场的人员和乡村金融流通处的处长。委员会要求现有的信用合作社全部解散、进行改组,并派出所有委员监督此事。委员会还为新改组的合作社制定了会计和审计制度,制作了许可证和手册。县政府的工作人员监督财政会议以保证新的合作社能避免以前的弊端。在批准贷款以前,要考虑到贷款金额和用途。县政府发动了一个较大规模的运动,以使群众了解合作社的真正意义,踊跃参加并维护改组后的合作社。①

林业和蚕业合作社 林业合作社在邹平山区非常成功。1935年,有二十五个合作社,两千名社员。他们已经植树三万余株。家庭纺织和蚕业合作社的成就更引人注目。纺织合作社购置了现代化的纺机,并做到了集体化生产。由于农场通过乡学村学做了推广工作,曾使蚕丝产区大伤脑筋的桑树虫害和枯病被根除了。新品种桑树和蚕茧也得到了推广,生产率得到了提高。1935年,蚕业合作社里有五百多户。但不到一年,这些新的纺机就闲置下来,新植的桑树也被连根拔掉。因为在华倾销的日本纺织品摧毁了土布和蚕丝的市场。②

棉花运销合作社 邹平县最显著也最成功的工作是梁邹美棉运销合作社。要是有人批评说乡村建设活动还没让普通农民吃得更好,梁漱溟及其

---

① 〔385a〕,pp. 1—13;〔485〕,pp. 259—260;〔272p. 4〕;〔272p. 5〕。关于30年代中国合作社中这些问题的例子,请见〔100〕,pp. 208,216。
② 〔472〕,pp. 103—104;〔272p. 6〕;〔430〕,p. 102。

同事就举梁邹美棉运销合作社的例子予以反驳。美国脱字（Trice）棉种的引进、技术上的改良以及合作化的生产和销售，使得邹平北部传统产棉区的农民收入有了显著增加。[①]

1931年，研究院指定孙家镇（邹平重要的棉花收购点）作为示范区，挑选几户中农家庭作为"示范农民"。这些家庭种植新型脱字棉种，并鼓动邻里来看成果。学校也通过讲演和其他方式宣传棉花运销合作社和脱字棉种的好处。棉农很快就热情响应。合作社社员的数目由1932年的458人上升为1935年的1.5万人。

棉花合作社成功的原因很容易解释。它专门是为了矫正旧的代理人体系（它一直掌握在下层绅士手中）的弊端。合作社把分类、打包、储藏、销售等业务全都包了下来，社员就不再向棉花经纪人付出大笔的甚至是过高的手续费。合作社也给社员出公平的价格，会计和审计都是严格透明的。合作社采取了一系列措施避免司秤人员徇私情，并使用完全合格的秤，即使这样，社员还是有权对过秤结果提出异议。春天，社员向合作社借钱购买种子和肥料，秋天现金短缺时，还可以再向合作社借钱。贷款（月利只有百分之一）数目有一个上限，以防止富裕农民及地主从中投机。

合作社要求全体社员只能种植脱字棉花。其优点对棉农来说是一清二楚的、压倒性的。不仅产出率提高了百分之三十；并且，由于脱字棉的品种好、合作社对质量的严格把关，这种产品的售价几乎高出其他棉花三分之一。邹平合作社的棉花很快就以品质最优而蜚声全国。

在组织上，棉花合作社也最接近梁漱溟的理想。教育是推广的主要手

[①] 〔315〕，p.15。最先将脱字棉种介绍到山东的并非研究院。1904年，北京的农商部就已经开始在产棉区推广脱字棉种了。1918年，北京的军阀政府又将美国棉种配给山东，1930年也有过推广美棉的努力，但农民们显然不能保持热情，因此当地的传统棉种一直流行。见〔498〕；〔499〕。

段。强调基层组织，而主要成分则为中农。村一级不断举行会议以提高水平并对社员就合作社的管理和组织做进一步的训练。比起其他合作社来说，棉花合作社更是围绕着村学进行活动的。①

虽然棉花合作社是邹平合作社中最好的，但仍然没有完全达到梁漱溟的要求，和其他合作社的内部情况一样，县政府（代表着贫农和中农的利益）和地方绅士之间争夺控制权的斗争一直没有停止。由于棉花合作社数目的迅速增加，干部的素质以及他们的监督指导作用有所下降，出现了富农控制合作社的趋势。其次，教育农民了解合作社意义的努力并不完全成功，各合作社的运营过分依赖发放贷款。秋收季节的借贷计划本意只是在于要帮助贫苦农民渡过一时的财政难关，但成员普遍把拿到秋季贷款看作是卖棉花给合作社的前提。虽然合作社把某些利润作为公有资本保留下来的做法的确代表了一种社会化的开端，但实际上，旧式农民的个人主义（更确切地说，是家庭主义）却要说了算。一开始，棉花合作社保留总利润的20%，再用10%作为营业费，余下70%还给社员。然而到1935年10月，提留资本的数量下降到15%，营业费用下降到5%，归还给社员的部分达到了80%。显然，总的趋势并不是朝着梁漱溟预想的共产主义社会的方向发展的。②

---

① 一位前邹平工作人员宣称，甚至棉花合作社也被地主和富农把持着，他们利用校董和委托人的身份控制着合作社的一切活动。见〔497〕。但是若从全局上看（包括上面这段话，因为它是在1955年至1956年批判梁漱溟的运动中说的），棉花合作社似乎还是较普遍地建立在以中农为主体的组织基础上的。见〔272p〕（尤其是〔272p.1—3〕）。又见〔449a〕, pp. 273—274；〔430〕, p. 102；〔42d〕, p. 25。
② 〔272p.2〕, pp. 4—5；〔497〕。

自卫力量

民兵组织是一个重要的也是非常成功的改革方案。匪患一直是中国农村的一个问题。由于军阀出身的张宗昌不胜理政,地方政治非常腐败,而尤以乡村治安为甚,这使得山东的匪患在20年代达到了前所未有的程度。1931年以前在山东发生的几次战争使这一问题进一步恶化。因为过往军队在这里留下了一大批开小差或被遣散的军人,他们都成了土匪。1931年邹平乡建研究院开办以前,邹平的警察也和山东其他地区一样,有三类:安全局;雇佣民兵;由私人组织、当地绅士控制的地方警察力量。所有这些组织都不起作用;他们常常和土匪相勾结,却要靠从人民那里征收的捐税来供养。比如,1930年,邹平县在公安局和民团方面花了28371元(占总开支的25%以上)。[1]

研究院建立了一个民团,执行全部维持治安的功能,同时也为实施其他方案提供了一个组织上的网络。1933年,县政府开始逐渐解散职业警察,而着手组织新的平民自卫力量。为了建立起一支干部队伍,每个乡被指令挑选两至三名受过一些教育的青年到民团干部训练所训练四个月。训练之后,他们回到各乡的村学乡学中担任军事训练员。

同时,每一间(由25户组成)被指示从"中农以上"家庭中挑选一名青年,年龄在18岁至27岁之间。挑选出的人员同样要接受四个月的训练,然后回到村子里组织村里的民兵(村组)。乡学里的军事训练员担任乡队长,然后将各村组编入乡部队。对于每一个受训人员来说,定期培训的内容还包括一般教育、乡建理论以及"精神陶炼"。民团成了公民教育的大学校。

和其他实施方案一样,这个民兵运动一开始就受到了广泛的抵制。各

---

[1] 〔472〕,p. 70。

种说法也在社会上传播开来，说这是在为韩复榘的军队征兵或是要把他们送去和日本人打仗。许多被选中的民兵因害怕而逃到外县，其他人则托病或借口家贫或雇人顶替。虽然存在着普遍的怀疑和抵制，但由于是法律强制执行，这项邹平计划还是实施了。然而，自卫训练一旦实际上展开，农民马上寄予了热情并期望能定期进行。如同一位研究院领导人所说的，这件事"使民众上瘾"了。①

"向民兵学习"的运动并不存在。研究院也没有戏剧性地改变对兵家的传统态度，但是村里的民兵的确成了一时在地方上受尊敬的人物。每个月乡里都举行射击比赛。这个比赛由县长主持，严格按照《周礼》中对远古时"乡射"描述的仪式进行。比赛结束时，县长给优胜者发奖，参加者则在赛场上举行庆祝聚餐。②

到了1935年，邹平就不再有雇佣警察和省里派驻的军队。③全部治安工作由2500名训练比较好的人员组成的民兵负担。此外，由于民兵有朋友、邻居、亲戚通力合作，同犯罪活动斗争的热情和能力又远远超出了以前的职业警察，他们不仅清除了流窜到本地的匪徒，小的犯罪案件（如小偷、鸦片贩子、地痞）也减少了。他们的机智勇敢在土匪中迅速传开，使得土匪不敢进入邹平、菏泽等实验县。

除了对付土匪以外，民兵还要管教赌徒、流氓、唱淫词浪曲的和那些宣传伤风败俗行为的人。他们也要约束自己，对任何借民兵的名义敲诈或欺压百姓的人都要向上汇报。尽管国民党的乡村建设工作者胡次威看不起邹平的民兵，认为他们一没制服、二没现代化武器（而他的实验民兵都有），

---

① [384]，pp. 2—3，9—10；[430]，p. 92。
② [384]，pp. 1—10；[430]，pp. 87—90；[20]，p. 298；[472]，pp. 90—98。
③ 邹平县城本身有一小部分职业警察，但主要工作是指导和训练平民武装。

但他对邹平业余民兵的这种精神也不由得羡慕甚至有几分嫉妒了。①

20世纪50年代,共产党的批评家们指责邹平研究院搞的民兵体系是有意以"武装地主阶级"镇压人民"革命力量"。一位当年的乡建干部宣称,那些民兵常常借职务之便敲诈"百姓",尤其是敲诈那些大烟鬼和强迫女人缠足的家庭。(这些指责主要是针对"菏泽方式"而不是邹平。)虽然这些批评者把山东的土匪和地痞(他们常常受乡绅的支配)说成"革命力量"难免过甚其词,但研究院当时的确是有意识地吸收"中农以上"家庭的青年作为民兵组织的主要成分,对于那些没有社会地位的江湖人物和贫苦农民则尤加排斥。但是,这种动机与其说是害怕武装那些"天然革命派"的贫农,毋宁说是因为在民兵组织中服务意味着在经济上要做出牺牲(虽然这份工作可以带来威望),而这是贫苦家庭不能承担的。这些流民恰恰是以前那些雇佣警察组成的,而也正是他们造成了种种腐败和渎职的现象。②

这个民兵系统由县政府第二科管理。第二科还负责司法和管理监狱。监狱和县里的其他部门一样是建立在这样一条原则基础上的:通过道德影响可以改善人的品质。在这样一个比较好的环境里,犯人学习职业技能(如印刷和制作豆饼),并且按劳取酬。

第二科还管理着一个自新习艺所,教养改造那些嗜毒者、流氓和赌徒。在这里同样是使用劳动和劝善的方式。掌管法院的县长知道一般的农民没有知识也没有钱财到正规的法院里去申冤,因此想方设法简化程序以使他们得到法律的保护。③

---

① [384], pp. 2—12;[430], p. 93;[621]。
② [423], p. 178。
③ 这个习艺所在1934年末时有30名受教人员。[621];[625];[623]。又见[20], p. 103;[430], pp. 110—111。

旨在改进道德的地方团体

但是，在维持社会秩序方面，法院和监狱并没有起到重要的作用。由于乡学村学的功能是动员（和影响）公众舆论，所以也调解地方纠纷并对那些有不良迹象的青年进行纪律约束。学校还鼓励村民根据乡约互勉互诫的原则建立起自己的地方组织。以"乡村改进会"和"忠义社"为名的社团是在与会成员自愿拥护并起草的公约基础上组织起来的。这类组织中，有些旨在消灭"陋习"，尤其是个别村或乡里的吸毒和缠足，有些则是为了改善本地区的道德风气。

例如，四庄（邹平北部的一个村庄）乡村改进会的公约中列举了五条劝诫（尊敬长上，亲爱和睦，协作互助，勤劳俭朴，听从规劝）和五条禁律（不得谩骂斗殴，不得奢侈懒惰，不得沾染嗜好，不得欺凌孤弱，不得背弃公约）。另一项订立的公约则是为了反对吸毒、酗酒、赌博。对于违犯公约的人，每次处以五分至两元的罚金。此外，他们还有第三项公约，并根据这项公约成立了一个消防队。①

一些乡村改进会每天组织全村参加早会。这是一种精神陶炼。在早会上，村民们唱歌、喊口号、听班主任或教师做劝诫性讲话或知识性报告。许家道口村的"早起歌"是这样唱的：

> 黑天过去天破晓，
> 朝日上升人起早，
> 勤俭孝友，

---

① 〔479〕, pp. 68—70;〔294〕, pp. 228—229;〔366〕, pp. 25—26;〔621〕;〔619〕;〔617〕。

慈幼敬老。[1]

乡学村学和县政府也配合这些运动特设了"放足督查处"这类的机构。这个机构纠察那些私下为女儿缠"金莲"的母亲。在邹平，最流行也最难杜绝的恶习是早婚。由于男多女少，新娘家可以得到一笔可观的"财礼"（在200到500元之间），这实际是在出卖女儿。而为了增加一个劳力，新郎一方往往在儿子很小（有时仅仅才八岁）时就为其成婚。灾害期间，一些歹徒趁机在灾区买下几个姑娘，再卖到富裕地区以谋利。由于早婚是建立在经济自利基础上的旧习惯，地方乡约和地方组织很少同意建立公约予以禁止，干得最好的乡村干部也只能是呼吁男子应等到法定年龄再结婚。即便如此，也难以弄清情况并得到施行。因此，研究院设立了社会调查部，开展了一次全县人口户籍调查。到1936年，全县每个人都登记在册。户籍登记由乡学管理，及时更新人口出生死亡情况。[2]

农业技术

除了通过合作社做推广外，研究院所属农场还通过乡学村学实施了其他几项推广工作。在农场里，乡建工作者还通过示范户推广牲畜良种和其他农业改良。

最成功也最富戏剧性的一项工作是生猪饲养。1931年，农场买进了三头纯种波兰支那种猪（这个品种是在俄亥俄培育出的，和波兰、中国并无

---

[1] [479], p.70; [366], p.26; [618]。
[2] [385b], pp.1—19; [385c], pp.1—6; [20], pp.299—301; [42d], p.24; [384], p.13; [472], pp.124—128。

关系）和本地猪杂交。其中两头在各乡学中巡回与当地猪交配。这种"国际婚姻"产生的后代（取名为波邹猪）平均比本地猪要重50斤，肉质也要鲜嫩得多。仅仅一代改良猪，就使邹平养猪户的收益增加了144914元，由于成果显著，农场在几个外省也建立了良种站。①

农场还用来杭公鸡（Leghorn Cocks）和山东寿光母鸡杂交，培育出产蛋量是本地品种两倍的新鸡，还进行了霍斯丁（Holstein）牛、蜜蜂、兔子的研究推广。他们还计划发展瑞士乳羊（Swiss Milch Goats）以改善农民以前低蛋白的饮食。

此外，农场还进行了一些零散的试验，培育了一些适合本地气候土壤的农作物并获得了高产。偶然一些较次要的技术推广也使产量得到较大增长。研究发现，碳酸铜可以防治曾使邹平农民世代饱受其苦的高粱黑丹病。之后乡学村学也开始出售化学药品了。

在所有技术革新中，农场只推广那些农民需要的并且在其经济知识水平范围内行得通的实际举措。例如，农场曾计划推广简单的竹制凿井设备和简易有效的畜力水车。这两项花费不大（依靠县政府拨给的两万元无息贷款）的革新在1935年曾掀起了一场非常成功的凿井运动。研究院在1931年起就一直提倡凿井，但直到1935年遇上了旱灾，农民才对这一建议有了热情。②

除了这些发展经济的较现代化的计划外，在农闲季节，乡建工作者也像以前地方上的乡绅一样指导公共水利事业。他们尽可能地把现代科学技术引进来。例如，在防洪方面，研究院的工程师认为在邹平主要河道上实施疏浚工程后，能减少百分之九十的水患。1935年和1936年，研究院动员

―――――――――――

① 〔472〕，pp. 47—48；〔449a〕，pp. 272—278；〔430〕，p. 104。
② 这种水车在定县效果也很好。1931年冬天，梁漱溟把它的发明者李子棠请到邹平来传授凿井技术。〔20〕，p. 300；〔430〕，pp. 105—106；〔449a〕，p. 279。

了两万农民在农闲季节用两个月的时间完成了这项工程。①

公共卫生

由于邹平和中国大部分农村一样缺乏现代化的医疗设备,梁漱溟亲自奔走筹措资金和人员,以便成立一个医疗所。在省县政府和济南齐鲁大学医学院以及国家经济委员会的资助下,1935年他终于在研究院成立了一所小型医院。研究院的卫生政策是强调预防医学和公共卫生教育。

这所医院是全院卫生教育网的中心,只象征性地收点钱。医院训练护理人员,并在每个乡建立一个卫生所。这些卫生所再为村一级的卫生工作训练护理人员。这些男女青年都配备有自行车和卫生箱。在经过医疗技能和一般保健知识的培训之后,他们深入到各个村落中去。研究院的培训部和师范学校也对学员进行预防医学和某些医疗技能的训练。培训的一项是他们在医生的督导下在医院实习。

医院保健工作和教育的大部分内容是接生。乡卫生所兼为当地妇女接生,还为每个受训人员准备了一套简单廉价的国产器械。卫生院还建立了一个妇幼保健所体系。每个保健所里有一名受过职业训练的护士、几名当地接生婆及其他感兴趣的妇女。她们给当地的母亲及孕妇做检查并普及卫生知识。一年之内,这些工作使婴儿死亡率降低了百分之八十。②

---

① [20], p. 299。
② [20], p. 299;[42d], p. 24;[472], pp. 130—144。

菏泽及"菏泽方式"

菏泽县地处山东西南部冀鲁豫交界处。1933年1月,它被指定为实验县,划入梁氏方案辖区。1934年7月,这里成立了研究院支部,这两个地方各负责对院部一半的学生进行培训。

菏泽的大致组织和改革进程与邹平基本一致,但根据研究院可支配资源和菏泽的特殊情况做了一些修改和删减。菏泽县面积和人口大约相当于邹平的三倍,无地农民在人口中的比例更高,并且由于地处三省交界处,历来为土匪出没的地方。实际上,菏泽靠近历史上水泊梁山一带。[①] 此外,1933年、1936年这里遭到大洪水的袭击。因此,菏泽虽然也设有类似邹平的那种综合行政、经济、教育三种作用为一体的乡学,但根本就没有村学。只有"村理事"负责村里的公共事务。菏泽也没有像邹平那样根据自然区划大幅度调整行政区划,只是把以前的区改成乡而已。由于存在匪患问题,其他项目的资金也被挪来用以加强自卫系统。

但是,菏泽与邹平的主要区别还在于两者的基本精神不同。这也许是因为研究院中的河南人(以及被吸收到乡建系统中的山东官僚)对这里的实验进程产生了很大的影响。对于梁漱溟的梦想(通过乡村建设的道德教育力量就能唤起群众中固有的自主、自立、自治的能力),大部分工作人员从来就没有抱很大的信心。他们既不像梁漱溟那样站在儒家的立场上笃信纯粹的道德力量,也不认同后者对人类至善潜力的信心。他们同样也是儒家,但他们的儒家思想如同以前的那些当官的一样带有浓重的法家色彩。跟他们那种更为"传统"的官僚思想相比,梁漱溟的封建乌托邦主义已经算是

---

① 这一地区包括菏泽县旧治(曹州)和鲁东南其他县。这里的人们历来以其好斗的气质和农民起义而著称(如唐代的黄巢起义)。秘密结社在这里一直很兴盛,最著名的是世纪之交的义和团和红枪会。

很"革命"了。

因此可以说,在山东存在着两种乡建"方式":"邹平方式"依靠道德影响、教育手段和区域自主实行改革;"菏泽方式"在梁漱溟的理想主义中掺入了很多不带感情色彩的行政措施,并且似乎更多的是依靠县政府的法律制度和政治力量。结果,在菏泽出现了农民对乡建措施的抵制和风言冷语。这种情况和其他省份中出现的相类似,而在邹平这种情况却少得多。[①]梁漱溟本人并不赞成菏泽方式,因为这和他原来的设想相去甚远。但省主席韩复榘却颇感兴趣。然而,它毕竟取得了一些显而易见的成功。乡村建设迅速地并且是一劳永逸地赶走了土匪,恢复了政令和秩序。而且,他们还建立了合作社、信用社、学校;而至关重要的是他们建立了自卫体系。[②]

乡村建设在山东的推广

1935年元旦,山东省政府将济宁和鲁西南其他13个县指定为"县政建设实验区"。这样,研究院的管辖区一下子扩大了7倍。这些县由一位行政专员管理。这位专员以及由他管辖的各县县长都是经过同韩复榘协商后从研究院中选拔出来的。韩复榘决定在这些地区实施"菏泽方式",因为就连梁漱溟也承认这种方式"见效较快"[③]。研究院集中了这一地区的工作者,以

[①] 在1955年至1956年对梁漱溟的批判中,他当年的一些曾在菏泽、邹平工作过的学生提到的普遍抵制仅仅与菏泽有关系。言外之意是说邹平方式比起菏泽方式的压迫要少得多,也更能为人们接受。见〔342〕,pp. 177—178;〔341〕,pp. 40—41;〔466〕,p. 10。又见〔42h〕,p. 47;〔621〕;〔619〕;〔617〕;〔630〕;〔625〕。

[②] 〔561〕;〔396〕,pp. 95—108;〔272m〕;〔20〕,pp. 293—295。

[③] 〔42h〕,p. 47。

便建立新的农民学校并配齐人员。7月8日，正当工作顺利开展之际，黄河在鄄城决堤，14个县中有10个县遭水灾，大部分工作暂时停顿下来。

要不是几个月后日本开始干涉山东事务，也许7月的这次洪水真的就完全阻止了乡建的进一步推广。整个1935年，日本一直试图迫使北方五省的主席组建"华北自治区"。8月，日本大使会见韩复榘主席，要求他同意日本方面的意见。此年的最后两个月，日本人施加了更大的压力。关东军参谋长几次飞抵济南，试图将韩复榘挟至北平举行会谈促成此事。韩复榘虽然予以拒绝，但他不得不顾忌日本人对他可能采取的军事行动。于是他把梁漱溟召到济南磋商。

梁漱溟清楚地认识到，面对敌人强大的火力，中方在阵地战上必输无疑。应付日本入侵的唯一方式就是持久的游击战，而这种游击战只有在政府得到了农民的积极支持并且农民也具有基层组织之后才能成功。只有政府给了人民好处，人民才会支持政府，中国才会战无不胜。①

不知是由于梁漱溟这种孟子式的建议，还是由于研究院在组织民兵问题上的卓见成效，韩复榘同意了在全省陆续推广乡建工作的三年计划（这个渐进计划就是允许培训足够数量的乡建干部）。1936年，两个行政管理区宣告成立：一个是由临沂附近9个县组成，另一个由菏泽一带10个县组成。1937年3月，又增加了40多个县，使总数超过了70个县，其余的县计划在1938年被纳入推广计划。

虽然这个推广计划是渐进的，但仅凭自身力量的话，研究院还是不可能训练出所需要的全部乡村干部。因此，省政府在济南建立了一所研究院，培训农业、经济和教育方面的高级专门人才。1937年，邹平研究院在济宁

---

① 梁漱溟和韩复榘的这次谈话没有记录，但梁漱溟很可能提出了关于如何进行抗日战争的农村方案。关于这个方案的最全面的表述，请见〔42n〕, pp. 61—66;〔41〕。

成立了培训分部，面向全省师范毕业生（大约1200人）。经过一段集中训练（六个月的教育和两个月的实习），这些毕业生将在全省建立起农民学校。①

日本入侵和山东乡村建设的失败　正所谓成也萧何，败也萧何。因为日本人，梁漱溟的工作才得以迅速开展。但也正是日本人使得梁漱溟的工作功亏一篑。由于日军占领了山东，乡村建设计划宣告破产。一部分干部离开了山东，另一些人参加了共产党的游击队，还有些人则参加了国民党的游击队。②

对梁漱溟在山东的工作，韩复榘起的也是正反两方面的作用。是韩复榘的决断在当初给了梁漱溟在山东开展工作的机会，然而也正是韩复榘的决断使梁漱溟的工作以一个具有讽刺意味的结局收场。日本入侵之后，研究院所创立的基础不复存在（或者确切地说它不能繁荣），原因固然是多方面的，但起码也要部分地归咎于韩复榘的背叛。1937年秋，日本军队开进了山东，大约40个县的民兵都被动员起来了。当韩复榘的正规军在日军的攻势下仓皇后退时，韩复榘命令第二区（菏泽一带12个县）的行政专员率领正在抵抗的民兵进入河南（他们最终在汉口被国民党军参谋长何应钦接收了）。看到自己的子弟和武装都被夺走，而这些正规军在日军面前不战而退，农民们感到自己被乡建工作者欺骗了。在一些地区，愤怒的百姓杀掉

---

① 〔472〕, pp. 2—3；〔20〕, pp. 293—295；〔42d〕, pp. 22—23；〔42h〕, p. 47；〔613〕。
② 这个过程相当复杂，不能在此叙述清楚。梁漱溟的确曾试图将他的干部们组成一支政治军事力量以抵抗日本人。但一直对梁漱溟的影响怀着妒忌和畏惧之心的某些国民党人在此关键时刻拒绝支持他，致使这个组织终于被日本人击溃。山东农村的地方组织时聚时散，很快呈现出一派混乱局面；国民党和共产党组织既同日本人作战，彼此间也有冲突。例如，1939年2月，当梁漱溟回到菏泽时，那里存在着三个县政府：一个是由日本人委任的，一个是由共产党组织的，一个是由国民党控制的。梁漱溟所属的残余部队（政治部第三政治大队和中央独立三师二旅）在战争初期被日本人打垮。留在山东的大部分乡建工作人员或参加了国民党，或参加了共产党，或参加了地方独立力量。国民党和共产党都曾暗杀过梁漱溟留下来的信徒。见〔215〕, p. 100。又见〔219〕, p. 160；〔521〕, p. 38；〔51〕, no. 32（1941年10月19日）；〔621〕。

了乡村干部和学校校长并烧毁了学校。当 1939 年梁漱溟回到菏泽视察那里的游击队情况（意味深长的是，靠八路军的帮助他才得以成行）时，那里仍然存在着对他的埋怨。① 这样，梁漱溟的运动——连同他建立中国新文明的梦想——都随着吞噬乡农学校的大火而灰飞烟灭，纵火者正是要缔造新社会的农民。

当时对梁漱溟乡村建设的批评

虽然梁漱溟在邹平的工作无法代表乡建运动的方方面面，但他是这场运动的唯一真正的思想家，并且也只有他提出了一套系统周详的理论。因此，他遭受了太多不该他承担的批评。由于梁漱溟把他本人的工作看成是中国文化的复兴，不少批评者把他看成是一个自我标榜的复古主义者，认为他在用新名词重复着旧观念。② 甚至许多受过西方教育的乡村建设运动的倡导者也基本上把梁漱溟看作是一个并不十分了解当代世界的"不科学的"老掉渣的儒家，虽然他们对于梁漱溟个人的品格和学识公开表示过敬慕。这

---

① 〔173〕，pp. 53—55；〔225〕；〔342〕，p. 178；〔621〕；〔619〕；〔639〕；〔617〕；〔626〕。韩复榘的背叛使农民的信任和支持一去不复返，也不可能再进行大规模的复兴活动和游击活动。听到这个惊人的消息，梁漱溟很痛苦。他痛心的是，由于军阀的戏弄和欺骗，他的乡村建设终于落归于他曾努力反对的腐化和堕落。

"凡当局一切所为之结怨于民者，乡农学校首为怨府。更以其为民众训练机关，平素之集合训练在此，召集调遣在此，壮丁枪支皆甚现成。于是每每整批带走。假使无此民众训练，或不兼之训练机关，则当局虽要壮丁要枪支不能如此方便。……而乡民仍认为乡农学校行骗，怨毒之极，致有砸毁乡校，打死校长之事。……以建设乡村之机构，……真乃毁灭无余矣！吾同人同学几乎不能在社会立足，几乎无颜见人矣！言念及此，真堪哭痛！"〔44〕。

② 〔170〕，pp. 129—134，142—143；〔400〕，pp. 18—19；〔143〕，pp. 13—14；〔401〕，pp. 161，165—169；〔115〕。

些人大多把乡村建设仅仅看成是一个以西方为标准的现代化程序，其唯一目的是提高生产率和教育水平。因此，他们当然就把梁漱溟关于自治和"新社会秩序"的论述看作是不切实际的空谈。①

许多"自由的"知识分子发现，过分强调乡村发展和土地问题是错误的。他们提倡的是像西方那样建设大规模都市工业，以便给农村创造更好的经济条件。在他们看来，梁漱溟建立农本的中国的企图实际是一种民族自杀行为，因为农业国不可避免地贫困软弱，在经济上要受工业化国家的奴役。②

乡建运动最激烈、最刻薄的批评者之一是陈序经。此人毕业于伊利诺伊州大学，是"全盘西化"的主要倡导者。陈序经总爱指出梁漱溟的乡村建设不过是从西方引进的舶来品，照搬的是西方的组织方式和科学技术，几乎没有一点纯粹的中国东西。他取笑梁漱溟的救世主式的自命不凡和对西方的无知。他说："只有没有出过国门，不懂西洋乡村是什么的人，才会自夸这个运动是我们自己发明的新运动，自己开辟的新路线罢。"陈序经把梁漱溟的工作和罗伯特·欧文的工作加以比较，认为两者都是由空想走向失败。③

陈序经的主要论点大概是说，由于乡村建设没有根除乡村的贫穷和落后，所以是全盘失败。作为一个标准西化的都市知识分子，他访问邹平归来后得出的结论果然一点也不出人意料：梁漱溟仍然没有能把山东农村变成上海。他以胜利者的口吻指出：邹平的医院缺乏设备而且落后，农居脏得令人恶心，整个邹平找不到一段好一些的公路。他话里有话地说："一条路且没建设好，乡村之建设可知。"在陈序经看来，真正从乡村建设中得到

---

① 见张复良（音译）1969年7月17日给作者的信；〔612〕；〔615〕；〔618〕；〔629〕。
② 〔581〕；〔268〕；〔143〕, pp. 15—17。
③ 〔140〕, p. 18；〔143〕, p. 18。

好处的是靠搞乡建为生的知识分子。①

在邹平的公路问题上，国民党方面的评论家们也为陈序经帮腔。在他们自己的模范县中，他们一直把主要精力集中在建设现代化公路上。他们把公路作为衡量现代化程度的主要指标，之所以把路修得这样好，是为了方便机动部队移动和坐车的官员出行。但是牛车会损坏这些崭新的、造价昂贵的公路，所以是不能让农民上公路的。梁漱溟的一位学生反问道：如果不准走牛车，那么，这些公路除了为少数人用来走汽车和人力车之外，还有什么用呢？② 这不但是对国民党的回答，也是对陈序经的回答。

国民党的评论家们还挑剔地指责梁漱溟是一个不切实际的儒家卫道士，说他不了解现代社会对官僚政治和政治力量的需要。而他们按CC派的做法搞的乡村工作则对官方力量深信不疑。其目的是要使政权深入到乡村，从而使中央的法令能贯彻到地方基层。国民党对于梁漱溟反其道而行之的做法一直持怀疑态度。国民党中央委员会的地方自治专家李宗黄在参观邹平后殷切希望梁漱溟及其追随者"不要超乎中国国民党的主义和中央法令"。此外，李宗黄还对梁漱溟自创自用的一些说法（如"村学""学众"）耿耿于怀。国民党搞乡村重建的人似乎一直忐忑不安，觉得梁漱溟的实验和共产党式的农民组织颇有相似之处，甚至还有传闻说共产党人渗透进了邹平。③

马克思主义者认为梁漱溟在所有乡建派中既是最反动的也是最进步的。因为和定县那些领导人不同，梁漱溟认识到帝国主义和军阀是乡村贫困的真正原因。④ 但他们接着便指出，只要帝国主义在经济上控制着中国，梁漱

---

① 〔140〕，pp. 16—17。
② 〔204〕，p. 15。（查该文并无此语，可能是版本问题。——中译者注）
③ 〔429〕；〔274〕，Ⅱ，p. 29；〔397〕，p. 86；〔616〕；〔618〕。
④ 1930年，梁漱溟谴责胡适对帝国主义的"软弱"，批评他没有认识到帝国主义在中国社会崩溃中所起的作用。见〔11k〕；〔171〕，pp. 91—92。

溟通过地方合作社的方式实现农业社会主义就是一种幻想:"目前中国的农村合作,更是在中外资本家金融家的提携和支配之下而活动的。……伦敦、纽约、大阪等世界大都市对于我国的农村,正起着深巨的支配作用。……梁先生企图创造的第三条道路的'新文明'之理论,……只是主观的要求。"①这种批评也有一些事实根据。城市金融资本确实为邹平的合作社提供了资助,而帝国主义列强倾销机制下的纺织品正是邹平纺织合作社及蚕业合作社戏剧性垮台的直接原因。然而,在最终的分析中,究竟通商口岸对农村经济冲击的性质和程度如何?对这一问题的回答仁者见仁,智者见智。

在指出梁漱溟强调乡村团结的目的在于抹杀乡村中的阶级矛盾时,马克思主义的批评者触碰到了梁漱溟的乡村建设与他们自己的乡村运动最本质的区别。这些马克思主义者坚信,农民的利益不同于农村里有权势的住户的利益,而梁漱溟的工作正是旨在巩固那些地主和富农的统治。那些校长和校董不都大多是地主和富农吗?许多左派知识分子总结说,乡村建设的主旨和国民党的目的一样,都是要维持现状。梁漱溟和其他想要维持现状的人的区别仅仅是:"他是要'用软工夫'去对付,以别于'硬工夫'对付者而已"。另一位批评者呼吁要有一种承认阶级差别并代表贫苦农众反对地主的乡村运动(他暗示这种运动已在进行着,出于谨慎他没有点名道姓)。②

对乡村建设的批评:理论和实践

鉴于梁漱溟的乡建是被视为与共产党的举措背道而驰的运动,将其和

---

① 〔401〕, p.164。
② 〔170〕, p.143;〔400〕, pp.27—29。

毛泽东思想的某些方面加以比较是有益的。毛泽东似乎和梁漱溟同样笃信一个儒家的观点，即社会大环境对个人有影响，亲密的小团体对增进道德和理智有功效。他们都认为内在的道德和外在的政治、武装以及经济上的成功是相联系的，无论这种内在的道德是是非之心还是无产阶级意识。对于他们来说，良好的社会要通过全社会不断的精神转变才能实现。这个转变过程是一出永无终结的道德剧，它将解决中国经济和政治上的落后，同时也将避免像都市资产阶级社会那样泯灭人性。他们都担心自私庸俗的欲望会扼杀自我牺牲精神。对于毛泽东这样一个民族主义者来说，牺牲小我的目的是为了成就国家和群众的大我。对于梁漱溟来说，舍身成仁本身就是目的，是人性的真实显现，而不是谋求外在目的的手段。舍我首先是道的表现，其次才是为了集体的物质利益。

毛泽东和梁漱溟都认为他们的纲领是在综合并归纳了广大农民新生的诉求和固有的智慧后构建起来的。两人都依靠小团体教育和讨论激发民众参与热情，并将领导者和被领导者打造成一个社群整体（A Gemeinschaftlich Unity）。他们都希望，通过这种持续的小团体道德监督和斗争，一批无私的道德楷模会涌现出来，并使复兴的热忱持续高涨。这些运动都有一个诚挚的口号："为人民服务"。

最后是共产党人实现了梁漱溟的最终目标，那就是，让热情高涨的群众为一个共同的伦理奋斗，并借此实现中国复兴和统一的大业。毛泽东的复兴与梁漱溟的设想在风格和手段上相似：两者都强调乡土工业和地方的自力更生。两者在农业发展、小团体的道德力量、下乡运动和学习小组等方面也采取相近的做法。这种相似性的根源也许不是某个共同的、主观的文化遗产，而是一个广袤、贫穷且分散的农业社会遗留下来的客观历史地理事实。当然，共产党人领导的中国的复兴不是奠基于传统价值之上的，而这种价值正是梁漱溟的主要关注点。

梁漱溟的失败可以从多个方面来解释。所有这些解释都显示他的传统主义无法与现代化及政治成功的要求相匹配。台湾一位儒者认为，梁漱溟和传统儒家都犯了同样的错误。"他的乡村建设之所以失败，是由于他过高地估计了人类的善良本质，过分相信干部们的道德力量。"① 与此相似，梁漱溟理想主义的儒家世界观也妨碍了他对政权性质的理解。他用孔孟的思维思考，用孔孟的语言表达，俨然一位高瞻远瞩的圣人。他拿春秋时代的礼崩乐坏来套近代中国的政治分裂。像孟子一样，他坚信一旦某个地方统治者将他的改革方案付诸实践，全国人民就会为之瞩目。和旧时代的哲人们一样，他把自己作为改良主义者的生涯都花在游说一个又一个地方当权者身上了。他试图使这些人相信他的理想主义计划最终会给他们带来好处。最初，因王鸿一集团答应支持他，他前往山东，之后又去南方寻求桂系军阀的支持，最后他又置身于韩复榘麾下。甚至他拒绝友人的劝告而选择在1949年后留在大陆也是因为他认为自己可以影响到毛泽东。②

同他的哲学理论一样，梁漱溟的运动是建立在一种矛盾之上的，而这个矛盾被层层叠加的不统一所覆盖。最明显的例子是乡村建设模糊的政治立场：它既不革命也不保守，甚至也不开明，而是一种"革命的保守主义"。梁漱溟自己的追随者们也偶尔意识到这个有待回答的问题。当农民被组织起来以后，一位干部曾提出疑问：他们将被引向何处？是维持现状？还是改革现状？抑或是打倒现状？③ 乡建运动一直在设法避免在此三者中做出选择。

由于梁漱溟的运动既瞻前又顾后，所以像罗马的双面门神（Janus）一样对现状同时持两种态度。他设想发动民间力量（Volkstum）对抗国家力量

---

① 〔569〕, pp. 176—177；〔638〕。
② 至少他对朋友是这样说的。〔634〕；〔633〕；〔635〕。
③ 〔384〕, p. 13。

(Staatstum)。他认为,政府本来就是乡村建设的阻碍,同现政权合谋意味着自一开始就把乡村建设搞成了"站在政府一边来改造农民"。与此同时,梁漱溟意识到,如若不同政府联合,唯一的选择就是成为一个独立的武装政治运动,好牢牢地把权力握在手里。①可是一旦拥有权力,乡建运动就会不可避免地蜕变成国家力量,随之而来的是没人情味的官僚主义、机械的法律和泯灭人性的人际关系等种种罪恶,而这些原本是乡建运动所批判的。梁漱溟从未正视这一矛盾。他主要是希望通过一种模糊的、没有清晰定义的过程让社会同化国家,把国家变成一种社会,这样也就实现了古代儒家"家国"(Familization of Government)的理想。

由于在梁漱溟的乡村建设中,政治文化上的革命和保守主义的控制这两种互相矛盾的可能性并存,因此,国民党对乡建顾忌重重,而地方掌权者韩复榘又对其鼎力支持。这种两可性甚至使得在山东接替韩复榘的日本人将其看作是一种保守主义控制的手段。有一位日本人至少是出于这个原因去研究梁漱溟理论的:

> 据说,自卢沟桥事件以来,东亚新秩序计划的初创阶段已经完成。目前华北农村的治安和经济重建问题尚未解决,它们是实现新秩序的基本障碍。当我们考察共产党人进入我们赶走了蒋军和地方部队的那些地区时,我们感到这个问题更为重要。自然,第一步是消除农村武装……这种武装活动不能无休止地继续下去……在这方面,我将提出梁漱溟的乡治理论,它似乎可以被考虑用来服务于这一目的。②

---

① 〔39〕,p.10。又见〔11e〕,p.177;〔11i—m〕;〔38〕,pp.314—320。
② 〔346〕,p.501。

再深入一个层次，在乡建与地方乡绅的关系上，这个矛盾也有所表现。乡建运动试图一边倒地靠那些"原有的领导人"来改造自然形成的农村社会，将其由坏变好。这个办法是尊重实际的，因为如果大众投身乡建运动，则乡绅的参与也是绝对必要的；这个办法也是尊重原则的，因为过分强调乡村内部矛盾的强化会破坏自然形成的民间力量。但是，研究院和乡绅之间在实验计划的控制和指导上持续的明争暗斗表明，梁漱溟始终未能解决乡绅和大部分民众在利益上就算不是普遍至少也是明显的对立。像以前一样，梁漱溟期冀通过一种模糊的教育过程，改变乡绅和农民当前由乡村社会造就的不良意识。

梁漱溟视自己为圣人，一位洞悉了不以历史和当前恶劣现实为转移的恒理（Knowledge of the Eternal Thusness）的圣人。至少在心里，他觉得自己已经解决了一个困扰所有社会改革家的难题，那就是，如果人的主体意识（Consciousness）是由他在社会的存在形式（Social Existence）所决定的，而当前社会里又没有人以完美的形式存在，那么我们又从哪里获得关于未来完美社会的知识呢？但既然梁漱溟所说的知识并非属于客观知识的范畴（用我们的话说，不是像马克思主义声称的那种"科学"知识），所以向作为改造社会的主体力量（Agents of Social Transformation）的干部传授这种知识的过程是完全主观的。让干部们完全抛弃社会环境给他们灌输的不良思想、态度和习惯是不可能的，绝大部分人显然没有做到这一点。"菏泽方式"的乡村建设是一个最清楚的例子。另一个例子就是干部们没有像梁漱溟那样致力于理论与实践的统一。大部分干部的思想和行为都还停留在"文人主政"的世界里。在那里，草拟公文和报告都是文人的专长，劳心与劳力之间也横亘着一条不可逾越的鸿沟。

和其他地区一样，山东的乡村建设者们似乎总是容易犯传统士阶层常犯的毛病，比如官僚主义、党同伐异，还有官场钻营。后来梁漱溟本人也承认，构成乡建运动基础的农民和知识分子的结合从来没有实现过。最后,"知识分子还是知识分子,农民还是农民"①。当时的一位观察家用一段话生动地描述了乡建的虚伪以及理想和现实之间一直存在的距离:

> 今日一般之提倡与从事乡村建设的,……连了深入民间也少能实行。一方面提倡跑回乡村,一方面又要自己的妻子享受都市的生活;一方面鼓吹教育乡村化,一方面又要自己的儿女享受特殊的教育。而其较甚者是自己往往也只住在半都市式的县城或市镇里,终年少有到过农村。一般热心于这种工作的领袖每以为环境或他种关系,整天忙于招待参观来宾,招待关系上司,以至应付工作人员,管理各种事务,而好多普通工作人员又把这种工作当作进身之阶,吃饭之所,结果恐怕只是养出一个吃乡建饭的新阶级罢。②

一方面,乡建运动必须与政府联合,是个妥协的产物;另一方面,干部们没有真正与农民团结在一起,这两方面因素造成了农民对乡建运动的态度一直是冷漠消极的。在总结自己的失败和共产党人的成功时,梁漱溟说:"群众运动的入门诀窍,似要在变自己为群众。"③

但在最根本的层次上,矛盾表现在乡村建设最终的哲学基础上。梁漱溟宣称,乡建运动的目的在于使中国文化的精髓重放光彩,这精髓就是和西方的"自私"及"功利主义"相对立的"理性"。历史环境和西方影响已

---

① 〔88〕。几位谈话人都主动谈道,梁漱溟的下属和同事简直就是些野心家和官僚,他们并不理解也不相信梁漱溟的理论。〔640〕;〔626〕;〔618〕。
② 〔142〕。
③ 〔88〕;〔39〕。

使理性荡然无存了，只在中国农村还有些许残存。① 让乡建运动转向农村正是要利用那里残存的理性，同时又要通过它最终拯救中国和世界。因此，对梁漱溟来说，理性既是乡村建设的手段，又是乡村建设的目的。

在梁漱溟的理论中，人与禽兽的区别（以及东方人和西方人的区别）在于前者能为道德舍弃物质利益。正因为这种态度，中国在过去没有进行现代化。现在梁漱溟相信，理性在民众中的复苏是重建中国经济政治的绝对必要条件。

这种主张无论在逻辑上还是在现实中都是自相矛盾的。虽然乡村建设的目的是建设一个免受都市政治经济控制的社会，但梁漱溟仍然要去城市银行寻求资本。而且，就连在山东贯彻实验计划本身也不是靠农民的无私，而恰恰是靠他们的自私。例如，邹平合作社成功的基础是使农民意识到对自己有利，而不是靠他们的理性。即使在梁漱溟的基本设想中，乡村建设计划以及乡村自治要想吸引农民的参加，也要依靠他们自身的利益，而不是靠他们自发的无私。

从理论上讲，乡村建设既要使中国把理性这个圣人流传下来的无价宝保存下来，又要使中国富强起来，使人民生活富足，并保证他们不受到道德低劣的列强的凌辱。然而，如果中国文化的精髓首先就是中国物质低下的直接原因，那么又如何能够通过复兴它解决中国的物质低下问题呢？理性曾经使中国人与富强无缘，它现在又如何能突然使中国人富强？而且，那些被梁漱溟视为中国文化对立物的西方文化的因素又恰恰被他认为是西方物质成功的原因，并且对于乡村建设也是必要的。例如，之所以在物质生产上失败，是因为中国无法转化出一种向外的态度——这要归咎于中国优越的理性文化。但是，西方人向外奋斗的态度摧毁了理性，从而又很难

---

① 〔38〕, p. 184。

注意到人际关系和人类的感情。

　　陈序经是让梁漱溟生畏的批评者,他用略微不同的方式指出了同样的矛盾:"我国人数千年来侈谈精神建设,物质建设固因此而没有成效,精神方面又何尝有过什么成绩?"①问题的最终解决将取决于人类的本性和现代化。许多人(无论是马克思主义者还是自由主义者)都认为:毛泽东和梁漱溟有着同样的矛盾。

---

① 〔143〕, p. 17。

第十二章 抗战时期和战后：政治和论战

1937年，是梁漱溟改革者生涯巅峰的一年，接下来的日子都是他在乡村建设运动中扮演角色后续的延长。他继续坚信他自己是一个弥赛亚，但是又一次是一个没有自己领导的运动的弥赛亚，至少他没有领导任何可以引领中国向他的理想改变的运动。然而，在接下来的四十年中，他仍旧扮演许多重要的角色。

在1937年至1947年这十年间，梁漱溟成为中国"自由主义者"的领袖之一；通过他的倡导和组织，少数党和无党派的知识分子成为影响战争期间和战后中国权力运作的重要因素。不无讽刺的是这样一种说法，那就是梁漱溟应该成为捍卫民主的斗士。在此之前，梁漱溟花了很长时间和很多心力去建构他的文化理论用以证明西方形式的民主并不适合中国人的精神和物质条件。无论在战争前或战争后，他都公开表示，大家关切的立宪政府问题并不是最紧要的事情。① 然而，在他实际的政治生涯中，与他的文化理论相反的是，他却去争取代议制政府、多党政治与其他西方形式的制度。当然，战争期间他的一些政治活动，例如保证起码的公民权和军政分离，则是自1917年以后就始终一贯的。

---

① 梁漱溟强调，只要民众的习惯、礼俗和生活态度不发生变化，那么西式的立宪政府就只是照搬外国的制度，它和中国的实际情况毫不相干，也注定要失败。见〔14d〕；〔76〕。抗战以前，梁漱溟曾反复强调要避开政治。见〔39〕, p. 3；〔20〕, pp. 301—302。

实际参与各种政治活动的决定说明了梁漱溟对待政治态度上的重大转折。在此以前,他认为政治家和他们的政治运动及其手段在道德上都是卑劣的。他的乡建运动以及从前从事的各种活动都力图保持一种超乎党派的立场。他也一直坚持使它们避免任何形式的政治色彩和政治野心。正像所有了解他的人评价的那样,他本人的气质根本不适于搞政治,而他本人总是不情愿地扮演任何政治角色。[①]1924年,儒家"至贵者德"(Noblesse Oblige)这条原则把他赶出了寂静的学园。他离开安逸的学界,现在基于同样的信仰他再度进入了充满算计和斗争的政治沼泽中,即使他曾在1912年被政治所驱逐。

在理论的层面上,梁漱溟继续鼓吹中国的危机根本上是文化危机,而不是政治危机。通过中国道德共同体和信仰体系的重建,政治共同体的重新整合才能逐步实现。文化重建带来的新型的社会结构和政治结构(如合作社、乡约)最终会决定政治上层建筑的形式。他一直强调,决定中国未来并能解决它的问题的正是立足文化的乡村建设,而不是暂时的政治人物、政治团体或政治权力的斗争。

民主的第三力量的前奏:1937—1939

然而,日本人的入侵和占领从根本上改变了梁漱溟对目前当务之急的看法。中国的生存受到了威胁。除非赶走日本人,中国根本不可能存在,不管这个中国是儒家的、共产主义的,还是民族主义的。他的推理是:除非政治党派和民主的问题得到解决,否则这个民族就不能组织起来赶走它

---

① 和我谈话的人提到梁漱溟在政治上的天真。又见〔423〕,pp. 127—129。

的侵略者。由此,他开始把他的乡建运动看成一个有着政治目标的特殊的政治组织的基础。①

但是,在全面抗战爆发后的头两年中,梁漱溟很少有时间系统地阐述他本人的政治纲领。作为中央政府的官方代表,他几乎马不停蹄地到处奔走,视察全国各地的抵抗能力和组织情况。② 此外,由于爱国热情和同仇敌忾的缘故,他和蒋介石及国民党的关系正处于蜜月时期。梁漱溟最初致力于在国民党一党专政的体制内寻求改变,以后又公开与国民党对立。他的这种经历反映了当时中国自由主义者和无党派知识分子的一般趋势。

国民党方面起初也谋求在战争中得到无党派人士的支持。它打算成立一个象征性的咨询机构以求能影响一些党外力量。战争伊始,南京的最高国防会议(以蒋介石为首)就任命梁漱溟和其他23名非国民党的爱国人士加入国防参议会。这个暂时机构不久就被更大的有二百多人(也包括一些国民党人在内)的国民参政会所取代,梁漱溟被选为驻会委员。③ 由于梁漱溟和一些自由派的"民主"人士对于在国民党的权力垄断下工作的前景日感失望,国民参政会就为他们建立自己的组织提供了一个讲坛。

在7月7日卢沟桥事变几天之前,梁漱溟还在北平。当丰台的日本驻军向围有旧城墙的宛平镇推进并开始为避免战争进行仓促谈判时,梁漱溟已回到山东。7月17日,蒋介石在牯岭给对日本人的行动给予紧张期待的人们以回应:中央政府将以武力抵抗日本在华北任何进一步的进犯。所有人都意识到这个即将到来的战争似乎是更进一步了。在谈判的同时,日本将它在国内及朝鲜、东北的军队开进了北平地区。蒋介石立即邀请梁漱溟

---

① 见〔44〕;〔527〕;〔620〕。梁漱溟第一次提出关于乡建的政治作用恰恰是在战争爆发之后。见〔41〕。

②〔51〕,nos. 10—14。

③〔501〕,1938年7月13日;〔51〕,nos. 12,13;〔373〕,第一次会议纪实。

及其他非国民党爱国人士到南京进行紧急磋商。8月13日晚上,当梁漱溟乘坐的火车途经江苏无锡车站时,他发现站上满是全副武装的军队:日军已经向上海发起了进攻。这说明全面战争终于爆发了。因此,他不再继续前行去参加会议,匆匆赶回山东做准备,刚到山东,就接到了蒋介石通知他去南京出席新成立的国防参议会的电报。在邹平做完撤离的指示后,他又动身南下了。这时,那位最高统帅指示他起草一个战时乡建方案。然而,如同国民党向自由主义人士提出的大多数建议一样,这项计划从未具体实施过。① 8月底,蒋介石派梁漱溟回山东视察防务(也许还要私下去劝说省主席韩复榘——蒋介石和他的关系一直不好——抵抗日本可能对山东的进犯)。

在此期间,日军正越过长城涌进河北并挺进山西。11月初,顾祝同将军所部放弃了历时三个月的虽英勇却是无望的上海保卫战。日军向内地的南京、杭州开进。相对来说,山东前线却一直悄然无事。

面对在日本人和蒋介石之间必须做出选择的形势,山东的韩主席似乎感到不得不选择前者。他做了一些象征性的抵抗便开始撤退,同时命令他的地方行政机关也全部撤退。这时,日军分两路切入山东省,陆路从德州来,海路从东南面来。圣诞节那天,他们攻下济南和重要港口青岛。在日军到达的前几天,梁漱溟才离开山东。到达新的临时首都汉口以后,他亲自向蒋介石挥泪禀报了山东的情况,但蒋介石只是笑了笑说:"我全已知道。"② 一个月后,韩复榘以卖国罪被逮捕枪决。

---

① 〔51〕, nos. 14, 46。
② 〔44〕。梁漱溟显然曾竭力说服韩复榘进行抵抗。据一位人士提供的材料说,梁漱溟花了三天三夜和韩复榘争论,教促他和日本人开战。〔626〕。

访问延安，与毛泽东会谈

这时，梁漱溟以国防参议会成员的身份被派往河南、陕西视察防务。当月，他抵达西安，但这只是个借口："我的目的实是延安。"梁漱溟现在看到，对共产党政策的变化是民族生存的"伟大转折点"。在12月下旬病了两周（显然是由于六个月的旅途劳顿和山东的沦陷）之后，1938年1月5日，他越过宽阔浑浊的渭河，坐着牛车，穿过雨水侵蚀的黄土高原，辗转二百英里，向北进发了。当他行驶在冰雪覆盖的山路上时，陕北的贫困和荒凉给他留下了深刻的印象。这种印象一直没有改变，直至他来到延河边那个小镇上时仍然如此。这个小镇将成为锻造中国革命的熔炉。

梁漱溟花了两周时间和共产党的领导人交换意见，参观共产党和政府的各个部门。[①] 总的说来，战时的中共给他留下了很好的印象。最使他满意的是和江西苏维埃时期的显著差异：放弃了以武力将土地充公的旧政策；农会向全体村民开放，包括富农和小地主；建立了新型的地方政府系统。毛泽东和其他人现在向他承认江西的土地政策"是错误的"；并且，在确定未来方针之前，有必要研究一下这个问题。梁漱溟惊叹道："这自是一种重要转变。"

延安的教育体系（课程设置、教学方法和学生生活）使梁漱溟感到特别兴奋。虽然他也发现某些方面有些"卤莽""肤浅可笑"，但"这是大胆创造时，所不能免，无所深怪者"。他总结道："事实上证明，他们是成功的。"尽管学生们的日子很苦，但却身体健康，精神抖擞。梁漱溟说："这不是一种成功吗？"

梁漱溟意识到，共产党"当然给我愿意看的事来看，当然给我愿意听的事来听"。但是，他仍然从许多会谈和"所见事实"中得出结论："我相

[①] 以下关于梁漱溟这次访问的叙述都取材于〔51〕，nos. 15—20。

信中共在转变中。这种转变不是假的。"从新边区与江西时期的许多区别中,梁漱溟断定共产党所做的工作"正接近我们的乡村建设"——这种相似性在梁漱溟访问延安之后将进一步加强甚至更加明显。同时他也十分清楚共产党所做的还不是真正的乡村建设。"即其转变虽不假,却亦不深。……他们仍然以阶级眼光来看中国社会,以阶级斗争来解决中国问题。"然而,梁漱溟也看到:"环境事实要他变。"

梁漱溟标志性的直言不讳和他在会见中提出的令人为难的问题大概让中共领导人很难喜欢上他。他向党的总书记张闻天询问,使共产党1927年被赶出国民党的原因是否还存在?为了表示愿意在第二次统一战线中合作,共产党做了哪些改变?(许多党内元老也有同样的困惑)共产党的目的是要掌握国家权力吗?张闻天回答说:不,在目前不是。梁漱溟又追问道:"革命党必须自操政权施行其有方针有计划的建设才行;那么,今后中国共产党是否必要取得政权呢?假如说,不一定自操政权,然则将如何去完成共产革命,愿闻其详!"张闻天含糊地说,中共"不一定要自操政权",它将"帮助国民党完成其革命"。梁漱溟带着嘲讽的口吻说:至于如何完成共产革命,张闻天"似未说清楚"。梁漱溟这些提问的动机是迫使共产党承认正统的马克思主义理论不合中国国情,从而证明他本人主张的高明。梁漱溟的这种谈话方式几乎被视为来自"右倾机会主义"对共产主义的批评,因此很快就激怒了毛泽东。

访问期间,与梁漱溟谈话最多的就是他差不多二十年前就在北京结识的那位农民的儿子毛泽东。除去设宴接风、饯行这些礼节性会面外,在凤凰岭下毛泽东那间黄土窑洞里,梁漱溟和他私下会谈了六次。① 这些交谈通

---

① 毛泽东曾四度客居延安,这是第一次。此后不久,他因日军轰炸暂离此地。关于梁漱溟和毛泽东讨论的内容,请见〔51〕,nos. 18—20。

常在晚饭后开始，有时通宵达旦。如果说毛泽东不规则的作息时间已使梁漱溟不堪忍受，而夜谈间这位主席烟酒不辍更令他印象深刻（显然，毛泽东的生活习惯并没有因为这位圣贤的来访受到影响）。毛泽东甚至不像人们通常那样佐以菜肴来降低高粱酒的烈度。惊讶之余，梁漱溟问到了他的健康状况。毛泽东回答说，虽然有人说他患了肺病，但经医生检查并无此病。他承认自己有时患神经衰弱。

毛泽东为梁漱溟斟茶，自己则豪饮烈酒。无论毛泽东这时是一种什么心境（梁漱溟发现他"从容，自然，而亲切"），他们的谈话不可能是轻松自在的，从16岁以后梁漱溟似乎就不太能与人轻松地聊天。从我们所知他的"谈话方式"推想当时情况，他大概像一尊雕像一样严峻地坐在那里发表他的演讲，而毛泽东将梁漱溟称为"梁老师"则更强化了这种气氛。① "他于听你谈话时，喜用笔随手记录……我谈完，他便手指所记要点，一条一条答复，条理清楚，句句到题。"就这样，毛泽东坐在小桌的一边，一手夹着土制烟卷，一手用"秃笔粗墨，在大纸上横行写来如飞"；另一边，梁漱溟圣人般木然呆坐：马克思和孔夫子讨论着中国的未来。

毛泽东与梁漱溟之间的对立以及两者象征性的对比，与其说是反映出马克思主义或儒家学说之间的差异，还不如说是反映了两种截然不同的生命经历。毛泽东代表着世代农民的生活，梁漱溟则代表了士大夫的背景。比起其他前现代社会，中国的大传统与小传统间的整合更加紧密，但在具体的生活方式和个人经历上的区别仍然是很明显的。在小桌的一边，毛泽东吸着烟，喝着酒，谈起话来风趣盎然，满口民间的谚语；在另一边，梁漱溟犹如一个定心坐禅的僧人，以他庄严的腔调吟诵着古圣先贤的教训。

---

① 虽然梁漱溟从未在文章中提到毛泽东用过这个尊称，但他的确私下向朋友们提到过此事。〔633〕；〔634〕；〔621〕。

梁漱溟无论是在工作时还是在闷热时都坚持穿着他那件学者的长衫；而毛泽东在天热时则漫不经心地脱下裤子，即使在正式场合也敢这样做。① 毛泽东谈话时谈笑风生；梁漱溟则总是严格信守着"君子无戏言"的戒条。毛泽东喜欢看《水浒传》《三国演义》这类古典惊险小说；梁漱溟则认为这些儿童读物会浪费君子的宝贵时间。《水浒传》这类小说生动展示了民间的传统，其中也寄寓了价值观念、行为准则和人们的理想。这些作品很少能在正统的中国文学中占有地位，但比起儒家经典来，它却形象地反映了农民生活的一个侧面。

即使有这许多的不同，这两个人同时又分享了许多深刻的中国性（Chineseness），这种共享的中国性最终使他们彼此接近的程度要大于许多西化的中国自由主义者或是国民党或共产党的成员之间的接近程度。儒家的哲人以及马克思主义革命家之间共享的中国性或许要比他们之间的对立重要得多。

其实，在一些问题上他们几乎不存在什么分歧。据梁漱溟说："说到当时各种问题的主张上，彼此多半相合，没有相乖之处。"例如，梁漱溟从心底里同意毛泽东反复说到的那句话："战争改变了一切。"他们只是在抗战期间社会改造的重要性问题上略有分歧。下面是梁漱溟对他们就这一问题的交谈所做的记录：

> 以我看中国问题有两面，一面对外要求得民族解放，一面对内要完成社会改造（即建设新中国）；你看对不对呢？他答：完全同意。
> 我问他：这两面问题应当分别解决呢，抑或一并解决，不得分开？他答：这原是相关的事，不应分开来谈。但究非一事，在进行解

---

① 〔489〕，p.79。

决上或时有轻重宾主之异。譬如眼前应当一切服从于抗战，第二问题只能附在第一问题里去作。

我说，这在我亦没有疑问。不过我却要求在今日民族对外之时，决定我们本身社会改造之事。我认为此一决定，正为对外抗战所必要，有两个理由在这里：

一则必团结而后能抗战，团结不力则抗战不力。……完成社会改造为吾民族自身基本问题，必在此问题上彻底打通，彼此一致，团结才是真的。否则，隐略不谈，必生后患。

他对于我的话认为很对。

我于是提出我的主张，要确定国是国策。所谓国是国策，就是将民族解放社会改造两面大问题，及其所涵细目，均有确切之订定。尤其要紧的，在建国的理想目标，并其达于实现的路线步骤。……

他表示单为抗日而团结，诚不免一时手段之嫌。但他又虑社会改造问题重大，牵涉甚远，各方面意见或未易接近。倘各方意见不能归一，岂不又影响眼前抗日？……

我说你这种顾虑亦是应有的，不算过虑。但遇此困难，当以热心（热心于彻底团结）、信心（相信彼此说得通）克服之，而努力以求得最后结果。

他说你的意见是好的。此事最好由国民党来倡导进行，或其他方面来推动提倡。中共方面，因为刚将抗战促动起来，不过六个月又吵动什么社会改造问题，似乎不便。假若国民党或其他愿为此根本商讨，那他们共产党当然欢迎之至。

……此时（1938年1月）他们正请得国民党同意，两党起草共同纲领。在武汉有八个人……正在蒋先生指导下起草。共同纲领和你所说国是国策亦甚相近。……你何不赶回武汉，去推动推动呢？

> 毛君屡次对我说，中国现在已是团结，但仍须求得进一步的团结。我便说，你想进一步的团结，除了我这办法还有什么办法呢？①

从某种程度上说，梁漱溟似乎是站在问题的"左"面。此后不久，毛泽东在批判王明"右倾机会主义"时则似乎表现出他是站在问题的另一面。在社会主义这个问题上，梁漱溟表现得有些"左倾"，或毋宁说是天真幼稚。毛泽东向他介绍了他将在两年以后发表的《新民主主义论》的大致思想：中国革命应分为两个相互联系的阶段，即民主主义和社会主义。梁漱溟则用自己的一段论反对这种三段论（外加共产主义阶段）。"我认为中国政治上趋于民化和经济上趋于社会化，是同时的。……相携并进，以抵于成。因为分不开，所以他们的两段，在我就是一段。"

对于战局，梁漱溟当时是沮丧悲观的。战争的前六个月，日军几乎是任意地在各地出入，轻易地攻占了中国大部分重要城市和铁路。中国则尚需赢得一场重要的战役。正是在这个问题上，毛泽东竟然改变了梁漱溟的思想（这倒是一个不折不扣的漂亮仗）。"他从国际方面，敌方，我方，三下分析给我听，转换我的悲观见解不少。"

然而，梁漱溟和毛泽东谈得最多的不是时局问题而是哲学问题。梁漱溟相当傲慢地（假若一个圣人是可以倨傲的话）把自己的几部书送给毛泽东以期能做进一步的理论探讨。第二天晚上，毛泽东果然拿出了一沓纸条，上面记着每部书的要点，对于他欣赏的部分则记得很系统。可是梁漱溟却有些不愉快；这并非因为毛泽东表现了一个学生般的勤奋，而是由于在会谈期间毛泽东未能挤出时间读完他的每一部著作，尤其是他新近出版的长达 472 页的《乡村建设理论》。

---

① 〔51〕, no. 19。

不出所料，当话题转到中国社会的性质时，毛泽东和梁漱溟之间发生了根本的分歧。当毛泽东问到梁漱溟遇到什么问题时，这次关于乡建的讨论就戛然而止了。梁漱溟说，最大的问题是"农民动不起来"。毛泽东脱口打断了梁漱溟："你错了！农民是要动的；他哪里要静？"①

梁漱溟当然认为中国和诞生马列主义的西方在本质上是不同的。毛泽东则强调所有社会都具有某种起码的性质。在倾听梁漱溟花了一周时间向他述说自己关于乡建和文化的理论之后，毛泽东总结说："中国社会亦还有其一般性，中国问题亦还有其一般性；你太重视其特殊性而忽视其一般性了。"梁漱溟则回答说："中国之所以为中国，在其特殊之处；你太重视其一般性，而忽视其特殊性，岂可行呢？我与毛先生两人之间的争论，到此为止。"

这样一个结局是不可避免的。但是，毛泽东在很大程度上也的确同意梁漱溟对特殊性的强调。根据梁的说法，毛接受梁漱溟的两个基本论点是正确的："中国老社会有其特殊构造，与欧洲中古或近代社会均非同物。中国革命是从外面引发的，不是内部自发的。"在梁漱溟看来，这种结论可以否定马克思主义革命在中国的有效性，因为这意味着中国的情况太特殊了，以至于马克思主义的"普遍真理"在这里不那么"真"了（如果另一位党的领导人在场的话，毛泽东是决不会同意这些观点的）。无论毛泽东内心如何想，但对于梁漱溟强调外来理论总的说来不适于中国的具体现实并强调中国的特殊性这一点，他还是在表面上做了让步。

梁漱溟对毛泽东充满了钦佩和友好的感情。"此番会晤，在我印象上甚好。古时诸葛公称关美髯曰逸群绝伦，我今亦有此叹。他不落俗套，没有矫饰。……彼此虽有争辩，而心里没有不舒服之感。"他离开延安时的一个

---

① 〔88〕。

总的感觉是遗憾未能多作逗留（因为外界一直认为他正在开封忙于公务），尤其是因为他希望和地方乡民"接近"从而了解他们的亲身感受。

至于毛泽东对梁漱溟的感受，我们只能靠猜测。由于和梁漱溟在一起待了那么长时间（比其他访问延安的人都多得多），他们的讨论又是那样"认真"，可以说，他对梁漱溟及其思想抱有极大的兴趣。① 梁漱溟离开仅仅几个月，毛泽东就发动了一场对"洋八股"和"洋教条"的大规模批判——这将成为毛泽东思想的一个组成部分。的确，1937年正沉浸在苏联马克思主义著作中的毛泽东和此后不久的他判若两人；中国式的马克思主义此时尚未出现在毛的思想中。然而由于梁漱溟在1938年把他的理念带给了毛泽东（梁的乡村建设理论和晚期毛思想某些部分类似），毛或许在有意无意之间受到梁漱溟的影响（当然，我们不能验证这个看法）。虽然确定这种影响是一件含混的不可靠的事情，但是我们仍然有把握说，在毛泽东最终将中国的马克思主义革命塑造成一种独特的中国型式方面，梁漱溟至少起着某种推波助澜的作用。

至于同毛泽东的会见对梁漱溟的政治化以及他对第三势力的看法起着何等作用，我们并不是十分清楚。中国共产党的确有意识地鼓励梁漱溟和其他少数党领袖在政治上积极行事。梁漱溟也确实遵从了毛泽东的敦促，匆匆赶回武汉。从现实政治的角度看，在当时的国内情势下，任何自由主义的要求、运动或政党组织都不利于国民党而有利于共产主义，会给共产

---

① 纯粹的政治动机也不能完全排除，因为毛泽东的确敦促过梁漱溟参与政治。但是，在当时，梁漱溟没有任何政治组织的背景，甚至也不属于"乡建派"。他也刚刚失去在山东的权力基础。其他政治上的无党派人士，即便是有着更大的政治影响，也没有受到毛泽东的这种待遇。毛泽东在1949年以前的文章中从未提到过梁漱溟。也许事实本身是值得注意的：毛泽东曾亲自出面攻击过其他文化保守主义者，如张君劢、周作人。但直到1953年那次著名的冲突以前，他从未批评过梁漱溟。

党提供政治上的盟友和合法性。任何少数党要求民主化和立宪政体或非国民党派的政治参与都会增强共产党在对抗国民党时的地位，尤其在美国参与中国的抗战之后更是如此。

由于这些原因，国民党内外的政界和知识界中都有许多人认为毛泽东"蒙骗"了梁漱溟，使他去动员起自由主义的少数党以构成反对国民党的力量。梁漱溟的一些朋友也猜测梁漱溟误以为共产党尊重他和他的主张。[①]但是，在与毛泽东的谈话中，他已初步形成了关于一种类似联合政府的计划。在这个政府中，来自国民党以外的政治力量将有助于确定全民族的奋斗目标以及实现这个目标的具体政策。

我本人对他这段政治经历的理解是，它和梁漱溟一贯的信念是一致的：他是被命运选中的人，是中国的救星。他以往对未来美好社会的总构想并未由于战争和他新的政治角色而发生改变。并且，他先前那种弥赛亚救世主的形象更变成了一个民族统一者的角色，从而也就成了民族的救星。战争一旦爆发，救亡就使民族统一成为当务之急。梁漱溟逐渐认清了：实现这个目标的唯一办法就是将在野的知识分子组成一种中立的第三力量，它将靠着自己的独立性起到一种无与匹敌的决定性作用，使统一战线免遭分裂。后来，由于它本身的政治利益，这种第三力量被转化成一种纯粹的政治组织。随着时间的迁移，政治利益使得这个组织与中共形成了密切的合作关系。但是，梁漱溟一直坚持这个组织最初的目的就是为了"避免内战"。[②]

---

① 〔633〕；〔634〕；〔623〕；〔621〕。国民党情报机构的一位人士把梁漱溟在1939年的政治化归咎于自由派报界人士、国防参议员邹韬奋的影响。见〔219〕，p.161。

② 〔437a〕，p.146。

第十二章　抗战时期和战后：政治和论战

为社会改造和民族解放而工作

离开延安后，梁漱溟先到开封履行中央政府委任的视察使命。几天之后，他又沿黄河向东进发。1938年2月2日，他渡过黄河到达山东菏泽。在那里，他会见了一些乡村建设的追随者，动员他们组织各种形式的抗战力量。两天后，他南下到中国的战略要塞徐州，那里的防御是由身材矮小却勇敢好战的广西将领李宗仁指挥的。在此以前，他曾邀请梁漱溟前去商讨如何动员群众。在这一个月当中，梁漱溟有一半时间陪着李宗仁，李正在积极备战许多预想中对战争具有决定性影响的战役，其余的时间就是和聚集在那里的乡建追随者们待在一起。①

梁漱溟还给山东河南的乡村工作者们写了两本小册子，简要地说明了战争时期的行动。这些指导的主要方向和当时日渐扩大的中共华北根据地中正在发展起来的思想并没有什么差异。梁漱溟说，只有通过教育和社会改造动员起农民，战争才能获得胜利。他还教导他的学生在抗战中要和各种力量合作，包括共产党人。现在，"对内社会改造对外民族解放"的口号取代了他以前那句格言"文化改造和民族自救"。他宣布自己关于中国问题的态度发生了重要变化。这时，最紧迫的问题不单纯是文化问题，更多的是一种政治问题。在对日作战中，解决政治民主和政党问题是当务之急，它是实现全民族联合的先决条件。因此，他正式建立了自己的政治组织——

---

① 梁漱溟的四千名基层乡建干部有四分之三留在山东家乡。但在战争期间变化莫测的政治军事环境中，他们都走散了。但是有大约八百名干部和民兵于1937年12月从济宁整队撤退到豫南南阳镇平一带。在那里，他们被官方收容，编为第三政治大队（又被国民党方面称为第三十二政治团）并接受军政训练。当时梁漱溟正在徐州的联络站。1938年9月，第三政治大队全副武装渡过黄河回到山东，仅留第五支队继续在豫北作战。梁漱溟曾一度依靠电台和他们保持联系，但不久就中断了。1940年，他们终于在国共双方的摩擦中彻底溃散了，而梁漱溟仅仅在此前夕才又一次见到他们。见〔51〕, no. 32。又见 nos. 21–23；〔215〕, p. 100；〔521〕, p. 38。

乡建派。正像他对学生们说的那样：在山东时，我们是一伙致力于乡建的朋友。现在，国家需要政治组织。这时，我们就可以利用这个组织为国家奋斗。①

1938年3月，梁漱溟到武汉和那里的八人委员会（国共双方各四名成员）做私人会谈。这个委员会正在起草一个共同纲领。他发现当时委员会已经陷入了僵局，他没什么办法促使委员会采取行动。4月，他到湖南各地视察防务。在此期间，策划已久的徐州会战开始了（但它是以日本占领徐州东北部的一个小城台儿庄揭开序幕的，这不是个好兆头）。

李宗仁将军布下了精心设计的圈套，继而向日军发动了猛烈的反攻，歼灭了日军两个精锐师，从而使中国军队获得了在战争初期第一次（也是唯一一次）完全的胜利。不幸的是，到了5月，日军已将李宗仁置于重围之中，分兵包围了李宗仁的侧翼。这时，日军向河南全线推进，梁漱溟则速至豫南彭禹庭当年的根据地（南阳镇平地区）和乡建工作者组成的游击队第三政治大队作最后一次见面。他们认为，由于黄河莫名其妙地决了口（它在华北平原造成了大水灾），日军改变了原来的计划，不能沿长江继续西进了。

在日军6月攻下长江重镇安庆时，梁漱溟已到达远在西南的四川。国民政府已撤到了那里，国民参政会也将在那里开会。他极不情愿地离开了前线，因为他害怕无法再和他的乡建工作者们联系。他因此也极欲辞去他在国民参政会驻会委员的职务。在他来到了四川，与河南、山东的工作者间的联系实际上中断之后，他决意以全副精力从事他所认为的抗战中当务之急的事业。因此，他继续待在四川并出席了国民参政会在夏季举行的会议。

乡村改造 虽然梁漱溟不再亲身参与乡村工作，但他继续把自己看作

---

① 〔619〕。又见〔44〕；〔51〕, nos. 21, 32, 33, 46；〔527〕；〔138〕；〔215〕, p. 100；〔521〕, p. 38。当1940年梁漱溟发表《乡村建设纲领》（见〔326〕）时，他才公开了乡建派的政治纲领。〔215〕, p. 99；〔279〕, p. 60。

是农民在中央的代言人。在出席国民参政会期间,他在邹平模式的基础上提出了几个方案。他强调,只有通过这种方式才能动员农村人口来抵抗敌人。他的提案之一是:a.召开战时农村问题会议;b.设置常设机关。梁漱溟说:我的提案"内容平常,并未能替农民说话,而仍是为国家为政府设想"。但是,国民党对此仍怀有戒心,反应也很冷淡。这一提案终究没有付诸实现。在目睹这一提案在如迷宫般的国民党各机构和委员会间往来一年以后,梁漱溟抱怨地说:"除公文往来复去而外,事实上并无下文。——此会经廿七年到廿八年,又到廿九年,以至三十年的今天,还没有召集。"①

改革兵役制 梁漱溟到四川以后,他在其他方面代表农民所做的主要工作是在兵役和服务系统方面。当战争全面爆发时,国民党系统已因其种种陋习和不能一视同仁而声名狼藉了。抗战末期,美军将领魏德迈(Wedemeyer)总结当时形势时曾说:"对中国人来说,征兵如同饥荒和洪水(不过更规律些而已:每一两年一次),被人民视为一种骗局。饥荒、水旱之灾和征兵的关系就如同水痘和瘟疫的关系一样。"②梁漱溟本人评论说:

> 在西南大后方说,当然以补充兵员,多多征集,好好训练为第一事。而兵役问题恰办得不好。谈者莫不疾首蹙额。在乡村已痛苦不堪,而国家亦得不到好壮丁。我们从来作乡村工作的人,对此乡村最大痛苦不能坐视,不能躲闪。③

在重庆,梁漱溟遇到了三个志趣相投的人物。其中两位是国民党的高级军官,梁漱溟希望借助他们的影响和声望推行他的征兵改革。这四个人

---

① 〔51〕,nos. 21—24。
② 〔254〕,p. 303。
③ 〔51〕,no. 23。

发起了一个座谈会。这个座谈会不久便吸引了一些兵役负责机关的官员出席。到四川后，梁漱溟还去了一趟成都，它位于重庆西北二百英里的四川盆地，是四川的省会。一个很偶然的机会，该省政府召集行政专员和保安部门官员开会讨论兵役问题。四川省主席王缵绪邀请梁漱溟出席指导。或许，王缵绪过不多久会对此决定感到后悔，因为梁漱溟在会上对于整个兵役制度提出了尖锐的批评。该省曾动员了大批农民，但有四分之一甚至在到达指定部队之前就因贫病而死亡。为了防止逃跑，通常的做法是用绳子把新兵捆到目的地。基层征兵的权力握在地方豪强手里，他们总是挑选那些最贫穷、最瘦弱的农民。梁漱溟指出，政府征兵体制的最大问题是它根本不成体系。兵役法规形同虚设，各式各样的命令和行政指示同时并存，乡村基层又自行其是，这三者之间彼此毫不相干。在这种条件下，梁漱溟所要求的就是要使村一级征兵工作须根据国家法规进行。在四川的会议之后，梁漱溟就去拜访蒋介石在重庆的行营主任张群。

然而，梁漱溟不久就发现，征兵制度的最大问题不在最高一级行政命令，而是在下面基层，于是他起草了一个具体的计划。这个计划以他曾在邹平和镇平实行过的乡建模式为基础。他还和前四川省主席、著名教育家张澜做过接触。10月初，他和张澜、张群以及其他省内官员和教育家们举行了一次会议，采取了初步的行动。

梁漱溟的计划强调了三点。他指出，最重要的是要使群众对抗战抱有热情。这需要在征兵之前进行教育和宣传。其次，"大众了解法令内容要点，而拥护之，要求之，造成依法办理之空气"。第三，尤其重要的是要有地方上有信誉的人物参与其事，和办事人员一起保证优待军人家属。"只有在群情热烈，众目昭彰……之下，才办得认真，办得公平，办得顺手。"梁漱溟还正式提出改善新兵待遇、惩处舞弊官员的建议（这些在中共兵役制度中都已具备了）。

整个1938年的夏天和秋天，梁漱溟的努力似乎在四川省内以至全国取得了一些成果。1938年10月，他在重庆正式创立了兵役实施协进会，不久又向国民参政会提出了正式提案。但是到了1939年初，他的工作就停顿下来了，这显然是由于国民党内部一些外人难以知晓的斗争或是因为改革威胁了既得利益。1940年初，又是因为一些无法证实的"谗言"传到了总司令蒋介石的耳朵里，他亲自下令解散了梁漱溟的协进会。在整个抗战期间，梁漱溟一直无畏地致力于兵役改革工作，但总是遭到国民党的反对。[①]1944年，政府终于设立了兵役部，但并没有能减少以往工作中的弊病。

1938年的政治民主理论 梁漱溟本人在1938年末阐述的政治民主的观念既像1945年以前共产党人的立场，也类似于西式自由主义者们的立宪民主立场。然而梁的立场是受到他关于中国独特文化理论的影响，这种理论反对自由主义和马克思主义。梁漱溟的主要思想是：由于中国社会不具备立宪民主的条件，要靠一纸文件改变一切那只是幻想。他断言，在最近的将来，西式的立宪民主根本就不能实现。他也承认，虽然中国不存在西方意义上的那些阶级，但也的确存在着各种不同的人群（诸如工人、农民、民族和宗教团体），每一群人都有自己的需要和利益。他也承认各个政治团体的最终理想是彼此相异的。若要有效地进行动员和建设，就要符合全体人民的利益和各政治团体的理想，还要求他们的代表要积极参与此事。目前所有的中国人都面临着来自同一个敌人的威胁，在经济上和社会的改造上有着共同的利害关系。为了打败外部的敌人并协力实施内部的改造，他们必须实现全民族的联合。

1938年12月，梁漱溟将他的意见写成文字交给《大公报》。国民党中央宣传部的检查官根本没有任何正当的借口就不允许发表，因为它的立场

---

① 〔51〕，nos. 22—27。又见〔373b〕。

与共产党"甚近似"。梁漱溟向这位部长表示:"共产党既不是抄袭我的,我亦不是抄袭他的。在枝节上彼此尚亦有出入,更且各有各的本源。"梁漱溟不畏恐吓,把手稿分送给各政党领导人传阅。梁漱溟把他的政治公式名之为"二重组织"。"总起来说,这种方式既非多党制,亦非一党制,而是'一多相融'。一中有多,多上有一。"

梁漱溟的"二重组织"似乎只涉及了行政组织和立法组织的区分。梁漱溟认为,国民党应实现一种"综合制",成为"党上之党",在战争中它将实行统一的指挥,维持民族的联合。其他政党和国民党内的各个派系就可以作为独立的组织存在。梁漱溟说,这个方案将承认国民党名义上的统治,因为三民主义太笼统,以至于包罗了所有其他的思想体系和政党;也因为国民党本身就包罗了许多政治派系。[1]梁漱溟这个方案和毛泽东"新民主主义"的根本区别就在于梁漱溟强调综合与和谐。

梁漱溟倡导联合政府的动机,一方面来自他对国民党在抗战中的表现和对民主化议题伪善的失望,另一方面也可能来自毛泽东的鼓励,两者同样重要。国民参政会在1938年实际上已经发生变化。1937年那个一度由少数在野人士组成的有效率的国防参议会在1938年变成了规模大一些的国民参政会,并且成员中国民党党员的比例日益增大。梁漱溟很快省悟到:他希望把这个准代议制机构改造成他理想中的民主论坛以求在抗战中动员和联合各种团体的想法仅仅是一种幻想。随着国民党在国民参政会中安插越来越多的自己人,非国民党团体在国家事务上能真正发言的机会自然就越来越少了。[2]

---

[1] 〔51〕, nos. 29—31。
[2] 〔176〕, pp. 280—282。

敌后1939：致山东沉痛的告别辞

　　标志着中国战场特色的直到战争结束前不久才打破的沉静的僵局，早在1939年1月就已经确立。在中国西部，国民政府躲进了避风港，准备长期作壁上观，希望日军过分的野心导致自取失败。在东部，几乎占领了中国所有城市和铁路的日本人正策划着下一步的战略行动。（中国新任驻华盛顿大使胡适博士正在向美国舆论界宣传"民主的"中国国民政府如何坚决并且英勇地抵抗日本法西斯。）但是，在中国现实的背后，国民政府的当务之急是如何维持政治上的垄断，他们的抵抗远不是彻底的、英勇的。

　　因为言论审查系统拒绝发表他的政治主张，改革兵役制的努力也遭到挫折，梁漱溟决定不再留在西南大后方。相反，他希望到华北战区亲自看看敌后的情况，和山东的同事建立联系，了解一下第三政治大队的活动。他是否怀着某种愿望，想复兴他的乡村建设？因为目前的理想环境正是他曾梦寐以求的。结果，决定山东命运的将是毛泽东和他的指挥员正在谋划的决策。正是那位年轻的共产党干部和农民军队（他们在梁漱溟这八个月的旅途中大部分时间与他相伴）将成功地实现许多梁和其过去乡建运动无法完成的目标。①

　　虽然第二届国民参政会仍选举梁漱溟做它的驻会委员，但梁漱溟还是设法辞掉了。当时，他向蒋介石请示出巡，得到了蒋介石的嘉许和支持。他被授以军事委员会特派员的名义并派给六名随员。他于1939年2月1日由重庆出发，10月返回四川。②4月，他进入了山东境内。他巡视了山东西南当年的乡建实验区（濮县、范县、寿张、郓城一带），并会见了仍留在当地的老同事。之后，他到山东中部的山区待了一个月。8月23日，他离开

---

① 当梁漱溟巡视河北、江苏，然后进入山东时，属于林彪——五师的陈光支队也进入了菏泽一带的乡建实验区并收容了残存在那里的自卫力量。
② 〔51〕，nos. 31—32。关于这次旅行的细节，请见〔51〕，nos. 33—40。

山东，经河北南部进入河南。在那里，他见到了由来自山东的前乡村工作人员组成的一支游击队。最后，他进入山西境内的太行山区并于9月18日到达中国军队控制下的洛阳。

起初，梁漱溟打算随国民党山东、江苏战区的指挥官于学忠的部队离川东行，但他很快就对随大部队行动带来的种种延误感到不耐烦。因此，他和他的随员们或独立行动，或随当时进入山东的共产党新四军、八路军的小部队一起行动。在敌占区，他们也不断地得到共产党游击队的保护，尤其是在越过日军控制的铁路线时。在华北地区的共产党组织被告知梁漱溟有可能通过他们的根据地，要尽量给予他帮助和保护。当新四军帮助他越过山东省界后，就由八路军——五师接替护卫。新四军、八路军曾两次及时赶到，将梁漱溟和他的随员从日本人的威胁下营救出来。

梁漱溟及其随员总是昼伏夜行，有时由游击队骑马护送，这时他可以穿着他的学者长衫。无人护送时，他们就要靠步行，换上农民的打扮。沿途所见更增强了梁漱溟以往对农民的困境所怀有的那种愤慨。即使他很熟悉农村生活并对农民的长期困苦有着理解和声援，但他仍未料到他们经过的一些村庄是那样贫困和闭塞。他看到所经之处的农民均受饥饿折磨而奄奄待毙，而即使如此还要满足军队和政府的各种需求。梁漱溟视察归来后尽管所说的都是他以前说过的东西，但这次是带着极大的急迫感。

> 八个月的旅途中，见闻不少，感想亦多。及今回忆，犹存其什之一二，记之于后。第一个感想，便是中国老百姓太好。……为了抗战他们所受苦难，都没有怨恨国家，怨恨中央之意。……只是政府官员军队游击队此一党彼一派对不起老百姓！……第二个感想，……这一感想之引起，是我们沿途多走偏僻小路，真所谓穷乡僻壤，将民生之穷苦，风俗之固陋，看得更真切。例如山西内地妇女缠足，缠到几乎

不见有足，……还有黄河右岸穷谷中，妇女束发青衣白裙的装饰，与京戏上所见正同，大约仍是明代的旧样子。说到穷苦，更不胜说。……这样的人民，这样的社会，纵无暴政侵略，亦无法自存于现代。……然此第一大事者（指社会进步——艾恺注），到民国已是三十年的今天，竟然没有作。……照这样下去，再过三十年岂不仍是依旧。……再明白点说，从这感想中，我们更要反对内战，和一切妨碍国家建设社会进步的事。同时，我们亦反对无方针无计划的建设，蹈资本主义的覆辙，人力财力奔向工商业去，而使广大乡村落后。从这感想中，更加强我们平素主张的自信。①

从体力上说，这种远征对于年近五十的梁漱溟来说是一番筋疲力尽的经历。然而更严酷的是他在山东的所见所闻：他的所剩无几的乡建组织遭到了最后的打击。1939年元月初，正当梁漱溟与各方面相会于蒙阴县东里店时，日军在这一地区发动了一次"扫荡"。②混乱之中，梁漱溟及其随员和秦亦文率领的主力部队走散了。当他们在北面一百余里以外的北岱崮再次会合时，却又得知日军在拂晓前要发起另一次进攻。这样，他们来不及休息，冒着倾盆大雨再次转移。出发之前，秦亦文委派秘书公竹川和一个60人的警卫队跟随梁漱溟，以便必要时离开主力单独行动。

> 愈走而雨愈大，山路愈滑，又崎岖坑谷，漆黑无光（用光火恐为敌见），……前后彼此牵衣而行，不许交言，古所谓衔枚而进。……两

---

① 〔51〕，no. 40。
② 当日本人发现占领中国的城市和铁路并不等于控制了中国以后，他们在1939年向中国的游击队发起了全面攻势。这年夏天，华北日军在山西、河北、山东各地发动了一系列的扫荡。梁漱溟的巡视正在这一时刻。

次有人滑坠涧谷,不知其性命如何。……衣裤淋漓,难于移步,寒透肌骨,既饥且疲。走到天明……

……前面有一小村庄,名"对经峪"。大家皆渴求休息。而村小不能容,秦君先请我及随带警备队进村。他们大队再前行不远,进另一小村庄名"石人坡"的去休息。我们进村,入老百姓家,全不见一人,而屋内衣物食具却未携去,……显见得,其为临时惊慌逃去,此地不远必有敌人。我们实在应当马上走开,……却为饥寒所困,不免耽搁。正在解衣拧干雨水之际,耳边枪声大作,……

原来敌人在近处一山头,看见我们队伍进村。……他立刻下山,将石人坡包围,四面架起机关枪。大队人马,有的冲击,有的阵亡,有的遭擒,有的藏身屋内,被敌纵火焚毙。事后,我曾派黄君公君等返回调查,掩埋死者,抚慰伤者(隐于老百姓家),得知其详。

就在敌人包围石人坡时,给我机会逃走。我策马仰登一山头,一个完全没有路径的山头。……然而雨仍大……风又大,不能久停。慢慢寻路下山,见有两三人家,便去觅食烤火。……随员报告敌人即至。不得已又出来,隐身于草树茂密之处。……末后,藏在一大山洞内。……入洞时,老百姓指示我们隐于最后,并以我们行装易被认出,解衣衣我,以资掩蔽。此时两军即已开火,枪声,大炮声,最后并有飞机助战,……黄昏后,枪声渐稀,入夜全停。……

……天明,则除我六人外,洞内没有人了。此时战事又作,激烈如昨。洞内无人,便于移动,可以偷望对面山头敌阵。旗帜、敌军官、望远镜、指挥刀,历历在目。过午枪声渐稀,望见敌兵三五自山头下,不久竟沿路转来洞边,大皮靴声音直从洞口过去。当时同人皆扣枪待放,他如果向洞内望一望,我们便拼了。……

午后约三时顷,……两山两军皆已撤退。大家放心,……第三政治大队经此两役，损失大半，残部逐返鲁西。因为原留有第二支队在鲁西，合起来仍有三百人之数。支持到上年（廿九年）年尾，……我自己，离洞以后，六十名警卫队已寻不见。幸好秘书公竹川相随，他是蒙阴本地人。蒙阴公姓甚多，……于是我六人随着他，投止于公姓家。……如是一路从蒙阴北境走出蒙阴南境。他送我到较平安地带，即返回家去。却不料不久竟为八路军所错杀，弃尸无头。①

公竹川被杀害不过是在华北、华中的乡村逐渐展开的大戏下间接的一个微不足道的副产品，然而这却加深了梁漱溟对日益明显、日益扩大的国共军事对抗的感慨。② 到了1939年，统一战线的分裂几乎不再是一个秘密。甚至就在日军在山东中部的山区追击梁漱溟的时候，国民党军队就解散了新四军设在湖南平江的办事处和兵站，并枪杀了共产党员。同时，国民党政府对中共陕甘宁边区实行封锁，占领了边区所属的五个县。它还增强了秘密警察的力量以肃清地下共产党员。

但是，梁漱溟的结论并不是以这种大背景为基础，而是建立在他对战区农村中到处存在的秘密内战的见闻的基础上。无论在访问延安时毛泽东

---

① 〔51〕，no. 38。
② 抗战的最初几年，山东的大部分农村被地方上的武装力量或政治力量分裂成了无数独立与半独立的区域。秘密结社（大多是红枪会）又复活了，各种番号的中央军也进驻此地；八路军也开到了这里，并且也是它最终控制了这里的大部分地区。他们和地方武装、县保安队、乡绅组织的小帮派、韩复榘留下的散兵游勇及其残存的行政机构、国民党系统的新机构、伪军，再加上日军，在这片广大地区的各个角落里演出了一场千变万化的戏剧：有联合，有摩擦，有争斗，有妥协。如果没有日本人，他们之间是不会具有这种排斥性的。这一切都是争夺地盘、互相嫉妒以及乡村之间的阴谋造成的后果。梁漱溟的几个学生和同事也成了这种冲突的牺牲品。公竹川和八路军之间究竟发生了什么冲突至今仍不清楚。但有一点很清楚：共产党在抗日并同时扩张其势力的过程中经常合并地方上独立的抗日组织。〔564〕，pp. 41—42；〔621〕；〔626〕；〔619〕。

和梁漱溟之间是否存在一种相互影响,再次巡视华北都很可能使梁漱溟产生一种先入之见,使得他更偏袒中国共产党并更强硬地反对国民党的独裁。尽管他对中共仍怀有戒心并且责备中共,但他也勉强地承认,可能只有他们才能最终为解决中国的问题找到答案。

> 中国目前的问题全在政治,而政治的出路却并不现成。因为这政治后面有深厚的文化背景,不是平常的封建民主之争。譬如上面说,对于敌人势衰力弱见出中国人太不行;此不行是政治问题,有古老文化为其背景。又如前叙游击区老百姓苦痛深刻,此深刻苦痛出于敌人所加于我者,不如中国人自己造成者多。这亦是政治问题;亦有老文化为其背景。但是共产党以至许多青年不明白这一层。……共产党和在共产党领导下努力的人,必须学习了解中国。我说这话,是出于善意的期望。因为今日为政治问题而努力的,主要还在这些人。①

毛泽东和他的同事们大概一直在研究梁漱溟的思想。在这以后,中国共产党人,尤其是那些年轻的干部,都在努力使自己更认真地研究中国的具体实际,而在研究欧洲马克思主义普遍原则时似乎更少教条主义色彩了。

第三力量的崛起

当1939年孟秋,梁漱溟行进在西去的归途中时,萦绕于怀的问题是:

---

① 〔51〕,no.40。

如何解决"党派问题"。① 甚至在 10 月 3 日由西安飞抵成都之前,他就想好了一个具体的方案。刚刚到达四川省会成都,得知蒋介石也恰巧正在成都,梁漱溟就决定马上向他报告此行经历以及他新近关于民族联合的方案。这位新近当选的总裁诚恳地接待了梁漱溟,详细询问了八路军的情况,因为他知道八路军是不会完全承认他为全中国的最高领袖的。结果,梁漱溟来不及提出他认为此行中最迫切的问题,但他征得蒋介石的同意,答应到重庆后再就此问题会晤。

梁漱溟在成都遇到了他的主张的同情者。他从事乡建的老同行晏阳初、黄炎培,以及青年党领袖李璜碰巧也在成都。他把这些人约在一起磋商。讨论中,梁漱溟提出了自己在这次旅行中得出的结论:

> ……(国共的偏见——艾恺注)近则妨碍抗战,远则重演内战,非想解决办法不可。第三者于此,无所逃责。而零零散散,谁亦尽不上力量。故第三者联合起来,共同努力,为当前第一事。黄晏李诸先生都十分赞成,相约到重庆再多觅朋友商量进行。②

于是在 1939 年 10 月初,中国政坛上的第三力量诞生了。这自是件令人振奋的事,却又注定它只有八年的生命。

10 月 23 日,梁漱溟到达重庆,恰逢蒋总裁去桂林、湖南,又未能见面,而梁漱溟也肯定没有闲居。中共方面的参政员(董必武、陈绍禹、秦邦宪及其他有关人员)仍在重庆。10 月 26 日晚,梁漱溟贸然造访。自然,第一件事就是说到他的学生在山东被暗杀。秦邦宪作了笔记。但代表团似乎不

---

① 〔51〕,nos. 36,37,40,41,42。
② 〔51〕,no. 41。

愿意就此发表意见。"其意似谓你既历历有见有闻，而我们见闻不及，又无其他报告，无从判断其是非，既不能否认，亦不便遽皆承认。"

接着，梁漱溟提出了他关于通过政治民主解决民族团结的计划。对此，中共代表一致认为："你的理论和我们的理论是有出入的，但你的结论却和我们的结论颇相合。"这样就使中国共产党和自由党派的关系找到了一个基础，而这将招致国民党对第三党派的取缔。①

统一建国同志会　梁漱溟为其方案得到的反响感到鼓舞，进一步和其他几个政党的领袖在重庆进行了接触（具有讽刺意味的是，他这时却拒绝参与其他"自由主义"分子进行的宪政运动）。他为这个即将成立的组织（他称之为"统一建国同志会"）起草了基本纲领。然后他向蒋介石递交了一个副本，蒋介石当即表示异议。梁漱溟修改了草案，终于在11月29日和蒋介石举行了一次正式会谈，请求政府允许成立这样一个组织。蒋介石尽管不太高兴，但还是公开表示应允。当晚上国民党高级官员（"自由主义者"）王世杰陪同他返回重庆青年会的住所时，王世杰在车中私下问起梁漱溟这个新组织的政治目的。梁漱溟回答说，同志会不是一个政党，只是为了应付由国共冲突所引起的紧急情况而建立的一个特殊组织。梁漱溟表示，至于组成一个名副其实的政治党派，还需要时间，"现在亦说不上"。②

梁漱溟这个纲领的核心是实现政府的民主化（这意味着国民党将结束其"训政"时期）和所有军队统一于国家（这意味着中国共产党将把它的军队交给政府指挥）。中共表示，如果国民党能首先组织一个真正民主的政府，他们也赞成梁漱溟的纲领。蒋介石对这个纲领抱有怀疑和敌意；他相信梁漱溟正被中共玩弄。这个团体的成员都把自己看成是爱国主义者，一

---

① 〔51〕, no. 41。又见〔134〕, p. 186；〔614〕。
② 〔51〕, nos. 31, 41, 43；〔76〕, 3.5: 9；〔168a〕；〔134〕, p. 186。

心要通过他们的独立倡导民主政治以避免内战；把自己的组织则视为调停人。棘手的是：政治民主化和军队国家化这两者谁是首要的？共产党认为政治民主化是首要的，而国民党则坚持后者是首要的。梁漱溟的同志会（以及后来的政团同盟和民主同盟）试图使双方达到一致。国共两党和少数党的立场直到1948年都没有改变，最终这个问题只有在战场上解决，而少数党的组织也被取缔。

1940年的头三个月，当国共摩擦的消息不断传入重庆时，梁漱溟接连和这个新组织的成员们相聚讨论并将讨论结果起草为正式提案呈交参政会。当3月河北大规模剧烈冲突的消息传来时，梁漱溟马上建议由他的同志会居中调停。蒋介石和中共起初都积极响应，后来却杳无音讯。整个1940年，两党摩擦有增无减。同志会又提出一项议案，这个议案将赋予该组织就国共两党间冲突做出仲裁的权力。但这个提案同样没有结果。[①]

1941年：民主政团同盟 这年年末，梁漱溟得出这样一个结论：只有一个独立的民主政党才能挽救不断恶化的局势。12月，他起草了一个政党纲领并与其他几个自由主义政党领袖磋商。也许有些人不愿走得太远以免激怒国民党，因此没有立即发表公开宣言。然而，1941年1月初皖南芜湖附近发生的事件也许使他们感到了形势的紧迫，也使梁漱溟更坚信自己的判断：中国正在走向全面内战。1月6日，国民党军第四十师包围并袭击了新四军军部及先遣部队大约一万人（在这种情况下常常会发生冲突）。十天激战使数千人丧生，先遣队全军覆灭，共产党将领叶挺被俘。国民党政府于1月17日宣布取消新四军番号。延安方面愤怒地谴责了这次行动，咒骂国民党内的亲日派。重庆方面则反唇相讥。岌岌可危的统一战线眼看要彻底崩溃。同志会再次居间调停。但是这一次，他们也公开宣布要重新组成

[①] 〔373c〕；〔344〕, p. 140；〔229〕, pp. 101—105；〔51〕, nos. 43—44。

一个政治党派,"为起到一种缓冲作用……组成一个中国政治中真正的第三力量"。①

梁漱溟本人希望成立一个第三党派能标志着全新政治体制的开始。该党正式成立的前一个月,梁漱溟大部分时间都花在打通关节上,以求得国共双方的赞成与合作。他几乎每天都与周恩来或蒋介石的亲信张群晤谈,但没有什么结果。蒋介石一直对这个打算怀有敌意;周恩来则表示迟疑,说共产党的参与会影响这个政党的中立性。然而,中国民主政团同盟终于在1941年3月25日宣告成立。它将如下党派联合在一起:梁漱溟的乡建派、中国青年党(由李璜、左舜生领导)、国家社会党(由张君劢、张东荪领导)、第三党(由章伯钧、彭泽民领导)、中华职业教育社(由黄炎培领导)、救国会(由张崧年、沈钧儒领导)。尽管他们内部在如何避免国民党的报复问题上各持己见,但他们还是一致认为:梁漱溟应转移到香港,在外国人的庇护下创办该组织的言论机构以摆脱国民党的魔爪。该党正式宣告成立四天以后,梁漱溟于5月下旬离渝赴港。② 1941年9月18日,也就是"九·一八"事变十周年纪念日那天,政团的报纸《光明报》由梁漱溟创刊。三周后,即中华民国三十周年纪念日那天,梁漱溟发表了民主政团同盟的政治纲领:

一、贯彻抗日主张;恢复领土主权之完整;反对中途妥协。

二、实践民主精神,结束党治;在宪政实施以前,设置各党派国事协议机关。

---

① 〔549〕,pp.170—171;〔51〕,no.43;〔63〕;〔76〕;〔168a〕。
② 途中,梁漱溟曾在桂林停留了两个月。在那里,他向公众讲述了他的华北之行。他还就中国文化问题作了一系列讲演,这些内容后来发表为《中国文化要义》。也许,应邀外出讲演为他离开重庆提供了一个借口。〔51〕,nos.2—10,41—46;〔64〕;〔86a〕;〔76〕;〔386〕,1941年4月12日,5月12日。

三、加强国内团结,所有党派最近不协调之点,亟应根本调整,使进于正常关系。

四、督促并协助中国国民党切实执行抗战建国纲领。

五、确立国权统一,反对地方分裂,但中央与地方须为权限适当之划分。

六、军队属于国家,军人忠于国家,反对军队中之党团组织,并反对以武力从事党争。

七、实行法治,保障人民生命财产及身体之自由,反对一切非法之特殊处置。

八、尊重思想学术之自由,保护合法之言论、出版、集会、结社。

九、在党治结束下,应注意下列各点:

(一)严行避免任何党派利用政权在学校中及其他文化机关推行党务。(二)政府一切机关实行选贤与能之原则,严行避免为一党垄断及利用政权吸收党员。(三)不得以国家收入或地方收入支付党费。(四)取消县参议会及乡镇代表考试条例。

十、在当前政务上亟应注意下列各项:

(一)厉行后方节约运动,切实改善前方待遇。(二)纠正各种行政上妨碍生产之措施,以苏民困,并力谋民生之改善。(三)健全监察机关,切实为各种行政上弊端之澄清。①

正如一位学者指出的那样:这个文件"如同一份声讨书"②。它是在呼吁国民党改革自身、放弃政治独裁。这个纲领的政治构想与梁漱溟1938年和

---

① 〔360〕,1941年10月10日。
② 〔549〕,p.176。

1939年的基本思想大抵一致，尤其第五、六、八、九（四）、十（一）条更反映了他以前的奋斗目标和关心所在。

国民党迅速做出了敌对的反应：两天后，孙中山的儿子、立法院院长孙科在香港发表谈话，反对民盟的纲领。香港亲国民党的报纸《良心话》针对梁漱溟及其同盟发表了一系列攻击文章。应国民党的要求，港英当局搜查了梁漱溟的住所。一些同盟成员也被驱逐出国民参政会。这样，在政府以外（至少在香港）又一次展开了要一党制还是要民主的讨论。梁漱溟也投入了那里的讨论，但他仍然保持着那种令人费解的态度：要求一种非宪政化的民主制。[①]

桂林，1942—1944

1941年圣诞节，当横行于东南亚的日本军队袭入香港时，这场关于独裁与民主的大辩论连同《光明报》以及盟员们的那股热情都烟消云散了。经过九死一生的挣扎，梁漱溟终于虎口脱险。他乘船溯西江而上进入广西。[②] 在安全抵达国统区以后，他写下了那篇著名的《香港脱险寄宽恕两儿》。这封信后来在桂林发表。这实在是一篇不可思议的文章，因为在文章中他把中国的命运和他自身的命运联系在一起。这种自认为是命运化身的抱负是

[①] 〔408〕，1941年10月30日，11月11、20、30日，12月10、20日；〔292〕，1941年11月4日。〔549〕，p. 176；〔52〕；〔54〕；〔56〕；〔58〕；〔60〕；〔61〕；〔62〕；〔63〕；〔64〕；〔68〕；〔86〕；〔373a〕。

[②] 〔463〕，pp. 4，25—30，35，54，60，98；〔220〕，1942年1月27日；〔386〕，1942年1月28日，2月1、6日，5月5、24日。

他一直隐然于心的，今天居然以孔子《论语》中的口吻昭然于世了！① 他也许认为自己扮演的并不是一种政治角色，而是作为古圣先贤的继承人，代表着中国文化的"精华"（永恒的道）。在发抒了这番感慨之后，他便来到桂林城外的经山村，全力写作《中国文化要义》。②

在祖籍逗留期间，梁漱溟开始了一次没有什么特点的恋爱，这次恋爱导致了他的第二次婚姻，并使他的个性发生了极大的变化。梁漱溟的元配夫人于1934年在邹平去世。当时，他曾公开发誓不再结婚。他曾写过一首诗。这诗虽然也似乎有些缠绵哀楚，但从中可以看出在他们的关系中缺少亲昵和温暖。的确，他似乎感到，对于他这样一位献身社会的圣人来说，这已是个很大的赐予了：

> 我和她结婚十多年，
> 我不认识她，她也不认识我。
> 正因为我不认识她，她不认识我，
> 使我可以多一些时间思索，多一些时间工作。
> 现在她死了，死了也好；
> 处在这样的国家，这样的社会，
> 她死了使我可以更多一些时间思索，
> 更多一些时间工作。③

---

① 〔311〕；〔220〕，1942年1月27日；〔386〕，1942年1月28日，2月1、6日，5月5日；〔330〕，p.24。

② 关于这部书的构思和写作是在抗战期间及战后断断续续进行的。每完成一部分，梁漱溟就将其发表在不同的杂志上。见〔45〕；〔48〕；〔55〕。这部书的大部分是他1942年至1944年住在桂林时完成的。〔86a〕。

③ 〔564〕，pp.43—44。

但是，在1943年季夏，梁漱溟偶然遇到了比他年轻六岁的桂林教员陈淑芬。梁漱溟深深地爱上了她。他们的爱情成了一件闻名广西全省的事情。它为桂林的报纸带来了颇具幽默感的漫谈材料，也为读者提供了茶余饭后的谈资。报刊也经常拿这位50岁的、以不浪漫出名的名人开玩笑。这些文章往往冠以这样的题目："鳏居生活太凄凉""前所未闻的甜言蜜语，醉心的六个月"。[1] 出乎意料的是，梁漱溟居然也以此为乐。[2]

"究竟是谁追求谁？"这个问题成了舆论注意的焦点。记者们为此往来穿梭于陈女士与梁漱溟之间。当人们向陈女士祝贺她赢得了梁漱溟的爱情时，她回答说：是他深深地感动了我，"敲开了我心灵的大门"。由此引出了这样的报道：新双城记？满城风传梁漱溟正在留胡子，以便能在他的爱人面前显得更像个男子汉。梁漱溟否认了这些谣传，他说："一个老新郎在婚礼之前总是要刮刮胡子的。"友人们也参与了这场调笑。他们打趣地说：梁漱溟"为我们这些中年伙伴们赢得了荣耀"。

这一切在1944年1月23日达到了高潮。那天早上，这对新人在友人家中举行了传统的婚礼。下午，桂林所有文艺界和学界名流聚集在城里一家用菊花装饰的饭店宴会厅里。两点不到，晚来者只能在外头望着厅里挤满的人潮。随着一阵爆竹声，新郎来到了：少见的笑容衬着新修饰的面庞和头发。新娘跟随在后，微笑着露出了酒窝，"看去至少年轻了十岁"。她穿着缎子旗袍，没有化妆，头发庄重地向后背着。（一位记者评论说她"简朴、自然"。）

不可免地，梁漱溟还是一如往常严肃地在庆祝仪式上发言："婚姻是

---

[1] 因无法查到作者所用报刊，这里引用的报道题目和一些诗文谈话都无法还原，姑且直译，有些诗文则只好略去。——中译者注

[2] 以下关于梁漱溟恋爱及结婚的记叙取材于〔486a—b〕；〔169〕，1944年1月16日，2月9日；〔309〕。

人生中一件重要的事情。我们要请教有着丰富生活经验、年高望重的龙积之先生。"于是德高望重的龙先生捋着花白的长胡子就婚姻的意义作了一番高谈阔论，还不时引几句《春秋》和《易经》中的话。龙先生训导完毕后，李济深将军也对他们喜结良缘作了祝愿，兴奋的声音中满含着诚意。然后，他以宴会主持人的身份宣布由来宾讲话。首先登上讲台的是作家白鹏飞，他的讲话比前两位先生声音更清亮：

> 梁先生原籍桂林，……抗战开始后方归故里。但他在桂林并无家室。既无家室，何言回家。那么最好就是着手建立家庭。敞开的心扉自然容易被人占据。陈女士出阁甚晚，因为她一直要嫁给一位哲学家……于是她就乘虚而入了。

这篇讲话虽算不上是妙语连珠，却已引起了满堂欢笑。

梁漱溟的朋友，诗人柳亚子（一年半以后毛泽东将写给他一首非常有名的诗作）也献上了几句诗，大意如下：

> 卡尔良俦推燕妮，
> 孟光清德媲梁鸿。①
> 中原旗鼓新民主，
> 携手还应奋斗同。②

---

① 这是中国夫妻恩爱的典范。典出《后汉书》。
② 柳亚子的这首诗和他的其他诗作一样夹杂着一些隐喻、俏皮话和双关语，给英文翻译带来了困难。最令人感兴趣的是他用到了新民主这个词（他一定晓得毛泽东四年前发表的《新民主主义论》）。柳亚子是否在把梁漱溟本人关于第三力量的政治理想等同于新近发明的这个政治范畴呢？

接着，一位蹩脚诗人也站起来装腔作势地诌了几句，大意如下："我久闻梁先生深通周易，他一定体会到他和南方陈女士的婚姻是天作之合。"

中国最负盛名的剧作家田汉所写的长诗是最富幽默感的了。（略）

来宾们纷纷发言，各呈嘉作。婚礼的最高潮同时也是梁漱溟新生活的首度公开亮相终于来到。欢笑中，来宾请梁漱溟"报告"恋爱经过。梁漱溟最终答应了大家的要求，叙述中他甚至还渲染了一下故事，显示出了和平日判若两人的急智幽默。

现在，我听说谈恋爱要花很多钱，下馆子、看电影、看戏等等。但我却没有花过一分钱。我羞于谈及此事，但的确连出去散步也没有过。我也曾给她写过信，约她在天气好时一起去经山村的河边散步。但那天却恰逢阴天小雨。她是否会应约前来呢？我犹豫了一会儿，拿了把伞就出门了。如我所料，在半路上遇见了她。因为还在下雨，我们仍然无法去散步。于是我们终于只是在路边的小亭子里坐了一会儿！

接着，梁漱溟为了表现自己充满了"愣小伙子劲"，唱了一段黄天霸（京剧《连环套》中的一位镖头）。想当时来宾们的感受，一定像在圣彼得广场上听教皇招待众人欣赏教廷演出团演唱"善变的女性"那样。更有甚者，梁漱溟表演完毕说了声"我去也"，便挽着新娘兴冲冲地走向门外，故意做出一副满不在乎的神态。此时的梁漱溟真好像又回到了少年时代。

相较于梁的前任妻子，这位新夫人显得感情洋溢、体贴而且温柔。有着很高文化修养的她使梁漱溟又获得了他曾痛苦地失去的婚姻生活。这一真正幸福的结合似乎将一贯严肃峻刻的梁漱溟变成了一个欢天喜地的人。

在这次聚会中，他竟然也谈笑风生了。①

重返政坛：和平谈判和内战

无论是日本人还是第三力量的同志们都不允许梁长期在他的老家享受婚姻之乐和作为学者的情趣。梁漱溟和宪政运动一直维持着一种特殊的关系。对于这种运动，他既在政治上为它奋斗，同时又在哲学上反对它。②1944年9月，民主政团同盟的领袖们在重庆会晤，酝酿成立一个新的组织——中国民主同盟。梁漱溟自然又被选入中央常务委员会，他只好又不情愿地重新回到政治场域中扮演他的角色。③

同一个月，日军发动扫荡南方的"一号作战"（Operation Ichi-Go）④，大军穿过山脉通过湘桂之间的战略要塞全州。侵略者得到了国民党第九十三军的"帮助"。这个军曾发誓战斗到最后一个人，但终于还是一枪不发逃得一人不剩。此后的几周内，日军沿铁路连下桂林、柳州两城，解除了美国空军的威胁，打开了通向东南亚占领区的陆上通道。梁漱溟一行人转移到广西农村，先到昭平，又到八步，一直留在敌占区内。

"一号作战"标志着日本在中国的统治已山穷水尽了。但是当1945年8月裕仁天皇慑于原子弹的威力而命令他的士兵放下武器时，中国自身真正

---

① 梁漱溟的朋友们认为他在此前也是有说有笑的，但仅仅是对子女们。〔619〕；〔623〕；〔628〕；〔634〕。
② 〔76〕；〔386〕，1943年10月20日，12月11日；〔207〕，1944年1月14日；〔67〕；〔418〕。
③ 〔279〕，p.62；〔420〕；〔215〕，pp.1—2，99—100；〔219〕，pp.160—161。
④ "一号作战"指日本侵略军于1944年春至1945年春在中国大陆及法属印度支那发动的大规模野战，关于这次战役的情况，请见中华书局出版的《中华民国史资料丛稿》译稿部分。——中译者注

存在的危机（至少是梁漱溟在战争中一直为之忧虑的那种危机）也就开始了。国共之间立即开始了争夺中国的竞赛。同一个月，毛泽东——头戴一顶软木遮阳帽，看上去像头一次乘飞机旅行——到达重庆和蒋介石进行谈判，谋求战后政治上的暂时妥协。一个月后，虽然在河北铁路沿线曾一度发生摩擦，但看来人们长期担心的内战终于可以避免了。至少梁漱溟是这样想，并以为由此可以再次退出政治回到书斋和妻子身边。他们来到重庆附近舒适的北碚镇。那里是早期乡建运动的发源地。在那里，梁漱溟曾结识了许多朋友。① 此时，梁漱溟在这里建立了一所小型的学校，并希望能再次回到安静的气氛中研究圣人之学。

两个月后，民主同盟再次召开全国代表大会并劝说梁漱溟任常委会委员。11月，当内战的阴影重新笼罩在地平线上时，梁漱溟又赶到重庆，将全部精力投入调解工作。②

1945年圣诞节，正当国共两军在华北的冲突日益恶化的时候，马歇尔特使来到中国，以求能制定一个长久的解决方案。政治协商会议于1946年1月召开。在三个星期中，为了奠定战后中国民主的基础，国民党、共产党、民盟和其他独立党派的代表们费尽了心机。在这次会议上，民盟在国共两党的斗争中出现了两极分化的趋向，这种趋向的发展使梁漱溟感到极大的苦恼。他本人在政协中一直保持着绝对中立的态度。③

和平的曙光又一次出现了，看上去马歇尔特使是胜利了。政协会议闭幕那天，梁漱溟公开宣布他的使命已告完结并表示要再次退出政治。然而，到了1946年12月，蒋介石在东北的政策显然又要打碎政协会议所建立的

---

① 〔76〕；〔83〕；〔418〕。
② 〔306〕；〔501〕，1945年11月3日。
③ 在这次会议上，梁漱溟所做的发言比任何代表都多。关于这次会议的详细介绍以及代表们的活动，请见〔156〕，p.101。又见当年1月的《中央日报》（〔221〕）；〔501〕；〔168〕。

那个似乎很牢固的基础，马歇尔和平协定的全部结构很快又告崩溃。在此以前，梁漱溟已表示不再去做政治斡旋工作了。正当国民党成为破坏1月协议的祸首时，梁漱溟给毛泽东写了一封亲笔信，说明了退出政治的理由。①

局势的发展和梁漱溟本人的责任感都不允许他平安地待在北碚。到了3月，国共双方都中止了停战协议，梁漱溟又一次卷入冲突之中。3月初，他飞往北平调解东北局势，然后又去延安和毛泽东会谈。在这一年余下的时间里，他匆匆忙忙地辗转于国内，频繁会见各方面人士，以求能避免延安和南京之间的全面内战，而这些努力终于都付诸东流。②1946年4月，他很不情愿地接受了民盟秘书长的职务。具有讽刺意味的是，这时有一些亲国民党的乡建派人士出来指责梁漱溟，说他是在"搞宗派"，并且为了政治利益放弃了乡村工作，而这些罪名正是他在30年代用来指责别人的。③

1946年夏天，正当梁漱溟忙着参加国共双方及马歇尔特使的各种会谈时，两位民盟盟员、著名诗人闻一多和李公朴在昆明街头被暗杀了。作为民盟的秘书长，梁漱溟飞抵昆明作现场调查。国民党曾对此百般阻挠。梁漱溟公开发表的报告书清楚地表明，国民党（至少是它的昆明党部）是这次惨案的凶手。④梁漱溟认为这一报告书说明他已完成了自己的职责，于是在10月再次表明退出政治的意思。但是，共产党人和美国大使司徒雷登都说服他继续留在那个昙花一现的停战谈判中做中间人。⑤

---

① 〔68〕；〔215〕，pp.99—100；〔219〕，p.161。
② 〔168〕，1946年3月14、16、22日；〔83〕，p.4；〔501〕，1945年11月11日。据报纸报道，1946年3月至10月，梁漱溟一直奔走于中共、国民党、民盟和马歇尔各方之间，有时一天要出席两三次会见。在此期间，他也以国民参政员的身份进行活动。
③ 见〔134〕，p.187；〔528〕，pp.100，102；〔215〕；〔219〕，p.6；〔372〕。
④ 〔97〕；〔501〕，1946年8月3、4、6、9、10、16、24、26日，9月2日；〔221〕，1946年8月16、26日；〔168b〕，1946年7月20日。又见〔168〕，1946年8月23、25日。
⑤ 〔501〕，1946年9月19日；〔221〕，1946年9月19、20日，10月6、7、8、10、11日。

1946年10月、11月，梁漱溟演出了他在这出大戏中的最后一段戏码。蒋介石向北平西北180公里以外的察哈尔省会、共产党的营垒张家口发动进攻，向着死亡又迈进了关键的一步。10月11日，国军将领傅作义攻下了这座城市。战场上的胜利鼓舞了蒋介石，他于同一天突然宣布期待已久的国大将于11月12日召开。在不改组政府（改组政府是中共方面一直坚持的前提）的情况下召开国大，这种做法无疑使通向谈判的大门永远地关闭了。这时，共产党驻南京代表周恩来即将返回延安。梁漱溟又写了一份有关停战的方案，以期能为避免全面内战做出最后的努力并改组政府、召开国大，民盟领导人对此建议表示支持并相信能为国共双方接受。10月28日，梁漱溟将这个方案交给周恩来、蒋介石、马歇尔。梁漱溟带着提案亲赴周恩来的寓所时，至少是满怀成功希望的（他对其他民盟领袖说：我敢说周恩来一定会高兴地接受）。不料，周恩来则认为梁漱溟几天前曾向他保证在提出主张前会和他打招呼的。当周恩来醒悟到这份同时呈交给蒋介石、马歇尔的方案并没有事先同他商量时，他当即激愤地指责：你是个伪君子，你骗了我们。梁漱溟木然呆坐，最后茫然不知所措地离去。①

国大终于在11月15日召开了。在此前的三天中，谈判和仲裁进行到最后一刻，梁漱溟也为此奔走到最后一刻。但是，国大一旦召开，他便意识到他们以往努力的意义全被这次大会葬送了。大部分盟员都认为蒋介石的行动直接违背了政协会议的协议。但是如果他们也像共产党代表一样抵制国大，那他们就等于公开站在中共一方了，并且这也就丧失了民盟作为第三党协调人进行活动的任何可能性。结果，由张君劢领导的民社党中一些较为保守的（或较为机会主义的）成员退出民盟参加了国大，而大部分

---

① 〔33〕，1977年5月19日；〔114〕，p. 182。又见〔134〕，pp. 206—207；〔528〕，p. 106；〔501〕，1946年10月23日；〔306〕。

盟员则继续抵制国大。梁漱溟看到，正是民盟中的左派一直迫使该党坚定地站在中共一边，于是他彻底和民盟脱离了关系。1946年11月，他最后一次宣布隐退。他回到了北碚自己的学校里，在那里他准备把下一年的时间全部用来研究这样一个问题："为建设新中国而了解旧中国。"①

---

① 〔501〕，1946年11月6、7、8、11、24日；〔79〕；〔418〕。

第十三章　回到北京

在四川自己的避风港里，梁漱溟赞扬了张东荪对于民盟领导角色的设想，但他也相信任何要进一步使得民盟成为国共间协调者的努力终究会失败。也许仅仅是出于良心，他还是于1946年11月中旬在报上发表了谈话，向社会提出争取和平最后可能的建议。他认为，当前唯一的出路是召集一个八人会议。该会议做出的决议应对国共两党均具有约束力。他提出了与会者的名单，所列人士均是他认为较为公正的人。中共方面有周恩来、董必武；国民党方面有张群、邵力子；第三党派方面有张东荪、章伯钧、李璜、莫德惠。①

尽了自己的责任，梁漱溟仍然待在北碚，从事教学和《中国文化要义》的写作。他也偶尔就社会问题发表文章。例如，他是1947年宪法之争的主要参与者。当1949年初共产党军队推进到长江沿岸时，李宗仁（他此时就任即将倒台的南京当局的代理总统）在危急时刻请他出来再次谋求和平谈判，但他坚不复出。②当他谈到内战剧烈的情势之时，总是以一个儒家道德主义者的形象出现，超脱于实际的战况之外，客观地来嘉许或是谴责交战

---

① 见1947年1月17日《大公报》（〔501〕）访问梁漱溟的报道。又见〔221〕，1947年1月20日。仅仅两星期以前，马歇尔将军私下里也提出过这样的计划。见〔189〕，Ⅰ，p.688。
② 〔72〕；〔73〕；〔74〕；〔75〕；〔76〕；〔77〕；〔81〕；〔501〕，1947年11月12日；〔468〕；〔445〕；〔237〕；〔238〕；〔146〕；〔126〕；〔311〕；〔410〕；〔522〕，p.55；〔359〕，1977年5月19日。

双方。他既指责国民党的主战派，同时又严厉地警告节节胜利的共产党人要避免"依赖武力"。因为过于依赖武力是共产党在30年代初期失败的原因，也是今天导致国民党下台的原因。①

1949年，当共产党胜利在望时，一些年轻的左派人士就在报刊上开始了对梁漱溟的令人有不祥预感的指责（右派则始终责骂他）。左派人士这时批评和讥笑他在和谈中的作用，他对马歇尔的赞扬，他的"儒家精神"，他隐退后的政论文章，甚至他的婚姻。然而这些年轻的左派分子真正恼火的是梁漱溟那种自以为只有自己理解真理的自信。在一首题为《诗赠大仇人梁漱溟先生》的打油诗中，那位谐谑无端的作者嘲笑说：噢，我的天啊！梁先生，你以为你自己是当代中国的圣人吗？这位嘲弄者如何能知道这正是梁漱溟对自己的看法？梁漱溟可能在暗自发笑，并且可能根本没有注意到另一个攻击者提出的要求："像梁漱溟这种儒家化的旧式知识分子……必须经过一番'自我改造'。"② 梁漱溟本该对这些批评多加留意。

但是，他的大部分时间都花在北碚的勉仁学院上了。在那里，他将实行他二十五年前在山东省立六中曾努力过的那种改革。和以前一样，他再次满怀希望地想着他的学校能够为中国未来的高等教育树立一个典范。③

回到政治生活，1950—1955

梁漱溟本来打算把余下的光阴都用在这个小镇上来反省中国文化。但是，新政府不允许他在四川浇灌这片乐园。他被提名出席第一届人民政治

---

① 〔80〕；〔81〕。
② 〔306〕；〔418〕。又见〔522〕；〔523〕。
③ 〔85〕。

协商会议——这是新民主的象征。他致书毛泽东,恳请不就;但在 1949 年 12 月,他还是勉强接受了,并于 1950 年元旦到达北京。① 在以后的几年中,毛泽东经常约他单独讨论问题,论题当然还是 1938 年他们在延安争论的。② 毛泽东(他毕竟已经是中国思想和政治的绝对权威了)要继续同梁漱溟就他的理论进行争论这件事清楚地说明:毛泽东无法漠视梁漱溟这个人及其思想的存在。

梁漱溟回到了他青年时代的城市里,在这里他曾度过四分之一世纪的光阴。但是,不管怎么说,这都不是一个背负着天命之人的凯旋。过去,他离开这里到乡村去是为了"建设一个新的世界文明";如今他回到这里却仅仅是作为毛泽东新政权的"旁观者"。在此后的四分之一世纪里,他只能从一个"局外人"的位置目睹中国共产党推行它新文化建设的计划;跟他原本计划不同的是,梁漱溟在此文化建设的新计划中没有任何影响力了,至少在他认为正确和富有意义的方面是如此。(留给他扮演的角色,只是充当表示赞成意见的见证人和做反面典型。)

几乎是刚到北京,他就扮演了第一种角色。由于他作为乡建工作者的声望,毛泽东亲自邀请他去华北、东北视察土地改革。他在农村看到的积极热情和他当年在自己的农村改革中遇到的冷淡态度形成了鲜明的对照。到 1950 年 10 月,他公开发表谈话,表示对共产党人及其主张非常满意。

梁漱溟的文章给了读者这样一种印象:他看到新政权实现了过去他自己的许多理想。在《东西文化及其哲学》中,梁希望透过大规模的精神复

---

① 〔87〕;〔359〕,1956 年 2 月 7 日;〔95〕;〔333〕,1956 年 2 月 3 日;〔415〕;〔501〕,1947 年 1 月 20 日;〔634〕;〔635〕。
② 〔501〕,1977 年 6 月 21 日;〔424f〕,p. 109。1977 年,梁漱溟公开解释说,这些会谈的"主要"原因是"主席出于好意,要改变我的思想"。"从 1950 年到 1953 年 9 月",他和毛泽东私下谈过许多次。在这以后是否还有这种正式的谈话就不得而知了。

兴运动来"复活"行尸走肉般的中国人。1950年，他宣称，"我看见许许多多人简直是死了，现在又竟活起来。这话怎么说呢？过去我满眼看见的都是些死人。——所谓'行尸走肉'"。现在，这些僵尸又被共产党复活了。他感到，共产党人的诚意犹如一股"新鲜活气，并将以开出今后无尽的前途"①。私下里他也表达过这样的称赞。在给逃到香港的朋友、大儒唐君毅的信中，他敦促唐君毅回到内地。他说：国内的局势可以一言以蔽之，中国人民开始了新生活。②

1950年至1951年是"资产阶级知识分子"进行自我批判、自我反省的年月。曾加给梁漱溟的朋友、哲学家冯友兰和贺麟身上的压力现在也临到他头上了。1951年10月，他发表了一篇长文，叙述思想上的转变和对共产党的态度："等待最近亲眼看到共产党在建国上种种成功，凤昔我的见解多已站不住，乃始生极大惭愧心，检讨自己错误所在，而后恍然于中共之所以对。"虽然说了这样一段陈腐的开场白，但梁漱溟的这种自我检讨显然比不上其他非共产党知识分子那种达到某种艺术标准的对共产党的输诚。梁漱溟公开承认：很明显，共产党的办法（尤其是他们的群众运动）是有效果的。然而，当谈到马克思主义对中国社会历史的解释时，他显然仍在顽固坚持他所认为的那种终极真理："现在那个距离确实大大缩短了，且尚在缩短中。不过点头的自是点头了；还点不下头来的，亦就不能放弃原有意见。"③

梁漱溟这种拒绝否认他含蓄的反马克思主义的态度引起了报刊上的一

---

① 〔87〕。在1950年和1951年被送到农村去考察土地改革的非共产主义学者当然不止梁漱溟一个人。在那几年里，对于资产阶级知识分子来说，这是改造思想的一种常见的形式。他们也因此被要求把"思想改造"和参加革命实践结合起来。其例请见〔382〕。因此，梁漱溟直接向毛泽东汇报了他的体会。
② 〔90〕。
③ 〔88〕。梁漱溟还明确表示他要努力反省过去的错误。这篇文章发表几天以后，他在政协发表谈话，表示以后在"信从中国共产党的领导"的同时要继续改造自己。见〔89〕。

股批判浪潮。① 梁漱溟毫不屈服，他做了尖锐辛辣的回答。

> 在赐教诸君虽抱着治病救人的好心肠，但我既得不到好处，又多占了报纸篇幅，浪费了读者时光，实在不是一件好事。要使它能有预期的意义，最好改一改办法。那就是改以面谈为主；……面谈还有一大好处，就是可以避免宣传我的旧思想。②

正如三十年前申斥胡适没有读他的《东西文化及其哲学》一样，现在梁漱溟又让这些批评家们去读他的《中国文化要义》："赐教各文之所以不解决问题，是因为要指教我就非看《中国文化要义》那本书不可，而诸位先生却大多没有看。"实际上，梁漱溟仍然在捍卫他关于中国文化和中国社会的理论。他公开承认，他的自我批判仅仅是要达到"当前新事实和我旧理论之间的那个'通'"③。

这种无所畏惧的自信和独立不群在台湾和香港地区引起了广泛的赞扬。有一篇文章的题目就是《我们应声援不屈暴力的梁漱溟先生》。④ 令人吃惊的是，主流媒体上对他的批判也消失了。他继续担任政协委员的职务并在公开场合露面。⑤ 梁并没有因为他对新树立的正统观念的攻击而遭到任何不利，这一方面是由于公众对他的意见的同情以及对于他个人的尊敬既深且广，另一方面则是他同毛泽东的关系使他获得了保护。

---

① 其例请见 1951 年 11 月 10 日《光明日报》（〔359〕）沈铭的文章。又见〔266〕。
② 〔91〕；〔92〕。
③ 〔91〕。
④ 〔303〕。又见〔190〕；〔542〕；〔311〕。
⑤ 〔333〕，1952 年 2 月 5 日，1953 年 8 月 12 日。

与毛泽东的冲突和 1955—1956 年的批判运动

也许是因为在 1953 年 9 月和毛泽东发生了争吵，梁漱溟的那种有着豁免权似的愉快生活就宣告结束了。我们的故事就从这件事开始。梁漱溟究竟说了些什么激怒了毛泽东？他始终固执地认为：早在 20 世纪 30 年代初期他就规划好了与现在共产党改革相近的计划。① 梁各式发言的特色就是往往带着一种具有不幸气息的道德上的优越感，他似乎是预期政府采纳他的计划。他总是自命为中国农民的代言人，批评政府按照苏联的模式发展经济。梁漱溟的意思是：毛泽东背叛了支持他夺得政权的人们。和历史上许多人一样，共产党一"进城"就"忘掉了乡村"，农村"空"了。现在，城市中的工人在"九天之上"，而农民在"九地之下"。共产党不再代表他们说话，不再是代表他们利益的可靠的代言人。城市的资本家尚且有一个工商联作为自己的独立组织，而农民在党内连这种代表也没有。土地改革之后，农民曾获得过利益；而现在，党在用他们的血汗去建设工业城市，而城市正是农民和乡村的天敌。② 为什么正当梁漱溟宣称自己的计划和毛泽东的新民主主义"很接近"时，共产党却引进了这样一种具有破坏性的发展模式呢？

初看起来，这个建议甚至连同整个局势都实在有些荒谬可笑。为什么

---

① 人们都认为，这和他不久前承认的思想意识上的"变化"不太一致。但是，那些领悟了终极真理的圣人是不大容易被人理解的。下面关于毛泽东和梁漱溟的谈话摘自〔424f〕。

② 为农民请命，这在梁漱溟显然并不是第一次。在抨击梁漱溟的四天以前，毛泽东在一次谈话中也说到建设重工业和农民福利之间的矛盾问题。他说，在抗美援朝期间，"就要有牺牲，就要用钱，就要多收些农业税。多收一些农业税，有些人就哇哇叫，还说什么他们是代表农民利益。我就不赞成这种意见。"（毛泽东在那篇批评梁漱溟的讲话中也谴责他对朝鲜战争的不热心。）至于梁漱溟是否在公开场合或向毛泽东本人对抗美援朝提过意见就不清楚了。〔424〕，第五卷, pp. 104—105;〔424f〕, p. 112。

革命领袖要和这位看去并无害处也是在自我欺骗的儒家"反动派"认真计较呢？但毛泽东显然并不觉得这有什么好笑。我们可以用下意识的自我防卫来解释毛对梁漱溟乡村建设的反应吗？因为他说道，梁漱溟的乡村建设"是地主建设，是乡村破坏，是国家灭亡！"。难道是梁漱溟的批评触到了他那脆弱的神经？因为他内心里对苏联的模式也怀有一种疑虑。① 然而，梁漱溟在某种程度上毕竟还是正确的。因为在以后的几年中，城乡之间的差别不是减轻而是加深了。由于人们为享受城市的舒适和优惠而大量涌入城市，仅仅三年，城市里吃闲饭的人增加了百分之七十。城市作为"消费中心"的性质更明显了。而这正是毛泽东曾担心、梁漱溟一直诅咒的。

奇怪的事情还有，毛泽东为什么要公开表示："我再说一遍，我们绝不采纳你的路线！"他真的担心有人希望共产党跟着这位中国重要的传统主义思想家走吗？无论梁漱溟怎样反复提出他"原来的理论"，毛泽东都不为所动："这一切能使我相信吗？不能。"在作这种宣言时，他是在向谁立保证呢？毛泽东提到他们在私下讨论时，他曾当面对梁漱溟说："我是从不相信你那一套的。"他提到此事是要说明什么？有没有人感到他对这一点提得太多了？对于梁漱溟关于中国社会和历史的蒙昧主义理论的细节，毛泽东表现出惊人的熟悉；但他却奚落地说："你的书没有人看，你的话没有人听，除非反动分子，或者一些头脑糊涂的人们。""他说他比共产党更能代表农民，难道还不滑稽吗？"既然如此，又有什么必要通知梁漱溟和在场听众："什

---

① 我这里所做的讨论并非在寻求毛泽东突然暴怒的"原因"，也不是从历史或心理的角度去看待这种发作。由于一切心理活动都是"过于确定的"，而历史事件则是源自"多重因果"，所以我也不排除其他"原因"，尽管这些原因也许目前不了解。这些原因也许是一些潜伏着的政治或意识形态方面的因素，也许是毛泽东个人的情绪因素。

么人也不相信你那一套,人民都相信了共产党。"① 毛泽东对梁的批判以一种我们可以预期的方式结束:

> 你说工人在"九天之上",那你梁漱溟在那一天之上呢?你在十天之上、十一天之上、十二天、十三天之上,因为你的薪水比工人的工资多得多嘛!你不是提议首先降低你的薪水,而是提议首先降低工人的工资,我看这是不公道的。要是讲公道,那要首先降低你的薪水,因为你不只是在"九天之上"嘛!②

事实上,跟毛的批评恰恰相反的是,梁漱溟不是毛形容的那种好逸恶劳、奢侈贪婪的人,并且梁现在在政府中的职务和薪水正是毛泽东劝他接受的,毛对梁的这种抨击看上去岂非太不近人情?③

梁漱溟的动机是什么?在整个故事的这一点上,他的人格,他的经历,最重要的是,他对自己作为儒家末代圣人那种不可动摇的认同很清楚地浮现出来,我们或许只需要这些理由就可以解释他的动机。也许有人要问:为什么他要在1953年9月中旬而不是在此以前有这样一种殉难的壮举?这种自

---

① 在这次演讲中,毛泽东莫名其妙地两次将梁漱溟的事件和薄一波的例子做比较。薄一波是人民政府第一任财政部长。从20世纪50年代到60年代初,他一直是财政和经济方面的权威人士。1953年8月12日,毛泽东曾批评了他的右倾错误。9月,他被撤销财政部长职务。然而,薄一波在税收制度上提出的"公私一律平等"这个错误主张和梁漱溟的错误完全没有关系。可能薄一波是毛泽东当时经常批评的一个主要对象,在批评梁漱溟时他又想到了薄一波。〔424〕,第五卷,pp. 90—97,113,115。
② 〔424〕,p. 113。
③ 在挖苦梁漱溟的圣贤心理时,毛泽东讽刺孔子,说他"有点像梁先生",因为他"不民主","没有自我批评精神"。然后,他又凭着记忆引了几段经典中的话来说明孔子的"恶霸作风"和"法西斯气味"。这些引文有两段出自《史记》(〔500〕,pp. 1917,2194)。需要指出的是,大部分学者都认为这两段引文和历史上的孔子没有太多的关系。

取灭亡的举动恰恰发生在他60岁生日之前，难道仅仅是一种巧合吗？①

最后，毛泽东并未撤掉梁漱溟的职务。他也的确强调过：梁漱溟可以继续工作，"在第二届政协全会上，我还希望他当选为委员"。然而，他同时还直截了当地提出，梁漱溟要反省自己的错误，交代自己的罪恶历史。虽然这次会议是梁对政府最后一次的公开批判，他显然觉得他已经做了一切他所能做的事，因此之后的两年他没有任何的公开发言（也没有针对他的批判）。1955年年中，不可避免的事情终于来临了：一场声势浩大的批判运动在中央和地方的报刊上展开了。②

当然，党在这个时刻做出决定，发动反对梁漱溟的思想改造运动也有其他因素掺杂在内。对于西式自由主义的典型胡适的批判运动已经开始。批判者往往将梁漱溟的"封建"思想视为胡适的资产阶级思想的对应。③更进一步说，许多梁的批判者指出了梁漱溟对工业化计划的批评，然而梁漱溟的批评事实上很危险地近乎说出了许多党内外人士对工业化计划真实的感受。④

在报纸上发表的文章大多平庸乏味，它的主要目的就是贬损梁漱溟的

---

① 按照阳历计算，梁漱溟的60岁寿辰是在1953年10月18日，恰恰是这次命攸关的会议之后四周。梁济当年殉节也恰恰是在他60岁生日（阴历）之前。
② 这次运动的第一篇文章是《两点批判，一点反省》（〔262〕）。从1955年初到1956年，发表在中央和地方报刊上的上百篇文章潮水般涌来。见〔409〕，〔101〕。
③ 〔250〕；〔173〕，p. 49；〔329〕，pp. 115, 120—122；〔493〕，p. 133；〔456〕，p. 12；〔101〕，p. 4；〔202〕，p. 145。所以要在这时开展这样一场运动大约是要把梁漱溟和胡适一起作为"反唯心论斗争"的一个靶子。毛泽东认为，在中国的知识分子中尤其要普遍开展这种斗争。〔424〕，第五卷，p. 199。
④ 一些赞同梁漱溟的党员和上层军人显然在50年代一直坚持他们的意见。1957年1月18日，毛泽东曾说："1955年上半年，党内有相当多的人替农民叫苦，跟梁漱溟之流相呼应，好像只有他们这两部分人才代表农民，才知道农民的疾苦。至于我们党中央，在他们看来，那是不代表农民的，省委也是不代表的，党员的大多数都是不代表的。"〔424〕，第五卷，p. 336。

声誉。许多文章逻辑混乱,充满了定义不明的概念。例如,他们指责梁漱溟是美日帝国主义、国民党、蒋介石、韩复榘、地主、资本家、买办、富农及土豪劣绅的走狗。至于这些杂烩在一起的反动派们的利益是否彼此一致,对于那些批评家们都是无关紧要的。他们还强调,梁漱溟一切的所作所为,例如作为1913年共和革命的逃兵以及在和谈中所做的努力,都是不安好心的并且带来无可饶恕的罪恶。又如,邹平的农业技术改良和促进生产都"仅仅给大地主带来了好处"(实际上邹平几乎没有大地主)。无论怎么说,他们似乎一心要证明梁漱溟一直在干坏事。有些人最后不惜采取诬蔑的手段,说梁漱溟和他的一些同事一直是亲日派,甚至是汉奸。①

其实,这些批评家们不必用那些牵强的指责去批评梁漱溟思想的"谬误"。关于中国文化的哲学中的核心概念"仁"和"理性",无论怎么说,都是一种"超越时间、空间"和"超越自然"的永恒真理。梁漱溟到1952年的时候,都还在强调中国没有阶级。不可否认的是,梁漱溟自己也认为乡村建设是在直接和中共争夺青年知识分子和农民。②

总的来看,党所发起的这个运动是成功的,因为它使梁漱溟名誉扫地。中国所有重要的哲学家(除去他的老朋友、当代儒家熊十力)都站出来批

---

① 〔172〕, p. 44;〔590〕, p. 32;〔183〕, p. 50;〔420〕, pp. 167—168;〔260〕, p. 190;〔266〕, p. 200;〔582〕, pp. 21—22;〔296〕, pp. 38—39;〔609〕, p. 67;〔225〕, p. 284;〔342〕, pp. 178—179;〔497〕, pp. 138—139。在1938年,的确有过传闻,说邹平的一名乡村工作者(杨效春)是汉奸。实际上,这是河南(杨效春曾于1938年在那里搞过一个试验)的地方国民党分子为破坏杨效春的计划制造的谣言。见〔402〕, p. 164;〔594〕。

② 〔250〕, pp. 7—8;〔582〕, pp. 12, 19, 26—29;〔296〕, p. 36;〔173〕, pp. 53—54;〔609〕, pp. 60, 61, 62, 69;〔277〕, pp. 74, 78—79;〔492〕;〔263〕;〔351〕;〔202〕, pp. 147—152, 155;〔531〕, p. 170;〔331〕;〔456〕, pp. 12—13;〔330〕, pp. 19—23, 25;〔590〕, pp. 32—42;〔183〕;〔302〕, pp. 76—77, 79;〔583〕, pp. 86—87, 91—92;〔559〕, pp. 131—132;〔402〕, p. 161;〔469〕, pp. 176—186;〔260〕, pp. 187—197;〔264〕, p. 221;〔340〕, pp. 221—222;〔414〕, pp. 282—283;〔212〕, I, pp. 177—178;〔101〕, pp. 63—65;〔342〕, p. 177。

判他。梁漱溟当年在思想上和政治上的论敌（诸如陈序经和李紫翔一些人）也找到了进一步攻击他的机会，当然这时的攻击是纯粹马克思主义的。一些曾和梁漱溟在乡建运动中共事的人也被动员出来揭发他们这位当年的师长在山东干下的"罪恶勾当"。有的人甚至否认梁漱溟那些错误的文化和哲学理论是独立提出的，而是从汤因比、斯宾格勒这些西方资产阶级历史学家那里剽窃来的。对于梁漱溟那一套复杂的儒家直觉主义理论和奥妙难测的文化理论，他们却武断地说那只不过是从柏格森和罗素那里抄来的几个概念而已。此外，有些人还嘲笑梁漱溟自命不凡的自狂自大。[1]

这场批判运动在反马克思主义的香港和台湾地区激起一片对梁支持和赞扬的呼声。在这些地方，梁漱溟被视为那种坚持原则不轻易妥协，不但正直而且富有道德的传统学者的化身。[2]但是，1956年2月，在政协会议召开之前，梁漱溟还是低下了头，宣读了一份坦白书。[3]虽然细读他的坦白也会发现他仍然没有屈服，但毛泽东本人还是表示满意的。[4]

然而，安居在纽约公寓中的那位著名华人胡适，在1954年至1955年对他的批判运动之后，不用像梁漱溟一样表现出忏悔的姿态（实际上他在此前的十五年中大多住在美国，从许多方面来看，胡适无疑觉得美国比起中国来更有家的感觉）。胡适可能对这次运动还是颇感得意的，至少他可以

---

[1] 〔183〕；〔403〕；〔296〕, pp. 30, 31；〔329〕, pp. 115—116, 119, 121；〔493〕, p. 133；〔202〕, pp. 147, 158；〔331〕, pp. 3—4；〔330〕, pp. 20, 27；〔590〕, p. 34；〔183〕, pp. 50—56；〔302〕, pp. 68, 80；〔195〕, pp. 108—110, 113, 121；〔559〕, pp. 135, 136；〔222〕, pp. 138, 139；〔101〕, pp. 25—29。

[2] 〔187〕；〔271〕, 1956年3月9日, 1955年7月28、29日；〔365〕, 1955年5月24日；〔545〕, 1955年5月25日, 7月30日；〔487〕；〔188〕；〔511〕。

[3] 〔359〕, 1956年2月9日；〔333〕, 1956年2月8日。关于梁漱溟自我改造的具体过程，请见〔95〕。1955年初，正当批梁运动开始时，他发表了一篇措辞强烈的谈话，支持共产党，敦促台湾回归祖国。请见〔943〕。

[4] 见〔165〕；〔425a〕, p. 88。

再次成为舆论注意的中心,虽然他的儿子也起来抨击他。1958 年,他终于回到了自己的祖国(由国民党控制但至少是祖国的一个省份)担任台北"中央研究院"院长,在学术和社会的交际应酬间恬然度过了他的晚年。①

晚年,1975—1977

无论在受到公开批判教育期间,还是在这以后,梁漱溟的生活方式一直没有改变。1956 年夏天,也许是受到了毛泽东畅游长江的鼓舞,他又打起了太极拳。清晨,你可以看到他和其他上年纪的北京人在一起锻炼。②当毛泽东在雄浑的长江中劈波斩浪地前进时,梁漱溟却在以一种主静贵柔的运动练习着中国的武术——这两位 63 岁的老者的形象构成了一幅多么鲜明的对照:斗争与和谐这两个对立的主题刻画了他们各自的性格。梁漱溟实在缺乏毛泽东那种浮士德精神,这种精神激励着毛泽东冲天的斗志。以逾花甲之年的年纪泳渡长江,充分展现了毛的斗志。相较于毛泽东,我们根本无法想象在任何情况下梁漱溟会赤裸着身子出现在公众场合,更不要说以这种形象来带领整个国家!另一方面,毛泽东并没有梁济这样一个父亲。

虽然梁漱溟以顽固不化的"反动派"闻名全国,他却仍然一直被任命为全国政协委员。在 1957 年的"反右运动"以及 60 年代的"文化大革命"中,他也安然无恙,尽管这些运动使众多的老一辈知名人士蒙受了屈辱。他舒

---

① 〔253〕。
② 〔316〕。

适地生活在北京。忠实追随了他四十年的学生黄艮庸也住在附近。① 他显然一直保持着圣人的身份和儒者的气质。在他表示忏悔之后仅仅一年，他的谈话又发表在《人民日报》上。虽然他谈的是广西壮族自治区的建立问题（他那时参与了研究该问题的工作委员会），但他仍然尽量谈到了中国文化问题——这个问题仍然在困扰着他。他说："合者为不分，不分，是中国文化的精神。'一争两丑，一让两有'，是互相谦让的精神。今天我们生活在多民族友爱的大家庭中，就应当有这种精神。"② 毛泽东教导他放弃儒家调和论、主张马克思主义斗争学说的努力是否终归失败了呢？

从50年代到60年代，梁漱溟在各种正式场合露面，参与各个机构，并作为政协委员到各地巡视。1965年，当他的老友和同乡李宗仁将军从新泽西流亡归来时，梁漱溟也前往迎接。③

70年代，一位高级官员试图私下强迫他就批孔运动发表文章。（也许，由当代世界最著名的儒者来批判他的至圣先师，对于这场运动是一个极大的贡献。）在这次对抗中，梁漱溟又一次表现了威武不能屈的气节。他回答说：他是一个"独立思考和表里如一"的人，既然内心不愿意批评孔子，当然不能写这种文章。当来人进行威胁时，梁漱溟得意扬扬地表示，他已经83岁了，"无所畏惧"。这位官员后来对一位朋友说，梁漱溟"真是一个老顽固"。④（梁

---

① 〔333〕，1954年12月11日，1956年2月2日，1957年6月4日，1959年4月12日。在被批判的过程中，梁漱溟也参加了同时正在进行的批判胡风的运动。〔359〕，1955年6月10日；〔936〕；〔316〕。梁漱溟在香港的朋友们也的确听说过：黄艮庸在"文化大革命"中受到冲击，并被赶回祖籍广东。至于梁漱溟本人，大约因其与毛泽东的特殊私交而受到保护。

② 〔333〕，1957年4月20日。梁漱溟这篇谈话正值"百花齐放"空气最宽松的时期；否则，绝不可能发表出来。

③ 〔333〕，1957年6月4日，1959年4月12日，1962年9月22日，1964年12月14日，1965年8月7日。

④ 〔395〕；〔587〕。

第十三章 回到北京

漱溟的这种形象六十年来一直没有改变。）

这时，他的同辈人大多已过世。他的朋友和对手——胡适、周恩来、李济深、李宗仁以及他的第二位夫人——都已去世了。但直到1976年9月9日以前，只有一个人显然在例外之属：他就是梁漱溟半个世纪前在北京初次遇到的那位好学上进的乡村后生。最终是毛泽东成为新生中国的圣人而不是梁漱溟。讽刺的是，梁漱溟继续活下去而看到了中国的变化，这种变化并不同于已故领导人的理想，决定这种变化的正是梁漱溟曾徒劳地反对过的那种历史动力。① 他发现大部分中国人对他只有模糊的记忆，他成了旧式儒者最后一个幽魂般的象征。然而，他毕竟有了孙辈，身体安康，还保持了自己的尊严②——这是一个不坏的晚年，也许他会偶然来到净业湖边漫步。也许，他会面对那块破碎的石碑沉思着，那上面记载着他父亲的业绩。当他转而注视着他父亲的遗体被发现的地点（那里现在已是孩子们游泳的地方）时，他会想到些什么呢？

---

① "四人帮"被逮捕之后，局势日趋明显：党的主要领导人表示他们要纠正毛泽东的一些错误做法以实现现代化。可以说，梁漱溟和毛泽东思想的这种重新解释也有着一些曲折微妙的关系。1977年5月，出版了《毛泽东选集》第五卷。这是17年来第一次出版。这部书覆盖的时间自1949年至1957年，包括1953年毛泽东批判梁漱溟那次讲话的官方记录。即使是发表的这部分也是支离混乱的，没有任何实际的观点和理论意义，有些说法甚至不大明确。此外，它盛气凌人的语调和过激的感情也不像毛泽东的一贯作风。为什么中共领导把这样一篇文章选进了这部有着"伟大而深远的世界意义"、作为"马列主义不朽丰碑"的著作集中去呢？为了配合宣传毛选五卷出版和批判"四人帮"，官方报纸也发表了几篇关于毛泽东批梁讲话的评论文章。（其例请见〔333〕，1977年5月10、19、25日；〔359〕，1977年4月14、15、26日，5月19日，6月7、12日，7月7日；〔323〕，1977年第6期，pp.69—72。）这些做法的意图是什么？从某种角度上说，有一种可能是：把梁漱溟重新作为批判的目标意在批判毛泽东本人的"非现代化"。毛泽东和这位儒式"反动派"的共同点总比他和那些"西化派—现代化派"（他们是胡适一类的自由主义者或马克思主义者）的共同点多。使毛泽东对梁漱溟的批判广为人知（这篇讲话一直没有公开过），现领导就可以使毛泽东和梁漱溟同样具有的非现代化思想黯然失色。

② 〔316〕，1977年6月，当梁漱溟多年来第一次出现在公共场合时，一位记者注意到"在84岁的高龄，他的健康状况良好，他的脚步轻快，头脑清楚"。〔501〕，1977年6月21日。

第十四章 1986年跋

我在1976年写上一章的结束语的时候,也没想到我能有机会亲自问一问梁漱溟:他在漫步湖畔①时究竟想些什么?这篇后记讲述我最终如何能够叩问于他以及他的回答。

自然,我在本书出版之前的几年中试图见到梁漱溟,但皆未能成志。无论如何,在"四人帮"横行的时代,与梁漱溟的任何会见都至多只能是众多官员陪同下的虚文浮礼。于是,这部书就像大部分史传一样,根本没有见到研究对象就撰写出来了。在我的脑海里,他简直就像一个历史人物,和那些久已逝去的人没有什么两样。

这本书出版于1979年1月。在印刷过程中,邓小平以一系列意义深远的改革发动了中国的第二次"解放"运动。随着政治环境的不断缓和,会见梁漱溟这样直言不讳的人的可能性也增加了。不过,这部书既已付梓,我的研究也已转到其他方向。我那时在俄亥俄州的阿克伦大学教书。那里的物理系有一个中国同事新近和他来自北京的家人相聚,他的一个女儿偶然在我的班里注册。1979年年末,这位年轻姑娘打电话告诉我:她的"梁伯伯"听说了这本书并希望我能去访问他,因为他有一些新作要给我看。这位姑娘的外祖母是梁漱溟的老友和邻居,她应梁漱溟的要求委托她的外

---

① 我听说这种漫步实际上是他喜爱的消遣之一。

孙女转达这个意见。我于是通过她这位外祖母寄给了梁漱溟一封信和几本我的这部著作。一个月以后，我接到了加利福尼亚一个中国老工程师的电话，他是梁漱溟在北京大学时的学生。这位先生几经努力终于在前一年访问了梁漱溟，并受托告诉我梁收到了信和书。又过了一个月，我终于收到了梁漱溟本人的来信。他那时已88岁了，但这封信是用精美的毛笔"草书"、优雅的传统体裁写的。这显然是一个神志清醒、精力充沛的人的作品。梁漱溟正式地感谢我为他作传，并特别提到他已听说我将去中国。他说，他很希望能见到我。

由于看到了他健康状况良好，又受到了热情的欢迎，我马上安排去北京。在花了多年心血研究梁漱溟以后，我对会见他的前景自然感到欢欣鼓舞。但我同时对这次会见不免惴惴于心。我为一个未曾谋面的人作的画像和我快要见到的活生生的本人是否有天渊之别？梁漱溟再也不是一个历史人物，不是寂然无声地存在于他的作传人的分析、批评和理论表述中的那个精神抽象物了。对于他，我曾做过多方面的研究，指出过他思想中和行动中的矛盾之处，广泛而不拘形式地揭示了他内心深处的自我。现在，他将要回过头来评价我了，正像我评价他那样。当然从原则上说，私交并不一定就使传记作者更能捕捉他的对象。这样的"污染"毕竟损害了学术评价的微妙距离，甚至会减少描述的真理性。但是史传作者大概也一直在莫名其妙：他的理智的作品和他的研究对象在更平常的情况下是一种什么关系呢？

这也许是非中国血统的汉学家第一次有机会同他的研究对象讨论已发表的传记。因此，这次会见对于我的许多中国史学界的同事以及我本人都有着重要意义。可能他们也和我一样怀着某种担心：靠着这些蜕变发黄的书页去理解一个生活在另一个文化系统中的生命，我们能希望和这个生命体的丰富现实有多接近？我那必然是西方式的概念和范畴是否歪曲了这位中国人的本来面目？

采　访

我和梁漱溟进行了两个系列的采访。第一系列是在1980年，第二系列是在1984年。我们每天几个小时地在他的书房里单独交谈。我把全部谈话都录下，又作笔译。梁漱溟也借给我一些他的私人文献，如各种日记和通信等。从最初接触开始，我们一直保持通信联系。

当我得知梁漱溟也粗通英文时，我顺便问到他是否读过这本书。他说他在朋友和儿子们的帮助下读过，他们的英文都很熟练。此后，我注意到书房的写字台上放着一本，看上去显然是多次翻阅过的，书页外面夹露着一大沓纸条，纸条上面似乎写着批语。当我坦率地请他教正此书时，他回答说没有什么意见。并且，他坚持说他不想对史学家的评价和印象施加影响。不过我想，由于他如此认真地通读了全书，这系列的采访一样对我的问题和此书给予了解答。

这些采访大体上证实了这部著作的主要论点。本书对这个人的基本描述无疑是被这次经历证实了。而且，这些采访还提供了丰富的资料。要是我在十年前接触过它的话，这部书的价值将在许多方面极大地提高。这些采访和这部书在两个问题上产生巨大的冲突，即梁漱溟的婚姻和我自己也害怕谈到的，就是这本书的题目。

最后的儒家，还是最后的佛家？　在第一次采访时，梁漱溟出奇地声明他是一个佛教徒。他在一开始就说，通过这次会谈，他希望我能把儒学和佛学的真正含义讲给西方人。这番话和他1917年刚进北京大学时与蔡元培所说的太相似了。[1] 当我指出他在1921年曾戏剧般地公开宣布抛弃佛家

---

[1] 见原书（*The Last Confucian: Liang Shu-ming and the Chinese Dilemma of Modernity*. Berkeley and Los Angeles: University of California Press，1986）74页。

而转向儒家时，他和蔼地回答说："这没关系，我抛弃了佛家，但同时也没有真的抛弃它。从十六七岁起，我就向往着做一个出家人，但在29岁时我结了婚，也就打消了这个念头。"所有的中国人，包括他最亲密的朋友和学生，一直认为他是个儒者，并且还是非常自觉和知名的一位。怎么解释这个明显的矛盾呢？梁漱溟目前说他是个佛教徒，难道是在讲他直到晚年时才能舒服地告诉别人他的真正信仰吗？难道他在突出关于他自己的神话吗？

首先，当然，世界早期一神论文明中出现的那种教条的排他主义在中国就从未存在过。以往两千年中的大部分中国人可能都以为自己既是佛教徒又是儒者，并且从未觉得这样做会有什么矛盾。我相信梁漱溟一生在某一层意识上确实一直维持着他的佛教信仰，就像先于他无数年的历史上的宋明理学家们一样。正像我曾指出的[①]，在《东西文化及其哲学》一书中梁漱溟就明确谈道：即使那时向世间宣布他自己转向儒家，他也坚持不改变只有通过佛教才能最终拯救人类这一点的信念。他强调说佛教只是对处于人类进化现阶段的中国人会有害处，而儒学则可以拯救中国人以及全人类。因此，至少在20世纪50年代以前，他一直朝气蓬勃地参与俗世的生活，自觉地扮演着儒家的角色。他把儒学和佛学分了等级，因此虽然这个时代需要儒学，佛教在永恒的等级上仍然是有效的。

但是，如同我们在自己的生活中发现，一个人知觉的过去总是在不断转变的，我们往往会向后投射目前的感情和信仰，或是用它们重新整理历史。和50年代以前那种紧张繁忙的生活相反，梁漱溟晚年的半隐居生活可能强化了他早年对佛教的哲学信仰。年纪越大，离人的终极现实就越近，佛学——根本智——在他的意识中就越占有主要地位。我们可以说他在1980年比起

[①] 见原书84页。

1930年来还要虔诚礼佛。否则在这些年中,到底是什么妨碍了他实践他对我说到的那个多年的愿望:"隐居山寺过一个僧人的生活"?梁漱溟毕竟一直以其思想和行动的一致性而闻名于世。他一生中也曾有过许多机会,但他从未去山上做和尚。最后,梁漱溟爽快地告诉我,他可以接受"最后的儒家"这个称号。

婚姻 由于几乎没有人撰写过梁漱溟的两次婚姻,我就主要依靠被采访者收集材料。① 大部分人都很独立地认为这两次婚姻形成了前后鲜明的对照。他们说,第一次婚姻对梁漱溟来说是不幸的。那位女士是位没有受过教育的清朝贵族,因此她不仅不能作为梁漱溟需要的有知识的伴侣,也不能下厨或料理家务。而且,这些被采访者众口一词,他们的关系似乎是冷淡和疏远的。(梁漱溟的一篇文章也做了同样的暗示。)② 所有的人都认为第二次婚姻要好得多,是一种更热情、更亲密的关系。因为对方是一位受过教育的女士,能够和梁漱溟共享有知识的生活。

但是,梁漱溟本人在1980年的看法却截然相反,恰恰第一次婚姻才是美满的婚姻。这位女士是位真正的圣女,将全身心献给了他。如果有什么事曾搅得他心烦的话(言下之意是,从未有什么事能使梁漱溟分心,至少从他年轻时的那次精神危机之后),那就是他前妻的去世。而第二个夫人的过世(发生在我们初次会见的前一年)就没有引起类似的反应。显然,梁漱溟本人认为第二次婚姻是一个错误。他的第二位夫人太富有个性,由于结婚很晚,她积习难改。梁漱溟说:"那么,当她个性太强的时候,结果就……哈——哈——哈。"梁漱溟指出,他连第二位夫人的年龄也搞错了,"她和我结婚时已47岁,比我小三岁"。(艾恺问:)"报纸的婚礼报道上说她的

---

① 关于梁漱溟两次婚姻的比较见原书311页至313页。
② 见原书311页。

年龄是40岁。"（梁漱溟答：）"是她这样告诉报纸的，因为她对此事感到尴尬！她不仅瞒过了报纸，也瞒过了媒人和我。"

梁漱溟1980年的评价与被采访者们的印象之间的矛盾能够消解吗？也许那些人偏心于第二次婚姻，因为他们不认识梁漱溟的前妻，却跟他的第二位夫人很熟。并且，梁漱溟也不会让自己对后妻的消极感情被那些人知晓。作为一个身体力行的儒者，他可能一贯表现为一个恩爱恭敬的丈夫。然而，还有谁能比梁漱溟更有资格评论他本人的私生活呢？

但是，我不得不怀疑：或许80年代的梁漱溟比起40年代来又不知不觉地改变了几分，就像他的佛教徒身份那个问题一样。梁漱溟的第一位夫人是他辉煌的年轻时代的伴侣，在他们结婚的十年中为他生了三个孩子。她辞世已有四十多年。她构成的那段生活已成为久远而永远放射着光辉的过去。另一方面，梁漱溟的第二位夫人是在他一生中最困难、最不得志的时期陪伴着他，做了他四十多年的伴侣直至他进入晚年。她是难以美化的现实的一部分。要不然还有什么能解释那些被采访者们的众口一词呢？

除了这两个问题，会谈也纠正和澄清了几个细节。

"文化大革命" 虽然香港的人们都说梁漱溟在"文化大革命"中"安然无恙"[①]，但实际上这场动乱几乎在一开始就冲击到梁漱溟。1966年8月24日，一群红卫兵，即是附近123中学里一些少不更事的中学生对梁宅实行了"冲击"（当时的语言）。他父亲也就是在这所住宅里告别人世的。他们把梁漱溟一家赶到一间小屋里并警告他们不许离开。此后的几个星期里，这些学生把他家当成了"指挥部"。第一天，他们把大部分有价值的东西扔到胡同里，如家具、书籍、字画和一些祖传的文物，然后在那里焚烧了。梁漱溟回忆说，他们连着几天满载马车才把灰烬运走。红卫兵甚至还毁

[①] 见原书331页至332页。

掉了他全部的参考书，包括字典等并无思想性的书。红卫兵在他家还贴出了谩骂他的大字报，政协礼堂也一度贴出这类大字报。梁漱溟的夫人几次被揪出去"批斗"——咒骂、批判，备受凌辱。在一次公开批斗中，这位70岁的老妇人遭到了毒打，"鲜血渗透了外面的衣裳"。但是，由于梁漱溟本人也无法解释的原因，这些孩子们从未在肉体上，甚至也未用言语攻击他。我原来想，这也许是他和毛泽东的私人关系保护了他。可是，在"文革"开始时，就算毛泽东有过这种打算，他也未必能和这些横冲直撞的红卫兵取得联系。（梁漱溟说他曾给毛泽东和周恩来写过信，但从未接到他们的回信。）也许，梁漱溟本人的名声就足以使这些少年们三思而行了。

批林批孔运动 关于梁漱溟拒绝写文章批判孔子这件事有一些出入。[1] 梁漱溟澄清了他在这次事件中的角色。这次运动中，梁漱溟一直出席政协的小组会。小组里的同事们，不管是私下里或公开地，也不断督促他发言或写文章批判孔子，而这正是他坚决拒绝的。连续几天，组员们对他那令人恼火的沉默进行指责，并严令他以某种方式表态。终于，梁漱溟同意公开表态，但他迸出的只有一句话。这句话是孔子《论语》中的一句："三军可夺帅也，匹夫不可夺志也。"

原来对这件事的描述是相当准确的，因为他的这些同事可视为"高级官员"；并且，这之中的某些人也有可能谈论过梁漱溟在拒绝发表意见时总有一股拧劲儿。但在梁漱溟看来，他从未受到肉体上的威胁，也从没评述过他年已"八十有三"，而"无所畏惧"。

梁漱溟初识毛泽东 梁漱溟和毛泽东的老师兼岳父杨昌济的友谊（他也因此于1919年初识毛泽东）并非源于他们是北京大学哲学系的同事[2]，倒

---

[1] 见原书332页。
[2] 见原书70页。

是因为梁漱溟在湖南的堂兄梁焕奎①。梁焕奎是杨昌济的恩人兼老师,又来自毛泽东家乡所在县。梁焕奎在北京时就住在梁漱溟家,杨昌济常来那里访问他。

梁济的墓碑　邻里为纪念梁济而竖立在净业湖畔的墓碑是在"文革"期间被毁掉的,而不是像我猜想的那样于50年代就毁掉了。②我现在意识到我实际上见过这块墓碑,虽然只是一小会儿并且见到的又是一个面目全非的墓碑。当我1973年找到这块墓碑的基座时,一群孩子把我引进了邻近的一个院子里,那里罩子下隐藏着一堆整洁地码放着的断石,存着以备将来使用。(我被告知,这是"文化大革命"的收获。)正当我试图看清一些断砖上的几个铭文时,它当时的主人从屋里走了出来,愤怒地把我赶出院外。由于我没有足够的时间辨认清楚这些字迹,出于谨慎就误以为我见到的并不是梁济的墓碑。但是在和梁漱溟谈话后,我推想我所见到的的确是那块已被拆解了的墓碑。

韩复榘和村治学院　冯玉祥和韩复榘实际上是"允许"而不是"委托"梁漱溟建立河南村治学院。③省政府既未向学院提供资金,也没有对它施行控制。学院的钱来自村治派成员王怡柯,他20世纪20年代初曾管理河北省的教师经费。④王怡柯善于理财。他不仅为教师们谋得了一笔可观的利润,

---

① 梁焕奎虽然比梁漱溟年长许多,但他们是梁氏宗族中的同辈人,因此他的名字的第一个字和梁漱溟兄弟相同,都是"焕"字。梁漱溟称他为"哥哥"。他是梁家的一个支脉,大约在梁漱溟的祖父迁居北京时从桂林迁到湖南。他是毛泽东家乡湘潭县一个小职员的儿子,中过举人。他是当时立志改良的湖南青年的一分子,这些人聚集在梁启超时务学堂的周围。他曾一度在日本担任过湖南留学生的督学。正是在此期间,按照中国的传统习惯,他被杨昌济尊称为"老师"。杨昌济留学日本显然是由于他的帮助。1903年,梁焕奎回到中国,带领三个兄弟从事采矿业,并成为中国最早成功的企业家之一。
② 见原书65页,注72。
③ 见原书73页。
④ 在原书173页中曾提到王怡柯是村治派成员。

还积累了一笔余款用来资助村治学院的创办。

卫西琴① 在这次会谈中，关于梁漱溟唯一亲密的外国朋友卫西琴的那段谈话太吸引人了，以致我不得不说得详尽些。卫西琴是普鲁士贵族，德意志国家银行董事的儿子。他是修完了大学里医学和哲学课程才选定音乐生涯的。在去美国并成为一个美国公民以前，他曾向拉维尔（Ravel）和蒙台梭利（Montessori）学习。他的音乐在欧洲和美国显然都遇到了强烈的抵制，他被迫把它带到东方。印度人、日本人跟西方人都不喜欢他的音乐，因此他最后来到上海。在那里，他又遇到了西化的音乐团体的强烈抵制。

更糟糕的是，第一次世界大战切断了家中资金的来源，他处于绝望之中。当他写信给著名的（及当时在文化上也属于保守的）翻译家严复求援时，他已处于自杀的边缘了。严复资助了他并翻译了他的一篇文章。② 后来，他引起了阎锡山的注意并成了阎的终生朋友和顾问，这就是他为什么在太原办起了学校的缘故。③ 我想，这可能是中国第一所蒙台梭利式的学校。此后，他又成了一些桂系领袖的朋友。

战争期间，他作为交战国（美国）的国民被日本人拘押，之后作为囚犯被送往日本。显然是不堪忍受俘虏的待遇，他企图投海自杀。附近一位禅院住持目睹此景，搭救了他。说来不可思议，这位长老曾在德国求学，二人意气相投。卫西琴从此成了一个禅僧度过余生。

《光明报》④ 另一个使人吃惊的遗漏是有关梁漱溟在香港的《光明报》的资金问题。我不知道创办报纸的资金来自何处，也就没有提出这个问题。结果是，大部分资金来自海外一个不知名的华人组织。梁漱溟当时猜想，

---

① 原书在 56、144—145、152、163 页讨论过卫西琴。
② 原书在 145 页注 22 中提到此事。
③ 见原书 144 页。
④ 原书在 308 页至 310 页讨论到《光明报》。

它大概是中共的外围组织,至少是和共产党人有联系的。中国"第三党派"的报纸得到了一个大党的资助,这实在是件意味深长的事。

《东西文化及其哲学》中的"仁" 让梁漱溟本人有个机会指出他自己的失误之处大概是最合适的了。我问梁漱溟,他现在感到他著作中的哪些东西已经过时,或者回想起来是错的。他沉思了好久才说,在《东西文化及其哲学》一书中对儒家道德(仁)的解释有失误,至少是会引起误解的。

> 梁漱溟:我说孔子的仁是一种极其敏锐的直觉。孟子不是使用过"良知"这样的词么?这就是今天所谓的"直觉"。直觉在英文中称为 *intuition*。本能在英文中称为 *instinct*。因此,从这个角度上说,我是在用现代的名词来解释孔子和孟子的思想。现在,我感到我错了。这些现代名词(和仁)在意思上非常相近,但并不等同,也不是真正正确的。然而它们又不是完全不正确。
>
> 艾恺:还有其他错误吗?
>
> 梁漱溟:没有了。我想不出还有什么。

当然,这恰恰是作为"最后的儒家"的梁漱溟对这类问题的回答方式,因此也和本书对他个性的描述相一致。我还要指出,适合于圣贤身份的是,梁漱溟在会谈中自始至终表现得非常谦恭,常常否认他自己有什么智慧,也否认他本人有什么历史意义。

梁漱溟和中国共产党人 从解释的范围上说,这些会谈无论如何证明的要比矫正的多。这部书对梁漱溟的动机以及为了补漏付阙所做的猜测,总的说来都因这次有机会能和梁漱溟谈他本人生活及阅读他的日记而得到了证实。

这部书证实了梁漱溟提出的解决中国现代化困境的蓝图和毛泽东的方

案之间有惊人的相似性（至少我本人是满意的），虽然梁漱溟通常被看作是保守的代表而毛泽东则是激进的代表。这部书也指出了中国共产主义和儒家的保守主义有重合之处。和梁漱溟谈得越多，我越感到这种假设是合理的。梁漱溟本人也强烈地感到他的乡村建设的计划和目标实际上是由中国共产党实施了。共产党在抗日战争时期实施的纲领和梁漱溟的纲领尤其相似。梁漱溟认为，甚至中共在20世纪40年代末50年代初实行的土地改革与他本人的乡村建设所追求的目标也是基本相同的。"农民需要组织和科学，这是乡村建设的目的。共产党所做的也是这些。"梁漱溟看到了斗争问题是他的纲领和共产党的纲领的主要分歧点。他至今仍然不承认阶级斗争和暴力对于成功的绝对必要性。他仍然坚持，中国社会中的"阶级"的性质和西方社会中的阶级是根本不同的。他认为，共产党在抗战中成功地动员了农民，同时也依靠运用技术和组织，而这些基本上就是梁漱溟准备在山东（在韩复榘尚未背叛他时）使用并试图于抗战前在全国范围内推广的那一套技术和组织。说到他究竟是否直接地影响了毛泽东将马克思主义中国化时，他巧妙地说了句模棱两可的话："我不敢这么说。"他也没有更多地谈到这个问题。

心理学分析和动机 梁漱溟说：对于这本书中的许多心理学分析，他没有完全看懂；但就理解的部分而言，还是有道理的。当我把书中一些更细微的关于梁漱溟的动机或主观情况的分析译成汉语时，他常常是困惑地沉思一会儿，然后含糊地表示同意："是的，可以这么说。"

另外，书中考察关于他生活中的自相矛盾及具有讽刺意味的现象似乎使梁漱溟感到迷惑不解。他觉得没有什么矛盾或啼笑皆非之处。例如，梁漱溟始终如一地反对自由主义、民主、立宪主义以及政治活动本身能有效地解决中国问题的观点，但在抗战之中以及此后他却成为一个"自由民主的政治领袖"（而此时他甚至还在反对他那些自由民主的同事们的立宪主义运动）。他完全没有察觉出这里面有什么不一致的地方。他本人的政治活动不过是他以前活动的继续,并且是为了适应战争造成的环境。他对中国根本问题的分析、他提出的解决办法以及他的奋斗目标都没有改变。他在抗战期间及此后的活动都是本着同样的思想基础,是"一贯下来的"。

如果我是在和梁漱溟会见之后而不是在这以前就写这部书,那将会出现什么不同呢?当然,这可以避免上面说到的那些失实;并且,梁漱溟生活各方面的丰富细节也会使这部书更为生动、真实,篇幅上也会尽可能长一些。由于有了许多材料,结构上也会更好,因为那样就不必为受制于素材的缺乏而设法在那些未知的沟壑之间去建构一些蹩脚的衔接了。但我同时也认为,如果在做出基本判断、形成基本思想之前就因认识研究对象而受到"污染",那么在某些基本的意义上说,这本书也许会减少些"真实"和准确性的。

最后,我还要做一些历史学方面的反思。在和梁漱溟会谈后,我越发确定一个历史学家进行忠实的纪实性解释时,也至少一样需要运用"直觉"和"同情的想象"。这些会见增强了我在传记中对梁漱溟的基本想象。这种想象与其说是来自任何具体的资料,还不如说是来自全部资料(包括那些被采访者的资料)对我的想象和直觉产生的总的影响。

梁漱溟的暮年

梁漱溟正在北京一所"现代"式公寓中度过他的晚年。他是 1979 年搬到那里的。[①] 这所公寓的环境在北京是相当舒适宜人的了。周围的邻居好像

---

① 梁漱溟仍然拥有其父在缨子胡同住宅的产权,尽管目前的住户并不向他交纳房租。这所房子地处梁济溺水的湖畔,1966 年被红卫兵强占的也是这所房子。

都是文化界的知名人士和全国政协的高级成员,如,他的对门就是著名女作家丁玲。

他仍然在担任职务。他在全国政协常委会及几个下属机构里工作了几十年。他很认真地参加这些会议,有几次就是因为来了会议通知而推迟了和我的约会。

1957年,梁漱溟几乎完全从新闻中消失了。这以后的几十年中,他并不仅仅是在净业湖畔散步。他在继续思索、写作。如前所述,"文化大革命"夺去了他的藏书和个人自由。四个现代化又让他有机会再度认真地工作。1980年我会见他时,他已完成了两部书稿。较小的一部叫作《东方学术概观》,另一部长篇论集题为《人心与人生》①。他认为这是他总结性的著作,也是他最好的著作。我只能浏览一下,因为他只有这一份,所以勉强允许我从他家带走做全面的研究。它好像是早期著作《东西文化及其哲学》和《中国文化要义》中思想的进一步发展和最后表述。我问:你本人认为作为纪念留给历史的是什么?他说:如果一定要留下什么作为纪念的话,那么只有这本书。

但是,这并不意味着在"四化"的环境下一切都平静地过去了。虽然他是一位受尊敬的老"民主人士",但他在哲学上所表达的与当前的形势却不大相宜。在一些方面,这种新形势对他来说即便不是"全盘西化",也是"参半的西化"。从某种角度上说,梁漱溟发现他自己目前的处境颇似当年在北大的情景。那时北大是"新青年派"占了压倒优势。1979年,他把自己的小册子《东方学术概观》送交出版。由于他的工作单位在全国政协,他就把稿子送给政协主席看。当时的主席是邓小平,邓小平说他太忙了,不能

---

① 梁漱溟实际上已于1926年发表了该书序言以说明该书宗旨(见〔9j〕),因此这部书实在可以看作是他毕生最重要的工作。

亲自看，把这事交给秘书办。秘书当时没有处理此事，到万不得已时才回答说稿子丢了。

有此经验，梁漱溟不敢再把只有一份稿子的巨著《人心与人生》送去审阅，唯恐秘书再丢失。1980 年第一次见到梁漱溟时，我提出将此书译成英文在美国出版，或在香港出中文本。梁漱溟当即拒绝了，说他是个中国人，这部书应该先在中国内地发表。1981 年，他试图通过正常渠道出版这部杰作，但没有成功。最后他把这部书交给了上海一家出版社，这家出版社向他索取了一大笔出版费。他付了款。（我没询问这笔钱从哪里来。）1984 年我最后一次见他时，他正在等书。

他不断给全国政协的出版物写短文。例如，为新编的《民国史》传记部分写了他的舅舅张耀曾的小传；为《湖南文史资料》写他的亲戚梁焕奎的传记。他还写了有关民主同盟及其两位前辈的回忆录。

虽然他一生中身体很瘦弱，但直至 90 岁他都保持得很健康。他走动起来相对自在和快速。1980 年，他携全家人和我去一家饭店楼上吃晚饭（当然是素食），上楼梯时并不感困难。但是，在我们初次会面以后这几年中，他的身体似乎有些差了。例如，到 1984 年，他已经不能在挂轴上写大字了，但他的书法仍被广泛地认可为卓越的。看来，他的精力还是充沛的。

他清晨 5 点就起床了，然后照例做一些简单的锻炼。他整天都在工作，或出席会议，或在书房中认真读书、写作，中午睡一小觉。除了管家外，他在公寓里独自生活。他的两个儿子、儿媳和孙子们在工作允许时来陪伴他。我们会谈的书房里疏落地放着几个书架，上面放着梁漱溟残存的藏书；一张写字台，一把简朴的直背木椅；两个衬垫椅子，中间放着一个茶几（这是为与来客谈话用的）。里间是梁漱溟的卧室，里面存放着更多的书籍和文稿，一张简易的木板床。这所公寓还有一个小饭厅，里面放着一台电视机。梁漱溟偶尔也看电视。

当我问到他是否有什么消遣或嗜好时，他轻声地笑了，说也曾有朋友提过这样的问题，他回答说那就是思考。到如今这仍然是他最喜好的消遣。他认为自己之所以能长寿并有一个较为康健的体魄，就在于面对那些往往使世人心烦意乱的飞石冷箭时，他却能泰然处之。但使我沮丧的是，当我问到他对命运带来的各种打击（他和毛泽东的绝交，对他的批判运动，红卫兵等）有什么感想时，只得到他一次又一次的回答："这对我没有什么。"当然，他仍然吃素，喝白开水。

自从搬进这所公寓（也进入了一个较为宽松的气氛之中）以后，梁漱溟经常接待有着各种背景的来访者。比方说，我和他谈话的时候，就有许多不同身份的人来拜访：全国政协的几个同事；一名年轻的学生；一位老友的女儿来为她的父亲向梁漱溟约稿；一位香港中国新闻社的记者；河南村治学院时的一位学生专程从四川跑来阅读他的书稿。他估计这些年来他大约有四千名学生。

梁漱溟的儿子梁培宽、梁培恕都住在北京。他们在各自的领域中工作得很出色。他们都在20世纪50年代初加入了中国共产党。长子培宽是中国科学院的一位科学家。次子培恕曾在《人民日报》工作，现在他在中国社会科学院苏联东欧研究所工作。梁漱溟有三个孙子，两个大些的钦元和钦东都已大学毕业，小孙子钦宁于1984年秋天考入北京大学法律系。

总的来说，梁漱溟是一个幸福的、惬意的老人，世间万事都不足以动其心。有的人也许认为他在历史这场大游戏中是失败的一方。然而他对我说：我"并不失望"，"也没有遗憾"，"我做完了我这一生要做的事情"。

参考书目

这个书目在开始（从〔1〕—〔99b〕）注录的是梁漱溟的著作，读者可以根据注释中的数字指示很快找到梁漱溟本人的著作。在书目的末尾，我还列出一些人的姓名，我曾同这些人就本书的主题进行过广泛的会谈。同一作者的著作按发表年代的顺序排列，除非这些著作此后又被收入某本集子中去。

梁漱溟所著书

1. 佛理。〔159〕1.10（1915年10月）：18—20。
2. 印度哲学概论。1919年；上海，1922年第三版；台北，1966年再版。
   a. 第三版自序。又载于〔5〕，pp. 125—128。
3. 论学生事件。〔427〕，1919年5月18日。
4. 东西文化及其哲学。上海，1922年；台北，1968年再版。
   a. 第三版自序。
5. 漱溟卅前文录。上海，1924年；台北，1972年再版。
   a. 究元决疑论。pp. 1—20。又载于〔540〕13.5—7。
   b. 晚周汉魏文钞自序。pp. 21—26。原载于〔159〕1.10（1915年10月）：30—36，国文教科取材私议。
   c. 与张宽溪舅氏书。pp. 27—30。原载于〔159〕1.8：16—17，题为《儒术》。
   d. 无性谈。pp. 31—34。原载于〔540〕14.5（1917年5月15日）：100—102。
   e. 《司法例规》序。pp. 35—36。
   f. 中华学友会宣言。pp. 37—38。

g. 吾曹不出如苍生何？pp. 39—56。初次发表时为小册子。又载于〔533〕, 新刊, 1.1（1930年6月1日）: 附录, 1—14。

h. 答陈仲甫先生书。pp. 57—64。原载于〔286〕6.4（1919年4月15日）: 427—431。

i. 一个人的生活。pp. 65—68。原载于〔476〕, no. 3（1919年3月）。

j. 答陈嘉蔼论因明书。pp. 69—75。原载于〔283〕, no. 5（1919年）。

k. 李超女士追悼会演说。pp. 76—78。又见于〔4〕, pp. 188—190。

m. 宗教问题讲演。pp. 79—96。原载于〔476〕2.8, 2.11, 3.1（1921年2月, 5月, 8月）。又见于〔4〕, pp. 89—105。

n. 唯识家与柏格森。pp. 97—102。原载于〔440〕3.1（1921年12月）: 1—6。

p. 对于罗素之不满。pp. 103—106。原载于〔209〕, 1921年。

q. 东西人的教育不同。pp. 107—112。原载于《教育杂志》, 1922年；又载于〔23〕, pp. 1—5。

r. 合理的人生态度。pp. 113—116。

s. 沈著《家庭新论》序。pp. 117—124。

t. 评谢著阳明学派。pp. 129—145。

6. 跋记。见〔404〕, 卷一。

7. 谱后记。见〔404〕, 卷一。

8. 敬答陈嘉异先生。〔533〕, 新刊, 1.1（1930年6月1日）: 1—5。

9. 漱溟卅后文录。上海, 1930年；台北, 1971年再版。

   a. 槐坛讲演之一段。pp. 1—12。原载于〔533〕, 新刊, 1.1（1930年6月1日）: 附录, 14—18。

   b. 这便是我的人生观。pp. 13—18。

   c. 答胡评《东西文化及其哲学》。pp. 19—54。原载于〔298〕, 1923年11月13日、14日。

   d. 吾侪当何为。pp. 55—70。

   e. 办学意见述略。pp. 71—86。又载于〔23〕, pp. 96—110。

   f. 重华书院简章。pp. 87—91。又载于〔23〕, pp. 108—110。

   g. 《桂林梁先生遗书》叙目。pp. 93—96。

   h. 思亲记。pp. 97—104。又载于〔404〕, 卷一。

   i. 卫中先生自述题序。pp. 105—112。

   j. 《人心与人生》初版自序。pp. 113—120。

k. 介绍卫中先生学说。pp. 121—143。

m. 抱歉——苦痛——一件有兴味的事。pp. 145—169。又载于〔23〕, pp. 131—154。

n. 今后一中改造的方向。pp. 171—188。又载于〔23〕, pp. 114—130。

p. 如何成功今天的我。pp. 189—214。又载于〔47〕, 附录, pp. 139—152。

q. 北游所见纪略。pp. 215—273。原载于〔533〕, 旧刊, 1.4 (1929年6月15日)。又载于〔11〕, pp. 257—288。

r. 河南村治学院旨趣书。pp. 275—290。原载于〔533〕, 旧刊, 1.9 (1929年11月5日); 又载于〔11〕, pp. 289—297;〔23〕, pp. 162—170;〔534〕, pp. 10—19。

10. 对于东省事件之感言。〔501〕, 1931年10月7日。

11. 中国民族自救运动之最后觉悟。上海, 1932年第三版; 台北, 1971年再版。

　　a. 主编本刊之自白。pp. 1—2。原载于〔533〕, 新刊, 1.1 (1930年6月1日)。

　　b. 中国民族自救运动之最后觉悟。pp. 27—100。原载于〔533〕, 新刊, 1.2—4 (1930年6月16日, 7月1日、16日)。

　　c. 我们政治上的第一个不通的路——欧洲近代民主政治的路。pp. 101—142。原载于〔533〕, 新刊, 1.3, 1.6, 1.7 (1930年7月1日, 9月1日, 9月16日)。

　　d. 我们政治上的第二个不通的路——俄国共产党发明的路。pp. 143—176。原载于〔533〕, 新刊, 2.5, 2.9/10, 2.11/12 (1931年9月8日, 1932年5月15日, 9月5日)。

　　e. 中国问题之解决。pp. 177—192。原载于〔533〕, 新刊, 1.8, 2.9/10 (1930年10月1日, 1932年5月15日)。

　　f. 敢告今日之言地方自治者。pp. 193—206。原载于〔533〕, 新刊, 2.1, 2.2, 2.3 (1930年12月1日, 1931年6月18日, 7月15日)。又载于〔16〕。

　　g. 山东乡村建设研究院设立旨趣及办法概要。pp. 207—216。原载于〔533〕, 新刊, 1.11/12 (1932年11月16日); 又载于〔23〕, pp. 171—190;〔272〕1.19/20 (1932年4月11日): 2—12。

　　h. 丹麦教育与我们的教育。pp. 217—256。原载于〔533〕, 新刊, 2.6, 2.8 (1931年10月31日, 1932年1月5日)。又载于〔23〕, pp. 37—70。

　　i. 勉仁斋读书录。pp. 299—323。原载于〔533〕, 新刊, 1.2, 1.10 (1930年6月16日, 11月10日)。

　　j. 悼王鸿一先生。pp. 325—331。原载于〔533〕, 新刊, 1.5 (1930年8月16日)。

　　k. 敬以请教胡适之先生。pp. 333—342。原载于〔533〕, 新刊, 1.2 (1930年6月

16日)。

    m. "建设新社会才算革命"答晴中君。pp. 343—350。原载于〔533〕,新刊,1.3(1930年7月1日)。

    n. 答马儒行君来书。pp. 351—354。

    p. 敬答严敬斋先生。pp. 363—365。原载于〔533〕,新刊,2.4(1931年8月12日)。

12. 村学乡学须知。邹平,1933年(小册子)。又载于〔14〕,pp. 105—124;〔23〕,pp. 221—249。

13. 山东乡村建设研究院工作报告。1933年7月15日讲演于邹平。发表于〔274〕,I,pp. 31—38。

14. 乡村建设论文集第一集。邹平,1934年。

    a. 自述。pp. 1—36。

    b. 请大家研究社会问题。pp. 37—44。原载于〔533〕,新刊,3.4(1934年5月15日)。

    c. 解决中国经济问题之特殊困难。pp. 44—47。

    d. 中国此刻尚不到有宪法成功的时候。pp. 47—51。又载于〔501〕(上海版),1934年1月4日。

    e. 由乡村建设以复兴民族案。pp. 52—62。

    f. 建设与崩溃。pp. 62—65。

    g. 一封公开的信。pp. 66—70。

    h. 乡村建设是什么?pp. 70—75。

    i. 人类社会建设应有的原则。pp. 75—79。又载于〔23〕,pp. 33—36。

    j. 乡村建设理论提纲。pp. 79—89。

    k. 在中国从前历史上有无乡村自治?pp. 89—95。

    m. 县政建设实验区实验计划绪言。pp. 95—96。

    n. 邹平县县政建设实验区计划摘录。pp. 96—104。

    p. 乡农学校的办法及其意义。pp. 125—134。原载于〔272〕1.16(1933年1月1日)。又载于〔23〕,pp. 191—200。

    q. 社会本位的教育系统草案。pp. 135—154。又载于〔23〕,pp. 201—220。

    r. 我的一段心事。pp. 196—206。又载于〔501〕,1934年8月31日;〔23f〕。

15. 山东乡村建设研究院及邹平实验县工作报告。1934年10月10日在河北定县讲演。发表于〔274〕,II,pp. 177—178。

16. 中国之地方自治问题。邹平,1935年。又载于〔14〕,pp. 155—196。

17. 乡村建设旨趣。〔502〕, no. 25（1935年1月6日）。
18. 邹平农村金融流通处的工作。〔502〕, no. 50（1935年6月30日）。
19. 办村学的目标。〔272〕5.1（1935年8月16日）。
20. 一年来的山东工作。1935年10月10日在江苏无锡讲演。发表于〔274〕, Ⅲ, pp. 293—302。
21. 村学的做法。〔272〕5.5（1935年10月16日）。
22. 序言。〔272〕5.8/9（1935年10月5日）: 1—2。
23. 梁漱溟先生教育文录（唐现之编）。济南、邹平，1935年；台北，1972年再版。
    a. 杜威教育哲学之根本观念。pp. 6—23。又载于〔272〕4.6（1934年）。
    b. 孔子学说之重光。pp. 24—32。又载于〔272〕4.5（1934年）。
    c. 精神陶炼要旨。pp. 67—95。又载于〔272〕4.7/8（1934年）。
    d. 目前中国小学教育方针之商榷。pp. 155—161。
    e. 村学乡学释义。pp. 241—252。又载于〔272〕3.25/26（1934年）。
    f. 关于村学乡学的讲演一。pp. 253—261。又载于〔272〕4.3（1934年）。
    g. 关于村学乡学的讲演二。pp. 262—268。又载于〔272〕4.4（1934年）。
    h. 乡村青年的训练问题。pp. 269—280。
    i. 民众教育何以能救中国。pp. 281—289。
    j. 社会教育与乡村建设之合流。pp. 290—297。又载于〔272〕4.9（1939年）。
24. 乡村工作中一个待研究待试验的问题——如何使中国人有团体组织。〔502〕, no. 66（1936年1月1日）。
25. 乡村建设大意。邹平，1936年。
26. 公私辨——答吴景洲君。〔272〕5.13（1936年3月1日）。
27. 东游观感记略。〔272〕6.1（1936年8月16日）。
28. 我们应有的心胸态度。〔272〕5.20（1936年6月16日）。
29. 中国民众的组织问题。〔272〕5.20（1936年6月16日）。
30. 几个问题的讨论。〔272〕6.1（1936年8月16日）。
31. 民众教育路线问题。〔272〕6.1（1936年8月16日）。
32. 中国社会构造问题。〔272〕6.3（1936年9月16日）。
33. 我们当前的民族问题。〔272〕6.4（1936年10月1日）。
34. 二十五年国庆纪念。〔272〕6.5（1936年10月16日）。
35. 非常时期小学教师的责任。〔272〕6.6（1936年11月1日）。

36. 我们对时局的态度。〔272〕6.10（1937年1月1日）。

37. 追悼王柄程先生。〔272〕6.12（1937年3月1日）。

38. 乡村建设理论。邹平，1937年。

39. 我们的两大难处。〔272〕6.14（1937年4月1日）。又载于〔38〕，附录。

40. 怎样阅读《乡村建设理论》。〔272〕6.19（1937年6月16日）。

41. 我们怎样应付当前大战？〔501〕（上海版），1937年8月11日、12日。又载于〔272〕7.1（1937年8月16日）。

42. 《四川教育》所载论文。1.7/8（1937年8月）。

    a. 略述乡村建设运动要旨。pp. 9—11。

    b. 中国今日需要那一种教育。pp. 12—15。

    c. 如何做行政研究与从事地方行政。pp. 16—18。

    d. 我们在山东的工作。pp. 18—25。

    e. 中国人的长处与短处。pp. 26—32。

    f. 中国经济建设的路线。pp. 33—40。

    g. 近些年来银行界对于农村投资的由来。pp. 41—44。

    h. 山东乡村工作的进展。pp. 45—47。

    i. 中国近年来社会上几个趋势。pp. 48—51。

    j. 青年与时代。pp. 51—54。

    k. 如何创造中国的新学术。pp. 54—59。

    m. 中国何以要谈乡村建设。pp. 59—60。

    n. 如何抗敌。pp. 61—66。武汉，1938年（小册子）。

43. 抗敌指南。小册子，无出版地点和日期，可能出版于1938年3月。

44. 告山东乡村工作同仁同学书。1938年，小册子，无出版地点。

45. 理性。〔112〕2.3（1939年4月10日）。

46. 青年修养问题。《读书通讯》，no. 3（1940年6月1日）。

47. 朝话。长沙，1941年第二版。（讲演集，大部分内容最初发表在1935年至1937年的《乡村建设》上。）

48. 中国文化问题。《民族文化》，no. 2（1941年5月31日）。

49. 开场的话。〔360〕，1941年9月18日。

50. 从"九·一八"纪念而有的联想。〔360〕，1941年9月18日。

51. 我努力的是什么，nos. 1—46。〔360〕，1941年9月18日至11月3日。

52. 民主是什么，什么是民主。〔360〕，1941年9月20日。

53. 中国民主运动的障碍究在何处。〔360〕，1941年9月21日。

54. 在吾人一生中的青年期。〔360〕，1941年9月21日。

55. 中国文化的两大特征。〔360〕，1941年9月22日至30日。

56. 民主障碍问题——答洪素先生。〔360〕，1941年9月26日。

57. 政治上的民主和中国人。〔360〕，1941年9月30日至11月8日。

58. 答胡鹤年先生，答冬冬先生。〔360〕，1941年10月4日。

59. 答乔子铭先生。〔360〕，1941年10月8日。

60. 从国民参政会说到民意机关。〔360〕，1941年11月12日，12月13日。

61. 上年国民大会之延期。〔360〕，1941年11月14日。

62. 再论国民参政会。〔360〕，1941年11月19日。

63. 答国讯社记者问。〔360〕，1941年11月19日。

64. 敬答孤芳先生。〔360〕，1941年11月19日。

65. 论政治斗争。〔360〕，1941年12月6日、7日。

66. 纪念蔡先生。〔574〕2.1（1942年3月）：4—7。

67. 宪政建筑在什么上面？〔501〕，1944年5月1日。

68. 八年努力宣告结束。〔501〕，1946年2月8日。

69. 我今后致力之所在。〔501〕，1946年2月18日。

70. 就否决权问题：发表谈话。〔221〕，1946年10月7日。

71. 我的自学小史。上海，1947年。

72. 树立信用，力求合作。〔356〕2.1（1947年3月1日）：3—5。

73. 关于中国政局致储安平先生。〔356〕2.4（1947年3月22日）。

74. 中国文化特征之研究。〔356〕2.5—7（1947年3月29日，4月5日、12日）。

75. 中共临末为何拒绝和谈。〔356〕2.15（1947年6月7日）：3—4。

76. 预告选灾、追论宪政。〔356〕3.4—5（1947年9月20日、27日）。

77. 略论中国政治问题——答张费二先生。〔356〕3.14（1947年11月29日）：9—11。

78. 悼念陶行知先生。载于〔515〕，pp. 152—154。

79. 给各方朋友一封公开的信。〔501〕，1949年2月11日。

80. 敬告中国共产党。〔501〕，1949年2月21日。

81. 论和谈中的一个难题。〔501〕，1949年2月21日。

82. 中国哪天能太平？〔501〕，1949年3月3日。

83. 勉仁文学院创办缘起及旨趣——代发刊词。载于〔432〕。
84. 理性——人类的特征。载于〔432〕。
85. 大学教育——新试验——谈勉仁学院的理想。〔501〕，1949年5月18日。
86. 中国文化要义。上海，1949年。
    a. 自序。
87. 国庆日的一篇老实话。〔575〕，1950年10月1日。又载于〔185〕。
88. 两年来我有了那些转变。1951年10月5日。又载于香港《大公报》，1951年10月6日。
89. 信从中国共产党的领导并改造自己。〔333〕，1951年11月2日。又载于香港《大公报》，1951年11月3日。
90. 致唐君毅。写于1951年12月31日。(唐先生存。)
91. 敬答赐教的几位先生。〔359〕，1952年1月10日。
92. 何思源先生文内讲到我的话不合事实。〔359〕，1952年1月18日。
93. 致胡应汉的信。
    a. 1953年9月14日。
    b. 1956年12月30日。
94. 告台湾同胞。〔333〕，1955年2月3日。又载于〔289〕，no. 3 (1955年)。
95. 梁漱溟谈几年来感想。〔359〕，1956年2月7日。又载于〔333〕，1956年2月8日；〔501〕(香港)，1956年2月25日。
96. 村政问答 (和陈敬堂合著)。载于〔534〕, pt. 3, pp. 35—40。
97. 李闻案调查报告书 (和周新民合著)。1946年南京发表。
98. 关于"我们走那条路？" (和胡适联合)。〔291b〕3.1 (1930年7月29日)。又载于〔533〕1.5。
99a. 桂林梁先生遗书序 (和梁焕鼐合编)。载于〔404〕，卷一。
99b. 年谱。载于〔404〕，卷一。

其他

100. *Agrarian China: Selected Source Material*. Chicago: University of Chicago Press, 1938.
101. 艾思奇：批判梁漱溟的哲学思想。北京，1970年。
102. Beal, John Robinson: *Marshall in China*. Garden City, N. Y.: Doubleday & Co., 1970.
102a. Benda, Julien: *Sur le succès du Bergsonisme: précédé d'une réponse aux défenseurs*

  de la doctrine. Paris: Mercure de France, 1914.
103. Bergson, Henri: *Matiere et Memoire*. Paris: F. Alcan, 1908.
104. ——*L'Evolution creatrice*. Paris: F. Alcan, 1909.
105. ——*La perception du changement*. Oxford: Clarendon Press, 1911.
106. ——*La pensée et le mouvant: Essais et conferences*. Paris: F. Alcan, 1934.
107. Boorman, Howard, ed. *Biographical Dictionary of Republican China*. 4 vols. New York: Columbia University Press, 1967-1971.
108. Briere, O., S. J.: *Fifty Years of Chinese Philosophy*. Trans. Laurence G. Thompson. London: George Allen and Unwin, 1956.
109. British Foreign Office: *Tsinan Intelligence Reports*, 228/3140-228/3277. 1919-1925.
110. Carlson, Evans: "The Chinese Army, Its Organization and Military Efficiency". Mimeo. New York: International Secretariat, Institute of Pacific Relations, 1939.
111. 翟城村志（伊仲村编）。1925年，无出版地点，1966年台北重印。
112. 战时文化。重庆，1938年至1939年。
113. Chan Wing-tsit（陈荣捷）: *Religious Trends in Modern China*. New York: Columbia University Press, 1953.
114. Chang Carsun（张君劢）: *The Third Force in China*. New York: Bookman Associates, 1952.
115. 张志敏：评梁漱溟先生的乡村建设理论之方法问题。见〔174〕, pp. 172—190。
116. 张之洞：张文襄公全集（王树枏编）。北平，1928年。
117. 张君劢：明日之中国文化。上海，1936年；台北，1966年重印。
118. ——西方学术思想在我国之演变及其出路。《新中华》5.10（1937年5月25日）：33—37。
119. ——人生观。见〔352〕，第一卷。
120. 张佛泉：从立宪谈到社会改造。〔535〕, no. 101（1934年5月20日）。
121. 张凌光：批判梁漱溟的反动教育思想。〔332〕, no. 69（1956年1月9日）。
122. 章士钊：农国辩。〔291a〕1.5（1923年11月3日）：6。
123. ——农制翼。〔159〕1.5：6。
124. ——新旧。〔159〕1.7：9。
125. 张铁君：五四运动论丛。台北，1961年。
126. 张东荪：敬答樊弘先生。〔356〕3.16（1948年1月3日）。

127. 张耀曾：读桂林梁先生遗书后序。〔404〕，卷四。

128. 章有义：中国近代农业史资料。三卷本，北京，1957年。

129. 章元善：农村运动之今日。〔535〕，no. 128（1935年11月25日）：6—7。

130. 张云川：邹平之农民负担。〔502〕，nos. 27—28（1935年1月20日、28日）。

131. 常燕生：东西文明问题质胡适之先生。《现代评论》4.90—91（1926年8月28日，9月4日）。

132. 赵如珩：地方自治之理论与实际。上海，1933年。

133. 《哲学》。北京，1921年至1924年。季刊，后为月刊。

134. 陈启天：寄园回忆录。台北，1965年。

136①. 陈嘉蔼：因明浅说。〔283〕1.3（1919年3月）。

137. 陈嘉异：东方文化与吾人之大任。〔540〕18.1—2（1921年1月10日、25日）。

138. 陈传纲：全国农村工作者大团结的萌芽。〔218〕，no. 13（1938年3月20日）。

139. 陈衡哲：再论自杀。〔293〕，pp. 159—160。

140. 陈序经：乡村文化与都市文化。〔535〕，no. 126（1935年11月11日）：12—18。

141. ——中国文化的出路。上海，1934年。

142. ——乡村建设运动的将来。〔535〕，no. 196（1936年4月20日）：2—7。

143. ——乡村建设理论的检讨。〔535〕，no. 199（1936年5月3日）：13—18。

144. ——东西文化观。〔412〕5.1（1936年7月）：90—98。

145. ——乡村建设运动平议。〔448〕1.1（1938年）。

146. ——选举宪政与东西文化。〔478〕2.23/24，3.1/2（1947年12月6日，1948年1月10日）。

147. 陈一：现代中国之农村建设实验运动及其前途。〔211〕12.13（1937年）。

148. Ch'en, Jerome: *Mao and the Chinese Revolution*. London: Oxford University Press, 1965.

149. 陈受颐：西洋汉学与中国文明。〔535〕，no. 198（1936年4月）：8—11。

150. 陈登原：中国文化史。两卷本，1966年台北重印。

151. 陈独秀：敬告青年。〔286〕1.1（1915年9月15日）。

152. ——东西民族根本思想之差异。〔286〕1.4（1915年12月）。

153. ——对于梁巨川先生自杀之感想。〔286〕6.1（1919年1月15日）：19—20。

154. ——泰戈尔与东方文化。《中国青年》，no. 219（1924年4月18日）：1—2。

---

① 原书如此，中文版遵从原书。——中译者注

155. 陈端之：五四运动的评价史。上海，1935 年。
156. 政治协商会议始末记（秦绶章、吴伯卿编）。长沙，1946 年。
157. 济南指南。济南，1914 年。
158. 贾逸君：五四运动简史。北京，1951 年。
159. 甲寅杂志。1914 年至 1916 年，1922 年至 1925 年。
160. 蒋君章：中华民国建国史。1934 年；台北，1957 年。
161. 姜扶宗：追念蔡先生。〔526〕，pp. 1493—1494。
162. 江恒源：农村改进的理论与实际。上海，1935 年。
163. 蒋廷黻译：中国的教育。〔535〕，no. 38（1933 年 2 月 19 日）。陶内（Richard Tawney）原著。
164. 蒋介石传。三卷本，台北，1954 年。
165. 江毓龙：有感于梁漱溟先生的悲愤之音。《祖国周刊》，no. 171（1956 年 4 月 9 日）：11—12。
166. 《教学与研究》。1954 年至 1955 年。
167. 教育史教研组编：中国近代现代教育史。第一卷，北京，1957 年。
168. 《解放日报》。1945 年 6 月至 1947 年 2 月。
    a. 《解放日报》记者海稜、刘漠冰访问梁漱溟先生。1946 年 3 月 16 日。
    b. 梁漱溟抗议当局暗杀罪行。1946 年 7 月 20 日。
169. 《建国日报》。桂林，1942 年至 1944 年。
170. 千家驹：中国的歧路：评邹平乡村建设运动兼论中国工业化问题。〔174〕，pp. 123—149。
171. ——中国农村的出路在哪里？〔174〕，pp. 89—95。
172. ——批判梁漱溟坚持中国落后反对工业化的谬误。〔409〕，第一册，pp. 41—48。又见〔333〕，1955 年 8 月 10 日；〔289〕，1955 年 9 月。
173. ——梁漱溟的乡村建设运动究竟为谁服务？〔409〕，第一册，pp. 49—56。又见〔323〕，no. 9（1955 年）；〔299〕，1955 年 9 月；〔289〕，1955 年 9 月。
174. ——中国乡村建设批判（与李紫翔合著）。上海，1936 年。
175a. 钱穆：中国文化与科学。台北，1970 年。
175b. ——中国文化丛谈。两卷本，台北，1970 年。
176. 钱端升：*The Government and Politics of China*. Cambridge, Mass.: Harvard University Press, 1950。

177. 知非：评梁漱溟君学生事件论。〔427〕，1919年5月18日。
178. 芝生：乡村运动之政治的意义。〔535〕，no. 60（1933年7月23日）：7—10。
179. 《今日》。1.1—1.5（1933年5月至7月）。不定期出版。
180. 《今日评论》。昆明，1.1—2.7（1938年至1940年）。
181. 《今日世界》。香港，1952年至1956年。日刊。
182. 《今日大陆》。台北，1952年至1961年。双周刊。
183. 金克木：批判梁漱溟关于印度文化和哲学的谬论。〔409〕，第二册，pp. 50—66。又见〔285〕，1955年11月。
184. 金伦海：农村复兴与乡教运动。上海，1934年。
185. 《进步日报》。
186. 金达凯：中共批判胡适思想研究。香港，1956年。
187. ——中国文化的坎坷——论中共对梁漱溟思想的批判。〔436〕7.2（1956年1月20日）。
188. 秦镜：梁漱溟再遭清算。〔436〕6.11（1955年6月5日）。
189. *China White Paper*, The Intro. Lyman P. Van Slyke. 2 vols. Stanford: Stanford University Press, 1967. *Reissue of United States Relations with China with Special Reference to the Period 1944-1949*. Dept. of State Publication 3573, Far Eastern Series 30. Washington, D. C., 1949.
190. "Chinese Scholars' Tribulations". *Far Eastern Economic Review* 13.20 (Nov. 27, 1952): 679-681.
191. 京城外城巡警总厅第一次统计书。北京，1907年。
192. 京城外内城巡警总厅总计书。北京，1908年。
193. 清史稿（赵尔巽等编）。沈阳，1937年。
194. 周鲸文：风暴十年。香港，1959年。
195. 周辅成：梁漱溟怎样宣传反动文化哲学。〔409〕，第二册，pp. 106—122。又见〔501〕，1955年10月22日。
196. 周绍贤：闲话梁漱溟先生。〔288〕，no. 2（1969年7月1日）：44—48。
197. ——谈梁漱溟先生之思想。〔288〕，nos. 4—7，9，10（1969年10月至11月，1970年1月、3月、4月）。
198. Chow Tse-tsung（周策纵）：*The May Fourth Movement: Intellectual Revolution in Modern China*. Cambridge, Mass.: Harvard University Press, 1960.

199. 祝超然：邹平共学处视察记。〔272〕6.1（1936年8月16日）。
200. 超然、天培：对邹平教育现状的巡视。〔272〕6.11（1937年3月1日）。
201. 朱熹：增删吕氏乡约。见沈节甫所编《由醇录》，1.1—7b。
202. 朱伯崑：批判梁漱溟先生的文化观。〔409〕，第一册，pp. 145—165。又见〔289〕，no. 10（1955年）。
203. 朱悟禅：北大二十五周年纪念日"民意测验"之分析。《新民国》1.4（1924年）。
204. 庄泽宣：邹平乡村建设的近况及其动向。〔540〕32.1（1935年1月1日）。
205. 觉堂（刘心皇）：关于梁漱溟。《新生报》，1970年11月11日，p. 9。
206. 《觉悟》。上海，1924年。《民国日报》每周附刊。
207. 《中正日报》。桂林，1942年至1944年。
208. 《中华教育界》。上海，1912年至1932年。月刊。
   a. 梁漱溟先生述山东乡村建设研究院之工作。20.4（1932年10月）。
209. 《中华新报》。上海，1921年。日刊。
210. 《中华杂志》。台北，1970年至1977年。月刊。
211. 《中国建设》。桂林，1937年至1938年。月刊。
213[①]. 中国近代史丛书（中国近代史编写组编）。上海，1973年。
214. 中国青年军人社。1934年，无出版地点。
215. 中国小党派现况（秘密）。1946年，无出版地点。
216. 《中国学报》。北平，1944年。
217. 中国各党派现况（秘密）。1946年，无出版地点。
218. 《中国农村》。南昌，1935年至1938年。双周刊。
219. 中国党派。南京，1948年。
220. 《中山日报》。梧州，1942年至1944年。
221. 《中央日报》。南京，1930年至1936年，1946年至1947年；重庆，1940年至1947年；台北，1950年至1960年。
222. 钟宇人：批判梁漱溟的主观唯心论哲学思想。〔409〕，第二册，pp. 138—147。又见〔359〕，1955年9月21日；〔166〕，no. 10（1955年10月）。
223. 菊农：今年的乡村建设运动。〔501〕，1935年1月1日。
224. 瞿菊农：乡村建设运动之过去与将来。〔573〕，1944年1月21日。

---

① 原书如此，中文版遵从原书。——中译者注

225. ——梁漱溟等所谓乡村建设运动是为什么人服务的?〔333〕,1955年11月10日。又见〔289〕,1935年12月。

226. 全盘西化言论集。广州,1934年。

227. 全盘西化言论集(续集)。广州,1935年。

228. Clopton, Robert, ed. *John Dewey: Lectures in China, 1919-1920.* Honolulu: University of Hawaii Press, 1973.

229. "Democracy vs. One-Party Rule in Kuomintang China: The Little Parties Organize." *Amerasia*, Apr. 25, 1943, pp. 97-117.

230. Dorris, Carl E.: "Resistance in the Shansi-Chahar-Hopei Border Region, 1938-1945." Ph. D. dissertation, University of Kansas, 1975.

231. Durkheim, Emile: *Le Suicide: Etude de Sociologie.* Paris: F. Alcan, 1897.

232. —— *Le Socialisme: sa définition, ses débuts, la doctrine Saint-Simoninenne.* Paris: F. Alcan, 1928.

233. 恶石:责梁漱溟。〔206〕,1924年4月21日。

234. Eliot, T. S.: *Note towards the Definition of Culture.* New York: Harcourt, Brace and Co., 1949.

235. Erikson, Erik H.: *Young Man Luther.* New York: W. W. Norton and Co., 1962.

236. 范清平:论文化类型三分法。〔436〕7.20(1956年10月16日):545—552。

237. 樊弘:我对于中国政治问题的根本看法。〔356〕3.14(1947年11月29日)。

238. ——与梁漱溟张东荪两先生论中国的文化与政治。〔356〕3.18(1947年12月27日)。

239. 范云迁:菏泽成立农民银行刍议。〔502〕,nos. 40—41(1935年4月21日、28日)。

240. 冯锐:平民教育的农业改进。〔284a〕2.9—10(1926年7月,9月)。

241. ——平教总会与兴办乡村平民生计教育之理由方法及现状。《教育杂志》19.9(1927年9月)。

242. ——河南村治学院推广农业计划。〔533〕,旧刊,1.19(1929年2月15日)。

243. 傅斯年:中国学术界思想界之根本误谬。〔286〕4.4(1918年4月15日)。

244. ——因明答诤。〔283〕1.5(1919年5月1日)。又见1967年台北出版的八卷本傅斯年著作集,第二卷,pp. 333—334。

245. 傅铜:知不可而为主义知不可而安主义与尽义安命主义。〔133〕,no. 9(1926年5月):pp. 1—12。

246. 冯友兰：与印度泰戈尔谈话。〔283〕3.1：1—2。
247. ——北大怀旧记。〔457〕, pp. 21—26。
248. ——四十年的回顾。北京，1959 年。
249. ——论比较东西。〔300〕3.19：1—6。
250. ——批判梁漱溟先生的文化观和村治理论。〔409〕, 第一册, pp. 3—10。又见〔333〕, 1955 年 5 月 11 日；〔285〕, no. 9（1955 年）。
251. 现代中国人物大字典。东京，1964 年。
252. 现代中国思想论争。东京，1957 年。
253. Grieder, Jerome B.: *Hu Shih and the Chinese Renaissance: Liberalism in the Chinese Revolution, 1917-1937*. Cambridge, Mass.: Harvard University Press, 1970.
254. Guillermaz, Jacques: *A History of the Chinese Communist Party, 1921-1949*. Trans. Anne Destenat. New York: Random House, 1972.
255. Halbwachs, Maurice: *Les causes du suicide*. Paris: F. Alcan, 1930.
256. 桥村时雄（Hashikawa Tokio）：中国文化界人物总鉴。北平，1940 年。
257. Hay, Stephen N.: *Asian Ideas of East and West: Tagore and His Critics in Japan, China and India*. Cambridge, Mass.: Harvard University Press, 1970.
258. Hayford, Charles. "Rural Reconstruction in China." Ph. D. dissertation, Harvard University, 1973.
259. Ho, Franklin L.: "Rural Economic Reconstruction in China." *Nankai Social and Economic Quarterly* 9.2 (July 1936).
260. 何汝璧：批判梁漱溟否认阶级和阶级斗争的反动观点。〔409〕, 第二册, pp. 187—197。又见〔359〕, 1955 年 10 月 19 日。
261. 贺麟：当代中国哲学。台北，1954 年重印。
262. ——两点批判，一点反省。〔333〕, 1955 年 1 月 19 日。
263. ——批判梁漱溟的直觉主义。〔409〕, 第一册, pp. 95—113。又见〔285〕, 1955 年 8 月；〔289〕, 1955 年 9 月。
264. 何炳然：梁漱溟的反动理论是为谁服务的？〔409〕, 第二册, pp. 210—217。又见〔359〕, 1955 年 10 月 21 日。
265. ——梁漱溟和胡适的历史唯心主义观点一脉相通。〔359〕, 1955 年 12 月 20 日。
266. 何思源：梁漱溟所办的乡村建设研究院。〔359〕, 1952 年 1 月 10 日。
267. ——揭穿梁漱溟的反动本质。〔409〕, 第二册, pp. 198—209。又见〔501〕, 1955

年10月19日；〔289〕，no. 11（1955年）。

268. 何育生：解决中国经济问题应走的路。〔535〕，no. 131。

269. Holcombe, Arthur N.: *The Chinese Revolution*, Cambridge, Mass: Harvard University Press, 1930.

270. ——*The Spirit of the Chinese Revolution*. New York: Alfred A. Knopf, 1930.

271. 《香港时报》。1951年至1956年。日刊。

272. 《乡村建设》。山东邹平，1.1—7.1（1930年6月至1937年8月）。

    a. 乡农学校专号。1.21（1932年7月21日）。

       1. 山东乡村建设研究院学生下乡服务公约。pp. 1—2。

    b. 本院乡村服务指导处成立经过及其组织。2.6（1932年9月21日）：3—8。

    c. 内政部委任地方自治筹备委员。2.6（1932年9月21日）：8。

    d. 沈定一先生及其主办的乡村自治。2.7/8（1932年10月11日）：1—10。

    e. 内政部次长甘乃光与梁漱溟先生之谈话。2.7/8（1932年10月11日）：32。

    f. 蒋委员长约梁漱溟先生赴鄂。2.9（1932年10月21日）：21。

    g. 梁漱溟先生出发巡回。2.9（1932年10月21日）：22。

    h. 第二届农品展览会专号。2.10—14合刊（1932年12月11日）。

    i. 梁漱溟先生出席内政会议。2.15（1932年12月21日）：15。

    j. 梁院长与梁漱溟先生由京回院。2.16（1933年1月1日）：19。

    k. 孙院长徐晶岩先生等赴菏。2.21（1933年2月21日）：19。

    m. 菏泽分院概况。5.5（1935年10月16日）。

    n. 师范学校专号。5.8/9（1935年12月5日）。

    p. 邹平实验县合作事业报告专号。5.11/12（1936年2月16日）。

       1. 序言。

       2. 合作会计之指导监督。

       3. 一年来之棉业运销合作社指导工作。

       4. 信用合作社近况。

       5. 庄仓合作社之过去与未来。

       6. 蚕业合作社概况。

273. 《乡村建设》旬刊汇要第一集。山东邹平，1935年。

274. 乡村建设实验（章元善、许仕廉编）。三卷本，上海，1936年至1938年。

275. 《乡村运动周刊》。山东邹平，nos. 1—4（1937年4月）。

276. 萧公权：中国政治思想史。六卷本，台北，1954 年。
277. 晓亮：梁漱溟和他的反动思想。〔409〕，第一册，pp. 72—79。又见〔364〕，1955 年 9 月 7 日。
278. 《小时报》。上海，1918 年至 1919 年。
    a. 名士忧国自戕。1918 年 11 月 16 日。
    b.《小时报》之编者论梁巨川。1918 年 12 月 2 日。
279. 肖文哲：现代中国政党与政治。南京，1946 年。
280. 谢国馨：评吴稚晖的人生观。〔482〕，1924 年 1 月 1 日、3 日、5 日。
281. 谢腾英、喻林炎：我们的辅导事业。〔272n〕，pp. 2—4。
282. 《现代新闻》。1.1—1.7（1947 年）。
283. 《新潮》。北京，1.1—3.2（1919 年 1 月至 1922 年 3 月）。月刊。
284. 《新教育》。上海，1.1—2.3（1919 年 4 月至 1925 年 10 月）。月刊。
284a. ——《新教育评论》。《新教育》每周副刊。
285. 《新建设》。北京，1954 年至 1960 年。月刊。
286. 《新青年》。上海，北京，广州，1915 年至 1925 年。
287. 辛亥革命（中国史学会编）。八卷本，上海，1957 年。
288. 《新夏》。台北，nos. 1—20（1969 年至 1971 年）。月刊。
289. 《新华》。北京，1952 年至 1957 年。月刊。
290. 《新报》。香港，1952 年至 1957 年。日刊。
291a.《新闻报》。上海，1946 年至 1947 年。
291b.《新月》。上海，1928 年。
292. 《星岛日报》。香港，1941 年。
293. 徐志摩：论自杀。见《徐志摩全集》，六卷本（台北，1969 年），第三卷，pp. 141—167。
    a. 读《桂林梁先生遗书》，pp. 141—152。
294. 徐晶岩：第七区乡农学校工作报告。〔272〕1.21（1932 年 7 月 21 日）: 107—135。
295. 许地山（落华生）：国粹与国学。台北，1966 年。
296. 徐宗勉：梁漱溟对帝国主义采取什么态度。〔409〕，第一册，pp. 30—40。又见〔333〕，1955 年 7 月 18 日；〔289〕，1955 年 9 月。
297. 徐雍舜：中国农村运动之总检讨。〔502〕，no. 13（1934 年 7 月 5 日）。
298. 《学衡》。南京，nos. 1—66（1922 年 1 月至 1928 年 11 月）。月刊。

299. 《学习》。北京,1954年至1956年。月刊。

300. 《学艺》。北京,1922年。

301. 《血路》。杭州,1938年至1939年。周刊。

302. 胡庆钧:梁漱溟是怎样向马克思主义进攻的。〔409〕,第二册,pp. 67—85。又见〔166〕,no. 10(1955年)。

303. 胡秋原:我们应声援不屈暴力的梁漱溟先生。〔271〕,1952年2月15日。

304. ——一百三十年来中国思想史纲。〔210〕9.9(1971年9月):45—47。

305. ——新传统论——中国态度之重新肯定与村治运动。〔369〕,no. 303(1971年2月)。

306. 胡明树:诗赠大仇人梁漱溟先生。〔501〕,1949年2月13日。

307. 胡适:答梁漱溟先生书。〔286〕6.4(1919年4月15日),431—432。又见〔5〕,pp. 63—64。

308. ——胡适文存第二集。四卷本,上海,1924年。

   a. 一年半的回顾。卷一,pp. 141—144。

   b. 我们的政治主张。卷三,pp. 27—34。又见〔540〕19.8(1922年4月25日);〔447〕,no. 2(1922年5月14日)。

309. ——胡适文存,1—4集。四卷本,台北,1953年。

   a. 跋,卷一,p. 707。

   b. 读梁漱溟先生著的《东西文化及其哲学》。卷二,pp. 158—177。又见〔536〕,1923年3月30日。

   c. 梁漱溟和胡适的通信。卷二,pp. 177—179。

   d. 我们对于西洋近代文明的态度。卷三,pp. 1—15。

   e. 我们走那条路?卷四,pp. 429—444。

   f. 试评所谓"中国本位的文化建设"。卷四,pp. 535—540。又见〔535〕,no. 145(1935年4月7日),pp. 4—7。

310. ——中国古代哲学史。台北,1958年。原名《中国哲学史大纲》(上卷),上海,1919年。

311. 胡应汉:记梁漱溟先生。〔181〕,1952年5月15日。

312. 梁漱溟先生年谱初稿。pts. 1—7。〔334〕,nos. 295—301(1963年2月10日至5月1日)。

313. 华岗:五四运动史。上海,1952年。

314. 黄强:在闽变中的陈铭枢与我。见《春秋》(香港),no. 131(1962年12月16日)。

315. 黄省敏：读《乡村建设运动的将来》敬答陈序经先生。〔535〕，no. 216（1936 年 8 月 30 日）。

316. 黄艮庸：1959 年 3 月 6 日致胡应汉的信。（胡应汉收藏。）

317. 黄宗羲：明儒学案。南昌，1888 年。

318. 黄炎培：黄墟的背景和答梁漱溟先生。〔533〕，新刊，2.2（1930 年 11 月 16 日）。

319. 黄远生：想影录。〔540〕13.2（1916 年 2 月 10 日）。

320. Hucker, Charles, ed. *Chinese Government in Ming Times*. Now York: Columbia University Press, 1969.

321. Hughes, H. Stuart: *Consciousness and Society*. New York: Vintage Books, 1961.

322. Hummel, Arthur W., ed. *Eminent Chinese of the Ch'ing Period*. 2 vols. Washington, D. C.: 1943-1944.

323. 《红旗》。北京，1954 年至 1977 年。月刊。

324. 洪焕春：五四时期的中国革命运动。北京，1956 年。

325. 《艺汇日报》。上海，1954 年至 1956 年。

326. 《益世报》。昆明、重庆，1938 年至 1945 年。

327. Isaacs, Harold R.: *The Tragedy of the Chinese Revolution*, 2nd ed. New York: Atheneum, 1966.

328. Jefferson, Thomas: *Works of Thomas Jefferson*. Paul Leicester Ford, ed. 11 vols. New York: C. P. Putnam's Sons, 1904. Vo1. 11: 1816-1826.

329. 任继愈：揭穿梁漱溟的文化观点的买办性。〔409〕，第一册，pp. 114—122。又见〔333〕，1955 年 9 月 6 日。

330. ——向梁漱溟的反动思想展开斗争。〔409〕，第二册，pp. 19—29。又见〔575〕，no. 18（1955 年 9 月 9 日）。

331. ——批判梁漱溟的生命主义哲学（与汤用彤合著）。〔409〕，第二册，pp. 3—11。又见〔333〕，1955 年 9 月 9 日。

332. 《人民教育》。北京，1952 年至 1956 年。

333. 《人民日报》。北京，1951 年至 1977 年。

334. 《人生杂志》。香港，1960 年至 1964 年。月刊。

335. 茹春浦：编者的话。〔272〕1.19/20（1932 年 4 月 11 日）。

336. ——介绍一个人民自动办理的县自治。〔272〕2.17/18（1933 年 1 月 21 日）：1—30。

337. 容肇祖：明代思想史。台北，1962 年。
338. 《改造》。北京，1919 年 9 月至 1922 年 9 月。
339. 甘豫源：乡村教育。上海，1937 年。
340. 高放：批判梁漱溟关于中国革命是从外引发的谬论。〔409〕，第二册，pp. 218—237。又见〔285〕，no. 11（1955 年），no. 2（1956 年）。
341. 高赞非：批判梁漱溟的反动教育思想。〔332〕，no. 12（1955）。
342. ——从理论和实践上来看梁漱溟的乡村建设的反动性。〔289〕，no. 5（1956 年）。
343. Keenan, Barry C.: "John Dewey in China: His Visit and the Reception of His Ideas, 1917-1927." Ph. D. dissertation, Claremont Graduate School, 1969.
344. Kennedy, Melville T., Jr.: "The Chinese Democratic League." *Papers on China* (East Asian Research Center, Harvard University), no. 7 (1953).
345. Kiang Wen-han. *The Chinese Student Movement*. New York: King's Crown Press, 1948.
346. 菊田太郎（Kikuta Taro）：梁漱溟の村治论争。《经济论争》（东京）52.4（1941 年 4 月）：501—508。
347. 木村英一（Kimura Eiichi）：梁漱溟の思想——［东西文化及其哲学］にすいて。《东亚人文学报》（东京）3.3（1944 年 1 月）：496—542。
348. 近代中国教育研究（林伦治编）。东京，1958 年。
349. 各小党派剪报（《南京调查报》编）。未出版。
350. 戈公振：中国报学史。香港，1964 年。
351. 葛力：揭露梁漱溟的唯心主义的世界观。〔409〕，第二册，pp. 123—132。又见〔359〕，1955 年 9 月 9 日。
352. 科学与人生观。两卷本，上海，1923 年。
353. Ku Hung-ming（辜鸿铭）：*The Spirit of the Chinese People*. 1915 年，台北，1956 年重印。
354. —— "The Peace of Cathay." *The Living Age*, no. 216 (Jan. 6, 1923): 7-11.
355. —— "The Chinese Soul Self-interpreted." *The Living Age*, no. 327 (Dec. 5, 1925): 523-531.
356. 《观察》。上海，1.1—3.18（1946 年 9 月至 1948 年 1 月）。周刊。
357. 关琪桐：漫谈文化之一——文化的定义。〔216〕1.1（1944 年 3 月 25 日）。
358. 《广西日报》。桂林，1941 年至 1945 年。

359. 《光明日报》。北京，1950年至1977年。
360. 《光明报》。香港，1941年9月18日至12月7日。
361. 广东民政厅汇报。广州，1927年至1931年。
362. Kuhn, Phillip: "Local Self-Government under the Republic." In Frederic Wakeman, Jr. and Carolyn Grant, eds. *Conflict and Control in Late Imperial China*. Berkeley and Los Angeles: University of California Press, 1975. pp. 257-298.
363. 公竹川：两个眼光。〔275〕，no. 4（1937年4月6日）。
364. 《工人日报》。1954年至1956年。
365. 《工商日报》。香港，1954年至1956年。
366. 孔雪雄：中国今日之农村运动。上海，1934年。
367. 郭湛波：近五十年中国思想史。上海，1935年。
368. 《国风》。南京，1931年至1936年；重庆，1941年至1944年。
369. 《国魂》。台北，1971年。月刊。
370. 《国故》。北京，nos. 1—4（1919年）。
371. 《国论》。成都，1938年至1942年。周刊。
372. 郭敏学：乡村文化。《农林新报》，1946年4月21日。
373. 国民参政会议史料。台北，1962年。

    a. 第一届参政会询问经济部长。1938年7月12日第一次会议。

    b. 第一届参政会"办理兵役亟应改善各点"建议。1939年2月18日第三次会议，no. 79。

    c. 参政会第一届第五次大会梁漱溟等询问。1940年4月第五次会议。

374. 郭沫若：中国文化之传统精神。《创造周报》1.2（1924年2月28日）：10—15。
375. 《国闻周报》。天津，1931年至1936年。
376. Kwok, D. W. Y.: *Scientism in Chinese Thought*. New Haven, Conn.: Yale University Press, 1965.
378[①]. Legge, James, trans. *The Chinese Classics*. 2nd ed. 5 vols. Oxford: Oxford University Press, vols. 1-2 (rev.), 1893-1895; vols. 3-5, 1865-1872.
379. Leveson, Joseph R.: *Confucian China and Its Modern Fate*. 3 vols. Berkeley and Los Angeles: University of California Press, 1958-1965.

---

① 原书如此，中文版遵从原书。——中译者注

380. 李剑农：中国近百年政治史。两卷本，上海，1947 年。

381. 李清悚：詹姆士"淑世主义"与墨翟"牺牲主义"。〔541〕，1923 年 12 月 1 日。

382. 李庆田：我们参观土地改革以后。北京，1951 年。

383. 黎康民：乡村运动与政府农政之分际问题。〔272〕6.7—8（1936 年 11 月 16 日，12 月 1 日）。

384. 李萧：邹平二年来的乡村青年训练之我见。〔272〕5.10（1936 年 1 月 16 日）。

385. ——山东邹平实验县实验规程汇编。邹平，1936 年。

   a. 合作。sec. 4。

   b. 户籍。sec. 9。

   c. 风俗改革。sec. 10。

386. 《力报》。桂林。1940 年至 1944 年。日刊。

387. 《立报》。香港，1941 年。

388. 李朴生：好戏还在后头看看。见《陈炳权回忆录》，台北，1954 年。

389. 李石岑：李石岑论文集演讲集。两卷本，上海，1924 年。

   a. 自序。

390. ——人生哲学。上海，1926 年。

391. ——评《东西文化及其哲学》。〔440〕3.3（1922 年 3 月 1 日）；25—26。

392. 《历史研究》。北京，1954 年至 1957 年。

393. 李大钊：李大钊选集。北京，1962 年。

   a. 大哀篇。pp. 1—3。

   b. 青年与农村。pp. 146—150。

   c. "少年中国"的"少年运动"。pp. 235—238。

394. ——东西文化根本之异点。《言志》(北京)，1918 年 7 月。

395. 李达三：梁漱溟先生近况。〔210〕，1976 年 6 月。

396. 李宗黄：考察实际。无出版时间与地点，作者曾向本书作者出示过印刷件。

397. ——考察各地农村后之感想。〔449〕2.5（1934 年 10 月 26 日）：84—91。

398. ——中国地方自治概论。台北，1949 年。

399. ——中国地方自治总论。台北，1954 年。

400. 李紫翔：中国农村运动的理论与实际。〔174〕，pp. 1—30。

401. ——乡村建设运动的评价。〔174〕，pp. 150—171。

402. ——梁漱溟的四十年。〔409〕，第二册，pp. 156—168。又见〔285〕，1955 年 10 月。

403. 李曰华：批判梁漱溟的宗教思想。〔285〕，no. 93（1956年6月3日）。
404. 梁济：桂林梁先生遗书（梁焕鼐、梁焕鼎编）。四卷，上海，1927年。
    a. 遗笔汇存。卷二。
    b. 感劬山房日记节抄。卷三。
    c. 侍疾日记。卷三。
    d. 辛壬类稿。卷三。
    e. 伏卵录。卷四。
    f. 别竹辞花记。卷四。
405. 梁启超：饮冰室丛书。四卷本，上海，1907年。
406. ——国性论。〔610〕1.1（1912年12月）：1—5。
407. ——欧游心影录（节录）。台北，1966年重印。
408. 《良心话》。香港，1941年至1944年。
409. 梁漱溟思想批判。两卷本，北京，1955年。
410. 梁漱溟与顾孟余。《正午报》（香港），1963年1月8日。
411. 林征福：中国哲学。〔436〕14.9/10（1963年5月5日）。
412. 《岭南学报》。广州，1929年12月至1937年9月。月刊。
413. 刘伯明：评梁漱溟著《东西文化及其哲学》。〔298〕3.3（1922年3月）：3—7。
414. 刘大年：从中国封建土地制度问题上看梁漱溟思想的反动本质。〔289〕，no. 12（1955年）。又见〔392〕，no. 5（1955年）。
415. 刘达源：揭发"共匪"的内外在危机。〔182〕，no. 56（1956年3月1日）。
416. 柳亚子：南社纪略。上海，1940年。
417. 罗家伦：革命文献。台北，1953年。
418. 楼栖：梁漱溟与蒋经国。〔501〕，1949年2月10日。
419. 鲁迅：鲁迅三十年集。八卷本，北京，1970年。
    a. 白光。《呐喊》，第二册，pp. 165—172。
420. 鹿冰：乡建派领袖——梁漱溟。〔282〕1.7（1947年6月）：150—151。
421. 麦青：陶行知。上海，1949年。
422. Mannheim, Karl: "Conservative Thought." In Paul Keckemeti, ed. *Essays on Sociology and Social Psychology*. New York: Oxford University Press, 1953.
423. 毛以亨：梁漱溟与北宋吕学。见《自由文选》，pp. 121—135。台北，1954年。
424. 毛泽东：毛泽东选集。五卷本，北京，1969年，1977年。

a. 湖南农民运动考察报告。第一卷，pp. 12—44。

b. 中国的红色政权为什么能够存在？第一卷，pp. 47—55。

c. 井冈山的斗争。第一卷，pp. 56—82。

d. 星星之火，可以燎原。第一卷，pp. 94—104。

e. 关于纠正党内的错误思想。第一卷，pp. 83—93。

f. 批判梁漱溟的反动思想。第五卷，pp. 107—115。

425. 毛泽东思想万岁。1969年，无出版地点，台北翻印。

a. 在省市委书记会议上的插话。

426. 毛应章：定县平民教育考察记。南京，1933年。

427. 《每周评论》。北京，nos. 1—37（1918年12月22日至1919年8月31日）。

428. Meisner, Maurice: *Li Ta-chao and the Origins of Chinese Marxism*. Cambridge, Mass.: Harvard University Press, 1967.

429. 梦飞：到了邹平。〔221〕，1935年10月29日。

430. 孟广澎：调查乡村建设记要。武昌，1935年。

431. Metzger, Thomas A.: "Neo-Confucianism and the Political Culture of Late Imperial China." Paper read at the Regional Seminar, Center for Chinese Studies, University of California, Berkeley, May 10, 1974.

432. 勉仁文学院院刊。四川北碚，no. 1（1949年5月）。

433. Mill, John Stuart: "Autobiography." In Max Lerner, ed. and intro. *Essential Works of John Stuart Mill*. New York: Bantam Books, 1961.

434. Millican, Frank R.: "Liang Shou-ming sees it through." *The Chinese Recorder* 18.10 (October 1926): 698-705.

435. 《民间》。北平，1—4卷（1934年至1937年）。双周刊。

436. 《民主评论》。香港，1.1—17.9（1946年6月16日至1966年9月16日）。双周刊。

437. 民主同盟文献。南京，1946年。

a. 梁漱溟先生说明民盟对中共的态度。

438. 《民意》。杭州，1.1—2.123（1937年至1940年）。

439. 《民生周刊》。北京，1924年。

440. 《民铎杂志》。上海，2.1—10.5。季刊。

441. 牟宗三：我与熊十力先生。《中国学人》，no. 1（1970年）。

442. ——智的直觉与中国哲学。台北，1971年。

443. 缪凤林：刘先生论西方文化。〔368〕，no. 9（1932年11月4日）。

443a. 暮泊：中国文化与天下观念。《中美月刊》（台北）6.10—12，7.2—3。

444. Myers, Ramon H.: *The Chinese Peasant Economy: Agricultural Development in Hopei and Shantung, 1890-1949*. Cambridge, Mass.: Harvard University Press, 1970.

445. 倪正和：论文化书。〔356〕2.16（1947年6月14日）。

446. 倪鹤笙：批判梁漱溟反共、反人民、反革命的"乡村建设运动"。〔576〕，1956年1月，pp. 5—41。

447. 《努力周报》。北京，1922年5月22日至1924年10月。

448. 《农村建设》。贵阳，1938年。双月刊。

449. 《农村复兴委员会会报》。南京，2.1—2.11（1933年6月至1935年4月）。
    a. 一年来复兴农村政策之实施状况。2.3（1934年8月26日）。

450. 《农村工作》。杭州，1938年。月刊。

451. 冈崎文夫（Okazaki Fumio）：梁漱溟著《东西文化及其哲学》。见《支那学》2.9（1922年5月）：697—701。

452. 尾村神户（Omura Kodo）：清朝教育思想に於ける圣谕广训の地位にいて。见〔348〕。

453. 小野川秀美（Onogawa Hidemi）：梁漱溟に於ける乡村建设论の成立。《人文科学》2.2（1948年3月）：86—123。

454. 《八步日报》。广西八步，1943年10月至1944年9月。

455. 巴达：梁漱溟政治之主张的批判。〔179〕，nos. 3—5（1933年6月至8月）。

456. 潘梓年：梁漱溟的理论是极端唯心主义的。〔409〕，第二册，pp. 12—18。又见〔333〕，1955年9月24日；〔289〕，no. 10（1955年）。

457. 北京大学五十周年纪念特刊。北京，1949年。

458. Pusey, James R.: *Wu Han: Attacking the Present through the Past*. Harvard East Asian Monograph 33. Cambridge, Mass.: East Asian Research Center, Harvard University, 1969.

459. Russell, Bertrand: *The Problem of Philosophy*. New York: Henry Holt and Co., 1912.

460. ——*Principles of Social Reconstruction*. London: George Allen and Unwin, 1916.

461. ——*The Problem of China*. New York: George Allen and Unwin, 1922.

462. ——With Dora Russell. *The Prospects of Industrial Civilisation*. London: George Allen and Unwin, 1923.

463. 萨空了：香港沦陷日记。香港，1946年。

465. Schwartz, Benjamin I.: *In Search of Wealth and Power: Yen Fu and the West*. Cambridge, Mass.: Harvard University Press, 1964.

466. —— "The Limits of 'Tradition versus Modernity' as Categories of Explanation: The Case of the Chinese Intellectuals." *Daedalus*, Winter 1972, pp. 71-88.

467. Selden, Mark: *The Yenan Way in Revolutionary China*. Cambridge, Mass.: Harvard University Press, 1971.

468. 沙学罗：与梁漱溟先生论"国土太大"及其利弊。〔356〕2.13（1947 年 6 月 14 日）。

469. 沙英：批判梁漱溟关于阶级斗争的反动观点。〔409〕，第二册，pp. 169—186。又见〔333〕，1955 年 10 月 15 日；〔289〕，no. 11（1955 年）。

470. 山西村政汇编。太原，1928 年。

471. 山东近代史资料。三卷本，济南，1958 年。

472. 山东乡村建设研究院及邹平实验区概况。邹平，1936 年。

473. 山东乡村建设研究院概览。邹平，1934 年。

474. 《山东农矿厅公报》。济南，1.2—2.6（1929 年 9 月至 1931 年 3 月）。月刊。

475. 山东省志资料。两卷本，济南，1959 年。

476. 《少年中国》。上海，1.8—3.8（1918 年 9 月 15 日至 1922 年 3 月 1 日）。月刊。

477. Sheridan, James E.: *Chinese Warlord: The Career of Feng Yü-hsiang*. Stanford: Stanford University Press, 1966.

478. 《世纪评论》。上海，1947 年至 1948 年。周刊。

479. 时济云：第五区乡农学校概况。〔272a〕，pp. 65—87。

480. 《时报》。上海，1918 年至 1922 年。日刊。

481. 《时事新报》。上海，1907 年至 1937 年。

482. ——《学灯》。1918 年至 1924 年。《时事新报》副刊。

483. 《时与潮》。重庆，1938 年至 1941 年。双周刊。

484. 《时与文》。上海，1948 年。月刊。

485. 寿勉成、郑厚博：中国合作运动史。上海，1947 年。

486. 《曙光报》。桂林，1939 年至 1944 年。

    a. 鳏居生活太凄凉。1944 年 1 月 14 日。

    b. 梁陈婚礼观光志。1944 年 2 月 6 日。

487. 树莹：梁漱溟成众矢之的。见《天文台报》，香港，1955 年 10 月 14 日。

488. 《顺天时报》。北京，1918 年至 1930 年。日刊。

489. Snow, Edgar: *Red Star Over China*. New York: Random House, 1938; Grove Press edition, 1961.

490. ——*The Long Revolution*. New York: Vintage Books, 1973.

491. 苏舆：翼教丛编。台北，1970年重印。

492. 孙定国：驳斥梁漱溟的职业分途的反动理论。〔409〕，第一册，pp. 80—94。又见〔359〕，1955年9月16日；〔289〕，no. 10（1955年）。

493. ——批判梁漱溟的反动的世界观。〔409〕，第一册，pp. 133—144。又见〔333〕，1955年9月11日。

494. 宋乐颜：给梁先生书。〔533〕，新刊，1.1（1930年6月）。

495. ——江浙乡村运动调查通讯。〔533〕，新刊，1.3（1930年7月）。

496. 宋史。上海，1934年。

497. 宋德敏：批判梁漱溟的反动的合作社理论。〔501〕，1955年12月5日。又见〔285〕，1956年2月。

498. 宋增渠：小清河流域棉生产调查报告。〔474〕2.6（1931年3月）：1—2。

499. ——山东棉业报告。〔474〕2.6（1931年3月）：9—18。

500. 司马迁：史记。十卷本，北京，1959年。

501. 《大公报》。上海，1930年至1937年，1946年至1949年；天津，1930年至1937年；汉口，1937年至1938年；香港，1937年至1977年；重庆，1940年至1949年。

502. ——《乡村建设》。《大公报》每周副刊。

503. 《大陆杂志》。台北，1950年至1977年。双周刊。

504. 伯韬（戴伯韬）：陶行知的生平及其学说。北京，1949年。

505. 太虚：东洋文化与西洋文化。〔298〕，no. 32（1924年8月）：1—6。

506. Tan, Chester C.: *Chinese Political Thought in the Twentieth Century*. New York: Doubleday and Co., 1971.

507. 《当代评论》。昆明，1941年至1942年；重庆，1.13—4.10（1941年9月29日至1944年3月1日）。

508. 唐君毅：中国文化之精神价值。台北，1953年。又1953年发表于香港。

509. ——给本书作者（即艾恺——中译者注）的信，1974年12月7日。

510. 唐现之：编者赘言。见〔23〕。

511. 唐纵：梁漱溟在"共匪""思想改造"之表现。〔182〕，no. 22（1953年5月1日）。

512. 陶行知：中国乡村教育之根本改造。〔208〕16.10（1927年4月）：1—5。

513. ——知行书信。上海，1931年。
514. ——生活及教育。见《伪知识阶级》。北京，1950年。
515. 陶行知先生纪念集。上海，1949年。
516. 陶孟和：论自杀。〔286〕6.1（1919年1月15日）：12—18。
517. ——再论梁巨川先生的自杀。〔293〕，pp. 152—157。
518. Thomson, James C., Jr.: *While China Faced West: American Reformers in Nationalist China, 1928-1937*. Cambridge, Mass.: Harvard University Press, 1969.
519. 第二次全国内政会议报告书。南京，1934年。
520. 第一次中国教育年鉴。南京，1934年。
521. 田声年：中国党派概述。南京，1946年。
522. 蔡尚思：中国传统思想总批判。上海，1950年。
523. ——梁漱溟思想的评介。〔484〕3.1—5（1948年1月至5月）。
524. 蔡元培：蔡元培选集，哲学教育。台北，1967年。

    a. 五十年来中国之哲学。pp. 82—83。

    b. 北京大学进德会之旨趣书。

    c. 我在教育界的经验。

525. ——蔡元培自述。台北，1967年。
526. ——蔡元培先生全集。台北，1968年。
527. 曹欲仁：梁漱溟先生的村治派。〔301〕，no. 17（1938年5月7日）。
528. 左舜生：近三十年见闻杂记。香港，1952年。
529. ——记梁济的自杀。见《万竹楼随笔》。香港，1957年，pp. 216—221。
530. 邹鲁：中国国民党史稿。台北，1965年。
531. 邹鲁风：批判梁漱溟的反动教育思想。〔409〕，第一册，pp. 166—173。又见〔289〕，no. 10（1955年）。
532. 崔德礼、廖斗星：中国文化概论。两卷本，台北，1968年。
533. 《村治》。北平。旧刊：1.1—2.2（1929年3月15日至1930年4月15日）；新刊：1.1—3.5（1930年6月1日至1933年8月1日）。

    a. 发刊辞。旧刊，1.1（1929年3月15日）：5。大约为王鸿一所撰。

    b. 梁漱溟启事。新刊，1.1（1930年6月1日）。

    c. 河南村治学院停办消息。新刊，4.9（1930年10月16日）。

    d. 山东乡村建设研究院举办消息。新刊，1.9（1930年10月16日）。

e. 山东乡村建设研究院结业学生服务办法及工作状况。新刊，3.2/3（1933年1月20日）。

f. 鲁省府划邹平菏泽为县政建设实验区。新刊，3.4（1933年3月25日）。

534. 村治之理论与实施。北平，1930年。

535. 《独立评论》。北平，nos. 1—225（1933年5月21日至1936年11月1日）。周刊。

536. 《读书杂志》。北京，nos. 1—16（1922年至1923年）。月刊。

537. 涂浩如：文化之学术的研究述略。〔436〕11.15（1960年8月1日）。

538. 屠孝实：科学与宗教果然势不两立么？〔133〕6.1（1922年6月）：1—13。

539. 断句十三经经文。台北，1955年。

   a. 孝经。

540. 《东方杂志》。上海，1904年至1960年。双周刊。

541. 《东南评论》。南京，1923年至1924年。双周刊。

542. 董时进：致梁漱溟书。〔271〕，1952年4月4日。

543. 同盟会文献。国民党档案。台湾草屯。

   a. 中国同盟会京津分会文牍部简章。

   b. 中国同盟会京津分会章程。

   c. 中国同盟会京津分会军政部人员姓名籍贯履历表。

   d. 中国同盟会京津分会军事部暂行简章。

544. 《自由钟》。香港，1970年。月刊。

545. 《自由人报》。香港，1954年至1957年。日刊。

546. 《自由报》。桂林，1942年至1944年。日刊。

547. Ulam, Adam: *The Unfinished Revolution*. New York: Vintage Books, 1960.

548. Van Slyke, Lyman P.: "Liang Shu-ming." M. A. thesis, Stanford University, 1958.

549. ——*Enemies and Friends: The United Front in Chinese Communist History*. Stanford: Stanford University Press, 1967.

550. 王静如：我们的乡村运动与现政权。〔272〕2.11（1932年11月30日）。

551. 王新命等：中国本位的文化建设宣言。见《胡适与中国文化》。台北，1967年，pp. 127—131。

552. 王鸿一：建设村本政治。〔533〕，旧刊，1.1（1929年3月15日）：1—6。

553. ——民主政治下考试选举两权并用之精神。〔533〕，旧刊，1.2（1929年4月15日）：1—3。

554. ——中国文化之重心问题。〔533〕,旧刊,1.3（1929年5月15日）：1—5。

555. ——三十年来衷怀所志之自剖。〔533〕,旧刊,1.11（1930年1月15日）。

556. ——青年之出路。〔533〕,旧刊,1.11（1930年1月15日）。

557. ——中国民族之精神及今后之出路。〔533〕,新刊,1.5（1930年8月1日）。

558. ——王鸿一先生遗言。〔533〕,新刊,1.5（1930年8月1日）。

559. 王若水：梁漱溟所谓理性是什么？〔409〕,第二册,pp. 123—137。又见〔333〕,1955年10月23日；〔289〕,no. 11（1955年）。

560. 王伯平：我们努力的两点。〔272〕2.9（1932年10月21日）。

561. ——本院实验区之设立与进行。〔272〕2.21（1933年2月21日）。

562. ——乡村运动之鸟瞰。〔375〕10.31（1933年8月7日）。

563. 王韶生：徐名鸿传。见《丰顺县志稿》。此为作者在香港给本书作者看的未刊稿。

564. 王士元：记吾师梁漱溟先生。《传记文学》24.4（1974年4月）：39—48。

565. 王德周：梁漱溟先生往哪里去了？〔206〕,1924年8月18日。

566. 汪子嵩、朱伯崑：评1930年梁漱溟和胡适的争论。〔409〕,第二册,pp. 148—155。又见〔359〕,1955年9月21日。

567. 王阳明：南赣乡约。见《王阳明全集》。台北,1971年。

568. 韦政通：中国文化概论。台北,1968年。

569. ——传统与现代化。台北,1968年。

570. ——传统的透视。台北,1969年。

571. Welch, Holmes. *The Practice of Chinese Buddhism*. Cambridge, Mass.: Harvard University Press, 1966.

572. ——*The Buddhist Revival in China*. Cambridge, Mass.: Harvard University Press, 1968.

573. 《文化先锋》。重庆,1.19—5.20（1943年1月14日至1946年1月15日）。

574. 《文化杂志》。桂林,1.1—3.4（1942年至1943年）。月刊。

575. 《文艺报》。上海,1950年至1977年。

576. 《文史哲》。济南,1954年至1957年。月刊。

577. Williams, Raymond: *Culture and Society,* 1780-1950. New York: Harper and Row, 1958.

578. Wood, Allen: *Bertrand Russell: The Passionate Sceptic*. London: Unwin Books, 1963.

579. 超然、天培：对邹平教育现状的巡视。〔272〕6.11（1937年3月1日）。

580. 吴稚晖：一个新信仰的宇宙观及人生观。〔352〕,第二册,pp. 120—130。又见《太平洋》第 4 卷第 1、3、5 号（1923 年 8 月、10 月，1924 年 3 月）。

581. 吴景超：发展都市以救济农村。〔535〕，no. 118（1935 年）。
582. ——批判梁漱溟的乡村建设理论。〔409〕，第一册，pp. 11—29。又见〔333〕，1955 年 7 月 11 日；〔289〕，no. 9（1955 年）。
583. ——批判梁漱溟的中国文化论。〔409〕，第二册，pp. 86—105。又见〔166〕，no. 10（1955 年）。
584. 吴敬敷：邹平见闻录。〔449〕2.4（1934 年 9 月 26 日）。
585. 吴经熊等：中国文化论集。台北，1967 年。
586. 《梧州日报》。梧州，1942 年。
587. 吴怡：梁漱溟与冯友兰。〔546〕，no. 1636（1976 年 7 月 20 日）。
588. 五年来河南政治总报告。开封，1935 年。
589. 吴世昌：中国文化与现代文化问题。上海，1948 年。
590. 吴廷璆：批判梁漱溟的反动的历史观点。〔409〕，第二册，pp. 30—49。又见〔392〕，1955 年 10 月；〔289〕，no. 11（1955 年）。
591. 杨家骆：民国名人图鉴。1937 年，无出版地点。
592. 杨效春：从乡村教育的观点看看山东乡村建设研究院。〔208〕20.5—6（1932 年 11 月至 12 月）。
593. ——写给在乡下工作的同学。〔502〕，nos. 25—26（1935 年 1 月 6 日，13 日）。
594. ——来信。〔371〕，1938 年 7 月 2 日。
595. 杨仁山：杨仁山居士遗书。北京，1923 年。
596. 杨开道：中国乡约制度。〔533〕，新刊，3.2/3, 3.4（1933 年 1 月 20 日，3 月 25 日）。
597. 杨明斋：评中西文化观。北京，1924 年。
598. 杨端六：罗素先生去华感言。〔540〕18.13（1921 年 7 月 10 日）：7—11。
599. 杨子湖：邹平县乡村教育实验区工作。〔502〕，no. 69（1936 年 2 月 12 日）。
600. 杨幼炯：中国政党史。上海，1937 年。
601. 严既澄：少年中国宗教问题批评号。〔440〕3.2（1922 年 2 月）：1—12。
602. ——评《东西文化及其哲学》。〔440〕3.3（1922 年 3 月）：1—10。
603. 严复译：中国教育议（卫西琴原著）。〔610〕2.3/4。
604. 阎焕文：论文化学小史。〔216〕1.3（1944 年 5 月 25 日）。
605. Yen, James Y. C（晏阳初）: "New Citizens for China." *Yale Review* 18.2 (February 1929).
606. ——*The Ting Hsien Experiment, 1930-1931*. Ting hsien, 1931.

607. 印顺：太虚大师年谱。香港，1950年。
608. 于鲁溪：山东乡村建设研究院农场计划。〔272〕2.3（1932年8月21日）：11—23。
609. 袁方：批判梁漱溟的乡村建设运动。〔409〕，第一册，pp. 56—71。又见〔285〕，1955年9月。
610. 《庸言》。天津，1912年至1914年。
611. Zung, G. S.: "Marshal Feng and Rural Reconstruction." *The Chinese Recorder* 19.8: 523-525.

会谈

612. 章之汶。台北，1969年9月12日。
613. 张鸿钧。台湾东海大学，1970年6月9日，1971年4月19日。
614. 陈启天。台北，1971年8月13日。
615. 陈开泗。台北，1971年3月2日。
616. 陈立夫。台北，1971年5月19日。
617. 陈文仲。台湾嘉义，1971年11月6日、11日。
618. 漆中权。台湾北投，1971年7月28日。
619. 贾崇言。台北，1971年10月9日、15日，11月11日、16日，12月20日。
620. 钱穆。台北，1971年9月7日。
621. 周绍贤。台北，1970年3月20日，5月27日、31日，6月20日，7月20日、21日、27日、28日，8月1日。1971年3月1日，5月26日、27日、31日，7月1日、19日、20日、21日、23日，8月1日、8日、16日，9月3日、10日、18日，11月10日、18日；1972年2月3日、14日。
622. 胡秋原。台北，1971年5月18日。
623. 胡应汉。香港，1970年8月18日、20日、24日、28日、30日，9月3日、7日、26日、30日。
624. 顾翊群。台北，1970年3月21日，1971年5月19日。
625. 冷彭。台北，1971年10月15日。
626. 李汉三。台北，1971年7月17日。
627. 刘心皇。台北，1971年4月27日。
628. 李朴生。台北，1971年5月8日、12日。
629. 李宗黄。台北，1971年4月30日，9月2日。

630. 刘泽民。台北，1971 年 7 月 31 日。
631. 刘礼光。台湾新竹，1971 年 4 月 14 日。
632. 罗漱溟。台中，1975 年 11 月 12 日。
633. 牟宗三。香港，1970 年 9 月 21 日。
634. 唐君毅。香港，1970 年 9 月 25 日。
635. 曾昭森。香港，1970 年 9 月 8 日。
636. 王韶生。香港，1970 年 8 月 18 日、19 日、24 日、26 日，9 月 1 日、3 日、4 日、5 日、10 日、19 日。
637. 王云五。台北，1971 年 10 月 25 日。
638. 韦政通。台北，1971 年 7 月 26 日。
639. 卫礼九。台北，1971 年 10 月 9 日。
640. 杨懋春。台北，1971 年 7 月 9 日，8 月 6 日。